BULLETIN

DE LA

SOCIÉTÉ DES SCIENCES

HISTORIQUES & NATURELLES

DE LA CORSE

Ve ANNÉE

FÉVRIER-MARS-AVRIL-MAI 1885 — 50e-51e-52e-53e FASCICULES

BASTIA

IMPRIMERIE & LIBRAIRIE Ve OLLAGNIER

1885.

SOMMAIRE

DES ARTICLES CONTENUS DANS LE PRÉSENT BULLETIN

Pages

Pratica delli Capi Ribelli Corsi giustiziati nel Palazzo
   Criminale (7 maggio 1746) 1-418

PROCÈS
DES PATRIOTES BASTIAIS
(1746)

SOCIÉTÉ DES SCIENCES HISTORIQUES ET NATURELLES
DE LA CORSE

PRATICA
DELLI
CAPI RIBELLI CORSI
GIUSTIZIATI NEL PALAZZO CRIMINALE
(7 MAGGIO 1746)

DOCUMENTS EXTRAITS DES ARCHIVES DE GÊNES

TEXTE

Revu et Annoté par M. De CARAFFA, Conseiller
et MM. LUCCIANA Frères, Professeurs

BASTIA
IMPRIMERIE ET LIBRAIRIE Vᵉ EUGÈNE OLLAGNIER
1885.

AVANT-PROPOS

Les documents que nous publions sont extraits des archives de Gênes.

Voici comment les événements auxquels ils se réfèrent ont été racontés et appréciés par l'auteur de la Giustificazione. *Ce récit nous servira d'introduction.*

Fece rumore la strage de' miseri Bastiesi ; ma le circostanze fanno raccapriccio ed orrore. Liberata la Bastia col mezzo delle bombe gettatevi dagl'Inglesi, i nostri Capi, per causa di certe amarezze insorte fra loro, ne lasciarono il governo a' principali suoi gentiluomini. Alcuni Cittadini schiavi della Republica, inimici della libertà, i più infami e vili di tutti gli uomini, si posero a sussurrare la plebe, dandole ad intendere esser meglio sacrificar la vita di pochi e comprarsi con ciò il perdono, la grazia e il soccorso del suo Prencipe, che perdersi tutti, come sarebbe accaduto se gli facevano resistenza. Il popolo cieco e vigliacco lasciò sedursi e commise l'esecrando attentato d'incarcerare con stratagema trenta de' suoi primi patrizj. Ciò fatto, spedisce padron Francesco Patrimonio a Genova, offerendo i prigioni, salva la vita, per prezzo della sua servitù. Gli uomini ingenui danno sangue, vita e sustanza per liberarsene: costoro la comprano a prezzo d'una eterna ignominia e del sangue più illustre della loro Città. Il Senato accetta a braccia aperte l'offerta e rimanda padron Francesco in Bastia con lettera a quel Magistrato che conteneva l'autentica del perdono alla Città e della sicurezza di vita ai prigionieri. In questo frattempo Matteo Mattei, nemico mortale della patria e de' buoni patriotti, insidiando alla vita de' prigioni, scrive da Caprara al Popolo di Bastia che il Senato non voleva accordargli la minima cosa se prima non gli consegnava i prigionieri. Il Popolo troppo credulo e vile li spedisce in Caprara per un segno d'ubbidienza, e per di colà negoziar meglio l'affare. In Caprara s'incontrarono con padron Francesco che ritornava da Genova; esso li consolò, facendo lor vedere la copia della sicurezza ottenuta per loro. Portò quindi l'originale al Magistrato di Bastia, e con esso partì di ritorno per Genova. Ripassando per Caprara, quel Commissario, avvertito, come può credersi, dalla Republica, lo pregò di farli vedere il predetto originale; ma avutolo nelle mani negò di restituirglielo. Proseguì nondimeno il viaggio, e giunto in Genova fece le sue istanze al Clementissimo Trono, ma invece di ottenere, come lusingavasi, lo slargamento de' prigionieri, gli fu fatto capire che, se avesse più parlato di perdono e di sicurezza per essi, sarebbe andato a tener loro compagnia. Che però ebbe grazia di tacere e partire. I prigionieri intanto furono consegnati allo strazio. Fu loro negato l'uso del proprio letto, biancherie e danaro. Non era loro permesso di spendere per loro vitto che quattro soldi al giorno, cresciuti di poi ad otto per grazia. Le carceri erano le più orride, e tre vi morirono di puro strazio. Si venne finalmente al primo atto della tragedia seguita a 6 (1) maggio 1746, troncandosi

---

(1) Le 7 et non le 6.

a cinque la testa e mandandosi cinque altri alla forca. L'atto secondo era destinato a compirsi nella medema forma la settimana seguente, essendo stati già dieci altri ammoniti a sentenza. Ne fu però ritardata l'esecuzione per la morte di tre Senatori chiamati da Dio con un tocco di apoplesia a render forse ragione di cotesta inumanità, e per la disfatta del Regimento di Ligurio composto di Cavalieri genovesi, che sotto Parma rimase sconfitto; e fu poi totalmente impedita dalla Divina Giustizia che armò la destra del general Botta giunt' opportuno per salvar la vita degli uni e per vendicar la morte degli altri. Che ne dite, o lettore, dopo che la sperienza di sì nobili esempj conferma con tanta esattezza l'adagio comune, si può egli viver sicuri sotto la Regia Parola di questi uomini senza fede?

(*Giustificazione della Rivoluzione di Corsica*, edizione d'OLETTA, p. 233 et s.)

. . . .

Tutto questo (1) obbligò i Corsi a determinarsi d'implorare l'ajuto delle Potenze Belligeranti contro la Lega della Republica, le quali, mosse a compassione, si degnarono spedir loro qualche soccorso. In seguela a 18 novembre del 1745 gl' Inglesi bombardarono la Bastia; il Commessario più prudente che valoroso l'abbandonò; i Cittadini se ne impadronirono, e vi ammisero i Nostri, che la bloccavano per terra. Essi però non seppero approfittarne. Insorta fra i Capi una gara, accordarono d'uscirne, e lasciare il governo della Città a' Cittadini; ma furono essi traditi e carcerati dalla canaglia che restitui alla Republica la Città, comprandosi una ignominiosa catena a prezzo di un sì orribil misfatto. (Lib. cit. p. 342.)

---

(1) C'est-à-dire le gouvernement tyrannique des Génois, et en dernier lieu, du Commissaire Général Mari.

PROVVEDIMENTI

DIVISATI
DALL'ECCELLENTISSIMA E MAGNIFICA DEPUTAZIONE DI CORSICA
PER FARSI PRESENTI A SERENISSIMI COLLEGI
RIGUARDO ALLI 26 PRIGIONIERI DI BASTIA (1)
CHE SI ATTENDONO DALLA CAPRARA

Incaricare il Magnifico Capitano del porto a dar gli ordini che arrivando la galeotta armata al corso con altri bastimenti che abbiano al bordo li detti prigionieri si trattengano in mezzo al porto sino a nuovi ordini; che ciò seguendo il detto Magnifico Capitano si porti a darne avviso al Pregiatissimo Deputato del Pregiatissimo Magistrato delle Galee per il fine di cui in appresso.

Fare intendere al detto Pregiatissimo Deputato che all'

---

(1) Les 26 prisonniers étaient :
1. Maggior Francesco Maria Gentile, quondam Michelangelo.
2. Antonio Marengo, quondam Giovan Francesco.
3. Domenico Cardi-Sansonetti, quondam Sansonetto.
4. Ignazio Francesco Rossi, quondam Ignazio.
5. Francesco Maria Bozio, quondam Giovan Battista.
6. Francesco Maria Lucciana, quondam Pietro Antonio.
7. Leonardo Degiovanni, quondam Giovan Matteo.
8. Carlo Filippo Sari, quondam Luigi.
9. Antonio Maria Asdente, quondam Vincente.
10. Giovan Battista Vincensini, quondam Vincensino.
11. Carlo Casella, quondam Marco.

avviso che gli darà detto Magnifico Capitano del porto di essere arrivata la galeotta con li bastimenti suddetti, faccia uscire la galea di mese per impedire che alcun altro bastimento vi si accosti, o altro equivalente riparo.

Che il detto Magnifico Capitano del porto dia altresì notizia dell'arrivo dei prigionieri all' Illustrissimo Deputato di mese dell' Illustrissimo Magistrato d'Inquisitori di Stato.

Incaricare lo stesso Illustrissimo Deputato con mandargli nota dei prigionieri, cioè delli 13 che si vorrebbe si custodissero nelli carceri della Torre, e delli rimanenti da custodirsi nelle carceri criminali, affinchè all' avviso che gli verrà dato dal Magnifico Capitano del porto dell' arrivo dei prigionieri suddetti se l'intenda con l'Illustrissimo Generale e concerti seco il trasporto de' medesimi prigionieri alle carceri della Torre ed a quelle del Palazzo Criminale, da doversi far seguire di notte tempo, come sarebbe alle nove o dieci ore, colla scorta di un distaccamento composto di soldati Tedeschi e Paeselli, alla direzione d'un ufficiale adattato, instruendolo a regolare il detto trasporto in modo e con tale cautela che niuno, a risalva de' soldati, possa accostarsi nè parlare con prigionieri.

---

12. Francesco Matteo Limperani, quondam Carlo Felice.
13. Matteo Orbecchio.
14. Anton Battista Raffalli, quondam Giovan Battista.
15. Giovan Battista Guasco, quondam Pietro Francesco.
16. Giuseppe Maria Luri, quondam Salvatore.
17. Reverendo Salvator Luri.
18. Pasquale Sanguinetti, calvese e sarto.
19. Giuseppe Maria Sanguinetti, suo figlio stropio.
20. Luigi Spinola Padovani, di Padova.
21. Giovan Battista Morgantini, barbitonsore livornese.
22. Giovan Battista de Bonis, livornese.
23. Anton Francesco Sisco, quondam Antonio.
24. Giuseppe Nunzii.
25. Andrea Massese.
26. Giuseppe Maria Massese.

Dare li corrispondenti incarichi all' Illustrissimo Generale.

Che il detto Illustrissimo Deputato abbia l'avvertenza e dia gli ordini perchè li destinati per la Torre vengano ripartiti nelle carceri, e separati, quanto è possibile, e che alcuno (1) di essi sia posto nelle carceri ove sono rispettivamente Monsignor Mariotti e li fratelli Rivarola ; e che gli altri che dovranno trasportarsi alle carceri criminali siano ripartiti al possibile ancor essi, e se di quelli destinati per la Torre se ne dovesse far passare alle criminali vengano posti nelle segrete.

Deputare sin d'ora tribunale, come sarebbe la Magnifica Rota Criminale, ad esaminare colla maggiore speditezza, e riferire a Serenissimi Collegii, se contro de' prigionieri suddetti possa procedersi senza fracasso di sorte alcuna, come rei noti di lesa maestà, se loro assista o no il regolamento del 1745, e così debba osservarsi il capitolo che parla de' nazionali Corsi carcerati per delitti di lesa maestà; e per il caso avesse a farsi processo deputare altresì sin d'ora la stessa Magnifica Rota a formarlo sino alla sentenza esclusivamente, con porla in avvertenza che il fisco v'abbia il minore possibile svantaggio, e deputare alla sopraintendenza del detto processo un Eccellentissimo Togato. Et eleggere in tal caso il tribunale misto, secondo le bolle, per formare il processo contro del prete fra' carcerati.

1746 a 27 marzo.

Lette a Serenissimi Collegii, etc.

Discorsa la pratica,

S'incarichi il Pregiatissimo Deputato di settimana del Pregiatissimo Magistrato di Sanità a star in attenzione dell'arrivo nel presente porto della galeotta armata al corso e d'altri bastimenti con essa, colli prigionieri della Bastia, ed a non dar loro la pratica se non quando lo dirà l'Illustrissimo Deputato di mese dell'Illustrissimo Magistrato d'Inqui-

---

(1) Alcuno pour Veruno, nessuno (V. p. 5).

sitori di Stato, e dia gli ordini perchè all'arrivo di detta galeotta e bastimenti siano guardati da due o tre gozzi, affinchè non possano venire a parlamento di sorta alcuna, ed inoltre faccia immediatamente significare a detto Illustre Deputato d'Inquisitori l'arrivo di detta galeotta e bastimenti per sua regola.

Si dia notizia di quanto sopra al predetto Illustrissimo Deputato di mese dell'Illustrissimo Magistrato d'Inquisitori di Stato, cui si faccia intendere che ricevuto che avrà l'avviso dell'arrivo di detta galeotta e bastimenti nel presente porto se l'intenda coll'Illustrissimo Generale per farsi somministrare quel distaccamento di soldati, nel numero e di quella nazione, o nazioni, che stimerà, con quell'ufficiale che stimerà parimente esso Illustrissimo Deputato a proposito, per dover far trasportare e scortare li detti prigionieri rispettivamente alle carceri della Torre e a quelle del Palazzo Criminale, secondo la nota da trasmettersi allo stesso Illustre Deputato, per evitare al possibile l'apparenza, con fare che segua il detto trasporto ad un'ora inoltrata della notte, o dalla porta del Ponte Reale, o da quell'altra che farà segnare a Sua Serenità, il quale abbia facoltà di dare gli ordini perchè sia aperta nel momento che dovrà seguire l'introduzione in Città di detti prigionieri.

Il predetto Illustre Deputato instruisca l'ufficiale che sarà alla direzione del detto distaccamento a regolare il detto trasporto in modo e con tale cautela che niuno per strada possa accostarsi nè parlare co' prigionieri.

Inoltre abbia il detto Illustre Deputato l'avvertenza e dia gli ordini perchè li destinati per la Torre (1) vengano ripar-

---

(1) Les prisonniers qui devaient être enfermés dans les prisons de la Tour étaient Gentile, Marengo, Sansonetti, Asdente, Lucciana, Sari, Degiovanni, Limperani, Raffalli, Casella, De Bonis, Giuseppe Luri et l'abbé Salvator Luri.

titi nelle carceri di essa e separati quanto è possibile, e che veruno di essi sia posto nelle carceri ove rispettivamente si ritrovano Monsignor Mariotti e li fratelli Rivarola ; e che gli altri che dovranno trasportarsi alle carceri criminali siano ripartiti al possibile ancor essi, e se di quelli destinati per la Torre se ne dovessero far passare alcuni alle criminali, perchè non potessero capire in Torre, vengano posti nelle segrete del detto Palazzo criminale.

Si faccia intendere all'Eccellentissimo Generale che somministri all'Illustre Deputato di mese dell'Illustrissimo Magistrato d'Inquisitori di Stato quel distaccamento di soldati, nel numero, di quella nazione, o nazioni, e con quell'ufficiale che stimerà, e per quell'ora che le dirà lo stesso Illustre Deputato, da servire per scorta de' prigionieri di Bastia, che devono giungere a Genova quanto prima, alle carceri rispettive della Torre e del Palazzo Criminale, e che debba in ciò l'ufficiale destinato eseguire gli ordini dello stesso Illustre Deputato.

> Per Serenissima Collegia ad calculos
> Giuseppe.
>
> D. C. al Magistrato di Sanità.
> D. C. all'Inquisitori di Stato.
> D. C. all'Illustrissimo Generale.

PRATICA DELLI CAPI RIBELLI CORSI
MANDATI DALLA BASTIA
QUALI FURONO GIUSTIZIATI NEL PALAZZO CRIMINALE
PER SENTENZA DEI SERENISSIMI COLLEGII

RILASCIO DALLE CARCERI DI ALTRI CORSI

L'anno 1746, giorno di mercoledì 30 del mese di marzo, alla mattina, in uno dei salotti del Palazzo dell'Eccellentissimo Ottavio Grimaldi, Capo dell'Eccellentissima Giunta della Marina, posto in vicinanza della chiesa di San Lucca,

Da Antonio Giuseppe Figarella, quondam Francesco Maria, della Bastia, alla presenza dello Reverendissimo ed Eccellentissimo Ottavio, da Reverendi Collegii come da decreti, e con assistenza del Magnifico Pietro Giustiniani, consultore, si è avuto con suo giuramento come in appresso.

Interrogato rispose:

Io sono patrone pescatore in Bastia, e sono arrivato ieri notte in Genova, avendo avuto in consegna li 26 prigionieri, in compagnia di quattro altri, che sono Pietro Cardi, Grisanto Volpajola, Carlo Gavi e Benedetto Aitelli; e noi altri cinque siamo stati deputati a portar detti prigionieri in Genova, avendoli imbarcati dallo scalo del giardino in Bastia sopra due gondole che furono armate di cinquanta uomini circa; ed arrivati in Capraja si (1) siamo dovuti fermare per

---

(1) *Si* pour *ci*.

cinque giorni atteso il tempo cattivo. La nostra andata in Capraja ha avuto per motivo ed intento di far partire di là le provigioni per Bastia; ed in Capraja trovassimo Capitano Matteo Mattei, il quale voleva che io e li quattro miei compagni consegnassimo a lui ed al signor Gherardi li detti prigionieri, ad effetto di farli trasportare colla Galeotta nella presente città, ma io e li detti miei compagni risposimo chiaramente che non volevamo assolutamente consegnarli, perchè il Magistrato e Popolo della Bastia li avevano dati a noi affine li portassimo a Genova; che se però il signor capitano Mattei avea qualche ordine dall'Eccellentissimo Commissario Generale, o dai Padroni Serenissimi, lo mostrasse, che allora avressimo obbedito; ma avendoci risposto che non avea alcun ordine, noi insistemmo nel nostro primo pensiero di condurli noi quì. Si trattenemmo poi per cinque giorni atteso il tempo cattivo nella Capraja, e dopo quattro giorni della nostra permanenza arrivò colà il patrone Cecco Patrimonio con le gondole delle proviste per la Bastia, anzi il patrone Patrimonio arrivò di notte, e credo che sbarcasse in terra in alcuna di quelle osterie, e come che noi, all'arrivo nostro colle due gondole in Capraja, atteso che li prigionieri avevano molto patito per mare, col consiglio e consenso del signor Commissario di Capraja e del signor Carlo Gherardi, avevamo sbarcato in terra li medesimi prigionieri, e posti, con custodia e guardia di cinquanta circa uomini del presidio di Capraja e di molti de' nostri marinari o sia soldati, in una cappella che sta alla marina, il giorno avanti che capitasse il patrone Patrimonio li abbiamo nuovamente imbarcati sopra le due nostre gondole, ed eravamo di già partiti dal porto della Capraja, ma il tempo ci obbligò a tornare indietro. Essendo li prigionieri medesimi tutti sopra le due gondole nostre, il giorno seguente all'arrivo del detto patrone Patrimonio, alla mattina, venne al bordo della mia gondola il medesimo Patrimonio, e li tenne discorso lungo colli prigionieri che avea al mio bordo, e i miei marinari mi hanno detto che ha mostrato alli suddetti prigionieri una scrittura nella quale si diceva era contenuto il perdono salva la vita ; anzi, quella stessa sera che era arrivato patron Patrimonio arrivò ancora Domenico Odiardi, il quale subito venne al mio bordo, che potevano essere tre ore circa di notte, e sentii, tra molti altri discorsi che faceva colli prigionieri suddetti, che diceva : « Vi hanno venduto come carnieri. » Il detto patron Cecco poi intendendosi col Signor Commissario di Capraja e col colonnello Cretler, giacchè il detto segretario Gherardi era partito due giorni avanti per Bastia con quattro gondole caprajesi prima dell'arrivo dell'istesso Patrimonio, trasportammo la metà di questi prigionieri sopra la galeotta, e li altri sopra la mia gondola, volendo servirsi il capitano Patrimonio dell'altra gondola per far ritorno in Bastia ; e di fatto il giorno seguente che fu sabbato passato partì il detto patrone Patrimonio colla gondola per la Bastia; e la galeotta colla mia gondola per Genova.

Interrogato rispose :

Affinchè V. E. sappia il fatto intieramente come è seguito, è necessario che io dica e racconti l'istoria sino dal suo principio. Sappia adunque che io era in Genova quando sono state tirate le bombe in Bastia, e partito di quà colla posta del patron Testone, dopo un lungo e penoso viaggio son'arrivato a Centuri, e di là partito per terra son'arrivato la sera di S. Tomaso in Bastia, dove allora vi trovai Rivarola e Gafforio che erano quelli che comandavano, ed il giorno seguente fui chiamato perchè andassi all'obbedienza da' medesimi, come feci. Dopo varii giorni, partiti che furono dalla Bastia Matra, Gafforio e Rivarola per le dissensioni che erano nate tra di loro, per ordine del Magistrato degl'Inquisitori, che allora era in piedi, furono chiamate nella Terranova tutte le Arti, e fu deliberato che il Consiglio fosse formato di quaranta, venti del primo e venti del secondo ordine, e che nel

Magistrato degl'Inquisitori dovessero essere tre del primo e due del secondo ordine. Passati molti giorni furono chiamate tutte le Università nell'oratorio di S. Teramo, e vi concorse quasi tutto il Popolo, ed il Signor dottor Antonio Morelli fece una gran parlata a tutto il Popolo, concludendo che o tutti dovevano essere liberi, o tutti perdere la vita, ed il Popolo tutto esclamò che così doveva essere, ed in questo congresso vi erano la maggior parte delli detti venti sei prigionieri. Nel medesimo congresso, essendo in parte tutto il Popolo, fu a viva voce deliberato che dovessero andare due del primo e due del secondo ordine a dimandare perdono per tutti all'Eccellentissimo Commissario Generale, e fu eletto il podestà Caren ed il dottor Morelli per il primo ordine, e per il secondo, Domenico Odiardi e Paolo Geronimo Brignole; ma il Morelli si scusò, ed in suo luogo vi andò l'Arcidiacono Stefanini. Partiti che furono per Calvi li detti quattro con una gondola, dopo tre giorni o quattro, comparvero alla Bastia quattro navi da guerra inglesi, ed alla comparsa di queste navi, scoperto che veramente erano inglesi, li Cittadini incominciarono a dire publicamente che erano stati quelli del Popolo che avevano voluto darsi alli Genovesi, ma che tutto ciò seguiva contro la volontà dei medesimi Cittadini; e dicevano questo così publicamente che tutti noi altri del Popolo incominciammo a dubitare di loro. Accostandosi le medesime navi, e visto che una lancia si era staccata da una di loro, io fui incaricato di andargli incontro colla mia gondola, e s'imbarcò sulla medesima, oltre li miei marinari, il maggior Gentile ed il Reverendo Luri, conducendo seco uno che sapeva la lingua francese per interprete, ed essendo colla mia gondola appena fuori del porto, ebbimo incontro la detta lancia inglese, e per mezzo dell'interprete intesi che l'ufficiale che era sopra la lancia di guerra diceva che aveva delle lettere da consegnar al Rivarola, e sentii che gli fu risposto che il Rivarola non era in Bastia, e che se consegnavano il plico, gli si sarebbe mandato; e di fatto il plico fu consegnato al maggior Gentile, il quale, calato che fu in terra, portò il plico al Magistrato; e questo plico so poi che è stato mandato al Rivarola per mezzo di un cavallegiere ; e poi l'istesso Rivarola mandò a dire che voleva discorrere coi Cittadini della Bastia a Ponteprato. Il giorno seguente furono deputati dal Magistrato il signor Ignazio Francesco Rossi ed il signor Salvatore Galeazzini per parte dei Cittadini, e patrone Simon Francesco Santelli e prete Antonio Cicconi per parte nostra, ed io colla mia gondola li ho portati alla spiaggia di Ponteprato, e li sbarcai a terra, ed io ancora, avendo lasciato in Bastia tutto il Popolo che stava sulle armi col dubbio di qualche novità. Nella vicinanza del Ponteprato venne il detto Rivarola, assieme a molti suoi seguaci che arrivavano quasi al numero di due cento, ed il detto Rivarola disse ai deputati che le lettere da lui ricevute contenevano, anzi lesse in presenza loro le lettere medesime, che sarebbero venute quaranta navi e otto carcasse, e che avrebbero rovinata e abbruciata Bastia, e che non vi sarebbe stata remissione nè a piccoli nè a grandi; e dopo lette queste lettere disse ai deputati che dovessero ricevere in Bastia lui con cento cinquanta de' suoi per schivare questo flagello, e che voleva li dessero alcuna risposta; e gli dissero li deputati che per dargli risposta avevano necessario di parlar prima al Popolo, e che poi gli avrebbero data la detta risposta, e che quando non fossero stati cento cinquanta, si potrebbe contentare di entrare con meno. Io era a sentire tutti questi discorsi senza mai parlare, e vedendomi il Rivarola in questo atto, tanto lui quanto il detto Signor Rossi mi dissero che spiegassi loro il mio sentimento, ed io allora dissi publicamente, che sentirono tutti, che noi avevamo dimandato un ufficiale inglese perchè ci comandasse, e che ci fu negato, e che non volendo per le loro cattive azioni essere comandati dai Corsi, avevamo risoluto di chiamare il nostro Principe naturale. Allora il figlio del

Ruggiero Zerbi, che era in compagnia del Rivarola, mi disse con atto minaccioso : « Siete voi altri Bastiacci che fate queste cose. » Ed io mi ritirai dicendo che attendeva a pescare. E dopo di ciò li deputati si fecero dare la copia della lettera dal Rivarola, il quale insinuava alli due deputati del Popolo che si arrendessero, ma io nuovamente replicai che andassero pure a pigliare Ajaccio, Calvi e Bonifacio, e che alla Bastia non vi pensassero ; e allora s'imbarcammo e tornammo alla Bastia. E devo dire di più che, con la nostra gondola quando andammo all'arena di Ponteprato, venne con noi altri la lancia inglese con un ufficiale, nella quale lancia vi era pure Giuseppe Nunzi, piemontese, il quale la sera innanzi si era imbarcato sulla nave inglese, e tanto l'ufficiale inglese quanto detto Nunzi erano presenti a detti discorsi. Il detto Piemontese l'ho inteso io che diceva in un circolo dei seguaci del Rivarola che il Popolo della Bastia diceva sempre : « Ammazza queste Perucche ! Ammazza queste Perucche ! » (1) e che voleva si andasse in Calvi a darsi alli Genovesi. Partiti dalla detta spiaggia, ritornammo in Bastia. Chiamarono (2) il Popolo tutto per riferirgli il fatto, ed avendo sentito il Popolo, che il signor Rossi avea data intenzione di fare entrare con cento uomini il Rivarola, si sollevò e voleva in tutti li conti ammazzarlo, e come che si era ritirato nella casa dei Missionarii, il Popolo volea abbruciare la casa medesima, dove era ancora il signor Domenico Sansonetti, e fui chiamato io allora perchè presente del Popolo dicessi cosa avea proposto al Rivarola ; ed io dissi allora, che tutti sentirono, che avevo proposto che andassero prima a prendere Calvi, Ajaccio e Bonifacio, e che se dopo fossero venute le navi, avressimo capitolato. Ma seguitando sempre il Popolo a strepitare, il patron Patri-

---

(1) On entendait probablement désigner ainsi les *Cittadini* de Bastia.
(2) Sous-entendu *li deputati*.

monio li acquietò alla meglio, e portò nelle case loro i detti deputati. Tre o quattro giorni dopo fu chiamato consiglio in Cittadella per mutare gl'Inquisitori di Stato, e fu imposta la pena di lire cento a chi non interveniva, ed io come uno delli venti del Popolo v'intervenni, e si radunammo tutti nella sala del Vicario, ove furono mutati gl'Inquisitori, e in questa occasione, nell'uscire che si faceva dalla detta adunanza, furono arrestati la maggior parte delli detti prigionieri, e gli altri son stati presi in altre parti, come meglio diranno l'altri quattro miei compagni. Dopo seguito l'arresto delli detti prigionieri, si radunò nuovamente il Popolo, e si discorse di mandare quattro deputati in Genova, e tutto che io mi fossi opposto dicendo si dovevano dirigere all'Eccellentissimo Commissario Generale, pure, per evitare ulteriori dissensi e turbolenze, tra noi altri si stabilì che si dovesse mandare il Podestà con tre altri, e fu estesa una istruzione con una lettera, nella quale istruzione si diceva che si dovesse dimandare un perdono generale, ma il Popolo sul principio non voleva assolutamente che si dimandasse perdono per tutti, e li Procuratori che dovevano sottoscrivere tanto la lettera quanto l'istruzione ripugnavano di sottoscrivere. È ben però vero che patrone Patrimonio insisteva su quello che a voce di popolo si era deliberato nel primo congresso, cioè che dovessimo essere tutti salvi o tutti morti, ma la maggior parte del Popolo rispondeva che gli affari si erano cambiati, e che li Cittadini aveano mancato di parola colli maneggi che avevano fatto, e con ciò che aveano detto e fatto col Rivarola et Inglesi, e che perciò non volevano assolutamente che si dimandasse il perdono per tutti; pure non ostante tali risposte, tanto per le insinuazioni del patron Patrimonio, quanto per evitare ulteriori disturbi, li detti Procuratori sottoscrissero la lettera e l'istruzione, con intelligenza però che io dovessi venire colla mia gondola e coi tre Capi delle Arti a far presente a Patroni Serenissimi i veri sentimenti del

Popolo, il che poi non fu eseguito perchè sono stato spedito per Calvi, atteso che erano state intercettate le lettere che il Popolo avea scritte all'Eccellentissimo Commissario Generale; il che risaputosi in Bastia fu stimato che io colla mia gondola andassi in Calvi per portare alla E. S. la lettera colla notizia che erano stati arrestati li suddetti prigionieri. L'Eccellentissimo Commissario Generale mi diede la risposta da portare in Bastia, ed anche publicamente si espresse che voleva tutti i prigionieri a libera disposizione della Republica, perchè il Governo avrebbe conosciuto, chi fosse stato reo l'avrebbe castigato, e chi non fosse stato non l'avrebbe castigato. Con questa lettera di risposta son ritornato in Bastia, e fattala presente al Magistrato, fu communicata a tutto il Popolo, e fu risposto che andasse a pigliarseli o che mandasse persone a tale effetto, e fu deliberato altresì di scrivere altra lettera alla prefata Eccellenza, e che gliela portasse il Pippo Mattei ed il medico Perfetti, affinchè S. E. la mandasse in Genova a Collegj Serenissimi, ma come il tempo si guastò, il bastimento che era partito ritornò indietro, ed allora dopo due o tre giorni circa, il patron Patrimonio fu spedito a Capraja per le proviste, ma poi s'intese che era venuto in Genova, avendo portato la lettera scritta all'Eccellentissimo Commissario ad effetto la mandasse a Genova; e come che dopo la partenza del detto Patrimonio si stava affatto all'oscuro, io son partito senza licenza, e son andato in Capraja ove ho parlato col signor Gherardi, dicendoli che mandasse a prendere li prigionieri, mentre così desiderava il Popolo, dal quale sarebbero subito fatti consegnare; ma vedendo che non si voleva risolvere a far questo, io ritornai in Bastia, ove arrivato, il signor Pippo Mattei voleva che io fossi castigato per esser partito senza licenza, e, radunato il Popolo nella piazza della Corte, parlò contro di me, ed io rispondendogli ho fatto presente al Popolo tutto quello che aveva operato, ed allora il Popolo tutto disse ad una voce

che s'imbarchino li prigionieri, e che si mandino via a Genova, e volle il Popolo che prontamente si eseguisse, ed elessero me e gli altri quattro miei compagni ad effetto di portarli in Genova, ed è seguito quello che ho detto sopra.
Ætatis annorum 54 circa.

Poco dopo alla presenza come sopra, anzi al dopo pranzo, da Pietro Cardi, quondam capitano Simon Gio: del luogo di Cardo, giurisdizione di Bastia, con suo giuramento si è avuto pure come in appresso:

Io sono stato in Bastia quasi dal principio sino all'ultimo dell'ultimo fatto, dal bombardamento degl'Inglesi, fino a che il giorno seguente di San Giuseppe sono stati consegnati a me, al patron Anton Giuseppe Figarella, Grisanto Volpajola, Carlo Gavi e Benedetto Aitelli, li prigionieri; e racconterò tutto intieramente il fatto come mi è seguito. Quando è andata in Bastia la squadra inglese ero colli Signori Spinola al Forte, nel stagno di Chiurlino, e di là escii con idea di scoprire le forze e andamenti della gente che aveva seco il Rivarola; e di fatto mi portai in maniera che egli, fattomi delle accoglienze, non solo mi destinò alle sue guardie, ma anche mi diede due zecchini con incombenza di far fare a Cardo del pane per la sua gente. Io accettai volentieri l'incarico per potere poi sicuramente entrare in Bastia e riferire all'Eccellentissimo Commissario Generale tutto ciò che avevo osservato. Andai a Cardo, ed alla presenza di molti ho dato li detti due zecchini per le proviste del pane, e poi con buona maniera mi sono ritirato verso San Francesco di Bastia, e non senza molto mio pericolo, per le archibugiate che venivano tirate contro i Paesani. Sono stato ricevuto da un uffiziale, il quale poi mi trasmise a S. E. Avendogli io riferito, come avea ideato, tutto ciò che avea osservato, il giorno in appresso l'Eccellentissimo Commissario Generale mi ordinò che dovessi andare in campagna ad avvisare molti ben affetti al Governo Serenissimo, e con questa occasione mi permise che potessi portar anche in salvo qualche poca mia robba e famiglia, accordandomi a questo effetto un bastimento da trasportarla; ma come che il tempo si era fatto cattivo, ed io ebbi necessario di differire la partenza, in questo tempo comunicai tutte le mie idee al Paolo Zerbi come affezionato al Serenissimo Governo, e quando credevo di poter essere in stato di partire, sentii tutto all'improviso che l'Eccellentissimo Commissario Generale se n'era andato, e che tutta la Bastia era in confusione; ed ho veduto in appresso entrare li Paesani nella Bastia col Rivarola, ed indi il Matra e Gafforio; e consigliandomi col detto Signor Zerbi, risolsi di star cheto, senza dar apparenza di sorte alcuna, per aspettar la congiuntura di poter servire il Serenissimo Principe. Di fatto, quando cominciarono le dissensioni tra il Rivarola ed il Gafforio, sempre facendo parola col Signor Paolo Zerbi, andavo di tanto in tanto suggerendo pensieri a quei più di miei confidenti che stimavo di dover chiamare a parte della mia idea per potere scuotere il giogo di quei Paesani e di quei loro Capi. Partiti che furono tanto il Rivarola quanto il Gafforio, incominciai coi miei conoscenti, e formammo il pensiero di richiamare il nostro Principe Serenissimo, e per questo intento, facendo parte del consiglio del detto Signor Zerbi, sono stato io che ho offerto il comando della Plebe al capitano Cecco Patrimonio, il quale sul principio era un poco renitente, spaventato dalle difficoltà dell'impresa; ma mi sono ingegnato di ridurlo pian piano a far poi quello che si è fatto, cioè di spedir prima a S. E., e poi con arte catturare e mettere prigione tutti quelli, i quali pareva a me, e diceva anche publicamente il Popolo, essere quelli che cercavano di opprimer il Popolo e di comandare loro, intendendosi e communicando col Rivarola, Matra e Gafforio, il che si è scoperto in moltissime occasioni e per diversi e varii titoli. Dopo che sono stati posti in prigione quelli che poi abbiamo qui portati, io, che aveva non solo dato il consiglio ma anche contribuito coll'opera perchè costoro fossero carcerati, sono stato destinato alla guardia delle carceri medesime, alla qual guardia sono stato con retta attenzione, anche per il consiglio che mi aveva dato il Signor Paolo Zerbi, perchè essendo tutti li carcerati gente dinarosa e con qualche parentela e dipendenza, temevo di qualche sorpresa, o di consimil sinistro. Sono stati poi destinati quattro per venire in Genova ad implorare il perdono per la Città tutta; e non ostante che vi fossero delle persone le quali protegessero li carcerati con grande premura, e voleano che fossero compresi nel perdono, pure l'universale del Popolo diceva sempre e costantemente ha detto, che se il Principe Serenissimo volea lasciar la vita era il padrone, ma che il Popolo non dovea pigliarsi questo impegno; e su questo proposito dal Popolo medesimo si replicava sempre che il Principe Serenissimo, se li avesse stimati rei, potrebbe liberamente castigarli, e se innocenti, liberarli, rimettendoli in tutto e per tutto nelle braccia del Principe; e come che era partito il patrone Cecco Patrimonio per Capraja ad effetto di far venire le provigioni, e poi si seppe che da Capraja era venuto qui in Genova, e, si era sparso per la Bastia, per implorare il perdono anche per li prigionieri, allora fu detto dal comune del Popolo che anche nel caso che avesse ottenuto il perdono per li medesimi prigionieri, tanto e tanto intendeva di consegnarli liberamente al Trono Serenissimo. Essendo poi arrivate lettere da S. E. scritte tanto al Signor Paolo Zerbi come a tutti gli ufficiali della Bastia, nelle quali si diceva che si voleva assolutamente la consegna delli prigioneri, in occasione che Pippo Mattei avea unito il Popolo per far castigare il patron Figarella per essere andato nella Capraja senza la permissione, lette allora le dette lettere al Popolo, e soggiunto dal detto patrone Figarella e da me ancora che non vi era maniera di uscire da guai senza la libera consegna dei suddetti prigionieri, il Popolo tutto disse e esclamò che si consegnasse assolutamente li prigionieri tutti e s'imbarcassero per Genova liberamente; e di fatto fu ordinato che si armassero due gondole, e furono consegnati a noi altri cinque li medesimi prigionieri, e con dette due gondole ben armate andammo primo in Capraja, ove trovata la galeotta, essendo poi in appresso arrivato patrone Patrimonio e con una delle gondole ritornato alla Bastia, coll'altra assieme alla galeotta siamo venuti alla presente Città. Interrogato patron Patrimonio in Capraja ha detto a me e ad altri che abbiamo fatto bene a portar li prigionieri per condurli a Genova, perchè il Principe vuole l'ubbidienza, ma che si rallegrassimo perchè avea ottenuto per essi la vita, e che non fossero castigati colla pena ignominiosa.

Interrogato rispose:

Io so, e mi sono trovato pure presente quando si unì il Popolo in S. Teramo in Bastia, e mi ricordo benissimo che tutto il Popolo disse allora che o tutti dovevano esser salvi o tutti dovevano morire, ma come che poi li Cittadini, e particolarmente molti dei prigionieri, in occasione che vennero le quattro navi inglesi, e per li congressi che hanno fatto col Rivarola, hanno mostrato il loro mal'animo e si sono divisi dal comune interesse del Popolo, per questo motivo il Popolo medesimo diceva che non era obligato a parola nessuna, perchè li detti Cittadini erano quelli che l'avevano prima mancata, e che per questo il Popolo non si dovea impegnare a salvare loro la vita, ma in tutto rimettersi al Principe Serenissimo.

Ætatis annorum 33 circa.

Detto, alla sera, essendovi li lumi accesi, alla presenza e come sopra, da Grisanto Volpajola, quondam Gio : Tomaso, della Bastia, si è avuto con suo giuramento come in appresso.

Interrogato rispose :

Rispetto all'affare di cui sono interrogato devo raccontare tale e quale i fatti che sono seguiti, quelli che ho veduto e sentito. Sappia adunque l'E. V. che quando in Bastia si disgustarono tra di loro il Rivarola con Gafforio, e che uscito il primo dalla Città, anche il Gafforio aveva risoluto di andarsene via dalla Cittadella, patron Cecco Patrimonio mi fece ricercare per un terzo se volevo confidare in lui ed entrare in parte de' suoi maneggi, ed io ben volentieri aderii, ed abboccandomi seco mi destinò per suo aiutante, e mi mandava a portare il santo di battaglia nelli quartieri di Terravecchia, e si servì poi di me per occupar il corpo di guardia di Terranova per mettersi al coperto ed obligare il Gafforio ad uscire, come di fatto poi uscì. Dopo poi che la Città restò in potere dei Bastiacci, Popolani e Cittadini, io seguitavo sempre a fare da aiutante, e per questo titolo patron Patrimonio confidava a me molte cose, e di fatto, un giovedì, chiamatomi da parte, mi disse che era necessario il mettere in prigione molti dei Cittadini, nominandoli specificatamente, e che bisognava unir della gente e occupare le loro case per questo intento ; ma io li replicai che avressimo corso molti pericoli, perchè tutti stavano sulle loro guardie, ed ognuno aveva gente e munizioni in casa, e che secondo il mio sentimento si dovea tener altra divisa, cioè col radunare il Consiglio in Cittadella, nel quale Consiglio vi era la maggior parte delli nominati, e che allora si sarebbero potuti con tutta facilità catturare. Patron Cecco di fatto mi disse che dicevo bene, e mandò l'ordinanza per radunare il Consiglio il giorno seguente che era il venerdì ; ma venuto il giorno e l'ora destinata, pochi dei Cittadini sopra quali cadeva la nostra intenzione vennero, e patron Patrimonio dubitò che si fossero posti in guardia, giacchè tutta la Plebe era in sussurro e tutti eravamo armati ; ciò non ostante ordinò il Consiglio per il sabbato, colla pena a chi non veniva, e di fatto il sabbato venne le maggior parte, ed entrati in Cittadella (1) nella sala del Vicario fecero Consiglio e presero molte provvidenze, ed intanto io, cogli altri che eravamo intesi, rinforzammo i corpi di guardia, ed all'uscir del Consiglio, avendomi fatto cenno patron Patrimonio, io e li compagni, ad un per uno di quelli che avevamo disegnato di catturare, li posimo le mani addosso e li serrammo nelle carceri della Cittadella. Non vi era intervenuto nel Consiglio il Signor Antonio Marengo, Giov. Battista Vincenzini, e Ignazio Francesco Rossi, e anche Titto Guasco, e questi, fatte da noi le squadriglie, si sono presi in casa loro propria, senza contrasto in riguardo al Marengo, Guasco e Rossi (2), ma Vincenzini si serrò in casa e fece fuoco contro noi altri, e col primo sparo uccise Tomaso mio figlio, ma poi è stato colla forza obligato a rendersi, e a furia del popolo dovea essere posto al palo, ma per l'intercessione di un padre Gesuita e d'altra gente fu tolto tosto dal palo, e posto prigioniere cogli altri ; ed io con detto Pietro (3) ed altri due siamo stati destinati per la guardia delle carceri della Cittadella. Mentre era in questa custodia, per più e più volte sono stato mandato a chiamare dalle signore Anna e Giulia Sansonetti, (4) le quali con offerta di grosso contante, e con farmi apprendere che avevano cento cinquanta uomini alla sua disposizione, volevano indurmi a contribuire per la liberazione delli prigionieri, dicendomi che il giorno seguente dovea montare

---

(1) Aujourd'hui la caserne du Donjon.
(2) On verra plus loin que Rossi a été arrêté dans l'église des Jésuites.
(3) Cardi.
(4) Anna Sansonetti était la bru de Domenico ; Giulia était sa fille, mariée à Orazio Carbuccia, alors capitaine au régiment Royal Corse.

di guardia un capitano e un tenente di loro dipendenza; del
che io ne informai subito il Signor Buttafoco, Paolo Zerbi,
Pelegri ed il medico Perfetti, i quali insinuandomi che
tenessi segreto l'affare provvidero in maniera che nulla seguì.
Il motivo per cui si determinarono, tanto il patron Patrimonio quanto gli altri, di far carcerare li Cittadini si era
perchè questi avevano corrispondenze col Rivorola e compagni, e noi abbiamo scoperto che volevano introdurre nuovamente nella Città i Paesani, per obligarci a non pensare
di ritornare all'ubbidienza della Serenissima nostra Padrona ;
ed il Signor Cecco Rossi, che quando arrivarono le quattro
navi d'Inghilterra fu destinato con altri ad andare al Ponteprato per parlamentare col Rivarola, essendo poi ritornato
in Bastia, disse che per il minor male si dovea lasciar introdurre in Bastia il Rivarola con cento cinquanta Paesani, alla
quale proposta tutto il Popolo esclamò, e volevano a tutto
conto ammazzarlo in compagnia di Sansonetti che si era
fatto suo compagno, e se non era per patron Patrimonio, assolutamente erano ammazzati ; e da questo motivo e da molti
altri il Popolo si era irritato e si determinò di rinserrarli.
Quando poi dopo aver scritte le lettere all'Eccellentissimo Commissario Generale, e ricevute le risposte, nelle quali S. E.
diceva che si consegnassero liberamente li prigionieri, e che
allora saressimo stati provveduti, il Popolo tutto diceva che
si consegnassero ; ma molti temendo gli ulteriori disordini
andavano proponendo chi uno e chi un altro mezzo termine ;
ma poi finalmente, essendo partito patron Cecco Patrimonio
dalla Bastia col permesso di andare alla Capraja per solleci-
tare che venissero le provviste, e si seppe poi che egli era
passato quì in Genova, vi era chi andava dicendo che era
venuto patron Patrimonio per far liberare li prigioni, per
salvargli la vita, ed il Popolo circa di ciò esclamava ; ed
essendo tutti in aspettativa delle risoluzioni, capitarono
nuovamente delle lettere dell'Eccellentissimo Commissario

Generale, nelle quali scriveva tanto a Paolo Zerbi quanto a me, che facevamo la figura della Città, che se non si consegnavano i prigionieri non si sarebbero mandate le provviste. Si radunarono in piazza della Corte e nella Casetta (1) tutti li Capi delle Arti e delli quartieri con tutto il Popolo, furono lette le lettere di S. E., quali sentite da tutto il detto Popolo, esclamarono tutti ad una voce che si consegnassero li prigionieri assolutamente, e che vadano presto, liberamente, e senza mettervi alcuna condizione ; e per esecuzione di tal ordine universale del Popolo fu ordinato che si armassero due gondole, e che s'imbarcassero ; e furono di fatto armate le medesime gondole, e dalla scaletta del giardino furono imbarcati sopra le medesime, essendo stati consegnati a me, a patron Giuseppe Figarella, Benedetto Aitelli, Pietro Cardi e Carlo Gavi ; e tenimmo dritto la prora per Capraja, ove ritrovammo capitano Matteo Mattei ed il Signor Gherardi, col consiglio de' quali li prigionieri furono posti in una cappella, ben guardati, perchè il tempo non permetteva che partissimo ; anzi dopo quattro giorni, partiti, fummo obligati a ritornare per il tempo cattivo, e dopo il nostro ritorno arrivò il patrone Patrimonio nel porto della Capraja, dopo il di cui arrivo fu stabilito col consiglio di tutti che una gondola col detto Patrimonio ritornasse in Bastia, e l'altra colla galeotta si portasse qui colli prigionieri, come seguì ; e devo aggiungere che quando arrivammo in Capraja, arrivò con una gondola la Signora Giulia Sansonetti con un suo fratello piccolo (2), e perchè io temei che essendo partita dalla Bastia senza le permissioni potesse andare a Livorno a far strepito, e forse far armare il sciabecco, od altro bastimento per inseguirci,

---

(1) La *Casetta* était le lieu de réunion des magistrats municipaux.
(2) Stefano Sansonetti alors àgé de 14 ans.

così insinuai di farla trattenere per portarla qui, come segui.

Ætatis annorum 42 circa.

Nel luogo e alla presenza come sopra, da Carlo Gavi, quondam Antonio, si è avuto con suo giuramento come in appresso.

Interrogato rispose:

Subito che sono state tirate le bombe, e che l'Eccellentissimo Commissario Generale risolvette di partire, come infatti partì, dalla Bastia, essendo io uno dei capi dell'arte delli conciai, sono stato posto in Consiglio nel quale, tutto che alcuni di noi altri resistessimo e richiedessimo che si prendesse tempo, per opera principalmente del maggior Gentile, Marengo e Pippo Sari, fu risoluto d'introdurre in Bastia il Rivarola; ed entrò poi il Matra e Gafforio colli Paesani; ed indi essendo partito il Matra per andar di là da Monti, dopo di aver fatte molte tasse sopra i Sestrini ed altri, vennero in dissensione tra loro il Rivarola e Gafforio, e vi seguirono delle archibugiate e morte di uomini, e si risolsero finalmente, tanto l'uno quanto l'altro, di partir di Bastia; e dopo la loro partenza la Città si governava da se, intervenendo nel governo Cittadini e Popolani; ma come che il Popolo mal soffriva che si tirasse avanti su questo piede, s'incominciò a sussurrare, ed essendo tutto il Popolo armato si risolse di fare una unione universale che seguì nell'oratorio di San Teramo, dove si risolse di nuovamente chiamare aiuto da Serenissimi Padroni, e fu destinato di mandare il Podestà con altri tre a Calvi dall'Eccellentissimo Commissario Generale, quali partiti, si lasciarono vedere quattro navi inglesi vicino alla Città della

Bastia, alla vista delle quali li Cittadini incominciarono nuovamente ad alzar testa, beffeggiando noi altri del Popolo in modo che causava una grandissima confusione; e come che venne una lancia in terra dalle dette navi inglesi, gli si mandò incontro, per sapere cosa volevano, una nostra gondola, e dissero che avevano lettere per il Rivarola, ma noi altri li fecimo rispondere che era fuori, e che in Bastia non poteva venirci; e fu destinato Cecco Rossi con altri per portarsi dal Rivarola colle lettere assieme all'ufficiale inglese, e fissato il luogo a Ponteprato; ed essendo poi il detto Rossi ritornato, disse al Popolo, che era concorso in folla, che era meglio introdurre Rivarola con cento cinquanta uomini che soffrir nuovamente le bombe, ma il Popolo tutto unitamente disse che non ne volea saper del niente, e che volea soffrir il fuoco; e incominciarono da questo a scoprire che li Cittadini avevano mal'animo, tanto più che avevano saputo che avevano detto al Rivarola ed agl'Inglesi che eravamo noi altri Popolani che volevamo i Genovesi, che per altro essi non acconsentivano a questa cosa, e allora fu che essendo di già fatto comandante patron Cecco Patrimonio si prese il partito, consultando l'affare con Paolo Zerbi, col Signor Stefano Spinola, Felice Cardi, Buttafoco ed altri, di restringere in prigione quelli Cittadini che pareva a tutti noi fossero contrarii al partito del Principe, e non si unissero alla volontà della Plebe. Fu risoluto dunque di chiamar Consiglio, e nell'uscir di Consiglio furono carcerati una parte di loro, e gli altri nelle loro case, e furono tutti presi e posti nelle carceri della Cittadella, ed alla loro guardia fui destinato io con altri, e si spedì poi il Podestà con tre altri destinati qui in Genova per avere soccorsi, e intanto venivano lettere da S. E. nelle quali si diceva che se non si consegnavano li prigionieri liberamente, li soccorsi non sarebbero venuti; e noi stavamo sempre in aspettazione delle risposte di Genova, ed io sono stato quello che ho insinuato al patrone Figarella a portarsi in Capraja, per ove era partito patron Cecco Patrimonio, e si era poi risaputo che da Capraja era venuto qui in Genova, mormorandosi per la Bastia che fosse venuto per aiutare li prigionieri, il che irritava forte il Popolo. Partito dunque il patron Figarella per Capraja, e ritornato in appresso, ci portò notizia che le proviste non sarebbero venute se non si davano li prigionieri, e nello stesso tempo arrivarono altre lettere di S. E. nelle quali si diceva lo stesso, e su questo si radunò in piazza di Corte e nella casa della Comunità il Consiglio e tutto il Popolo, e lette le lettere di S. E., fu concluso a voce comune che li prigionieri si dovessero consegnare liberamente, ed imbarcare, per questo fine, sopra due gondole; ed in esecuzione di tal ordine si fecero allestire due gondole, e di notte, per la scaletta del giardino del Palazzo, s'imbarcarono li prigionieri, e si portarono in Capraja, e furono consegnati a me, a Pietro Cardi, Grisanto Volpajola, Benedetto Aitelli e Anton Giuseppe Figarella; e arrivati in Capraja si fermammo colà, atteso il tempo cattivo, per quattro giorni; anzi fecimo una partenza, e per causa del tempo ritornassimo indietro; e capitò poi patron Patrimonio, il quale ci prese una delle nostre gondole per andare a Bastia, e noi coll'altra gondola, assieme alla galeotta, partimmo per questa Città, portando li prigionieri, per consegnarli liberamente alla Serenissima Republica, a nome del Popolo.

Ætatis annorum 30 circa.

Successive nel luogo sopradetto, ed alla presenza come sopra, da Benedetto Aitelli, quondam Angelo, si è avuto con suo giuramento come in appresso.

Interrogato opportunamente rispose:

Quando sono stati posti in prigione quelli che abbiamo condotti qua, il Popolo si risolvè a farli passare in prigione perchè si accorgessimo che non ostante si fosse risoluto a pien consenso del Popolo di chiamare aiuto dai nostri Serenissimi Padroni, pure questi prigionieri avevano altra intenzione, ed avevano corrispondenze, cercando mezzi e maniere per opprimerci, e perchè tanto dalle lettere che scriveva S. E. quanto da quelle notizie che ci referiva a bocca patrone Figarella, che da noi fu spedito, col pretesto di pesca, in Capraja per scoprire il tutto, il Popolo avendo appreso che era necessario di consegnare li prigionieri liberamente, per questo, unitisi tutti quelli del Popolo in Terranova, e lette le lettere di S. E., e udite le relazioni del Figarella, tutti di uniforme sentimento risolvemmo di dover consegnare liberamente a disposizione della Serenissima Republica li prigionieri suddetti, e di fatto, in esecuzione di tale resoluzione, si armarono due gondole e s'imbarcarono li prigioneri portandoli alla Capraja ; e là fermatisi quattro giorni, atteso il tempo cattivo, arrivò ivi patron Cecco Patrimonio, il quale si prese una delle dette due gondole e se ne ritornò in Bastia, e noi coll'altra gondola e la galeotta, sopra cui furono imbarcati alcuni delli prigionieri suddetti, si siamo portati alla presente Città, conducendovi li detti prigionieri.

Interrogato rispose :

Il Popolo tutto si unì in S. Teramo, e si risolvette di chiamare aiuto dalli nostri Padroni Serenissimi, e che tutti dovessimo stare al bene ed al male, ma come che li Cittadini ci mancarono di parola, giacchè cercavano di introdurre il Rivarola con cento cinquanta uomini, e fecero diverse altre cose contrarie a quello si era stabilito e discorso, perciò il Popolo intese di non essere più obligato alla parola data, anzi si disse sempre che chi meritava castigo il Principe ce l'avrebbe dato, e chi non lo meritava non li avrebbe fatto cosa alcuna.

Ætatis annorum 40 circa.

1746 die Jovis 14 aprilis, in tertiis, in uno e salotis palatii Excellentissimi Octavii Grimaldi, a Serenissimis Collegiis Communitatis, ut ex decretis, et coram præfato Excellentissimo, nec non Magnifico Petro Justiniano, Consultore, Petrus Cardi, quondam Simonis Jo :, testis pro informatione de mandato vocatus et examinatus, cui delato juramento veritatis dicendæ, et qui tactis etc. juravit.

Interrogatus.

Sopra quanto vengo interrogato io posso dire che nel tempo che era a governare in Bastia l'Eccellentissimo Domenico Maria Spinola, e sarà stato già un anno che vi era, mio cognato Silvestro Rostino, che abita in Bastia, mi venne a trovare con tutta sollecitudine, e mi disse che il Signor Antonio Marengo con tutta segretezza gli avea comunicato che aveva di già formato un partito considerabile, nel qual partito vi entrava Francesco Maria Lucciana, Francesco Bozio, Domenico Sansonetti, li Signori Galeazzini, con molti altri loro aderenti, e che in questo partito si era risoluto di far prigioniere l'Eccellentissimo Domenico Maria Spinola, e di mandarlo in montagna, o di scannarlo, per poi rendersi padroni della piazza di Bastia, e che gli confidò che già erano da cento cinquanta gl'intesi di questo trattato, esagerando li gravi e insoffribili diportamenti delli Genovesi sopra la Corsica; e che aveva invitato mio cognato ad entrare ancora lui nel complotto, adducendogli molte ragioni per persuaderlo; e mi disse parimente mio cognato che avendogli mostrato qualche freddezza, il Signor Antonio Marengo lo pregò almeno che tenesse tutto in somma segretezza, ma mio cognato, come ho detto, venne subito a dirmi questa cosa, dicendomi per qualche mezzo la facessi penetrare a chi si dovea, ed io, che sapevo di potermi fidare intieramente del

Signor Paolo Zerbi, andai subito da lui e li comunicai quello mi aveva detto mio cognato, ed egli mi disse che stassi quieto mentre S. E. ne aveva già avuta notizia per mezzo della Signora Filippina, che credo sia di cognome Volpajola, moglie del quondam patron Francesco Maria ; ed in appresso poi il Signor Paolo Zerbi mi disse che se S. E. non faceva in quella contingenza quaranta o cinquanta teste di quelli di Bastia non sarebbe mai più stimato il governo ; ed ho veduto poi io immediatamente che le porte della Cittadella furono serrate, e si entrava solamente per il portello, con passar parola, e furono rinforzati li corpi di guardia, e so poi che il Signor Marengo uscì dalla Bastia e andò al Procoio del Signor Fiesco (1), e Domenico Sansonetti andò a quello di Spinola (2), e Bosio andò a Furiaui, e il Signor Galeazzini in Tavagna, ed il dottore Lucciana andò al paese di Lucciana, tutti col pretesto di andar fuori per li loro affari, ma per verità perchè avevano veduto che S. E. si era rinserrato, e sospettarono che fosse stata qualche cosa scoperta delle loro trame ; e tutti questi son stati fuori da tre mesi circa, e gli ultimi che ritornarono in Bastia furono il Marengo, Sansonetti e li Galeazzini, con previo trattato anche e discorso fatto con S. E., il quale per essere un cavaliere pio perdonò loro ; peraltro per la Bastia si diceva publicamente, e si aspettava che S. E., dovesse prender risentimento, e farne morire qualcheduno, giacchè l'affare si era reso quasi publico e si discorreva universalmente da tutti, essendo tutti persuasi, che veramente li suddetti da me nominati fossero entrati nel concerto e machina, dall'averli veduti uscire dalla Bastia e stare nelle cautele che stavano, e fu attribuita alla bontà e

---

(1) Migliacciaro.
(2) Casabianda.

pietà del prefato Eccellentissimo che non fosse seguito un publico risentimento (1).

Interrogato rispose:

In appresso discorrendo con mio cognato siamo andati congetturando quali potevano essere quelli che formavano il partito, e andavimo ideando che poteano essere li parenti e aderenti delli detti Sansonetti, Marengo, Lucciana ed altri da me nominati, e particolarmente cadevano li nostri sospetti sopra Titto Raffalli perchè era cognato (2) del Marengo, e con lui aveva tutta l'intiera intrinsichezza e confidenza, ma io non posso in verità dirvi se entrasse, o no, nel complotto medesimo.

---

(1) Avant l'arrivée à Bastia, comme Commissaire général, de Domenico Maria Spinola surnommé *il Corsetto*, parce qu'il était né en Corse, tous les patriotes dont il est parlé dans la déposition de Pietro Cardi, et d'autres encore, avaient été notés comme ennemis du gouvernement génois, à l'occasion des réjouissances qui avaient eu lieu dans le courant de l'hiver de l'année 1740 en l'honneur du général marquis de Maillebois, qui venait de pacifier la Corse. Voici ce que nous lisons à cet égard dans les mémoires de Rostini.

« In questa maniera poste le cose in una perfetta quiete si pensò a
» passare un allegro carnevale in Bastia. I patriotti di quella città, che
» come frutti provenienti da una terra innaffiata dal sangue corso vedevano
» germogliare le glorie della nazione, vollero darne segni di gioia sensi-
» bili. Si unirono varii, e prese tutte le migliori disposizioni, nella spaziosa
» sala della casa del Signor Ignazio Caraffa diedero un solenne ballo,
» accompagnato da rinfreschi, al Signor generale francese con tutti i
» suoi ufficiali. Le Signore della città che portavano un cuore per la patria
» si posero in gala, e da canto loro usarono ogni attenzione per rendersi
» grate al generale d'un così gran monarca. I Genovesi che non brillavano
» in alcuna solennità, molto meno brillarono in questa; e tutti gli autori
» del ballo furono fin d'allora scritti al libro il più nero, e tutti in un
» sol giorno, nel mille sette cento quaranta sei, ai sette del mese di maggio,
» furono sacrificati in Genova a quella rabbia che sin da quel punto con-
» cepì contro di loro la Republica.» (Mémoires de Rostini, Vol. II, p. 518).

(2) Anton Battista Raffalli était frère de la femme de Marengo.

Interrogato rispose :

Immediatamente che l'Eccellentissimo De Mari partì dalla Bastia, quella istessa notte che fu partito S. E., il Marengo suddetto, in compagnia di Francesco Maria Bosio e certi Bonaldi, andò in giro nelli posti che erano armati dalli soldati della Republica, accompagnato da altra gente, e disarmarono li soldati suddetti che erano alle porte, o sia rastello, di San Giuseppe, alla Colonnella ed al corpo di guardia di Terranova, et armarono detti posti con gente di loro seguito, e poi il detto Marengo si fece anche consegnare le chiavi delle porte da un tal Pietro Pasqualini con cui ebbe contesa nelle stanze del Vicario, e subito fece aprire anche le porte delle prigioni, facendo uscire li prigionieri, e andava publicamente dicendo : « Figliuoli! Facciamoci animo! Ha fatto bene costui ad andarsene, che tanto era fatto prigioniere », ed entrato poi nella stanza del Tesoriere disponeva di tutto ed animava tutti come se fosse stato egli il padrone ; e di tutto questo si discorreva così publicamente in Bastia, subito seguito l'affare, che non vi era quasi più alcuno che non lo sapesse ; devo dire però che abitando io vicino al posto della Colonnella, in quella notte stessa vidi il detto Signor Marengo ed il detto Bosio accompagnati dalle loro genti, e sentii che il detto Signor Marengo disse ad alta voce se si erano ancora disarmati li soldati del Principe che erano nel detto posto, ed essendo stato risposto che non ancora, allora egli disse: « Via presto! Cosa si fa? Si disarmino e si mandino via, e non vi ne fidate ». E come che io mi portai al detto Signor Marengo, dicendogli cosa era questa cosa, egli mi rispose subito : « Ah! Ah! Siete qui voi D. Pietro! » Ed allora io m'insospettii, perchè sapevo che il Signor Marengo non mi teneva dalla sua parte, e per questo stetti in quella notte ritirato in casa mia, e per verità io dubitai che l'Eccellentissimo De Mari, tutto che si dicesse dalle genti che era scappato, fosse stato scannato, tanto era l'animo con cui parlava il

Marengo colli suoi seguaci. La mattina poi seguente essendo uscito da mia casa sono andato in Cittadella per offrire al Signor Tesoriere la mia opera e consolarlo per quel che potevo, e mentre ero da lui vidi capitare il maggiore Francesco Maria Gentile seguitato da una gran turba di persone armate, il quale, data una rivista dentro la Cittadella medesima, sentii che disse a Giuseppe Luri, il quale si trovava nella piazza della Cittadella : « Voi, tenete conto delle armi e delle munizioni, perchè alcuno non le porti via, perchè in questa occasione abbiamo a servirsene, » e sentii che Peppo Luri gli rispose che avrebbe fatto quello che avrebbe potuto, ma che lo sforzavano ; e poi di subito il maggior Gentile uscì nella piazza di Corte, ed in alta voce disse : « Orsù figlioli ! Qui si ha da piantar il palo, e chi sarà disubbidiente vi sarà attaccato, perchè poi o oggi o dimani avrà da entrare il Rivarola, ed allora si daranno gli ordini in buona maniera. » E in quel tempo che seguivano tutte queste cose vi era ancora, nelle sue stanze però, il Signor vicario Rossi, ma io non so se il maggior Gentile abbia niente parlato con lui. Ho saputo poi che furono fatte le capitolazioni per fare entrare il Rivarola, e publicamente si diceva che era stato accordato salvo l'onore, la vita e la libertà a tutti, ma chi l'abbia accordato e chi non l'abbia accordato, io non lo so perchè son stato ritirato temendo della mia vita, particolarmente dal Rivarola che mi avea dato l'incombenza del pane, come ho detto nell'altro mio esame. Sentivo però publicamente che il Marengo, il maggior Gentile, Lucciana, col Domenico Sansonetti e molti altri, avanti e dopo l'ingresso del Rivarola erano quelli che disponevano di tutte le cose, e so ancora, perchè mi fu riferito, che fu spedito il Marengo per chiamar nuovamente le navi inglesi e trattare coll'Ammiraglio per le cose della Corsica, e che poi ritornò l'istesso Marengo colle navi, e so ancora che il Marengo fu spedito in S. Fiorenzo per fare rendere quel forte, ma in quel tempo io stavo ancora ritirato e non trafficava per timor della mia vita. Quando poi entrò Matra e il Gafforio in Bastia, allora cominciai a farmi vedere perchè vi avevo delli miei parenti e amici, e allora ho veduto che il maggior Gentile era quello che disponeva ogni cosa in materia di armi, munizioni e viveri, e dava gli ordini alli corpi di guardia, ed aveva tutta l'intiera confidenza col Rivarola, Gafforio e Matra. L'Antonio Marengo avea parimente tutta l'intrinsichezza delli detti Rivarola, Gafforio, Matra e del maggior Gentile, e suppongo fosse anche degl'Inquisitori.

Interrogato rispose :
Il Domenico Sansonetti, cognato (1) del maggior Gentile, è stato fatto uno degl'Inquisitori, e questo lo so di certo, e aveva pure l'ingerenza negli affari, e tutta la confidenza colli tre Capi.

Interrogato rispose :
Giuseppe Maria Luri è stato destinato alla guardia delle munizioni, ed archivista, come era nel tempo quando vi comandava il Principe.

Interrogato rispose :
Carlo Flipppo Sari e Carlo Casella, so che erano stati carcerati d'ordine di S. E. nel tempo del bombardamento, perchè fu riferito a S. E. che l'uno e l'altro facessero segno alle navi con un fassoletto bianco dal monte di Capuccini e da una casa a piè del molo, e furono poi scarcerati dal Marengo subito partito S. E.

Interrogato rispose :
Francesco Maria Lucciana, ho veduto che era quello il quale disponeva di Gafforio a suo piacimento, avendolo alloggiato in casa sua, ed era della cabilda, e tutto confidente delli tre Capi, e principalmente del Gafforio, ed ebbe qualche disputa, o sia puntiglio, col Marengo per il principal comando.

---

(1) Le maggior Gentile était marié à la sœur de Sansonetti.

Interrogato rispose:

Detto Anton Battista Raffalli, so che parimente era tutto confidente delli tre Capi, ed era parimente della cabilda, ed avea principalmente cura delle porte di Terranova, montandovi la guardia.

Interrogato rispose:

Leonardo Degiovanni, so che era tutto confidente delli tre Capi, ed era altresì della cabilda, avendolo veduto molte volte con loro trattar confidentemente.

Interrogato rispose:

Antonio Maria Asdente era aiutante del Rivarola e faceva le funzioni da aiutante.

Interrogato rispose;

Il Gio. Battista De Bonis era fratello di un capitano che avea seco condotto il Rivarola.

Interrogato rispose:

Ignazio Francesco Rossi era, se non m'inganno, uno degl'Inquisitori, ed era parimente lui della cabilda.

Interrogato rispose:

Gio. Battista Guasco era stato destinato dai Capi alla cura delle dogane ed era parimente della cabilda.

Interrogato rispose:

D. Luigi Spinola Padovani era tutto creatura di Marengo e suo dipendente, essendo intieramente attaccato al medesimo, ed eseguiva gli ordini che gli venivano dati dal medesimo Marengo.

Interrogato rispose:

Pasquale Sanguinetti e Giuseppe, padre e figlio, sono entrati in gran sospetto perchè era, uno, padre, e l'altro, fratello del chierico Sanguinetti, il quale chierico era tutto dipendente ed amico del Marengo, e sparlava forte contro il Popolo della Bastia, avendo io stesso sentito lo detto chierico mentre sparlava.

Do Giuseppe Nunzi, so che è venuto in Corsica ed in Bastia

col Rivarola, ed era suo tutto dipendente, e patron Giuseppe Figarella, subito seguito il congresso nel Ponteprato, disse che il detto Nunzi inveiva contro il Popolo della Bastia, dicendo che questa canaglia era quella che voleva comandare e che avea mandato a trattar colli Genovesi.

Giuseppe Maria Massesi, il quale avea l'incombenza di giovine nel scagno del Podestà, so che ha seguitato sempre anche in questi ultimi fatti a far tale suo mestiere, dipendendo dagl'Inquisitori di Stato, e di quelli che facevano la figura di comandare.

Matteo Orbecchio, si diceva publicamente per la Bastia che era il Tesoriere del Rivarola.

Francesco Maria Bosio, già ho detto quello che so di lui; e so poi che serviva li Capi, l'Inquisitori e tutti, come gran Cancelliere.

Gio: Battista Vincenzini, si diceva publicamente che aveva preso una patente dal Rivarola per servire il Re di Sardegna, e vedevo che faceva le guardie come capitano destinato dalli Capi.

Interrogato rispose:

Il Popolo della Bastia, che aveva di già stabilito di chiamare e ricorrere all'Eccellentissimo Commissario Generale, o al Principe Serenissimo, vedendo che molti di quelli i quali erano aderenti ai Capi, nel scoprirsi delle navi inglesi, parlavano con termini che davano a vedere il loro mal'animo, e tra questi io stesso ho inteso li detti Lucciana e Bosio, i quali armati dissero in presenza mia e di altri « Verranno, verranno gl'Inglesi, e vedrà questa canaglia se le parucche sono quelli che si sono dati alli Genovesi! » e sapendosi publicamente per la Bastia che Marengo avea fatto allegrezza subito vedute comparire le navi inglesi, ed insospettito anche il Popolo dalle lettere che andavano e venivano a diversi, e che s'introducevano segretamente nella Bastia qualche Paesani di notte tempo, il che non potea seguire senza una qualche segreta intelligenza degli aderenti delli suddetti Capi, e saputo ancora il risultato nel congresso fatto a Ponteprato, il Popolo risolse di assicurarsi di quelli che avevano date marche espresse di essere aderenti alli detti Capi, e di essere contrarii alla Republica di Genova, e per questo li fece carcerare nel modo doposto nell'altro mio esame.

Interrogato rispose :

Nel tempo che è venuto a mettere l'assedio in Bastia il Rivarola ed il Matra. è stata sorpresa dal Popolo una quantità di pane fatta fare dal maggior Gentile, Marengo e Domenico Sansonetti, quale pane era stato riposto in casa di Carlo Giacinto Poggi, per essere questa casa più a portata (1), ed il pane medesimo è stato distribuito alli soldati Bastiacci che stavan alli posti alla difesa della Città, e da questo fatto sempre più il Popolo si è assicurato che gli aderenti del Rivarola e compagni tramavano contro la Città, giacchè il pane medesimo era apparecchiato per li seguaci del Rivarola e Matra.

Interrogato rispose :

Per ora io non ho memoria di altri fatti rimarcabili.

Interrogato rispose :

Subito entrato il Rivarola in Bastia fu inalberata la bandiera corsa, ed in appresso fu intimato a tutti li padroni che dovessero portare appresso la bandiera corsa, e tale intimazione fu fatta d'ordine degl'Inquisitori.

Interrogato rispose :

Io non ero in Bastia quando da Lavazina l'ultima notte fu condotto in Bastia Monsignor Saluzzo, ma appena lui giunto io ritornai da Biguglia, ove ero andato, ed ho sentito dire publicamente per la Bastia che in tanto era stato mandato a prendere, in quanto era stato catturato, o sia detenuto,

---

(1) C'est aujourd'hui la maison Raffaelli et Pasqualini, à la Fontanicchia.

Monsignor Mariotti, (1) e la detenzione del detto Monsignor Saluzzo seguì d'ordine degl'Inquisitori.

Ætatis annorum 31 circa.

Quibus habitis licentiatus etc.

Ea ubi supra coram etc.

Patronus Antonius Joseph Figarella, quondam Francisci Mariæ, pariter etc. cui delato juramento veritatis dicendæ et qui tactis etc, juravit etc.

Interrogato rispose :

Io, come ho già detto nell'altro mio esame, ero in Genova quando sono state tirate le bombe in Bastia, e son arrivato colà solamente nelle feste di Natale, ed appena arrivatovi sono andato in casa del signor Antonio Marengo, ove eravi molte persone, ed il detto Signor Marengo era uno degl'Inquisitori, ed ho sentito io stesso che parlando, publicamente diceva che voleva si constituisse nella Città della Bastia una republica independente, e che li Genovesi non aveano più da far niente nella Corsica, e queste cose le diceva publicamente a tutti quelli che vi erano; ed in appresso seguitando ad essere degl'Inquisitori, entrava in tutti li Consigli, ed era il principale di ogni cosa, ed anche, dopo partito dalla Bastia il Rivarola ed il Gafforio, seguitò ad essere degl'Inquisitori, e posso anche dire che il Signor Buttafoco, mentre era meco

---

(1) Monsignor Mariotti, évêque de Sagona, était natif de Volpajola. On voit encore dans ce village la maison où il est né, et sur laquelle ont été peintes ses armoiries.

come uno dei Protettori della Città (1), mi comunicò segretamente che il detto Marengo, avendo veduto insorgere la dissensione fra il Rivarola ed il Gafforio, il primo de' quali teneva per il Re di Sardegna, ed il secondo per Don Filippo(2), avea persuaso il Gafforio ad uscir della Cittadella ed andarsene, e che in atti del gran cancelliere Bosio aveano fatto, tra gl'Inquisitori ed altri Cittadini, un giuramento segreto di dar la Città in mano del Re d'Inghilterra, e che avevano destinato di mandare espressamente alcuno di loro per questo titolo a Livorno; ed in appresso poi detto Marengo, per timore che avea di non essere ammazzato, non s'ingeriva negli affari della Città, ed io solamente gli ho inteso dire: « Che avete paura? Che li Genovesi non vi diano il perdono? L'hanno dato già tante e tante volte! »

Interrogato rispose:

Rispetto al maggior Gentile io posso dire che la prima volta che ho veduto il Rivarola in casa di Frediani, ove abitava, vi era anche parimente il Signor maggior Gentile, e poi in appresso sempre comandava lui alla Piazza, dando per ciò tutti gli ordini, essendo tutto intrinseco del Rivarola, ed anche, dopo che dalla Bastia uscirono li detti Gafforio e Rivarola, il detto maggior Gentile seguitava a far le funzioni della Piazza, ma segretamente corrispondeva col Rivarola, le genti del quale provvedeva di pane, e lo faceva cuocere nella Città, mandandoglielo segretamente; anzi il Popolo essendo caduto in sospetto, di questo medesimo gliene fece prender una gran quantità, ed il maggior Gentile confessò che il pane l'aveva fatto fare lui, ma che l'avea fatto per l'intento di

---

(1) Après l'arrestation de Marengo et des autres membres du *Magistrato d'Inquisitori*, la ville fut administrée par six *Protettori* pris trois parmi les *Cittadini* et trois parmi les *Popolani* (Voir Libro de' decreti della Comunità 1740-1759.)

(2) Duc de Parme.

darlo a' Paesani, affin di farli andar via dall'abbocco della Bastia ; ed era tutto confidente del Rivarola, Gafforio e Matra, ed entrava nelli loro Consigli, come pure era tutto confidente del Marengo e della cabilda di quelli che non volevano il governo genovese.

Interrogato rispose :

Il Domenico Sansonetti era ancora lui uno degl'Inquisitori, e confidentissimo delli tre Capi, nella cabilda de' quali entrava sempre, ed era publico e notorio per la Città di Bastia che era inimico spacciato del nome genovese, e che faceva tutte le operazioni per escludere il governo genovese, essendo cognato, come ognuno sa, del maggior Gentile, ed aderente di tutti li Capi ribelli della Corsica, e posso dire di più che quattro anni fa circa si è reso publico in Bastia che il detto Domenico Sansonetti con Antonio Marengo, Anton Battista Raffalli, Carlo Casella, Leonardo Degiovanni, Francesco Maria Lucciana, Francesco Maria Bosio e li fratelli Galeazzini, avevano fatta una congiura per ammazzare l'Eccellentissimo Domenico Maria Spinola, ed impadronirsi di Terranova e della Cittadella, essendo di concerto colli Capi ribelli della Corsica, qual congiura per noi non ebbe effetto perchè fu scoperta e venne in cognizione di S. E., il quale non volle prender risentimento, e dopo qualche tempo riammise in patria tutti quelli che erano sospetti di tal congiura; anzi essendosi ritirati, il Marengo nel procoio de' Signori Fieschi, il Sansonetti in quello delli Signori Spinola, gli altri, chi in un luogo, chi in un altro, dopo qualche tempo poi ritornarono in Città, meravigliandosi ognuno che S. E. avesse tanta bontà, e soffrisse questa sorta d'impertinenza, ma veramente S. E. per l'età sua avanzata si poteva dire che non fosse più molto uomo ; e presero sospetto tutti li suddetti di essere scoperti da che viddero rinforzare li corpi di guardia, e fare altre operazioni che gl'indicarono essere stata scoperta la trama.

Interrogato rispose:

Giuseppe Maria Luri, quando io son arrivato in Bastia ho veduto che faceva tutte le funzioni di archivista e munizioniere in servigio del Rivarola, Matra e Gafforio, e distribuiva lui la robba secondo gli ordini gli veniano dati, e quando arrivarono le navi inglesi, la seconda volta in Bastia, il detto Giuseppe Luri andò ad incontrare sul molo della Bastia l'ufficiale inglese, in compagnia dell'Anton Battista Raffalli, Carlo Casella, Francesco Maria Bozio.

Interrogato rispose:

Carlo Filippo Sari, l'ho sentito più volte io che sparlava con termini impropriissimi contro la Republica e Genovesi, dicendo in specie che li Genovesi erano infami, che non aveano governo, e che era meglio mettersi sotto altro principe, e ciò anche lo diceva publicamente, incitando le persone contro il Principe.

Interrogato rispose:

Carlo Casella, ho sentito publicamente per la Bastia che quando vennero gl'Inglesi a tirare le bombe, egli, in compagnia di Carlo Filippo Sari e del figlio della Signora Nicoletta Massei, dalla casa della medesima Signora Nicoletta, posta in fondo del molo, facevano segno col fassoletto bianco alle navi, perchè si accostassero, e che per questo motivo fossero posti in prigione, stati poi liberati quell'istessa sera che partì S. E.; e detto Casella, abbenchè io non gli abbia parlato, ho inteso dire publicamente che era della cabilda, e che sparlava ancora lui contro la Republica di Genova e Genovesi.

Interrogato rispose:

Francesco Maria Lucciana aveva ancora lui un titolo da comandare, ma non mi ricordo qual fosse, ed era quello che assisteva alle confische, ed ha preso la robba del Signor Pallavicino, ed era tutto intrinseco ancor lui delli Capi e della loro cabilda.

Interrogato rispose:

Anton Battista Raffalli, l'ho veduto praticare in casa delli Capi e principalmente del Marengo, di cui era cognato, ed ho inteso dire publicamente per la Bastia che sparlava contro la Republica di Genova, e del governo genovese, ed era ancora lui della cabilda.

Interrogato rispose :

Leonardo Degiovanni, l'ho sentito io più volte esagerare in presenza di più persone contro il governo della Republica Serenissima, dicendo che a star sotto li Genovesi era un star sotto l'inferno, e che era meglio sempre stare sotto un' altra Potenza, perchè almeno avressimo goduto la nostra libertà; ed egli era pure della cabilda e tutto confidente delli Capi.

Interrogato rispose :

Antonio Maria Asdente, quando io sono arrivato in Bastia, faceva le funzioni da aiutante generale del Signor Rivarola, ed io stesso l'ho veduto e sentito dar gli ordini, e dopo che sono usciti il Rivarola e Gafforio dalla Bastia è stato destinato dagl'Inquisitori a portarsi a sorprendere Monsignor Saluzzo, ed a condurlo in Bastia, come eseguì, avendolo portato in qualità di prigioniero; non sapendo il motivo per cui gl'Inquisitori facessero fare tale arresto ; ed era l'Asdente medesimo della cabilda e tutto aderente dei Capi, essendo parente del Rivarola.

Interrogato rispose :

Ignazio Francesco Rossi, altro degl'Inquisitori, e come ho detto nel primo mio esame voleva in tutti li conti che s'introducesse il Rivarola con cento cinquanta soldati, ed era della cabilda ed aderente a' Capi, ed era anche contrario al Popolo.

Interrogato rispose :

Gio. Battista Guasco, nel mentre che arrivai in Bastia, lo ritrovai governatore delle dogane, ed era della cabilda de' Capi, ed aderente a' medesimi.

Interrogato rispose :

Giuseppe Nunzi, l'ho inteso io a Ponteprato, quando si fece il congresso col Rivarola, che sparlava contro li Genovesi, e contro il Popolo della Bastia, ed io stesso sono stato quello che l'ho fatto porre in prigione.

Interrogato rispose :

Anton Francesco Sisco, detto Terzoni, ho inteso che era della cabilda de' Capi.

Interrogato rispose :

Giuseppe Maria Msasesi era giovine della cancelleria del Podestà, ed ha continuato a servire in tempo delli Capi, e fu dal Rivarola mandato a Centuri, a prendere il bastimento colla robba dell'erede del cavaliere Favalelli.

Interrogato rispose :

Matteo Orbechio, in tempo del Rivarola, era suo tesoriere, avendogli io veduto esercitare tal carica, ed ho inteso dire publicamente che sparlava publicamente della Republica e de' Genovesi, e che era della cabilda, ed aderente a' Capi.

Interrogato rispose :

Francesco Maria Bozio era gran Cancelliere delli Capi, ed era intieramente della loro confidenza e cabilda, e quando seguì la congiura contro l'Eccellentissimo Spinola ho inteso dire publicamente per Bastia che egli avesse unite persone in casa sua per eseguire quanto aveano ideato contro S. E.

Interrogato rispose :

Giovan Battista Vincenzini, quando sono arrivato in Bastia l'ho ritrovato in qualità di capitano, montando la guardia con tale carica, avendo io ritrovato nella segreteria del Rivarola la patente di capitano di esso Vincenzini, quale era ancora della cabilda de' Capi, ed aderente de' medesimi.

Interrogato rispose :

Rispetto agli altri che sono stati posti prigione, il Popolo li aveva per sospetti, ma io non posso deporre alcuna cosa di particolare.

Ætatis annorum 54 circa.

Quibus habitis licentiatus fuit.

Ea in vespris ubi supra et coram etc.

Carolus Gavi, quondam Antonii, pariter de mandato vocatus et pro informatione examinatus, cui delato juramento veritatis fatendæ, et qui tactis etc. juravit.

Interrogato rispose:

Subito che si è imbarcato S. E. e che sono seguiti i sussurri in Bastia, il maggior Francesco Maria Gentile, il giorno seguente alla mattina, fece piantare il palo in piazza di Corte e buttar una grida, pena di esser posto al palo chi non fosse ubbidiente e non stasse alli posti da lui destinati; io però, quando fu buttata la grida e posto il palo, non ero in Bastia, ma alla croce dei Cappuccini, e non l'ho sentita, ma bensì dal Popolo universalmente, quando sono ritornato, ho sentito che era stata buttata la grida, ed ho veduto il palo piantato sulla piazza, ed ho veduto poi lo stesso maggior Gentile con Antonio Marengo, per due volte, che sono usciti dalla Bastia per andare a trattare col Rivarola, che era a Monserrato, e sono stati loro due che hanno concluso l'entrata del Rivarola; ed il detto maggior Gentile sempre entrava in tutti li Consigli, facendo poi da Maggior della Piazza, e dando gli ordini a tutti li posti, avendo tutta l'intrinsichezza, tanto col Rivarola e Matra, quanto col Gafforio, ed ha seguitato sempre fin quando è nata la dissensione tra il Rivarola ed il Gafforio, ed indi parve che il maggior Gentile propendesse più verso il Rivarola, e che si attaccasse al di lui partito. Dopo poi che partì dalla Bastia tanto il Rivarola quanto il Gafforio, e che la Città si governava da se, seguitò il maggior Gentile a fare le funzioni della Piazza, ed entrava nelli Consigli, ed era partecipe di tutte le operazioni che facevano gl'Inquisitori di Stato; e quando venne Matra ad assediar la Bastia, e che dall'altra parte venne ancora il Rivarola, in quella occasione si scoprì che il maggior Gentile avea fatto far del pane per le genti del Rivarola, e che così avea pure fatto il Domenico Sansonetti, ed Antonio Marengo, e si diceva publicamente per Bastia che questi e li loro aderenti provvedevano di pane li ribelli, e che gli mandavano delle schifate cariche che venivan poi portate alle spiaggie; ed un giorno io stesso, avendo avuto questa notizia, andai con venti o trenta uomini per sorprendere questo pane, e di fatto ne presi da novanta tante razioni, ed essendo stato detto che l'avea fatto fare il maggior Gentile, io incontratolo, allora gli dissi: « Come, Signor Maggiore, si tratta così? » Ed egli mi rispose che avessi un poco di flemma, e mi tirò fuori una lettera nella quale si conteneva che il Rivarola era venuto in nostro aiuto per liberarci dal Matra che ci assediava, e che egli avea fatto veramente il pane, ma che era di consenso degli altri; ma ciò non ostante distribuii a' miei soldati il pane che era stato preso, accertandomi con ciò che egli, colli suoi compagni, e tutti assieme, tramavano qualche cosa, e che non travagliavano per il nostro bene, giacchè era, come ho detto, strettissimo confidente col Rivarola e cogli altri Capi.

Interrogato rispose:

Rispetto a Domenico Sansonetti posso dire che egli era altro degl'Inquisitori di Stato, e per occasione che mio fratello, il prete, è stato posto in prigione per un viaggio che aveva fatto in Balagna ed in Calvi, in quei tempi io sono stato chiamato dal detto Magistrato per essere esaminato rispetto al detto viaggio di mio fratello, ed in quella occasione il detto Domenico Sansonetti mi disse che non sapevo conoscere la mia fortuna, e che egli si desiderava 25 anni di meno, perchè finalmente si eravamo levati li capestri dal collo che ci tenevano li Genovesi, e che si eravamo finalmente posti in libertà, spiegandosi con termini consimili il Marengo, Rossi, Francesco Maria Bozio, che era il gran Cancelliere, sempre con esaggerare che sotto il governo dei Genovesi eravamo schiavi, e che per grazia di Dio si eravamo liberati ; ed il detto Sansonetti poi era intrinseco delli detti Capi, ed entrava in tutte le loro deliberazioni.

Interrogato rispose :

Circa l'Antonio Marengo dico che era notorio in Bastia che era il capo di tutti, ed appena partito S. E., lui si è fatto presidente del Magistrato degl'Inquisitori, e diriggeva ogni cosa. Fu lui che portò in Bastia il diploma del Re di Sardegna, e lo ha letto in pubblico, essendovi anche presente il detto Sansonetti ed il maggior Gentile e molti altri, persuadendo tutti a voler ricevere il Rivarola con li buoni patti che venivano offerti dal Re di Sardegna, e minacciando che se non si fosse fatto il tutto sarebbero nuovamente venute le navi a gettar le bombe ; e so che il detto Marengo fu quello che persuase l'impresa del forte di San Fiorenzo, e vi andò lui perchè vi avea per comandante Casavecchia, suo cugnato (1), il quale si rese subito, per quel che ho inteso ; e l'istesso Marengo poi andò anche a Livorno per far venire nuovamente le navi, e ritornò colle navi medesime, facendo sempre da capo, e dirigendo gli affari lui con gl'Inglesi, e col Rivarola, e cogli altri Capi ; ed anche dopo la partenza del Rivarola e compagni continuò ad essere degl'Inquisitori, ma il Popolo restò persuaso che egli non operasse per il bene di tutti. e lo fece porre in prigione.

Interrogato rispose :

Giuseppe Maria Luri, l'ho veduto sempre continuare alla custodia e distribuzione delle munizioni, ed avea confidenza colli Capi, e col Rivarola fra gli altri, lo quale stava quasi sempre con loro.

Interrogato rispose :

Carlo Filippo Sari era della cabilda ancora lui, ed avea,

---

(1) Casavecchia était marié à une sœur de Marengo.

il fratello, fatto venire le navi in Bastia, e mi trovai presente quando, letto che fu il diploma del Re di Sardegna, e che qualcheduno mostrava della renitenza in acconsentirvi, egli smaniando disse che aveva perduto assai, e che gli premeva poco de' Genovesi, e che bisognava rendersi ed ammettere il Rivarola; ed ha seguitato sempre ad essere confidente del medesimo Rivarola ed altri Capi, facendo tutte le parti contro la Republica di Genova, ed anche entrava ne' Consigli, dava le mete, ed andava a bordo delle navi.

Interrogato rispose :

Carlo Casella, per essere parente di Gafforio, aveva tutta la confidenza tanto del detto Gafforio quanto degli altri Capi, e specificatamente, essendo nate le differenze tra il Rivarola ed il Gafforio, per le quali il Gafforio si strinse in Terranova, il detto Casella era quello che andava avanti ed indietro a portar parola; e so che l'istesso Casella da l'Eccellentissimo Commissario Generale era stato fatto passar prigioniere per sospetti, e che fu liberato, la stessa notte della partenza di S. E., con gli altri prigionieri; ed entrava ancora lui ne' Consigli, ed era fatto partecipe di tutte le cose.

Interrogato rispose :

Francesco Maria Lucciana avea ricevuto in casa sua il Gafforio, di cui si diceva essere parente, ed entrava in tutti li Consigli, anzi ha avuto l'incombenza di andare a Murato di Nebbio per un omicidio che era seguito, ed ho inteso che colà abbi fatto ammazzare buoi ed abbrugiar case, ed ho sentito anche che abbi preso e fatto prender la robba e fino li cappotti di certi marinari genovesi che erano lì a pescare, usando della autorità; e fu spedito ancora per prendere il L. T. (1) di Rogliano, col seguito di non so quanta gente; ed eseguiva finalmente tutto quello gli ordinavano il Rivarola e suoi compagni, essendo della loro cabilda.

---

(1) Luogo Tenente.

Interrogato rispose:

Anton Battista Raffalli stava sempre al fianco del Marengo, suo cognato, ed entrava sempre ne' suoi Consigli ; e quando capitarono la seconda volta le navi inglesi si vestì con gala, il che non era solito a fare, parendo che avesse preso animo e che camminasse con dell'albagia ; ed avea la confidenza del Rivarola e di tutti gli altri Capi, occupando non so qual magistrato ancor lui.

Interrogato rispose :

Circa Leonardo Degiovanni posso dire che quando comparvero la seconda volta le navi inglesi, parlando ironicamente con mio fratello, il prete, gli disse che quelle erano quattro galee spagnuole, e che stasse allegramente ; e so anche che egli era confidentissimo del Gafforio, ed entrava ne' Consigli, avendo un malo animo contro i Genovesi, ed era della cabilda delli detti Capi, e del Marengo, come suo parente. (1)

Interrogato rispose :

Antonio Maria Asdente, che è parente del Rivarola, è stato fatto subito aiutante, e portava gli ordini da per tutto, e chi voleva qualche grazia dal Rivarola bisognava ricorrere da lui; e dopo che il Rivarola è uscito, ha seguitato a servire da aiutante gl'Inquisitori, e fu lui che fu spedito a Lavasina per obligare Monsignor Saluzzo a venire in Bastia in qualità di prigioniere, seguitato, il detto Asdente, da molta altra gente datagli dal detto Magistrato, e fu ordinata questa prigionia perchè il chierico Sanguinetti, che era confidentissimo del Marengo, portò notizia che in Calvi era stato trattenuto Monsignor Mariotti, e portato in Genova, e per questo il Magistrato degl'Inquisitori mandò a far prigioniere detto Monsignor Saluzzo, e tutto questo fu opera del Marengo,

---

(1) Degiovanni était beau-frère de Limperani, lequel était gendre de Marengo.

perchè era confidente dell'istesso chierico Sanguinetti e di Monsignor Mariotti.

Interrogato rispose :

Quando è sbarcato il Rivarola nella spiaggia del stagno, prima che venissero le bombe, è sbarcato anche con lui il Giov. Battista De Bonis, e l'ho sentito nominare nel Diploma, (1) ed era tutto dipendente del Rivarola, ed io l'ho veduto montar da capitano, mentre il Rivarola era in Bastia, e tutto che si sia fermato in Bastia dopo la partenza del Rivarola, si sospettò che egli si fermasse per coadjuvare il suo partito, ed in fatti, quando lo catturammo, lo ritrovammo sotto le coperte, in un letto dove ci era stato detto che si aveva una vecchia, ma noi, scoperto che era lui, lo prendessimo e portammo in prigione.

Interrogato rispose :

Ignazio Francesco Rossi era uno degl'Inquisitori, e confidente delli Capi, e sparlava de' Genovesi con tutti gli altri degl'Inquisitori, ed anche, dopo che era prigioniere, mi disse che cosa aspettavamo da Genovesi, che la Città sarebbe distrutta, e che per li Genovesi non vi era più rimedio.

Interrogato rispose :

Giov. Battista Guasco, egli era Doganiere, destinato a questo officio dal Rivarola, ed era suo confidentissimo, come anche delli Capi, ed era ammesso alli Consigli.

Interrogato rispose :

Don Luigi Spinola Padovani era tutto confidente del Marengo, e portava le lettere del medesimo a' Paesani, e posso dir di più, che essendo lui prigioniere col Gentile e Raffalli, una sera essendo andato nelle carceri a far la solita visita, vidi scritto nella muraglia a lettere cubitali : POST

---

(1) Ce n'est pas *Giov. Battista* De Bonis, mais bien son frère *Angelo Francesco* qui est arrivé avec Rivarola et dont le nom figure dans le diplôme.

nos vos. Ed io subito dissi : « Che è questo ? Chi ha scritto ? » E tutti questi si scusavano con dire che nulla ne sapeano, e che l'aveano trovato all'ingresso fatto nelle carceri, e mio fratello che si trovò presente disse : « Io sono stato 33 giorni prigioniere, e non vi ho vedute scritte queste parole. »

Interrogato rispose :

Delli due Pasquale Sanguinetti e Giuseppe, padre e figlio, io non posso dir altro che il padre, Pasquale, era tutto di Rivarola e dei Paesani, ed un figlio, chierico, che avea, era tutto del Marengo e di Monsignor Mariotti.

Interrogato rispose :

Di Giuseppe Maria Massesi posso dire che egli seguitò a servire, nella Casetta e scagno del Podestà, gl'Inquisitori, per giovine o cancelliere, e che andava col Lucciana ove era comandato, e fu uno di quelli che ricevè il giuramento delli Bastiesi che non dovessero rendersi alli Genovesi e di essere sempre costanti al Rivarola.

Interrogato rispose :

Francesco Maria Bozio avea il titolo di Gran Cancelliere, ed era confidentissimo del Marengo e di tutti gli altri Capi, e quando ritornarono le quattro navi in Bastia, come che si dichiarava mal sodisfatto di me, per averlo fatto arrestare per vedere se avea lettere, così mi rimbeccò, dicendomi che si facevano le cose senza giudizio, e che avrei veduto se i Genovesi avessero fatto tagliar la testa a mio zio Domenico Odiardi, che era stato spedito in Calvi col Podestà, e che avrei fatto meglio a mandarlo a chiamare, perchè gl'Inglesi sarebbero stati nuovamente padroni della Bastia ; ed il detto Bozio avea tutta l'intrinsichezza, e conservava tutte le scritture delli Capi, e delli giuramenti, avendo come Cancelliere ricevuto li giuramenti, e passando il tutto per mano sua.

Interrogato rispose :

Giov: Battista Vincenzini era capitano del Rivarola e montava le guardie in Terranova, e dopo che sono usciti il

Rivarola e compagni seguitava ad essere capitano, e stava al corpo di guardia di Terranova, e come tra noi altri si era accordato gli si dasse la muta, egli non ha voluto mai cedere il posto, dicendo piuttosto di voler egli morire; e noi altri l'abbiamo avuto sempre sospetto, perchè era intrinseco del Rivarola e compagni, e si diceva che aveva anche patente da capitano in servigio del Re di Sardegna, ed io stesso mi sono accorto del dispetto che avea, perchè soffriva mal volentieri che si provedessimo di munizioni noi altri del Popolo, ed avea serrate anche le porte in faccia del padron Cecco Patrimonio, che sapeva che era nostro Capo, e di più, quando lo catturammo, provammo tal fatto che egli stava bene armato in casa, avendovi delle granate ed altre munizioni, e si pose in stato di difesa per aver ucciso uno e ferito un altro.

Interrogato rispose :

Degli altri che si sono posti in prigione e condotti qui so che vi erano sospetti, perchè erano aderenti a' Capi, ma io non posso specificare alcuna cosa per non aver di essi veduto niente.

Ætatis annorum 30 circa.

Quibus habitis fuit licentiatus.

Paulo post ubi et coram etc. Benedictus Aitelli, q. Angeli, pariter de mandato vocatus et pro informatione examinatus cui delato juramento veritatis dicendæ, et qui tactis juravit etc.

Interrogato rispose :

Il giorno seguente alla partenza dell'Eccellentissimo Commissario Generale, trovandomi io alla mattina di buon ora nella piazza di Corte, vidi il Gentile accompagnato da Antonio

Maria Asdente e da molta altra gente armata, e vidi fu piantato di loro ordine un palo in mezzo alla piazza, ed essendovi presente il detto maggior Gentile, l'Asdente ha letto forte una scrittura, il contenuto della quale veramente io non l'ho sentito, ma poi, dopo finito di leggere, l'istesso Asdente in voce più alta disse, in modo da essere sentito da tutti, che si dovesse riconoscere per Maggior della Piazza il Gentile, e ubbidire ai di lui ordini, ed a quelli del Signor Marengo e Domenico Sansonetti, sotto pena di essere attaccato al palo e morire; e mentre si publicava questa grida vi era nel balcone della Casetta, solita residenza del Podestà, il Signor Marengo; e publicata questa grida, il maggior Gentile so che andò girando per Terranuova, ed in appresso poi ha seguitato a far da Maggior della Piazza, ed Antonio Asdente, a fare da Aiutante; ed ho veduto poi il detto Gentile col Marengo andare per bene due volte a Monserrato a trovare il Rivarola, e quando ritornarono la prima volta, il detto Gentile, in presenza di molto popolo, andava persuadendo tutti che lasciassimo entrare Rivarola colla sua gente, dicendoci che vi erano 15 mila uomini, e perchè un tal Giov. Scallimera disse che avevamo sofferte le bombe, e che a' Paesani avevamo resistito altre volte, e che non vi era questa necessità di rendersi ai Paesani, il Signor maggior Gentile vidi che si levò in collera e disse forte, chiamando un notaro: « Scrivete cosa dice costui », e seguitò poi a persuaderci che lasciassimo entrar il Rivarola e li Paesani; ed allora tutti tacquero, ed il Marengo perorava ancora lui per questo intento; e di fatto poi fu introdotto il Rivarola, ed in appresso poi il Matra ed il Gafforio; ed indi, in più e più contingenze, io ho sentito il detto maggior Gentile che andava dicendo a tutti essere meglio stare colla nostra libertà che mai più vedere li Genovesi in Bastia, animando tutti a star forti su questo proposito, entrando sempre in tutti li Consigli tanto del Rivarola quanto del Matra e Gafforio, non solo per radunar denari, ma per far spedizioni quà e colà, e particolarmente per andare alla conquista di Ajaccio, alla quale impresa fu destinato il Matra. Seguitò indi in appresso a far le funzioni di Maggior della Piazza, anche dopo la partenza delli Capi, intendendosi cogl'Inquisitori, ma lui propendeva per il partito del Rivarola, e di fatto, quando fummo assediati dal Matra, e che venne anche Rivarola, io con altri, avendo avuto notizia che faceva fabricare del pane, e sorpreso il medesimo già fatto, avendo saputo che era fatto d'ordine del maggior Gentile, Sansonetti, Marengo e Vincenzini, io e molti altri andammo a trovare il detto maggior Gentile con determinazione di ammazzarlo, ma lui con buone parole avendoci confessato che avea fatto fare il pane, ma con intelligenza degli altri che erano al governo, dicendoci (1) nell'istesso tempo che l'intenzione sua e degli altri era di mandar il pane alla gente del Rivarola e del Matra per farli andar via dall'assedio, ma noi capivimo che era scusa, e che la loro intenzione si era di obbligarci con tali mezzi ad introdurre il Rivarola con li Paesani.

Interrogato rispose:

Domenico Sansonetti, posso dire che è stato sempre Inquisitore, ed a parte di tutti li Consigli e delle risoluzioni che si facevano, ed è stato l'autore di far mettere dentro tutti li mercanti Sestrini che erano in Bastia, per scuotere una tassa sopra di loro, come in fatti fu scossa, ed uno delli detti Sestrini, che avea confidato molta robba appresso del detto Sansonetti, fu anche dallo stesso tradito, non solamente palesando la stessa robba, ma prendendola per inventario; ed era aderente alli Capi, e non si faceva Consiglio che non vi entrasse.

Interrogato rispose:

Antonio Marengo, posso dire che, essendo lui presidente

---

(1) *Dicendoci* au lieu de *ci disse*.

degl'Inquisitori, tutto si facea, o di suo ordine, o di sua licenza, e sempre parlava a favore della libertà, e per escludere per sempre li Genovesi; egli è andato spedito a richiamar le navi, e ritornò con esse; ritrovandosi sempre in tutti li Consigli, ed in tutti li congressi cogl'Inglesi; e fu quello ancora che andò a far rendere il castello di S. Fiorenzo; e comandava dispoticamente, facendo mettere prigione, or questo, or quello, per sospetti che avea, o lui, o gli altri, di qualche intelligenza colli Genovesi..

Interrogato rispose:

Giuseppe Maria Luri, tutto che fosse, al tempo che vi era l'Eccellentissimo Commissario Generale, impiegato in servigio publico, dopo la partenza di S. E. si è cacciato tutto del partito del Rivarola e compagni, ed andava esaggerando contro la Republica di Genova, dicendo che dovevamo conservarsi nella nostra libertà, e che non dovevamo mai più soffrire al collo il capestro de' Genovesi; avendo avuto dalli Capi l'incombenza di guardare le munizioni, le quali distribuiva a Paesani; ed in casa sua vi abbiamo trovato molta robba del Principe, che avea nascosta, tanto di munizioni, quanto di scritture e d'altro.

Interrogato rispose:

Del Carlo Filippo Sari e Carlo Casella posso dire che sono stati posti prigione d'ordine di S. E. perchè furono veduti far segno, con fassoletto bianco, alle navi, perchè si accostassero a tirare le bombe, e questo l'ho sentito dire per la Città, non avendoli io veramente veduti, e poi furono sprigionati appena che S. E. fu imbarcato, e li vidi alla mattina seguente nella piazza di Corte che molti gli facevano rallegramenti e li baciavano; e tanto il Sari quanto il Casella sono stati confidentissimi del Rivarola e compagni, il primo, perchè avea il fratello che era venuto colle navi medesime, e l'altro, perchè era parente di Matra, interessandosi in tutti gli affari ed intervenendo in tutti li Consigli.

Interrogato rispose :

Francesco Maria Lucciana, so dire che era quello che assisteva alle confische, ed andava in Dogana a prendere la robba che vi era, e fu spedito anche in Capo Corso, avendo particolarmente tutta la confidenza del Gafforio, di cui era parente, ed entrava ancora lui in tutti li Consigli, ed in tutto quello che si faceva dalli Capi, e fu spedito anche per Commissario a Murato per ordine del Rivarola e compagni, portando seco della gente armata.

Interrogato rispose :

Anton Battista Raffalli, essendo cugnato del Marengo, era ammesso anche lui in tutti li Consigli, ed era confidente con tutti li Capi, ed a me, un giorno dopo che si è fatto il congresso a S. Teramo, disse che sarebbe meglio d'intendersi col console Britannico per far nuovamente venir le navi inglesi e mai più darsi ai Genovesi.

Interrogato rispose :

Leonardo Degiovanni, so che avea sempre intelligenza co' Paesani, ed entrava in tutti li Consigli, ed era confidente delli Capi, ed andò ad incontrare il Matra ed il Gafforio, quando entrarono.

Interrogato rispose :

Anton Maria Asdente, già ho detto che era aiutante, e quando venne in Bastia la nuova che era stato arrestato Monsignor Mariotti, fu spedito dagl'Inquisitori, con gente, a fare prigioniere Monsignor Saluzzo, il quale in detta qualità venne in Bastia, ed in questa occasione fu detto ch' egli avesse preso armi e denaro ; e godeva tutta la confidenza de' Capi.

Interrogato rispose :

Ignazio Francesco Rossi era altro degl'Inquisitori, e dispensava il grano ed altro a Paesani ; ed è stato quello, come ho deposto nell'altro mio esame, che dopo il congresso di Ponteprato volea che si introducesse il Rivarola con gente.

Interrogato rispose :

Giov. Battista Guasco era Doganiere, fatto dal Rivarola, ed avea tutta la confidenza del medesimo, ed entrava in tutti li Consigli.

Interrogato rispose :

Don Luigi Spinola Padovani è sempre stato aderente al Marengo, entrava anch'esso ne' Consigli, e portava di nascosto a Paesani le lettere del Marengo.

Interrogato rispose :

Delli due Sanguinetti, padre e figlio, io suppongo siano stati posti prigione a riguardo del chierico Sanguinetti, figlio e fratello dei presenti, il quale era tutto confidente del Marengo, e questo chierico sparlava apertamente delli Genovesi, ed avea anche il carteggio con Monsignor Mariotti, e questo chierico non si potè far porre prigione perchè si appiattò, e non lo potemmo trovare.

Interrogato rispose :

Giuseppe Nunzi venne in Bastia ad un tempo del Rivarola, ed io stesso colle mie orecchie l'ho sentito che diceva che sarebbe meglio che venissero nuovamente le bombe in Bastia, ed entrassero nuovamente li Paesani, perchè la canaglia della Bastia voleva comandare essa per darsi alli Genovesi, avendo preso di mira le Parucche (1), e che avevimo mandato quel birbo di Padre Gesuita, ma che si saressimo accorti quello che fosse seguito.

Interrogato rispose :

Matteo Orbecchio era Tesoriere e confidente de' Capi, e principalmente del Rivarola e Marengo, e so che prese li danari di una casa di spettanza del publico che fu venduta, ed io non credo che ne ricevesse l'instrumento.

Interrogato rispose :

Francesco Maria Bozio era gran Cancelliere, e quello

---

(1) Voir la note page 12.

che riceveva tutte le scritture e tutti gli ordini, e confidentissimo per conseguenza di tutti li Capi, mentre ogni cosa passava per le sue mani, e l'ho inteso io più volte parlare contro della Republica e Genovesi, dicendo che non doveano più venire in Bastia.

Giov. Battista Vincenzini, questo era capitano del Rivarola, da cui aveva ancora avuta una patente del Re Sardo, si era fatto una compagnia di molti dipendenti da se e dagli altri Capi, e si era messo in stato che niun entrasse più in Terranuova, chiudendo anche le porte al patron Cecco Patrimonio; era altresì aderente e confidente delli Capi, ed entrava nelli Consigli, e nell'atto del suo arresto uccise il figlio di Grisante Volpajola, ed altro ferì.

Interrogato rispose:

Circa gli altri prigionieri che si sono condotti qui ho inteso che vi fossero delli sospetti, ma non so in che consista il fondamento de' medesimi.

Ætatis annorum 40 circa.

Quibus habitis fuit licentiatus.

Paulo post ubi coram etc. Grisante Volpajola, q. Jo: Thomæ, de mandato vocatus et pro informatione examinatus cui delato juramento veritatis fatendæ et qui tactis etc. juravit.

Interrogato rispose:

Nella notte che S. E. è andata via dalla Bastia io era nella mia casa a dormire in Terravecchia, e sentendo rumore a notte già avanzata, calai dal letto e mi feci alla porta, dalla quale vidi che molte donne se ne fuggivano dicendo che abbruggiava la polveriera, e per questo, uscito di casa, andai verso Terranuova, dove arrivato al corpo di guardia, vidi che capitano Romanelli era stato assaltato da Pietro Pasqualini, Antonio Marengo ed altri, quali presero le armi del corpo di guardia e le chiavi, e poi nacque tra di loro contesa per le chiavi medesime, ed ho veduto che vi era un grandissimo sciaratto per questo titolo, ed io perciò me ne tornai indietro. Alla mattina poi seguente, essendo andato sulla piazza di Corte di buon mattino, vidi piantato il palo, e le genti che erano concorse dicevano che il maggior Gentile era stato dichiarato per Maggiore della Piazza, e che a lui si dovesse ubbidire sotto pena della vita. L'istesso giorno poi vidi a cavallo il detto maggior Gentile, Marengo e Leonardo Degiovanni, e sentii publicamente dire che andavano verso Monserrato a trattare col Rivarola, e poi verso le ore 20 li vidi ritornare dalla parte de' Cappuccini, ed arrivati nel fosso della Bastia, ove eravi gran quantità di gente, vidi che tanto il Gentile quanto il Marengo facevano cenno alle persone che si accostassero a loro, e stando così a cavallo ho sentito che tanto il Gentile quanto il Marengo dicevano che in Bastia si aveva timore dei Paesani, ma che non si temesse nulla, perchè non si sarebbe causato danno ad alcuno, ed il maggior Gentile e Marengo dicevano che se veniva causato qualche danno ne sarebbero stati loro li debitori, e che l'entrata del Rivarola sarebbe stata di giovamento alla Città; e dopo di aver dette queste e molte altre cose per animar la plebe a ricevere il Rivarola, andaron poi in Terranuova ove fecero Consiglio, e si stabilì di far entrare il Rivarola, come di fatto il giorno seguente entrò; ed il Gentile ha seguitato sempre a far le funzioni da Maggior di Piazza, dando li nomi e facendo tutto ciò che richiede tal carica, e dal detto Gentile ho sentito più e più volte dire alla presenza di più persone che finalmente si eravamo levati dalla schiavitù de' Genovesi, e che si volevamo formare una republica da noi, perchè tutti saressimo diventati ricchi. « Non vedete, diceva, come hanno fatto gli Olandesi, che era un paese povero, e dopo che si è fatta republica da se, arma delle navi ed ha della forza, e così faremo anche noi, e da qui a otto o dieci anni non avremo più bisogno di alcuno. » E di questo tenore l'ho sentito più e più volte discorrere ne' circoli per mettere animo alli Bastiacci. Egli poi entrava in tutti li Consigli, ed era confidentissimo del Matra e Gafforio, e poi si unì col Rivarola, quando seguì dissensione tra lui ed il Gafforio; e dopo che sono usciti il Gafforio ed il Rivarola dalla Bastia, continuò a far le funzioni da Maggior della Piazza, fin che poi, essendo venuto nuovamente il Matra ed il Rivarola ad assediar la Bastia, ed essendo stato scoperto che egli faceva fare il pane per le loro genti, gli fu da me preso il pane, e fatto vedere al Popolo che ci tradiva; allora non volle più continuare a fare le veci del Maggior di Piazza.

Interrogato rispose:

Del Domenico Sansonetti posso dire che, essendo degl'Inquisitori, avea tutta la intelligenza colli Capi e col maggior Gentile, suo cognato, e che era avverso intieramente alli Genovesi, ed un giorno a me, in occasione che gli facevo istanza a favor di mio fratello, il quale si era ritirato in chiesa per un preteso affronto alla Piazza, disse in publico, essendovi presente il Marengo ed Antonio Morelli: « Non siamo più a tempo delli Genovesi, e non bisogna qui far del bell'umore, » e che avrebbe fatto ammazzare mio fratello in chiesa, se non si costituiva prontamente prigioniere; ed il detto signor Sansonetti entrava in tutti li Consigli, nè si faceva cosa alcuna senza il suo consenso, ed a voce publica della Bastia il detto Sansonetti sempre, dal principio della guerra, è stato aderente alli ribelli, ed ha consigliato alla ribellione.

Interrogato rispose:

Antonio Marengo, già ho detto quel che ha fatto sul principio, e posso dire di più che nel tempo del governo del q. Eccellentissimo Domenico Maria Spinola, era publico per la

Bastia che Marengo con Domenico Sansonetti, Francesco Maria Bozio, Pietro Pasqualini, li fratelli Galeazzini, Francesco Maria Lucciana ed altri, avessero fatto una congiura per sorprendere S. E., e che fu poi scoperta, e per questo svanì; ma io so che in quel tempo si rinforzarono i corpi di guardia, e stavano le genti sulle armi, e si disse publicamente che in casa del Marengo vi erano nascosti Paesani per questo intento, e so ancora che, tanto il Marengo, quanto il Sansonetti, e gli altri, uscirono dalla città, chi per una parte e chi per l'altra, e poi ritornarono avendo dato a perintendere all'Eccellentissimo che era una impostura. Ed il detto Marengo dopo pochi giorni se n'andò a Livorno per fare ritornare le navi inglesi in Bastia; ed egli comandava dispoticamente, essendo presidente degl'Inquisitori, e nulla senza esso si operava, e l'ho sentito parlare contro de' Genovesi in più occasioni, dicendo che colle forze degl'Inglesi volea impossessarsi delle Riviere, e ristringere il governo al Pal.o di Genova, e distribuiva li Commiss.i di Ajaccio, Calvi e Bonifacio, come se fossero di già stati presi, e fu spedito dagl'Inquisitori e Capi, con gente, per S. Fiorenzo, dicendosi preventivamente che subito al suo arrivo, Casavecchia, che ne era il comandante, si sarebbe reso, come infatti seguì.

Interrogato rispose:

Il Giuseppe Luri in tempo dell'Eccellentissimo Commissario era archivista e sindico, in qual carica è stato confirmato dal Rivarola e Capi, ed infatti distribuiva le munizioni, ed anch'esso s'ingeriva ad entrare ne' Consigli, ed era confidente delli detti Capi.

Interrogato rispose:

Il Carlo Filippo Sari e Carlo Casella in tempo dell'Eccellentissimo De Mari furono posti in prigione a motivo, per quanto ho inteso, che all'arrivo delle navi avessero alle medesime fatto segno con fazzoletto bianco che si avvicinassero, e poi furono scarcerati in quella stessa notte che seguì la partenza del prefato Eccellentissimo, e tanto l'uno quanto l'altro sparlavano delli Genovesi, come facevano il Marengo e Gentile, per sovvertere il Popolo, ed erano sempre nelli Consigli, essendo confidenti e della cabilda de' Capi.

Interrogato rispose:

Francesco Maria Lucciana era tutto confidente e parente del Gafforio, e disponeva delle cose a suo piacere, avendo preso molta robba della Republica, e fu mandato anche dagl'Inquisitori e Capi in commissario a Murato, e sparlava anch'egli delli Genovesi per persuadere il Popolo a non ammettere mai più il loro governo, dicendo in publico che la Corsica non avrebbe mai più veduto li Genovesi, e che la maschera se l'aveva di già levata.

Interrogato rispose:

Anton Battista Raffalli ancor esso era della cabilda, entrava nelli Consigli, e s'ingeriva in tutte le cose, come tutti gli altri Capi, ed io stesso l'ho inteso più volte sparlare contro de' Genovesi e del governo.

Interrogato rispose:

Leonardo Degiovanni fu fatto inquisitore in tempo del Gafforio, ed era ancor lui della cabilda, sparlava publicamente contro de' Genovesi e del governo, entrava e s'ingeriva nelli Consigli, come tutti gli altri Capi.

Interrogato rispose:

Ant. Maria Asdente, questo era Aiutante Maggiore, stato fatto dal Rivarola, suo parente, disponeva delle cose a suo piacimento, e sparlava ancor esso contro de' Genovesi e del governo, avendolo io più volte sentito, ed egli è stato per l'avanti ufficiale graduato della Republica, e poi per sospetti mandato qui in Torre, e per due volte rilasciato; avendo in questa ultima occasione preso in casa di S. E. tutta la robba del Principe, e ne disponeva a suo piacimento, come faceva anche delle munizioni, e so anche che fece scelta delli soldati della Republica, e ne mandò una partita in Sardegna;

e fu altresì, d'ordine degl'Inquisitori, mandato con gente a far prigioniere il vescovo Saluzzo in Lavasina, ma io non so il motivo, so bene che questo seguì dopo che erano usciti dalla Bastia il Rivarola e Gafforio.

Interrogato rispose :

Giov. Battista De Bonis è sbarcato (1) dalle navi inglesi, ed era in compagnia del Rivarola quando fu bloccata la Bastia, ed io l'ho sentito dallo stesso perchè lo diceva in publico ; seguitò poi il medesimo Rivarola in Bastia, e faceva le funzioni da capitano, e si fermò poi in Bastia, aderendo qualche poco più al Matra, ma sempre però contrario a Genovesi, contro de' quali sparlava apertamente in publico, e poi fu catturato nella maniera che ho deposto nell'altro mio esame.

Interrogato rispose :

Ignazio Francesco Rossi era altro degl'Inquisitori, e fu quello che, in compagnia del Galeazzini ed altri, si portò a Ponteprato a far congresso col Rivarola, et indi insistè presso il Popolo perchè s'introducesse il Rivarola colla sua gente, come ho deposto nell'altro esame.

Interrogato rispose :

Giov. Battista Guasco ha avuto dal Rivarola la cura delle dogane, ed era confidentissimo del Sansonetti e Capi.

Interrogato rispose :

Giov. Battista Morgantini, ho inteso che sparlava contro de' Genovesi.

Interrogato rispose :

Don Luigi Spinola Padovani era tutto dipendente del Marengo, e lo serviva in qualità di segretario, ed andava avanti ed indietro per ordine del medesimo Marengo, portando le lettere a' Paesani ; anzi sul principio della guerra di Corsica fu bandito per l'intelligenza che avea colli Capi ribelli, ma poi vi è ritornato.

---

(1) Voir la note page 47.

Interrogato rispose :

Delli padre e figlio Sanguinetti posso dire che andavano dicendo publicamente, avendoglielo inteso io anche dire, che li Genovesi non sarebbero mai più venuti a comandare in Bastia, e publicamente nella loro bottega da sartore si parlava contro il Serenissimo Governo, ma principalemente sono stati posti prigione a motivo di un loro figlio e fratello dei presenti, tutto confidentissimo del Marengo, e che andava per li luoghi a susurrare li popoli contro della Republica.

Interrogato rispose :

Giuseppe Nunzi era quello che seguiva il Rivarola, e procurava s'imbarcassero per la Sardegna li soldati della Republica, e sparlava publicamente contro de' Genovesi.

Interrogato rispose :

Anton Francesco Sisco, detto Terzoni, era aderente e consultore del Matra e Marengo, e suscitatore de' popoli, ed io stesso gli ho sentito dire in publico : « Voi altri non volete credere quello vi si dice. Potete diventar cavalieri se volete, come anche senatori, e divenir ricchi, ed uscire dalla schiavitù e miseria delli Genovesi. » E con simili espressioni andava diseminando fra il Popolo motivi di susurro.

Interrogato rispose :

Il Giuseppe Massesi era giovane nella Casetta del Podestà, e nel tempo del Rivarola lo serviva, e seguitava a fare l'uficio da Cancelliere, essendo stato lui che ha ricevuto il giuramento, in S. Giovanni, esposto il Santissimo Sacramento, dal Popolo, qual giuramento fu ordinato che si dovesse prendere sotto pena della vita, e consisteva di essere fedele alla Patria, e di non darsi alla Republica.

Interrogato rispose :

Matteo Orbecchio, il Rivarola ho inteso che gli disse che giacchè gli avea custodito la sua famiglia non potea farlo che Tesoriere, come lo fece; e si pose ad eseguire tal carica, scotendo e pagando secondo gli ordini che gli venivano dati, ed era per ciò confidente del Rivarola, e così degli altri Capi.

Interrogato rispose :

Francesco Maria Bozio fu eletto dal Rivarola Gran Cancelliere, riceveva tutte le scritture e tutte le inquisizioni che venivano da farsi, faceva publicare tutte le gride che occorrevano, e parlava poi contro de' Genovesi nel modo che sparlavano gli altri.

Interrogato rispose :

Del Giov. Battista Vincenzini non ne parlo perchè, come ho detto nell'altro mio esame, nell'atto della cattura del medesimo, m'uccise un figlio, e perciò potranno avere da altri le cognizioni circa il medesimo Vincenzini.

Interrogato rispose :

Circa gli altri carcerati a sospetto, non ho piena cognizione dei motivi, e perciò non ne parlo.

Ætatis annorum 40 circa.

Quibus habitis fuit licentiatus.

Die veneris 15 mensis aprilis, in tertiis, ubi supra et coram etc. Franciscus Romanelli, Nicolai filius, pariter de mandato vocatus et pro informatione examinatus cui delato juramento veritatis fatendæ et qui tactis etc. juravit etc.

Interrogato rispose :

Il giorno immediato alla partenza di S. E. dalla Bastia, so che il maggior Gentile, in compagnia dell'Antonio Marengo, andava avanti ed indietro, e dava gli ordini, e poi ho veduto venire il Marengo dal Signor vicario Rossi, e sentii che li disse che volea andare a Monserrato a parlamentare col Rivarola, e che sarebbe andato in compagnia del maggior

Gentile, allegandogli che il Rivarola avea inalberata bandiera bianca, il che non era vero, per quel poi che fu riferito da molti. Il giorno 22 novembre entrò il Rivarola in Bastia, ed io ho veduto il maggior Gentile al suo fianco, come pure il Marengo, che lo accompagnavano al Duomo, ed allora ho saputo che il detto maggior Gentile era stato dichiarato Maggior di Piazza, ed ho veduto esercitare le funzioni di Maggiore per tutto il tempo in appresso, ed ho sentito più volte in questa occasione parlar con termini di disprezzo il detto Gentile della truppa della Republica, e sentito dire poi publicamente che egli sparlava del governo genovese, trattandolo di tirannico, e con termini simili. So inoltre che il detto Gentile avea tutta l'intrinsichezza del Rivarola, Matra e Gafforio, ed entrava sempre nelli loro Consigli, essendo questo publico e notorio nella Bastia e fra tutto il Popolo. È bensì vero che quando seguirono le dissensioni tra il Rivarola ed il Gafforio, il Gentile si mostrò più propenso per il Rivarola; ma poi in appresso essendo andati via dalla Bastia il Rivarola e gli altri Capi, quando ritornò il Matra ad assediare la Città, e che il Rivarola venne ancora lui dal Nebbio colle sue genti, il Gentile avea di già preparato molta quantità di pane, come avea pure preparato molto pane Domenico Sansonetti, suo cognato, per mandarlo ai seguaci del Rivarola, ed il Popolo della Bastia, avutone sentore, sorprese il pane medesimo, e vi seguì un grandissimo sussurro tra il Popolo, molti del quale volevano assolutamente ammazzare tanto il Gentile quanto il Sansonetti, ma egli seppe aiutarsi, e per mezzo anche de' preti calmò la furia per allora della Plebe. Il maggior Gentile intimò a noi altri ufficiali l'arresto nella Cittadella della Bastia, e dell'ufficialità ne sparlava con sprezzo indicibile. Replico che egli stava sempre a fianco delli Generali, e quando sotto li 30 di novembre entrarono in Città il Matra ed il Gafforio, andò in compagnia del Rivarola ad incontrarli, tra mezzo il popolo che gridava: Viva la libertà! Viva la Patria! e si portò con loro in chiesa a cantare il *Te Deum* con salve di cannonate e mortaletti; e fu alberata anche la bandiera corsa; come pure si trovò presente, il maggior Gentile, il giorno 3 di decembre, quando nel fosso, raunati li Paesani in numero assai, fu dichiarato Generalissimo il Rivarola, e per Generali il Matra ed il Gafforio; in quella occasione il Gafforio in alta voce dicea: « Signori e compagni, giacchè Iddio ci ha liberati dal giogo tirannico de' Genovesi bisogna star uniti e non levarci gli occhi da noi stessi. » E con simili espressioni andava animando la gente, ed io ho veduto e sentito che si gridava: Evviva! Evviva! e molte persone buttavano li cappelli in aria, in segno di allegrezza.

Interrogato rispose:

Il Domenico Sansonetti era altro degl'Inquisitori, era ammesso ne' Consigli, e faceva tutto quello che era necessario, dimostrandosi confidentissimo del Rivarola e compagni, e come cognato del maggior Gentile avea l'introduzione in tutti li Consigli.

Interrogato rispose:

Antonio Marengo, già ho deposto essere stato quello che ha fatto il trattato per introdurre in Città il Rivarola colle sue genti, ed è quello che ha fatto le capitolazioni, e come che in queste sul principio ci fu detto che vi erano anche inclusi li Genovesi, come a me espressamente disse il Podestà Caren, ed in appresso poi seppimo che anzi eravamo stati espressamente esclusi e fummo dichiarati prigionieri di guerra, così io stesso me ne lamentai col Marengo, ed egli mi rispose che nella capitolazione eravamo esclusi, ed il Signor Paolo Zerbi con molti altri m'assicurarono poi che questa era stata tutta opera del Marengo, il quale, nel trascrivere le capitolazioni medesime, invece di dire inclusi li Genovesi, disse esclusi li Genovesi. Fu egli, il Marengo, che andò a richiamare le navi ed il comandante inglese col quale ritornò in Bastia, ed entrava in tutti li Consigli, tanto publici, quanto privati, come presidente degl'Inquisitori, parlando sempre del governo de' Genovesi, non solo con disprezzo, ma con caratterizarlo di tirannico, e con termini simili, per quello publicamente si diceva nella Bastia, ed un giorno che io stesso fui assogettato ad un esame riguardante all'abate Gavi, il quale era stato posto prigione per sospetti, sentii dire dallo stesso Marengo: « Venga chiunque si sia, o la Spagna, o la Francia, o li Tedeschi, o Savoiardi, o chi si sia, ma li Genovesi non hanno da entrare più in Bastia. » Ed il Domenico Sansonetti che vi era anche presente aggiunse altre parole del medesimo tenore. So inoltre che quando il Matra e il Rivarola ritornarono all'assedio della Bastia, e che avevano domandato una colazione per la loro gente, il Marengo avea fatto preparare bestie per farle caricare di pane, come donne pronte per trasportarlo, ed io stesso ho veduto che il Marengo si pigliava la briga di far approntare le dette bestie e donne, ed al dopo pranzo mi fu riferito che era uscito il detto pane dalla Terranuova, ma che alli rastelli di S. Giuseppe fu trattenuto e diviso tra la plebe della Bastia; e posso dire di più che il Marengo suddetto avea la corrispondenza di Monsignor vescovo Mariotti in Calvi, da cui gli veniva riferito tutto di colà, perchè, tra le altre cose, avendo scritto detto Monsignor Mariotti al Marengo per farmi liberare e lasciarmi ritornare in Terraferma, e questo ad istanza del Signor Badano, cancelliere, mio suocero, venne da me il chierico Sanguinetti e mi mostrò le lettere scritte da Monsignor Mariotti, quali avea per le mani, e mi disse che aveva avuto incombenza di portarli dette lettere, nelle quali scriveva a favor mio. Devo aggiungere altre cose riguardo al maggior Gentile, e si è che essendo egli andato a dar le buone feste a Monsignor Saluzzo il giorno 24 di decembre p. p. il suddetto Gentile disse a Monsignore che per tutto il mese di Gennaro sarebbero state prese tutte le Piazze della Corsica, ed essendosi, qualcheduni di quei che erano circonstanti, posti in stato di fargli qualche difficoltà, il maggior Gentile replicò che vi avrebbe depositata la testa, giacchè tutte le apparenze erano a favore dei Corsi, ed un tal discorso fatto in presenza di Monsignore mi fu riferito la sera stessa, o da Monsignore, se mal non mi ricordo, o dal suo vicario generale Farinole.

Interrogato rispose:

Quanto sia al Francesco Maria Lucciana, io posso dire che essendo egli cugino (1) del Gafforio, che alloggiò in di lui casa (2), ne era divenuto il dispotico, ed entrava in tutti li Consigli, così publici che privati. So che ha fatto moltissime estorsioni, e si è impadronito della robba, così del Principe Serenissimo, come de' particolari, trasportando tutto in casa sua, ed io stesso l'ho sentito in mezzo alla piazza di Corte, che diceva alle persone che bisognava ringraziare Iddio che avea liberato la Bastia dall'insoffribile giogo de' Genovesi; e so che anche fu mandato in commissione a Murato, dove ha fatto brugiare non so che case; ed avea molte patenti, d'ispettor generale, di commissario, e simili altre incombenze, occupando poi con questi titoli la robba del terzo e del quarto, come avea anche preteso di farlo della robba del Vicario e del Cancelliere; e per quel che si dicea publicamente per la Bastia il detto Lucciana andava da per tutto sparlando delli Genovesi e del loro governo, dicendo che erano inimici della Corsica, e cose simili.

Interrogato rispose:

Rispetto ad Antonio Maria Asdente posso dire che egli era destinato in aiutante della Piazza e del Rivarola, e che di lui

---

(1) Gafforio était, comme on le verra plus loin, parent de la femme de Lucciana, qui était une Petroni.

(2) La maison Lucciana est aujourd'hui la maison Morelli, située près de l'église de Ste-Marie.

era confidentissimo, e fu il primo che prese il possesso del corpo di guardia di Terranuova dopo che io, la sera precedente, dal Pietro Pasqualini fui obbligato a dargli le chiavi delle Porte, ma ciò non ostante io mi fermai per tutta quella notte nel corpo di guardia, ed alla mattina venne il detto Asdente e prese il possesso della detta porta a nome del Magistrato della Bastia, e sempre poi ha continuato a far le funzioni da aiutante della Piazza e del Rivarola, andando a portare gli ordini delli Generali, ed obligava li nostri soldati già disarmati a prendere partito, o per il servigio del Piemonte per mandarli in Sardegna, o per la regina d'Ungheria, o per li ribelli di Corsica; ed anche dopo che è uscito il Rivarola ed il Gafforio dalla Bastia, finchè durò in piedi il Magistrato degl'Inquisitori, seguitò l'Asdente a far le funzioni da Aiutante, e so che a lui fu dato l'ordine dal Marengo e dall'Antonio Morelli, d'ordine degl'Inquisitori, d'andare a Lavasina ad obbligar Monsignor Saluzzo a ritornare in città in qualità di prigioniere, perchè quella stessa mattina, giorno dei 27 gennaio, era stata portata notizia che Monsignor Mariotti era stato arrestato in Calvi e mandato in Genova, ed il detto Asdente, con seguito di persone, è andato a Lavasina ed ha fatto che il detto Monsignore sia venuto alla Bastia; è bensì vero che qualcheduno degl'Inquisitori allegava essere seguito questo fatto senza sua saputa. Devo inoltre aggiungere che essendo partito dalla Bastia il Rivarola ed il Gafforio, io e gli altri ufficiali, che eravamo rimasti in Bastia, si presentammo al Magistrato degl'Inquisitori per avere il nostro libero permesso di ritornare in Terraferma, ma fu preso tempo a deliberare sino al giorno seguente, e di fatto, il giorno de' 25 (1), ritornati in Magistrato, parlando il signor Morelli che era altro degl'Inquisitori, essendovi

---

(1) Gennaio.

presenti il Marengo ed il Domenico Sansonetti, ci fu detto che il signor capitano Albora, il Signor Passano ed il signor Pallavicino dovevano portarsi a Livorno come prigionieri di guerra, data la parola in voce ed in scritto, e che io ed il colonnello Grimaldi potevano andar liberi dove ci piaceva, che il signor tesoriere Giovo però non potesse partire dalla Bastia se non resi prima tutti li suoi conti; ed alla detta intimazione ero presente io ed il detto Signor capitano Albora, giacchè gli altri non vi erano.

Interrogato rispose:

Di tutti gli altri carcerati io non posso dire altro che publicamente per la Bastia dicesi che erano confidentissimi del Rivarola e degli altri Capi, e specificatamente posso dire di Carlo Filippo Sari e Carlo Casella che sono stati posti prigione nel giorno del bombeggiamento, perchè fu riferito a S. E. che da una casa al fondo del molo questi, con fazzoletti bianchi, aveano fatti segni verso le navi inglesi, e poi furono liberati dalle carceri quella stessa sera che partì S. E. e dopo la partenza della medesima.

Ætatis annorum 36 circa.

Quibus habitis fuit licentiatus.

Paulò post ubi suprà et coram. etc. Xaverius Passanus, q. Jo: Thomæ, de mandato similiter vocatus et pro informatione examinatus cui delato juramento veritatis fatendæ et qui tactis etc. juravit etc.

Interrogato rispose:

Quando sono state tirate le bombe in Bastia io mi era ritirato con la mia famiglia nella chiesa parrocchiale di S. Lucia, tre miglia lontano dalla Bastia, ed il giorno seguente ritornai in Città, e seppi che il maggior Gentile era stato dichiarato Maggior della Piazza da Antonio Marengo, che faceva allora la principale figura dopo la partenza di S. E., e seppi ancora precedentemente, perchè si diceva publicamente, che il detto maggior Gentile e Marengo erano andati a Monserrato a trattar la resa della Città, ed ho veduto poi io medesimo il detto Gentile far le funzioni da Maggior di Piazza, ordinare le guardie e fare tutto quello che sogliono fare li Maggiori delle Piazze; e so che egli era tutto confidente ed intriseco, tanto del Rivarola, quanto del Matra e Gafforio, mentre era sempre a loro fianchi in tutte le funzioni che si facevano; e nelle feste del Natale p. p., ritrovandomi io in arresto, per ordine delli Capi e dell'Inquisitori, nella Cittadella, l'ho veduto sopra il fortino, in compagnia di Giov. Battista Sansonetti, figlio del Domenico Sansonetti, con bombardieri e maestri, che visitavano l'artiglieria, e dava ordine per l'accomodamento degli apparati della medesima; e per quanto si diceva publicamente e mi attestò anche il patrone Giov. Battista Pelle, non potea partire alcun bastimento, nè dalla Bastia, nè da altro scalo, senza che fosse firmata e sottoscritta la licenza dal detto Maggiore, e mi è stato riferito inoltre che egli publicamente dicesse volersi rifare dei danni causatigli, sopra de' Genovesi, per i tanti anni che l'hanno fatto stare in Torre in Genova. Ho veduto anche che il detto maggior Gentile sulla piazza di S. Angelo, in una grande unione di gente, ove si era fatto acclamare per Tenente Generale il Ciaccaldi, andava avanti ed indietro, e seppi poi in appresso che era stato eletto il Ciaccaldi; ed il detto patrone Pelle poi mi riferì che volendo partire dalla Bastia di notte tempo il Gentile, in compagnia del Domenico Sansonetti e del Marengo, dopo che il Matra venne ad assediar la Città, il Popolo, che si era accorto di questo fatto, impedì la loro partenza, e li obligò a fermarsi nella Città.

Interrogato rispose :

Di Domenico Sansonetti posso dire che egli era degl'Inquisitori di Stato, confidente intieramente del Rivarola e degli altri Capi, e mi riferì il Signor Felice Cardi che avendo lui detto in un circolo essere stata resa vilmente la Città, trovandosi presente il Domenico Sansonetti gli rispose agramente che se non parlava in diversi termini gli sarebbe stata data una archibugiata nelle spalle ; ed il detto Sansonetti l'ho veduto più e più volte andare in casa del Rivarola ed in Palazzo a tener sessioni cogl'Inquisitori; ed un giorno che andai da lui, per domandargli la mia licenza per poter venire in Terraferma, mi disse che se io cedevo un mio stabile, che avevo in Casalta, del valore di lire cinque mila, al Magistrato, in quel caso la licenza mi sarebbe stata concessa, dicendomi che il Magistrato era l'erede della Republica Serenissima, ed io sono stato obbligato a cedere lo stabile per istrumento publico ricevuto dal notaro Francesco Maria Bozio ; ed avendogli addimandata copia, mi disse che non me la volea dare, perchè così avea l'ordine, avendo ricevuto detto instrumento alla presenza del detto Magistrato, in cui era il Sansonetti, Marengo, Francesco Rossi ed il dottor Antonio Morelli.

Interrogato rispose :

Di Antonio Marengo posso dire che appena partito S. E. dalla Bastia, che fu verso le 5 ore della notte, egli andò nelle stanze del vicario Rossi con molte altre persone armate, per quel che mi riferì il Signor Felice Cardi, ed ha obligato il Vicario a dargli le chiavi delle prigioni, avendo immediatamente con le medesime fatto sprigionare quelli che stavano in prigione ; ed era notorio anche, in Bastia, che lui andò in Monserrato unitamente col maggior Gentile a trattare col Rivarola la resa della Città ; ed era poi il dispotico come Capo degl'Inquisitori, comandando dispoticamente per la Città, per la confidenza ed intrinsichezza che avea, tanto col

Rivarola, quanto col Matra e Gafforio, entrando sempre in tutti li Consigli e in tutte le deliberazioni che si facevano, e so che egli è stato spedito al comandante inglese, e l'ho veduto io partire, e ritornare poi colle navi, come parimente so che fu lui destinato per l'impresa del forte di S. Fiorenzo, dove comandava il capitano Casavecchia, di lui cognato; inoltre posso dire che fu lui il quale assegnò ad un tal Signor De Angelis la casa del Signor Carlo Orero in scomputo della casa che dalle bombe era stata distrutta all'istesso De Angelis, dicendo che come robba di Genovesi era caduta in confisca, avendo così riferito il canonico Terrigo, agente del detto Signor Orero. Devo pure dire che quando, dopo la partenza del Rivarola e Gafforio dalla Città di Bastia, io pregavo quelli signori del Magistrato d'Inquisitori a darmi la licenza mia per venire in Terraferma, il Marengo mi disse che il Magistrato non avea difficoltà di darmela, ma che bisognava aspettare la contenta del Rivarola, ed avendogli io risposto che non sapevo cosa vi entrasse più il Rivarola, egli mi lasciò con un ma! in sospeso.

Interrogato rispose:

Del Carlo Filippo Sari so che si diceva publicamente in Bastia che quando vennero le navi inglesi egli, assieme al Carlo Casella, dalle finestre della signora Nicoletta Massei, avesse fatto segni con fazzoletti bianchi alle medesime navi, perchè si avvicinassero, per il qual motivo d'ordine di S. E. furono fatti porre in prigione.

Interrogato rispose:

Carlo Casella, so che lui, unitamente col detto Sari e Leonardo Degiovanni, facevano li sindaci a nome del Rivarola e degl'Inquisitori, avanti de' quali fui io chiamato ed il Signor Pallavicino, come affittuarii delle gabelle di Porto-Cardo, per rendere conto, tanto dell'introito delle dette gabelle, quanto del medesimo debito, e detti conti fummo obligati a darglieli, anzi glieli diede il Signor Pallavicino, perchè erano alla sua cura, ed indi fummo mandati in arresto nella Cittadella.

Interrogato rispose:

Francesco Maria Lucciana, dottore, che era il maestro delle cerimonie di S. E., per quel che mi ha riferito il Signor Felice Cardi, era in compagnia del Marengo quando fu obbligato il Signor Vicario a dare le chiavi delle carceri, ed in quella congiuntura era armato. Questi, come parente del Gafforio, restò arbitro sopra tutte le ingerenze publiche e private, e con estorsioni positive pigliava la robba dei Genovesi ovunque la trovava, e di fatto fece prendere tutta la mia robba e quella del Signor Pallavicino, facendone inventario, e se vollimo riavere la nostra robba fu bisognato sborsarli qualche contante, ed in questa occasione ho sentito da lui, anzi mi ha riferito mia moglie e li miei figliuoli, giacchè in quel tempo ero in arresto, che egli con una somma arroganza, fino all'ultima goccia di sangue volea difendersi dalla tirannide de' Genovesi, ed ho poi sentito dire publicamente da tutti che egli sparlava della Republica Serenissima con termini assai improprii. So inoltre che si fece affittare lo stagno di Diana, e che si avea fatto trasportare in casa sua alcuna robba del Signor capitano Albora e del Signor Tesoriere, come essi mi dissero, e so altresì che quando era in Capraja scrisse una lettera a sua moglie ad effetto restituisse la robba non solo a me, ma anche al detto Signor Pallavicino, come fu restituita, avendomi detto patrone Cecco Patrimonio.

Interrogato rispose:

Leonardo Degiovanni era uno delli tre sindici, come ho detto, e mi disse che essi erano rimasti eredi della Republica.

Interrogato rispose:

Circa l'Antonio Maria Asdente posso dire che era l'aiutante del Rivarola, e che faceva le funzioni sotto del maggiore

Gentile, e quando in funzioni publiche andava avanti, diceva al Popolo che dicesse: Viva la patria e viva la libertà! Non so poi se il detto Asdente sia andato per far prigioniere Monsignor Saluzzo; è bensì vero che l'ho veduto, lo stesso Monsignore, arrivar in Bastia da Lavasina assai abbattuto, ed in appresso ho saputo che era stato fatto prigioniere d'ordine degl'Inquisitori, a motivo che in Calvi era stato arrestato e mandato a Genova Monsignor Mariotti.

Interrogato rispose:

Giuseppe Maria Luri, so che era sindico ed archivista della Republica, e si diceva publicamente per la Bastia che non solamente avesse indicato alli Capi ribelli le scritture, lettere e registri publici, ma ancora l'indizio di lire otto mila, prezzo dei forni, le quali erano presso il Signor vicario Rossi, il quale fu perciò obbligato a sborsarle, mentre che li fu intimato che diversamente sarebbe andato in prigione, e ciò d'ordine del detto Rivarola; ed io l'ho veduto, lo stesso Luri, far la consegna de' grani e farine e munizioni ai Paesani, per la carica confertagli dal Rivarola di munizioniere, col quale avea una confidenza intiera.

Interrogato rispose:

Ignazio Francesco Rossi fu il primo che andò ad incontrare il Rivarola, ed indi il Matra e Gafforio, nella loro rispettiva venuta; era degl'Inquisitori, ed intervenne ancora lui nel tempo che fui obligato a far la cessione del detto mio effetto.

Interrogato rispose:

Di Giuseppe Maria Massesi posso dire che egli era cancelliere confidentissimo del Lucciana. Il Gafforio se ne valeva assai, e fu lui che ricevè l'inventario della mia robba, e di quella del Signor Pallavicini; e fu mandato al Capo-Corso per trattenere la robba del Signor Debarbieri; e per quel che mi riferì mia moglie, nel far l'inventario egli sparlava de' Genovesi e del loro governo; e fu anche uno dei notari che ricevettero, nella chiesa di S. Giovanni, il giuramento di non darsi più alla Republica.

Interrogato rispose:

Matteo Orbecchio fu destinato per Tesoriere dal Rivarola, e fu lui che scuodè li denari del forno, e che esigeva quelli delle gabelle, e dava li soccorsi alli Paesani Corsi alla ragione di soldi dieci al giorno; e questo Orbecchio, avendolo io pregato perchè ottenesse la mia licenza dal Rivarola, egli mi riferì che lo stesso aveva molte pretenzioni contro di me come collega dell'affittuario, essendo i Capi gli eredi della Republica Serenissima.

Interrogato rispose:

Degli altri carcerati de' quali sono interrogato non ne so dire cosa alcuna, mentre stava alquanto ritirato.

Ætatis annorum 52 circa.

Quibus habitis fuit licentiatus.

Ea in eodem loco et coram etc. Signifer Alexander Palmarinus Capitanei de mandato vocatus et pro informatione examinatus cui delato juramento veritatis dicendæ et qui tactis etc. juravit etc.

Interrogato rispose:

Il giorno seguente dopo la partenza di S. E., essendo io uscito alla mattina dalla casa dove io abitava, colla mia schioppetta, che poteva essere un'ora di giorno, incontrai cinque persone, una delle quali era disarmata, e le altre armate, quali quattro mi disarmarono della detta mia schioppetta, che fu data al disarmato delli suddetti, che era Carlo Casella, da me ben conosciuto, e tra li altri armati ho conosciuto Anton Restori Padovani, che dopo il mio qui ritorno l'ho ritrovato in Genova, ed ho inteso che si ritrovi nelle carceri.

Interrogato rispose:

Io mi ritrovai presente all'imbarco di S. E., ed appena ritornato in piazza di Corte ho saputo che i Paesani andavano disarmando li soldati, ma non so chi fossero quelli che facessero in tal occasione da capi.

Interrogato rispose:

Sono partito dalla Bastia li 2 di Gennaio, e come che avanti le feste di Natale avea fatta altra partenza, e fui obligato per il tempo cattivo a tornare indietro, appena ritornati, fummo necessitati da gente armata ad andare in casa del general Gafforio, ove, d'ordine del medesimo, ci fu fatta da birri la visita per veder se avevamo lettere.

Interrogato rispose:

Antonio Maria Asdente faceva la figura di aiutante del Signor Rivarola, e publicò tra la truppa rimasta colà che chi volea prendere partito per Savoia poteva farlo, publicando l'indulto per li disertori della Regina d'Ungheria, e Savoia; e so ancora che il detto Asdente, per ordine del Rivarola, mandò venti soldati tedeschi circa in S. Fiorenzo, quali s'imbarcarono poi sopra le navi inglesi.

Ætatis annorum 27 circa.

Quibus habitis fuit licentiatus.

Illicò Sargens Antonius Maria Leonardi de mandato vocatus et pro informatione examinatus cui delato juramento veritatis dicendæ et qui tactis etc., juravit etc.

Interrogato rispose:

Io era, come sargente della compagnia Albora, di posto

al baluardo di S. Maria di Terranuova nella Bastia, e come che fui comandato ad andare nella Cittadella verso le due ore di notte, dopo essermi fermato ivi un pezzo, vidi imbarcare S. E. verso le ore quattro di notte, ed io, mentre ritornavo al mio posto, incontrai una turba di gente, tra quali riconobbi specificatamente Leonardo Degiovanni, la qual turba di gente mi obbligò a consegnarli il mio archibugio, di cui ero armato, ed avendo io detto che mi si dicesse chi era il mio debitore, mi fu risposto che era il Signor Antonio Marengo, e nell'istesso modo fu disarmato di archibugio un soldato che era meco, e così disarmati tutti due ritornammo al nostro posto, ove appena arrivati vi capitò, che potevano essere cinque ore di notte, il Signor Francesco Maria Lucciana, il quale con molta superiorità mi diede ordine che non lasciassi portar via la polvere, nè cosa alcuna, dal detto posto; e di lì poi ad un' ora circa, venne altra truppa armata condotta da un tal Dapelo, la quale truppa disarmò la sentinella, ed io mi fermai fino alla mattina seguente, e fatt'appena giorno, essendo andato sulla piazza di Corte, vidi che si piantava un palo, e sentii publicare che si dovesse ubbidire il Gentile, e riconoscerlo per Maggiore della Piazza, e si dovesse stare a suoi ordini, nè che si dovesse commettere mancanza, sotto pena di essere posti al palo, ed il detto Gentile era presente quando si piantava il palo e si faceva detta publicazione, anzi lo stesso tanto ordinava. Indi poi a due giorni, anzi nell'istesso giorno, essendo uscito il Gentile dalla Città per andare a trattare col Rivarola, sentii un caporale che si accostò ad Antonio Maria Asdente, il quale faceva le funzioni da Aiutante, e gli dimandò un non so che, credo riguardasse la Piazza, e sentii che l'Asdente gli disse: « Oggi il maggior Gentile non vi è, ed in suo luogo comanda il Signor Domenico Sansonetti. » Ho veduto poi entrare in Città il Rivarola, alla mattina del 21, col detto Gentile in sua compagnia, e detto Signor Gentile ha seguitato sino a tanto che mi sono fermato colà a far le veci da Maggiore della Piazza, ed il giorno delli 23 novembre, essendo stata unita tutta la truppa della Republica nella spianata, tutta disarmata essa truppa, l'Antonio Maria Asdente, d'ordine del Rivarola, publicò il perdono a tutti li disertori della Regina d'Ungheria, e Savoia, e dopo aver preso il nome ad uno per uno di tutti li soldati, publicò che chi voleva prender partito, o per il Re di Sardegna, o per la Republica di Corsica, sarebbe stato arrollato, e molti di fatto presero partito per il Re di Sardegna, e suppongo arrivassero al numero di 80; a quelli poi che non vollero prender partito gli disse: « Andate là, che voi altri siete prigionieri di guerra. » Ed a quelli che si arrollarono l'Asdente somministrava ogni giorno pane e soccorso. Io poi, trovandomi mezzo stropio per la podagra che aveo sofferto, mi sono aiutato per farmi dare la permissione di potermi imbarcare, e mi fu data, e così partii alli 2 di decembre.

Ætatis annorum 61 circa.
Quibus habitis fuit licentiatus.

Ea ubi et coram etc. Andreas Pucci, q. Dominici, de mandato etiam vocatus et pro informatione examinatus cui delato juramento veritatis et qui tactis etc. juravit.

Interrogato rispose:

Quando si accostavano le navi inglesi in Bastia, ove io era Bargello di Campagna, mi fu dato ordine per parte di S. E. che stassi in attenzione se alcuno dalla parte di terra faceva alcun segno, ed io con qualche altri famigli, tra quali Paolo Reborati, si accostammo al coperto del parapetto del molo di Bastia, per essere difesi dalle cannonate che già venivano tirate dalle navi, stando in osservazione se vedevamo alcun segno, e verso le 22 ore io vidi, e qualchedun' altro de' miei famigli, che da una casa che è al piede del molo, e credo che sia della Signora Nicoletta Massei, in una finestra che guardava il mare, precisamente verso ove erano le navi, vidi, dissi, il Signor Carlo Filippo Sari, il quale con un fazzoletto bianco alla mano andava facendo segno sventolandolo per aria, ed in compagnia del detto Sari vi era, al detto balcone, il Signor Carlo Casella ed il figlio della detta Signora Massei, ed io allora stimai mio obbligo di andare nella medesima casa, cogli miei famigli, per catturarli, come di fatto essendo andati alla detta casa, e trovando qualche resistenza in farci aprire la porta, nell'atto che volevamo adoprare il picosso per rompere, ci fu aperto, ed entrati dentro feci catturare li detti Sari, Casella e Massei, e li portammo prigione in Cittadella, e vi sono stati in segreto per fino che, essendosene andato l'Eccellentissimo Commissario Generale, furono aperte la stessa notte le prigioni, e furono scarcerati.

Ætatis annorum 27 circa.

Illicò Petrus Paulus Reborati, filius Jo : Petri, de mandato vocatus et pro informatione examinatus cui delato juramento veritatis dicendæ et qui tactis etc. juravit etc.

Interrogato rispose :

Io dico che il giorno in cui vennero le navi inglesi e che principiarono a cannoneggiare e bombardare la Città di Bastia, mi portai, assieme al mio bargello ed altri famigli, sopra il molo, e vidimo, da un balcone della casa della Signora Nicoletta Massei, che resta in vicinanza del mare, ed in prospettiva alle dette navi, farsi segni con un fazzoletto bianco alle stesse navi, e quello che faceva tal segni era un certo Carlo Filippo Sari, ed all'istesso balcone eravi Carlo Casella ed il figlio della detta Signora Nicoletta, di cui non so il nome (1), e poco dopo arrivarono due uomini e ci dissero se avevamo veduto, e risposto loro di si, soggiunsero, assieme al capitano Matteo Mattei che ivi si ritrovava, che bisognava portarli prigione, e detto loro essere necessario l'ordine di S. E., ci dissero : « Dunque l'ammazzeremo noi. » Allora andassimo ad accampare la detta casa, e li catturammo, e portammo prigione in Cittadella, e li facessimo porre nelle carceri segrete, dalle quali subito partito S. E. furono liberati.

Ætatis annorum 28 circa.

Quibus habitis fuit licentiatus.

1746 die lunæ 18 dicti mensis aprilis in tertiis coram et ubi suprà D. Octonus de Franciscis, Francisci filius, de mandato vocatus et pro informatione examinatus cui delato juramento veritatis et qui tactis etc. juravit etc.

Interrogato rispose :

Il giorno immediatamente dopo la partenza dell'Eccellentissimo Commissario Generale De Mari dalla Bastia, io di buon' ora mi sono trovato nella piazza di Corte, ed ho veduto che fu piantato un palo in mezzo alla piazza, ed immediatamente, dopo un poco suono di tamburo, Antonio Maria Asdente, essendovi presente Francesco Maria Gentile, Antonio Marengo e Domenico Sansonetti, e molti altri, publicò in alta voce che sotto pena della vita si dovesse portar ubbi-

---

(1) Marco.

dienza al detto Gentile che era dichiarato Comandante, ed io sentendo questa grida, dopo mezz'ora, mi accostai al detto Gentile, e gli feci istanza che mi permettesse di ritirare in luogo caoto tutte le forniture dipendenti dal mio ufficio come deputato del Serenissimo Magistrato de' Poveri, e Quartier Mastro, ma egli non mi diede mai alcuna risposta, e dopo un giorno, essendo io verso il fosso della Bastia, uscendo dalle porte di Terranuova, vidi venire a cavallo, nel fosso medesimo, il detto maggior Gentile, Antonio Marengo e l'abate Luri, e verso la loggia del Raffalli vidi che, fermatisi tutti e tre così a cavallo, il Marengo ad alta voce dicea al Popolo : « Accostatevi ! » e tra gli altri mi fermai anch'io per sentire cosa dicea, ed ho sentito che il detto Marengo disse: « Popolo ! È tutto aggiustato ! Salvo l'onore, vita e robbe ! E se vi sarà qualcheduno che patirà danno, me ne obbligo io. » E dopo di ciò entrarono tutti tre in Terranuova a cavallo; ed il lune (1) poi seguente, stando io sotto la loggia de' nobili Dodeci, ho veduto far la sua entrata al Rivarola, che avea in sua compagnia il detto Gentile, Marengo, Domenico Sansonetti, ed altresì l'Antonio Maria Asdente. Ha seguitato in appresso il Gentile a fare le funzioni da Maggior di Piazza, ed avendo avuta occasione di andare qualche volta in casa del Rivarola per dimandarli la permissione di venire in Terraferma, vi ho ritrovato ed ho veduto il più delle volte il detto Gentile, anzi, stando io vicino di casa, vedeva andarlo (2) mattina e giorno dal Rivarola, e l'ho veduto anche parlare col medesimo da solo a solo, ma come che io sono stato posto prigione d'ordine del Rivarola, e vi sono stato per quindici giorni, ed uscito poi fuori stavo molto ritirato, così non posso aver veduto nè sentito molte cose che sono seguitate. Posso però dire che dopo uscito il Rivarola ed il Gafforio dalla Bastia, avendo

---

(1) Lune *pour* lunedì.
(2) Vedeva andarlo *pour* lo vedeva andare.

un eremita che stava a Monserrato confidato ad un prete che egli avea mangiato del pane uscito dalla Bastia, mentre che Matra, da una parte, ed il Rivarola, dall'altra, stavano in vicinanza di quella città, ed il prete avendolo detto al Popolo, questi saltò in sospetto che dalla Città fosse provvisto il pane a' Paesani, e per questo fu subito fatta la ricerca per li forni, e fu ritrovata quantità di pane, del quale io medesimo ho veduto una parte, ed avendo detto li fornari che il pane era stato cotto d'ordine del Gentile, seguì un gran sussurro del Popolo contro lo stesso, e so che egli confessò che il pane l'avea fatto fare lui colla permissione degl'Inquisitori, e questa sua confessione, l'ho saputa da moltissimi che vi si ritrovarono presenti, avendo questi tali detto che il Gentile dicea aver ricevuta una lettera del Rivarola nella quale gli diceva che la sua gente non avea pane, e come che era venuto in difesa della Città, così egli, fatta parola cogl'Inquisitori, gli avea fatto apparecchiare il pane, mandandoglielo. Dico inoltre che avendo io il giorno de' 25 gennaio p. p., in qual tempo erano già usciti da tre giorni avanti, se mal non mi ricordo, dalla Bastia il Rivarola ed il Gafforio, avendo, dissi, dimandata la mia permissione per potermi imbarcare per Terraferma, sono stato introdotto nella stanza ove residevano gl'Inquisitori di Stato, ed ho veduto seduti, *pro Tribunali*, l'Antonio Marengo, dottor Antonio Morelli, Cecco Rossi e Domenico Sansonetti, assistiti dal Francesco Maria Bozio, loro cancelliere, e mi fu dal Signor Rossi dimandato se intendevo di ritornare in Bastia, o no, ed avendogli risposto che avevo in Bastia moglie e figli, e che pensavo di ritornare, fui mandato fuori, ed indi ad un poco il cancelliere Bozio, aperta la porta ed introdottomi, mi disse che se volevo venire in Terraferma per non ritornare più in Bastia, la licenza quelli Signori me la concedevano, altrimente non me l'avrebbero concessa, ed io risposi che accettavo la licenza per non ritornare in

Bastia, ed il cancelliere Bozio sentendo l'Inquisitori mi disse che se fossi voluto ritornare avrei dovuto scrivere anticipatamente a quelli Signori, e mi fu dato in scritto la licenza sottoscritta dal Signor Bozio, ma poi questa licenza fu sospesa, e sotto il giorno de' 31 gennaio l'Antonio Marengo sottoscrisse nuovamente la licenza nel modo infrascritto, cioè :

1746 a 31 gennaio
Si permette : *Antonio Marengo*

e l'ho veduto io stesso sottoscrivere, come anche quella del Signor capitano Albora, non ricordandomi precisamente se sia stata praticata la parola *si permette*, o altra consimile. Posso anche aggiungere che essendo io uscito dalla prigione, Maria Filateria, mia moglie, mi disse che essendo andata da Antonio Marengo, per farli premura della mia scarcerazione, in compagnia del Signor Alessandro Bonavita, zio di mia moglie, detto Bonavita disse al Marengo : « O Marengo, guarda quel che fai, » ed egli, mi disse mia moglie avergli risposto : « So quel che mi faccio, ma a quattro voglio far saltar le cervelle in piazza di Corte. » E parlando l'istesso Marengo a mia moglie gli disse : « Se io fossi stato in carcere come vostro marito starei allegro, perchè vi è per una cosa da nulla, all'incontro io vi sarei colla paura del capestro al collo. » E posso aggiungere di più che avanti che io fossi posto in carcere, dopo la partenza del Marengo per Livorno, ho sentito leggere in piazza di Corte, e se mal non mi ricordo, dal Morelli, una lettera scritta dal Marengo da Livorno diretta al Magistrato della Bastia, nella quale diceva che in breve lui sarebbe ritornato colle navi inglesi, e che si apparecchiasse per il Comandante un regalo. Inoltre devo dire che avendo dimandata la mia licenza per venire in Terraferma, dopo due o tre giorni che fu entrato il Rivarola in Bastia, dall'istesso Rivarola, egli era pronto a concedermela, ma si trovò presente Antonio Maria Asdente, il quale in mia presenza disse al Rivarola che non me la dovea concedere, perchè arrivando in Genova avrei data notizia delle ingiustizie che faceva il detto Rivarola, e poi soggiunse che prima di darmi licenza dovea farmi rendere conto della robba che avea del Principe. Uscito dalle carceri, essendo di già per sindici Leonardo Degiovanni, Carlo Casella e Carlo Filippo Sari, avanti a questi tre fui obbligato a render conto di tutta quella robba che avevo nelle mani, e di tutto quello aveo maneggiato dal 1740 sino al dì d'allora, sindicando ogni partita esattissimamente, e dopo aver fissato il debito, Leonardo Degiovanni mi disse, attesa l'istanza che facevo di essere assoluto, dovessi consegnare il tutto a Giuseppe Luri, ma io non ho consegnato cosa alcuna, perchè volevo, come ho detto a tutti, l'ordine in iscritto, quale ordine però non mi è stato dato, e rispetto alla robba mandata in Genova sono stato obbligato a mostrare le lettere ricevute, e le polizze di carico.

Interrogato rispose:

Un giorno ritrovandomi in piazza di Corte ho sentito in un circolo, in cui vi si trovava presente il maggior Gentile, si dicea che i Signori Genovesi aveano armato bastimenti in corso, ed ho sentito Giov. Battista Guasco, che era nel circolo, dire: « Bisogna levarsi la maschera. » E questo seguì in tempo che vi era anche in Bastia il Rivarola, ed avanti che io fossi posto in carcere.

Interrogato rispose:

Giuseppe Nunzi venne in Bastia anche avanti che entrasse il Rivarola, ed io l'ho sentito più e più volte dire nelli circoli, ed in presenza di più persone, molte e molte cose contro la Republica di Genova.

Interrogato rispose:

Rispetto agli altri io non posso dire cosa di positivo, per essere stato in prigione, e per essere poi stato per lo più ritirato.

Interrogato rispose :

Quattro o cinque giorni dopo che furono usciti dalla Bastia il Rivarola ed il Gafforio, mentre andavo a sentir messa, vidi il chierico Sanguinetti, figlio di Pasquale, che andava avanti ed indietro con gran sollecitudine, e dopo aver sentito messa, essendo nella marina di Bastia, sentii dire universalmente da tutti quelli che vi erano che era stato spedito in Lavasina una squadriglia per far prigione Monsignor Saluzzo, atteso che era venuta la notizia che in Calvi era stato Monsignor Mariotti arrestato, e che un tal ordine di far prigioniere detto Monsignor Saluzzo era uscito dagl'Inquisitori. Antonio Maria Asdente poi mi confessò a me di essere stato a Lavasina a far prigione Monsignor Saluzzo, il che aveo anche sentito dire publicamente per la Bastia.

Ætatis annorum 43 circa.

Quibus habitis fuit licentiatus.

1746 die martis 19 mensis aprilis, in vesperis, in examinatorio Palatii Criminalis et coram præfato Excellentissimo Grimaldo, et in præsentia Magnifici Justiniani, Consultoris, extractus de mandato e carceribus Jo. Batta Morgantini, q. Eustachii, civitatis Liburni, et in præsentem locum adductus et examinatus prævia monitione quoad se et quoad alios juravit tactis etc.

Interrogato rispose :

Sono di Livorno, ma sono 11 anni che abito in Bastia.

Interrogato rispose :

Esercitavo il mestiere del barbiere, o sia perucchiere, ed avevo la mia bottega in piazza di Corte, e nel tempo del bombeggio, fatto dalle navi inglesi, della Bastia, fui anch'io comandato, d'ordine dell' Eccellentissimo Commissario Generale, in una squadriglia di cui era caporione il dottor Morelli, e sotto di lui comandava Pietro Pasqualini, avendo fatto tutto ciò che mi era stato comandato, tanto nel giorno del bombeggio, quanto nelli due successivi. Nella stessa notte in cui partì dalla Bastia l'Eccellentissimo Commissario Generale, ritrovandomi io in casa mia, sentii la voce di Pietro Pasqualini, da me ben conosciuta, che mi chiamava per nome, e come che il giorno avanti mi avea detto che dovea marciare verso Lota, io credetti di essere chiamato per questo intento, e per questo, preso subito il mio schioppo, ed uscito di casa, ritrovai ivi il detto Pasqualini, con altra gente armata, il quale si istradò verso il corpo di guardia di Terranuova, e seguitandolo io, d'appresso vidi che arrivato in detto corpo di guardia, dove vi era il capitano Romanelli, si accostò a lui, e sentii che in alta voce dicea : « In questo modo abbandonare la Città, ed in questo modo abbrugiarla! » E vidi che il Romanelli avea le chiavi, e che poi passarono dal Pasqualini, ed ho inteso di poi che gliele levasse di mano, ed essendosi (1) poi avanzati verso la tenaglia, Pasqualini cercava chi volesse andar ad avvisare li posti, perchè non fossero abbandonati in quel rumore che si sentiva, ed io mi offersi di andarci, come di fatto subito mi portai al posto de' Gesuiti, portando la parola al Signor Podestà Caren, che allora vi era; e di fatto detto Podestà si era incamminato verso Terranuova, ma poi avendo incontrate molte donne che scappavano, dicendo che la polveriera abbrugiava, non volle tirare avanti, anzi si ritirò, ed io volli ritornare a Terranuova, avendo ritrovate le porte aperte, ed alla custodia delle medesime il Pasqualini con moltissimi Bastiesi, tutti armati. Indi a poco il Pasqualini andò in Cittadella, dove essendomivi trasportato anche io, poco dopo mi trovai presente ad una

---

(1) *Pour* essendoci.

contesa di parole seguite tra il Signor Antonio Marengo, Pietro Pasqualini e Buttafuoco, essendovi presente anche il Signor Vicario, e si avanzò tanto oltre la contesa che il Marengo scrocciò una pistola contro il Pasqualini, ma non prese fuoco, ed io allora vedendo crescere il rumore me ne andai via in cerca di mia moglie, che era andata in Terravecchia con i due miei piccoli figli, avendola di fatto ritrovata dentro de' Missionarii, ed andai poi in casa di un mio cognato, ove stetti tutta la notte. Alla mattina poi di buon'ora, essendo venuto in Terranuova, ho ritrovato sulla piazza di Corte moltissimo popolo, ed ho veduto che fu piantato un palo in mezzo alla piazza, e poi, a tamburo battente, è stato publicato, se mal non mi ricordo, da Antonio Maria Asdente, di comandamento et ordine della Città di Bastia, che si dovessero riconoscere, per Maggiore della Piazza, il Francesco Maria Gentile, e per suo aiutante, Antonio Maria Asdente, e che tutti dovessero ubbidire, alla pena del palo, e quando fu publicato detto ordine venne l'Antonio Marengo, ed allora ho veduto che da i Bastiacci s'incominciò a disarmare li soldati e li sbirri delle loro armi, ed io stesso ho veduto moltissimi Bastiacci disarmare li suddetti soldati e birri, ed ho sentito anche publicare, d'ordine del Magistrato, un altro ordine proibitivo che alcuno non potesse andare armato di schioppo per la Città. Il giorno seguente poi, che era il dì 20 novembre, ho sentito dire publicamente, sopra quella piazza e mia bottega, che il maggior Gentile con Antonio Marengo erano partiti per andar a Monserrato per trattar col Rivarola, ed al dopo pranzo l'ho veduti ritornati sopra la piazza di Corte, e smontare da cavallo alla Casetta, ed ho veduto che il traglietta (1) del Podestà andava a chiamare tutti li Procuratori dell'Arti, tra quali fui chiamato anch'io dal detto tra-

---

(1) Traglietta ou traghetta ; c'était ce qu'on pourrait appeler aujourd'hui l'appariteur de la Commune.

glietta come Procuratore della Compagnia de' Santissimi Cosimo e Damiano, ed io veramente non voleva andarvi perchè la nostra compagnia non era stata ancora approvata, e per questo li Procuratori non dovevano ancora far figura, ma pure, avendomi detto il traglietta che ci vada anch'io, ci sono andato più per curiosità che per altro, ed entrato dentro, nella sala della Casetta che era tutta piena, oltre li Procuratori delle Arti vi ho veduto il maggior Gentile, il Podestà con tutto il Magistrato (1), fuori del Cecco Rossi che era andato fuori di città col vescovo Massei, Domenico Sansonetti, Antonio Marengo, Carlo Filippo Sari, Carlo Casella, dottor Francesco Maria Lucciana, Anton Maria Asdente, Luigi Spinola Padovani, Giuseppe Maria Massesi, Francesco Maria Bozio, ed altri che può essere che io non mi ne ricordi. Ed il Signor Marengo fu il primo che parlò, dicendo che egli era stato unitamente col maggior Gentile dal Rivarola, e che l'istesso Rivarola volea in tutti li conti quello stesso giorno entrare in Bastia, e che altrimenti, se non gli si dava l'entrata, egli sarebbe entrato per forza, e che avrebbe mandato a ferro e fuoco detta Città, senza salvare nè vita nè onore, e che sarebbero nuovamente venute le navi a fare il rimanente, e dimandò dopo di ciò che ognuno poteva dire il suo sentimento. Allora incominciando il Podestà disse che il suo si era di aspettare nuovamente le navi e rendersi al Comandante delle medesime, e che questo sarebbe stato più glorioso ed onorato alla Città, ma che al Rivarola non bisognava rendersi. L'istesso sentimento disse il dottor Morelli, ma il Signor Marengo fu di contrario sentimento, esprimendosi che il suo si era di rendersi al Rivarola, giacchè era stato assicurato, tanto dal Rivarola, quanto dalli suoi ufficiali, che il Comandante delle navi inglesi non avrebbe assolutamente

---

(1) On sait que le *Magistrato Superiore* de Bastia se composait du *Podestà* et de quatre *Anziani*.

capitolato colla Città, e che non si doveva la Città esporre ad una intiera rovina, e che consigliava tutti a prender questo partito, il che ancora confermò il maggior Gentile, e come che uno de' marinari, o Procuratore d'Arte che fosse, disse che si poteva aspettare il ritorno delle navi, allora Carlo Filippo Sari, con voce alterata, incominciò a dire che egli avea perduto più di lire quattro mila per il danno causatogli dalle bombe, e che all'incontro quelli che non aveano perduto niente voleano parlare e dire, e che bisognava rendersi, schiamazzando con maniera impropria, ed il Marengo riprendendo la parola disse di nuovo che il Rivarola avea data parola che non sarebbe stato toccato un bicchiere di vino, aggiungendo lo stesso Marengo che se fosse stato causato benchè minimo danno, lo avrebbe pagato lui di proprio, e con tali persuasive tutti si accordarono di far estendere le capitolazioni, che io medesimo ho veduto che il Marengo le dettava al cancelliere della Comunità, Giuseppe Maria Massesi; non so però dire il contenuto delle medesime capitolazioni, tutto che abbia publicamente sentito dire dal popolo e dalli Procuratori che avea ad essere salva la vita, robba, ed onore, di tutti gli abitanti della Bastia; e con queste capitolazioni ho veduto poi partire a cavallo il Marengo e Gentile, i quali poi ritornarono alla sera, ed ho sentito dire publicamente che le capitolazioni erano state accettate, e che il giorno seguente dovea entrare il Rivarola in Città; e di fatto il giorno seguente, alla mattina, verso le ore 15, entrò accompagnato da tutta la Cittadinanza, ed andò in S. Maria. Entrato il Rivarola, fu publicato d'ordine suo che il Gentile dovea andare Maggiore della Piazza, e che l'Asdente dovea essere Aiutante Generale della Piazza, ed ho poi sempre in appresso veduto esercitare e l'uno e l'altro la detta rispettiva loro carica. Dopo qualche giorno è venuto colla sua gente il Matra e Gafforio, ed uscì a trattar con loro l'arcidiacono Stefanini, il dottor Lucciana, e credo

Ignazio Petroni, ed in quel tempo non vi era in Bastia il detto Marengo, perchè era stato spedito alle navi, e so poi che fu trasportato per il cattivo tempo a Livorno. Li tre suddetti trattarono l'entrata del Matra e Gafforio, che li ho veduti entrare in Bastia, ricevuti dal Rivarola e Magistrato, ed in quella occasione ho veduto alberare la bandiera con padiglione bianco, e nel mezzo una testa di moro senza benda, avendo sentito in quella occasione che si diceva publicamente da tutti che nel tempo de' Genovesi la testa di moro avea gli occhi bendati, ma che era venuto il tempo che li avea aperti, ed in questa occasione furono fatti sbari d'artiglieria, ed altre allegrezze, gridando tutti: Viva la libertà! Viva la libertà! Passati pochi giorni arrivò il Signor Marengo, con quattro navi, e sbarcò in terra il Comandante inglese, il quale venne in Cittadella, e poi lo condussero nella casa di Monsignor Mariotti, vicina a' Missionarii, e vi si fermò due giorni, ed in questo tempo vi andavano tutti, e si disse publicamente, avendone io fatto discorso con più di uno nella mia bottega da barbiere, che si era concluso dovessero andar, Matra all'impresa d'Ajaccio, Rivarola a quella di Calvi, e che le navi dovessero andar prima a S. Fiorenzo, e poi in Ajaccio, e che la Città dovesse star libera, e che dovesse comandare il Magistrato per il circuito di miglia cinque. Dopo poi la partenza del Comandante inglese si sono uniti nella Casetta, Rivarola, Gafforio e Matra, il Magistrato della Città, con tutti li Procuratori delle Arti, ed in questa unione fu creato il Magistrato d'Inquisizione di Stato, nel quale furono eletti a voti il Signor Antonio Marengo, Domenico Sansonetti, dottor Antonio Morelli, ed Ignazio Francesco Rossi, che era ritornato in Città. Fu eletto per Fiscale il dottor Farinole; per Tesoriere, Matteo Orbecchio; alla dogana, fu destinato Giov. Battista Guasco; e so anche che è stato eletto per Gran Cancelliere Francesco Maria Bozio. Io però non mi sono trovato in questo Consiglio; ma, come replico, ho sentito dire che così fu fatto, ed ho veduto in appresso che il tutto era ordinato dall'Inquisitori, i quali facevano mettere in prigione, e disponevano tutte le cose, ma tra gli altri disponeva più dispoticamente l'Antonio Marengo, il quale Antonio Marengo andò in S. Fiorenzo a ricevere la resa di quel forte; e nata poi la dissensione tra li Generali, particolarmente dopo la partenza di Matra, vi sono seguite delle archibugiate e delle morti, e finalmente si accordò che dovesse uscire il Rivarola ed il Gafforio, e lasciar libera la Città, come seguì; dopo di che è stato accresciuto il Magistrato d'Inquisizione con due Popolari, e mi ricordo che avendo dimandato la mia licenza, questa mi fu sottoscritta dal Marengo e da Giacomo, o sia Geronimo, Luo.

Interrogato rispose:

Dopo usciti il Rivarola ed il Gafforio dalla Città, ritornò nelle vicinanze della Bastia il Matra con qualche Paesani, e mandò a trattare di entrare nuovamente in Città, ma tutti ad una voce risposero per la negativa, ed essendo anche venuto, dalla parte dei Capuccini, il Rivarola con alcuni suoi seguaci, anche lui dimandò di entrare, prima con cento, e poi, cinquant'uomini, spiegandosi di voler ciò, perchè temeva che la Città si dovesse rendere a Genovesi, e dopo molte ambasciate, mandate e ricevute, finalmente fu accordato che si dovesse da tutti della Città fare un giuramento di non rendersi a Genovesi, il quale giuramento fu fatto nella chiesa di S. Giovanni, esposto il Santissimo Sagramento, e ricevevano il giuramento il gran cancelliere Bozio ed un certo notaro Cattaneo, e fu anche accordato di dare un piccolo rinfresco di pane alla gente di Rivarola e Matra, li quali di poi partirono; e dopo due o tre giorni fu risoluto di mandare per ambasciatori in Calvi il Podestà con tre altri, per chiamar aiuto da' Signori Genovesi, e questo seguì nella casaccia (1) di S. Teramo. In questo congresso non vi ero, ma l'ho sentito dire publicamente. Erano però nati molti sospetti nella Plebe contro più persone per aderenza, o col Rivarola, o col Matra, e di fatto essendosi sparsa la voce che da Nicoletta Massei, parente del Matra (2), si fosse fabricato del pane, come parimente da altri Cittadini, a furor di popolo fu visitata la medesima casa, e tutti quegli altri siti ove si poteva fabricare pane, e se ne trovò qualche quantità che avea fatto fabricare il Gentile, il quale però si scusava con dire che era d'intelligenza degl'Inquisitori di Stato. Partito il Podestà con gli altri per Calvi, vennero alla vista di Bastia qualche navi inglesi, e fu fissato un congresso a Ponteprato, nel quale intervennero il Rivarola col suo seguito, il comandante delle navi, il Signor Cecco Rossi per parte della Città, e qualche altri, patroni di pescatori e delle Arti; e ritornati in Città, il signor Cecco Rossi, che era aspettato con desiderio, in un congresso di popolo disse che il Rivarola pretendeva di entrare in Città con 150 uomini, e che se questo non gli si accordava sarebbero nuovamente le navi venute a bombeggiare, e si sarebbero distrutte le campagne; che uno di questi due partiti dovea prendersi, o d'introdurre il Rivarola colle sue genti, o di soffrire il bombeggio e devastamento, e di questi due mali, egli, parlando in persona propria il detto Signor Rossi, consigliava il popolo ad attenersi al minore; ma incominciò il popolo a gridare: Fuoco! Fuoco! e furono posti in arresto il detto Rossi col Domenico Sansonetti, e se non era patron Francesco Patrimonio, correva rischio di essere ammazzato; e da questo fatto crebbero vieppiù i sospetti contro molti de' Cittadini, quali perciò furono arrestati, e tra

---

(1) A Gênes on appelait *Casacce* les confréries religieuses.
(2) Matra était parent de Carlo Casella, et par conséquent de Nicoletta Massei, sœur de celui-ci.

essi mi vi ritrovo anche io, e credo che sia per una mala sodisfazione delli Signori Spinola.

Ætatis annorum 30 circa.

Quibus habitis fuit de mandato repositus ad locum prædictum.

Ea paulo post in dicto loco notarius Joseph Maria Massesi, Andreæ, extractus de mandato e carceribus et in præsentem locum adductus et examinatus prævia monitione quoad se et quoad alios juravit tactis etc.

Interrogato rispose:

Io ero uno dei Cancellieri, anzi giovine del Podestà di Bastia, la qual carica avevo appaltato in compagnia d'Ignazio Cattaneo, e nel tempo della partenza di S. E. mi trovavo in Terravecchia, ricoverato in casa di Domenico Rosaguti (1), dove eravi ancora il dottore Antonio Morelli, e la stessa sera ero uscito con lui per andar a vedere se vi era bisogno di qualche cosa al posto de' Missionarii, e mentre eravamo colà, ci venne l'avviso che S. E. se n'era andato via, e che era stato appicciato il fuoco alla polveriera; e ritornando alla casa ove erano le nostre famiglie, le condussimo alli Missionarii. Essendo colà, arrivarono due ufficiali col Signor Matteo Mattei, e sentii che dissero che erano stati disarmati alla Marina, ed essendosi (2) fermati poi in detto luogo sino a che fosse svanito il timore della polveriera, ritornammo nella casa ove eravamo partiti, ed ivi si quietò per tutto il rima-

---

(1) Aujourd'hui maison Patrimonio.
(2) Pour essendoci.

nente della notte. Alla mattina poi del giorno venturo sono andato in Terranuova, e trovando occupati i posti da Bastiacci, vidi sulla piazza il maggior Gentile che andava avanti ed indietro, ed ho sentito che era stato destinato per Maggiore della Piazza. Andato poi nella Casetta del Podestà, vi ho trovato il Magistrato che già sedeva, ed il mio compagno che stava scrivendo alcuni ordini che dava lo stesso Magistrato per regolamento della Città, deputando altri per l'assistenza del pane, altri per l'amministrazione della maestreria, ed altro, e dopo fatte queste disposizioni il Magistrato si sciolse, e nel decorso di quel giorno si sono sentite per la Bastia molte querele delli soldati e birri che erano stati spogliati delle loro armi e vestimenti, ed il giorno seguente, alla mattina, nuovamente alla Casetta vi fu un congresso, non solo del Magistrato, ma anche delli Capi delle Arti, e molti altri Cittadini, ed ivi ho sentito che l'Antonio Marengo lesse altamente un diploma del Re di Sardegna in cui si diceva che ad istanza del Rivarola, di un certo Sari (1), e De Bonis (2), voleva mettere in libertà la Corsica, e che a questo intento avea mandato le navi e le bombe, e che prometteva la sua protezione e quella delle altre Corone, e dopo di aver letto ciò, disse che ognuno dicesse il suo sentimento; ed il Signor Podestà con qualche altri dissero che in ogni caso bisognava aspettare le navi, perchè la capitolazione sarebbe più cauta; ma il Marengo portò opinione contraria, dicendo che il suo sentimento era che la Città dovesse rendersi al Rivarola, e che da lui avea inteso che se non si capitolava direttamente con lui, non vi sarebbe stata capitolazione colle navi suddette; e perchè qualcuno replicò che sarebbe bene aspettare le navi nuovamente, il Carlo Filippo Sari fece delle smanie; ma poi

---

(1) Paolo Francesco Sari, frère de Carlo Filippo.
(2) Angelo Francesco De Bonis, frère de Giov. Battista.

fu risoluto unanimamente di stendere le capitolazioni che io stesso scrissi sotto la dettatura del signor Marengo, e le sottoscrisse l'altro mio compagno cancelliere, e con queste capitolazioni uscì, e credo che andasse al Rivarola, e che in queste capitolazioni s'accordasse salva la vita, onore e robba, a tutti gli abitanti della Città. Fu introdotto adunque il Rivarola, e da indi a qualche giorno furono introdotti Matra e Gafforio, e dopo la loro entrata fu creato il Magistrato degl'Inquisitori, e sono stati eletti dottor Antonio Morelli, Ignazio Francesco Rossi, Antonio Marengo, Domenico Sansonetti ed Ignazio Petroni, il Fiscale ed altri ministri; e questo Magistrato, unitamente alli tre Capi, era quello che comandava alto e basso. Sono seguite in appresso delle dissensioni tra Capi, e sono partiti tutti dalla Bastia dopo aver fatte archibugiate tra di loro, e dopo la loro partenza ha seguitato sempre il Magistrato degl'Inquisitori a comandare, essendo però stati aggiunti due del Popolo, uno per ogni terra, ed accresciuto il Consiglio sino al numero di 40, metà de' quali Cittadini, e l'altra, Popolari; ed allora fu che essendo venuto nuovamente il Matra e Rivarola alla Bastia, fu accordato che il Popolo tutto dovesse giurare di non darsi ad alcun principe, compresa la Republica di Genova, e ricevè il giuramento, in S. Giovanni, Francesco Maria Bozio, cancelliere degl'Inquisitori, e vi ho assistito anch'io, e detto Cattaneo, mio compagno, per scrivere li nomi di quelli che giurarono.

Ætatis annorum 29 circa.

Quibus habitis fuit de mandato repositus ad locum prædictum.

Die mercurii 20 dicti mensis aprilis, in tertiis, in examinatorio etc. Extractus de mandato Andreas Massese, q. Joseph, et in præsentem locum adductus et examinatus prævia monitione quoad se et quoad alios juravit tactis etc.

Interrogato rispose:

Quando l'Eccellentissimo Commissario Generale, dopo il bombeggiamento della Bastia, s'imbarcò e partì, ritrovandomi io ritirato in casa di un tal Rosaguti, colla mia famiglia, avendo risaputo mio figlio Giuseppe, il quale col dottor Morelli e con altri era uscito per andare alli posti, che bruciava la polveriera, e che tutta la Città era in sciaratto, essendosi sparsa la partenza di S. E., io colla mia famiglia andammo tutti nella chiesa de' Missionarii, et essendo poi, svanito il timore della polveriera, ritornammo in casa del detto Rosaguti, dove fermatomi a riposare per un poco, alla mattina seguente mi portai in Terranova, ed all'entrare delle porte ho veduto che erano guarnite di Bastiacci, e che non eranvi più li soldati; ritrovai, entrato sulla piazza di Corte, che vi era un gran concorso di popolo, e vidi piantato in mezzo alla piazza un palo, e sentii dir publicamente da tutti che era stato dal Magistrato dichiarato per Comandante della Piazza il maggior Gentile, e che si dovea ubbidire alli di lui ordini, sotto pena di essere posto al palo. Avendo poi, il giorno appresso, fatto ritornare la mia famiglia in casa da ove per il timore se n'era andata, avendo patito molto per le bombe, ed essendo ritornato in casa mio figlio, quale serviva alla Casetta, mi disse che in un Consiglio che era stato tenuto, ove eranvi intervenuti tutti li Cittadini e le Arti, era stato discorso circa il rendersi al Rivarola, che era in Monserrato col suo seguito, e che alcuni aveano detto che non era bene rendersi al Rivarola, ma che bisognava aspettar le navi e rendersi al Comandante Inglese; che all'incontro il Signor Antonio Marengo, con Pippo Sari ed altri, erano stati d'opinione di doversi rendere al Rivarola per il timore che dovessero ritornare le navi e bombeggiare nuovamente, e che questa opinione era stata seguitata, ed erano state estese le capitolazioni salvo l'onore, la robba e la vita a tutti. Ed il giorno seguente ho veduto entrare in Terranuova il Rivarola, e con lui vi era il maggior Gentile e molti altri che presentemente non mi ricordo, e dopo 3 o 4 giorni ancora, entrarono in Bastia il Gafforio e Matra colli Paesani, e so che il Marengo poi andò alla ricerca delle navi, e che ritornato in Bastia fu destinato ancora per andare a S. Fiorenzo, avendo inteso che a lui si è reso quel forte. Dopo l'arrivo in Bastia del Rivarola, Matra e Gafforio, so, ed era publico in Bastia, che fu fatto il Magistrato degl'Inquisitori di Stato, nel quale vi era il detto Marengo, Antonio Morelli, Cecco Rossi, Domenico Sansonetti ed Ignazio Petroni, il quale non volle mai andare in esso Magistrato, anzi ricusò, ed il detto Magistrato d'Inquisitori era quello che comandava ogni cosa coll'intelligenza delli tre Capi, facendo mettere in prigione le persone, e publicando ordini, tanto per esazioni di denari, molti de' quali ne hanno esatto da Sestrini; anzi ho sentito dire che dal dottor Farinola, il quale era stato eletto Fiscale, fu suggerito che a Sestrini si dovesse prender tutta la robba, ed applicarla alla Camera, perchè era robba tutta de' Genovesi; e finalmente tutto quello che si ordinava in Bastia era tutto ordinato per parte degl'Inquisitori di Stato. Essendo in appresso uscito dalla Bastia il Matra, che ho sentito dire che dovea andare a far l'impresa d'Ajaccio, sono nate dissensioni tra il Rivarola e Gafforio, e vi furono delle achibugiate e morti, ma poi si accordarono, ed uscirono della Bastia ambidue con tutti li Paesani, ed allora le porte ed i posti sono stati occupati dalli Bastiacci, e anch'io montai di guardia alla porta di Terranuova, ma essendo ritornato il Matra con molta gente, ed il Rivarola da un' altra parte col suo seguito, pretesero l'uno e l'altro di entrare in Bastia, e nacquero, in essa Bastia, sospetti che molti de' Cittadini avessero corrispondenza con essi, e che provedessero del pane, e furono perciò fatte le visite, tanto nelle case, come nelli forni, e di fatto fu trovato molto pane, avendone io veduto portare nella piazza alcuni sacchi, che fu detto essere stato preso, parte al maggior Gentile, parte alla Nicoletta Massei, e fu ripartito il pane al Popolo che era tutto in sciaratto. So poi che fu concordato, per mezzo del detto Antonio Marengo e del dottor Morelli, che tanto Matra, quanto il Rivarola, si dovessero ritirare colle loro genti, ma che la Città di Bastia e tutti gli abitanti dovessero fare un giuramento solenne di non rendersi ad alcun Principe, e nemmeno alla Republica di Genova, e fu intimato poi, sotto pena della vita e confisca de' beni, che tutti dovessero andare a prendere tale giuramento, il che fu eseguito nella chiesa di S. Giovanni, coll'esposizione del Venerabile, ed io tra gli altri sono andato a giurare, ed ho veduto che riceveva il giuramento il notaro Francesco Maria Bozio, il quale faceva da Gran Cancelliere perchè era cancelliere degl'Inquisitori, e scrivevano li nomi di quelli che avevano giurato Giuseppe mio figlio ed il notaro Cattaneo, che era suo collega nello scagno del Signor Podestà. Dopo qualche altri giorni so che è stato tenuto congresso verso S. Nicolaio, e che fu spedito il Signor Podestà dalla Bastia, con altri, in Calvi all'Eccellentissimo Commissario per dimandare il perdono, ma io non so le condizioni colle quali fosse mandato; posso ben dire che partito il Podestà, dopo due giorni, vennero alla vista della Bastia delle navi inglesi, ed ho inteso dire publicamente che era stato fissato un congresso a Ponteprato tra il Rivarola e il Comandante Inglese ed il Signor Cecco Rossi, che era stato colà spedito con qualche altri Capi del Popolo, ed io stesso ho veduto, mentre ero sulle muraglie di Terranuova, verso il mare, partire la gondola che portava Cecco Rossi e compagni colà, ed ho saputo poi che era ritornato portando le pretensioni del Rivarola, che volea entrare con 150 uomini, e che altrimente sarebbero venute le navi a bombeggiare nuovamente la Bastia; ed il Signor Cecco Rossi consigliava il minor male d'introdurre li 150 uomini col Rivarola, ma la Città risolutissima di non far entrare nemmeno uno de' Paesani nella Città, fu rigettata la proposizione, e furono serrate tutte le communicazioni, ed indi dopo due o tre giorni, ritrovandomi in mia casa, venne a chiamarmi un tal maestro Agostino Leonardi, calzolaio, seguitato da altra gente, e mi catturarono me e mio figlio, nè io so apprendere il motivo, se non è che vedendo io molti della bassa plebe rubare robba del Principe, non abbiano temuto che io li palesi.

Interrogato rispose:

Il giorno immediatemente seguente alla partenza di S. E. si disse publicamente per la Bastia che gli uffiziali e soldati, ed anche li birri, erano stati spogliati delle loro armi dal Popolo della Bastia, ed anche spogliati della loro robba, ed io stesso ho veduto, mentre la notte che ero colla mia famiglia alli Missionarii, arrivare due ufficiali condotti là dal capitano Mattei, i quali alla notte medesima erano stati disarmati, ed ho veduto poi, nel giorno seguente, moltissimi soldati spogliati ed interamente disarmati, ma non so precisamente chi gli abbia spogliati.

Interrogato rispose:

Dopo la partenza del Rivarola e Gafforio dalla Città, ho inteso dire publicamente che d'ordine degl'Inquisitori di Stato fu spedito Antonio Maria Asdente, quale ha fatto sempre la figura di Aiutante Maggiore di Piazza, a far prigioniere Monsignor Saluzzo, che era a Lavasina, ma io non so per qual motivo sia stato dato tale ordine; so bensì che vi erano notizie che Monsignor Mariotti era stato fatto prigioniere in Calvi.

Interrogato rispose:

Tanto quando entrò il Rivarola, quanto nell'entrata del Gafforio e Matra, e in molte altre occasioni, ho sentito il popolo che gridava: Viva la libertà! Viva la libertà! e tutti li Cittadini sempre ne' loro discorsi dicevano che dovevamo conservarsi liberi, senza dipendere da alcuno.

Interrogato rispose:

Io ho sentito, anzi ho veduto un diploma in stampa che si dicea essere del Re di Sardegna, ed ho sentito poi riferirsi il contenuto di esso, che in sostanza portava che il Re di Sardegna avrebbe assistito con armi ed altro alla Città, sapendo che ve ne era più copie.

Interrogato rispose:

Il maggior Gentile, facendo da Comandante della Piazza, l'ho sentito spesso che raccommandava la libertà, ed era tutto intrinseco delli Capi Corsi, entrando in tutti li Consigli.

Interrogato rispose:

Rispetto ad Antonio Marengo posso dire di averlo sentito, tanto nella Casetta, quanto in piazza ed in Palazzo, dire che avevamo tre Potenze quali ci avrebbero assistito, atteso il diploma che era stato dato dal Re di Sardegna; che la Republica di Genova non avea forza da poterci sottometterci, e che dovevamo conservarsi nella nostra libertà, e fare le nostre leggi; e queste cose le avrà più e più volte sentite mio figlio Giuseppe, perchè il Marengo praticava in Casetta, e le diceva, queste cose, in ogni occasione, e che era bene mantenersi in libertà, con non darsi ad alcun Principe, e cose simili.

Interrogato rispose:

Ho sentito più volte il Carlo Filippo Sari che nelli circoli andava dicendo che non bisognava più pensare a Genovesi, nè darsi a medesimi, e che gl'Inglesi, che erano venuti una volta a bombeggiare la Città, potevano venire altra volta, dicendo che poteva starsi in libertà, e cose simili.

Interrogato rispose :

Io abitava di casa vicino al dottore Francesco Maria Lucciana, che è parente del Gafforio, e che avea al medesimo dato alloggio, e l'ho sentito più e più volte perorare a favore de' Paesani, e che la Republica non avrebbe più posto piede in Bastia, ed era dispotico del detto Gafforio, ed è andato a far una commissariata fuori, col notaro Cattaneo, ed era della cabilda de' Capi, e s'intricava in tutto, ed andava avanti ed indietro.

Interrogato rispose :

Io poi non praticavo molto con gli altri, e di molte particolarità non sono informato.

Ætatis annorum 60 circa.

Quibus habitis fuit de mandato repositus ad locum prædictum.

Ea in dicto loco et coram etc. Extractus de mandato Paschalis Sanguinettus, q. Nicolai, e carceribus et in præsentem locum adductus et examinatus prævia monitione quoad se et quoad alios juravit tactis etc.

Interrogato rispose :

Essendo io di mia professione sartore, avevo bottega nel fosso della Bastia. Dopo la partenza dell'Eccellentissimo Commissario Generale ho veduto ed ho sentito quelle cose che in sostanza riferirò, cioè : Ho sentito, il giorno immediato dopo la detta partenza, che era stato dichiarato per Maggiore della Piazza il Gentile, e per suo aiutante l'Asdente con pene rigorose di esser posto al palo chi non ubbidisse. Ho visto quando è ritornato da Monserrato l'Antonio Marengo ed il Gentile, quando fu fatto il concordato col Rivarola. Ho veduto entrare il medesimo Rivarola in Terranuova, e dopo pochi giorni ho veduto anche entrare il Matra e Gafforio, con un gran seguito de' Paesani, ed ero nel fosso della Bastia, nella mia bottega, quando furono publicati li Generali, e l'assistenza che si dovea prestare al Rivarola. So che fu fatto il Magistrato degl'Inquisitori, e furono destinati il Marengo, dottore Antonio Morelli, Ignazio Francesco Rossi e Domenico Sansonetti, e questi poi, unitamente colli Capi, erano quelli che regulavano le cose, e che facevano porre nelle carceri persone, ed ogni altra cosa, imponendo tasse, esatte da Sestrini, e disponendo delli denari e robba che poteva spettare alla Republica Serenissima, e so che in appresso, partito il Matra per l'impresa d'Ajaccio, nacquero dissensioni fra il Rivarola ed il Gafforio, e vi fu serramento di Terranuova, e morti, per le archibugiate che seguirono, e che poi aggiustati, partì tanto il Rivarola, quanto il Gafforio, dalla Bastia, e seguitò a comandare sempre il Magistrato della Città, cogl'Inquisitori, ed il Maggior Gentile coll'Asdente seguitarono le loro funzioni; ed in questo tempo, ritornato il Matra con della gente, ed il Rivarola, si susurrò per la Città che vi fussero delli Cittadini quali provedessero del pane per la Città, che fu di fatto preso, e si disse che si era fatto fare dal Gentile ed altri, i quali però dicevano di averlo fatto fare d'intelligenza degl'Inquisitori, per darlo a Paesani, affin se ne andassero, ma il pane fu distribuito al popolo; e so ancora che, per levare i sospetti, fu concordato si dovesse fare un publico giuramento da tutti quelli della Bastia di non darsi ad alcuno, e particolarmente a Genovesi, ma di conservarsi in libertà, e fu publicato, d'ordine del Magistrato d'Inquisizione, ordine che ognuno, sotto pena della vita, dovesse prendere tal giuramento, qual giuramento fu preso dal Podestà, Magistrato, e Popolo tutto, in S. Giovanni, esposto il Sacramento Venerabile, ed il notaro Bozio, Gran Cancelliere degl'Inquisitori, lo ricevè, scrivendovi li due altri notari della

Casetta, cioè Massesi e Cattaneo ; e dopo un gran congresso tenuto in S. Teramo, fu mandato il Podestà, con altri compagni, in Calvi, per trattare con quell'Eccellentissimo Commissario Generale, e dopo la loro partenza, essendo arrivate due navi inglesi, fu stabilito un congresso in Ponteprato, ove, per parte della Città, fu mandato il Signor Cecco Rossi ed altri, e nel loro ritorno furono portate le pretensioni del Rivarola, che, o voleva essere introdotto con 150 de' suoi, o pure sarebbero venute nuovamente le navi, e che avrebbero posto tutto a ferro e fuoco, ed avrebbero guastati gli stabili ; ma il Popolo gridò : Fuoco ! Fuoco ! e il Rossi col Domenico Sansonetti corsero un gran rischio che il Popolo non li ammazzasse in quella congiuntura ; e dopo questo fatto io sono stato catturato e posto prigione con Giuseppe mio figlio, ed io dubito che sia per causa del chierico Domenico Maria, altro mio figlio, col quale si divulgò in Bastia che avesse corrispondenza certo Mariani che era segretario del Gafforio, e perchè ancora aveva corrispondenza con Monsignor Mariotti, ma gli affari del detto Monsignore li faceva tutti il Marengo.

Interrogato rispose :

Il giorno immediato dopo la partenza di S. E. io ho veduto quasi tutti li soldati della Republica disarmati, ma io non ho veduto disarmare alcuno, ma l'ho sentito dire publicamente.

Interrogato rispose :

Nella mia bottega vi veniva moltissima gente, e da quello mi riferiva ora l'uno ora l'altro, sentivo quelli che erano al comando allora andavano predicando che volevano stare in libertà, e che non volevano assogettarsi ad alcuno, e che li Genovesi non sarebbero mai più entrati ; ma io particolarmente non posso dire alcuno di quelli che l'hanno detto, e sentivo dire publicamente che molta gente catturata d'ordine degl'Inquisitori erano catturati perchè si dubitava fossero del partito de' Genovesi, ed in tanto non so molte altre particolarità in quanto io stava nella mia bottega, e non m'intricavo.

Interrogato rispose :

Dopo qualche giorni che erano partiti dalla Bastia, tanto il Rivarola, quanto il Gafforio, so che fu mandato gente a far prigioniere in Lavasina Monsignor Saluzzo, d'ordine degl'Inquisitori, e si disse publicamente che in tanto fosse fatto prigioniere perchè era venuta notizia in Bastia che in Calvi era stato fatto prigioniere Monsignor Mariotti, e tale notizia era publica per Bastia.

Interrogato rispose :

Il maggior Gentile, Domenico Sansonetti e Marengo erano sempre ne' Consigli, ed entravano in tutte le deliberazioni che si facevano.

De ætate resp. 63 circa.

Quibus habitis fuit de mandato repositus ad locum prædictum.

Paulò post ubi supra extractus de mandato pariter Joseph Maria Sanguinettus, Paschalis filius, e carceribus et in præsentem locum adductus et examinatus prævia monitione quoad se et quoad alios juravit tactis etc.

Essendosi presentato e visto che più di quello ha deposto suo padre non potea deporre, anzi molto meno, perciò in vista anche della di lui minore età di anni 17, è stato ordinato sia riposto al suo luogo, come è stato eseguito.

Die ea in vesperis ubi supra Aloysius Spinola, q. Jo., extractus de mandato e carceribus et in præsentem locum adductus et examinatus prævia monitione quoad se et quoad alios juravit tactis etc.

Interrogato rispose:

Io sono della Città di Padova, abbenchè da sedici anni io fossi abitante nella Bastia, ove ho preso moglie, e come che sapevo un poco di lettera, mi sono instradato per la via di causidico, sempre sotto la disciplina del Signor Antonio Marengo, e sono stato presente in Bastia nelli successi ultimamente seguiti colà, e dirò tutto quello che presentemente mi sovviene.

Interrogato rispose:

Quando l'Eccellentissimo De Mari partì dalla Bastia, di notte, io ero a dormire in casa mia in Terravecchia, e la mattina seguente solamente seppi che S. E. si era imbarcata; andai perciò in Terranuova, e vidi occupato dalli Bastiacci il corpo di guardia, e sulla piazza di Corte vidi piantato un palo, e molti soldati della truppa della Repubblica disarmati e spogliati, ed anche degli uffiziali; e sentii dir publicamente che era stato proclamato per Maggiore della Piazza Francesco Maria Gentile, e per di lui aiutante Antonio Maria Asdente, e che vi era l'ordine che tutti dovessero stare all'ubbidienza del medesimo Gentile, sotto pena del palo. Vidi che tutta Terranuova e Terravecchia era in gran sciaratto, ed io mi ritirai in casa mia. Seppi però da uno speziaio che era stato destinato dal Magistrato e dal Consiglio il Signor Marengo e Gentile ad andare a trattar col Rivarola che era in Monserrato. Il giorno poi seguente, essendo ritornato in Terranuova, seppi che erano chiamati tutti li Capi delle Arti e li Cittadini ad un Consiglio nella Casetta della Communità, e tutto che io non fossi del consiglio e dei chiamati, pure in compagnia del Morgantini, barbiere, m'introdussi anch'io, e sentii che il Marengo, in alta voce, lesse un diploma, il quale conteneva in sostanza che il Re di Sardegna, avendo sentito il colonnello Rivarola, un tal De Bonis e Sari, sull'infelice stato della Corsica sotto il governo di Genova, anche per il titolo che la stessa Repubblica, simulando neutralità col Re Sardo, aveva dato truppa ed erasi unita colle Potenze nemiche del Re Sardo, avea risoluto di far quel danno che poteva alla Republica di Genova, e che a questo intento avea impiegato la squadra inglese, prendendo sotto la sua protezione il regno della Corsica e li Corsi, a quali prometteva tutta la sua assistenza, anche in evento della pace. Dopo di aver letto questo diploma disse il Marengo che il Rivarola volea entrare nella Città, e che per questo tutti avessero a dire il loro sentimento. Fu il primo a parlare il Podestà Caren, il quale disse che per il suo sentimento si dovea aspettare se ritornava la squadra inglese, e che allora si poteva trattare della resa, e non mai pensare di rendersi al Rivarola, o d'introdurre i Paesani, e di questo sentimento fu qualche altro che parlò; ma detto Marengo ripigliando, disse che questo era un *ibis redibis*, e che per il suo sentimento la Città dovea rendersi al Rivarola con quelle capitolazioni che erano più vantaggiose alla medesima, esprimendo che non vi era tempo da perdersi, nè da aspettarsi; e di questo sentimento fu pure il Maggior Gentile, e come qualch'uno volle replicare, un tal Pippo Sari incominciò ad esclamare che egli avea perduto tante mila lire nella rovina delle sue case per le bombe, e che non si dovea aspettar più, parlando con termini così trasportati che non solo gli fu intimato che tacesse, ma anche fu obbligato dal Domenico Sansonetti di partirsi dalla stanza; ed in questa occasione ho veduto ancora che volendo parlare un tal Gio. Amerigo in aria a volersi opporre a quel che dicea il Marengo, lo stesso Marengo con aria imperiosa disse: « Si scriva il sentimento di questo. » E l'Amerigo allora intimorito tacque, nè volle più parlare. Dopo di tutto questo fu risoluto, a una voce, che si estendessero le capitolazioni, ed il Marengo si pose a dettarle, scrivendo Giuseppe Maria Massesi; e dopo scritte furon lette in presenza di tutti, ed io ho sentito che contenevano dovesse esser salva la vita, robba ed onore, l'armi e le sostanze di tutti, compresi anche li Genovesi ; e dopo così estese le capitolazioni, furono sottoscritte dal notaro Ignazio Cattaneo, e fu sciolto il congresso ; ed immediatamente montarono a cavallo il Signor maggiore Gentile e Marengo per andarle a portare al Rivarola in Monserrato. Il giorno seguente poi, ho veduto entrare in Terranuova il Rivarola, che fu ricevuto dal Magistrato e dal Maggior Gentile, che era sulla porta di Terranuova, e fu condotto nella Cattedrale, e poi di là a Palazzo. In appresso fu eletto il Magistrato d'Inquisizione, e furono destinati al medesimo Magistrato, Domenico Sansonetti, il detto Marengo, il dottore Antonio Morelli, Ignazio Francesco Rossi ed Ignazio Petroni, ma quest'ultimo non si volle ingerire, perchè era console del Gran Duca di Toscana ; ed in appresso veniva il tutto operato e fatto dal medesimo Magistrato degl'Inquisitori, anche dopo che entrarono in Città il Gafforio ed il Matra, avendoli io, più e più volte, veduti unirsi insieme, e da questi uscivano gli ordini, tanto riguardo alle carcerazioni di più persone, quanto anche per esazioni di denari ; ed in questa occasione di esazione di denari, che si fecero sopra i Sestrini, ho sentito io rilevare come mai potevano essere molestati se erano inclusi nelle capitolazioni, e sentii che veramente, io non so per opera di chi, in esse capitolazioni non vi fossero più. Si facevano anche tutte le disposizioni, tanto in materia di economia, quanto in materia di armi, dagl'Inquisitori di Stato, comandando tutti, ma particolarmente il Marengo ed il Morelli, il quale Marengo fu spedito d'ordine del Magistrato, per quanto ho inteso, al Comandante delle navi inglesi, e ritornò poi colle navi medesime, dalle quali essendo sbarcato il Comandante, dopo fatto un giro per Terranuova, andò nella casa delli Signori Battisti, ed il giorno seguente, portò il Magistrato al Comandante le chiavi della Città, le quali furono restituite dall'istesso al Podestà e Magistrato suddetto ; ed ho veduto parimente che il detto Marengo, con altri, partì poi in appresso per la resa del castello di S.

Fiorenzo, il quale già era stato cannoneggiato da tre navi inglesi, e che all'arrivo del Marengo aveva già capitolato. Partì in appresso il Matra, e sentii dire diretto per andare a far l'impresa d'Ajaccio; ed essendo nate delle dissensioni tra il Gafforio e il Rivarola per l'elezione che era stata fatta in Generale di Bastiano Ceccaldi, seguirono delle archibugiate tra li due partiti, e per qualche giorni fu serrata Terranuova, ma poi, in appresso, furono sedate le differenze colla partenza delli detti Rivarola e Gafforio, come in fatti uscirono. Seguitando a comandare gl'Inquisitori per la Città, e per il militare il maggior Gentile col suo aiutante Asdente, sono stati armati tutti li posti delli medesimi Bastiesi sotto diversi caporioni. Nel decorso di tutto questo tempo io ho sentito più volte l'Antonio Marengo, tanto nella Casetta del Podestà, quanto nella piazza e circoli, che diceva: « Ringraziare egli Iddio che si trovasse in questo stato, perchè si era levato il capestro dal collo; che si doveva fare ogni cosa per conservarsi in libertà, giacchè era riuscito di levarsi la soggezione de' Genovesi, e che con simil maniera pochi pescatori Olandesi si erano fatti potenti nella maniera che sono presentemente, e che se presentemente non si potesse far tutto, pure i figliuoli si sarebbero ritrovati felici ed in libertà, con abbondanza di ricchezze e facoltà. » E con simil tenore ho sentito parlar molti altri, e tra questi si distingueva un tal patrone Paoletti (1) di Balagna, il quale millantando dicea che in pochi giorni potevano essere padroni di tutti li luoghi della Republica. Dopo pochi giorni da che uscirono il Rivarola ed il Gafforio, ritornò nelle vicinanze della Bastia il Matra con seguito di gente, e dalla parte de' Capuccini anche il Rivarola, pretendendo tutti di entrare in Bastia, ma il Popolo non volle mai permettere questa cosa; anzi essen-

---

(1) Poletti ou plutôt Poletti.

dosi risaputo che era stato fatto fare del pane per mandarlo a' Paesani, vi seguì un gran sussurro, e trovato questo pane, che fu detto publicamente che era stato fatto fare del maggiore Gentile, fu distribuito alla plebe, la quale in tanto si acquietò in quanto il detto Gentile dicea d'averlo fatto fare con intelligenza degl'Inquisitori per darlo a' Paesani, affine se n'andassero via dal blocco della Bastia, ma il Matra ed il Rivarola protestavano di non volersene andare perchè dubitavano che la Città si dovesse rendere a' Genovesi, e per questo fu concordato che si facesse far un giuramento da tutti di conservarsi in libertà, e di non rendersi, specificatamente a' Genovesi, e fu publicato un ordine per parte degl'Inquisitori, che sotto pena della confisca di tutti li beni ognuno dovesse andar a far un tal giuramento in S. Giovanni, come fu eseguito, ricevendo un tal giuramento il notaro Francesco Maria Bozio, e scrivendo li nomi li notari della Casetta; e dopo tale giuramento partirono dal blocco li Paesani. In appresso furono destinati, il Podestà Caren con altri, ad andare in Calvi; e dopo la loro partenza, essendo venuta una nave inglese, fu stabilito un congresso col Rivarola a Ponteprato, dove fu mandato per parte della Città Ignazio Francesco Rossi e qualch'altri de' capi marinari, il quale Rossi essendo ritornato, in un gran concorso del Popolo, verso li Missionarii, disse che il Rivarola, o voleva entrare in Bastia con 150 uomini, o pure sarebbero venute nuovamente le bombe, e si sarebbe distrutto li stabili e case della Città; e dopo aver ciò esposto, il Rossi disse che egli persuadeva l'attenersi al minor male, quale era quello di ammettere il Rivarola colli 150 uomini; e sentii ancora che il Domenico Sansonetti, il quale si ritrovava presente, persuadeva lo stesso, ma il Popolo incominciò a gridare: Fuoco! Bombe! ma mai li Paesani! Ed il Rossi e Sansonetti corsero un grandissimo rischio, non ostante che si fossero ritirati un una stanza de' Missionarii. In appresso poi sono stato posto in prigione, nè posso sospettare che fosse per altro motivo che per essere compare del Marengo.

Interrogato rispose :

Nel tempo che vi era per Commissario Generale il q. Eccellentissimo Domenico Maria Spinola, fu sparsa voce in Bastia che fosse stato fatto un complotto per occupare un corpo di guardia, e far prigioniere il detto Eccellentissimo Spinola, e che in questo complotto vi era il Domenico Sansonetti, detto Marengo, Pippo Sari, Carlo Casella, il dottore Francesco Maria Lucciana, Leonardo de Giovanni, ed altri, e che il Galeazzini scoprisse questo affare a S. E. ; ed ho veduto che in quel tempo furono raddoppiate nel Palazzo e nella sala di S. E. le guardie, ma posso dire ancora che il Marengo mi disse che era stato incolpato a torto, e voleva prendersi vendetta contro di quelli che pretendeva l'avessero incolpato, e so che andò fuori di Città, in Fiumorbo, ove vi stette per qualche giorni.

Interrogato rispose :

Mi trovai presente un giorno in cui furono riconosciute alcune lettere venute da Terraferma, ed essendovi tra queste una in cui veniva scritto che la Pieve di Moriani dovea stare fedele al Principe, perchè un giorno o l'altro avrebbe ricuperato la Corsica, vidi che la lettera passò a mano del Marengo, Morelli e Sansonetti, quale disse che questa lettera non si dovea lasciare andare al suo destino, e la consegnò al Bozio perchè la portasse al Gafforio, come seguì ; e dal Signor Sansonetti sentii dire che bisognava stare uniti, e conservarsi in libertà, e cose simili.

Interrogato rispose :

Circa il Carlo Filippo Sari posso dire che un giorno udii dire dal medesimo, ad alta voce, che finalmente si era levato il giogo de' Genovesi, e che non dovea più andare avanti la cuccagna, e che non vi erano più li Genovesi, e che comandavano loro ; ed io medesimo so che egli fu posto in prigione l'istesso giorno delle bombe, per sospetto che avesse fatto segno alle navi.

Interrogato rispose :

Il dottor Francesco Maria Lucciana, sentii che disse che se tornavano li Genovesi potea andarsi ognuno a nascondere, almeno la maggior parte ; e so ancora, per quel che si dicea publicamente, che aveva presa molta robba, e si può dire che il suo mestiere era quello di rubare.

Interrogato rispose :

Mentre ero prigioniere nella stessa prigione coll'Anton Battista Raffalli, egli mi disse che li Corsi aveano fatto bene a fare quello che aveano fatto, mentre la Republica avendo concesso nel 1744 le concessioni, le medesime poi non le avea osservate.

Interrogato rispose :

Del Leonardo Degiovanni posso dire di averlo udito dire un giorno che era venuto per lui il Messia, volendo alludere che la Corsica finalmente si era liberata dalla servitù delli Genovesi, delli quali egli sparlava da per tutto, e lodava le operazioni de' Corsi.

Interrogato rispose :

Io so che Antonio Maria Asdente era stato posto in arresto, prima che venissero le bombe, per ordine dell'Eccellentissimo De Mari, e dimorava in arresto in casa del dottor Lucciana, per sospetti che egli fosse aderente, o che dasse notizie al Rivarola, di cui era mezzo parente ; e subito partito S. E. levò maschera, lamentandosi del governo della Republica, dicendo che più non avrebbe patiti quelli disastri che avea patito per l'avanti.

Interrogato rispose :

In tutte le occasioni delle entrate del Rivarola, Matra e Gafforio, diceva il Popolo : Viva la libertà ! Viva la libertà ! e quando fu alberato lo stendardo colla testa del moro, essendo stato dipinto senza benda agli occhi, ma sopra la fronte, fu detto questo significava che li Corsi aveano aperti gli occhi, che avean chiusi nel tempo de' Genovesi.

Ætatis annorum 38 circa.

Quibus habitis fuit de mandato repositus ad locum prædictum.

Paulo post in dicto loco Joseph Nunzi, q. Carlandini, extractus pariter de mandato e carceribus et in præsentem locum adductus et examinatus prævia monitione quoad se et quoad alios juravit tactis etc.

Interrogato rispose :

Io sono arrivato in Bastia con una filuca napolitana, con intenzione di andar al mio paese di Ampugnani, per ricuperare qualche cosa del fatto di mio padre morto in Terraferma, ove io sono nato, cioè all'Altare, ed arrivato là, avendo veduto tutto il paese in rumore, pensavo di ritornare in Terraferma, e di fatto dimandai più e più volte la mia licenza, ma non me la volsero dare, ed essendo capitate qui sull'ultimo tre navi ed un sciabecco inglese che mandarono una lancia in terra, io sul supposto che dovessero ritornare in Terraferma, per assicurarmene m'imbarcai sulla lancia, giacchè il giorno segueute dovea ritornare in terra la lancia medesima, per quanto intesi; ma avendo saputo sulla nave che doveano far il corso, e che non venivano in Terraferma, io, al giorno seguente, imbarcatomi sulla lancia, che credevo dovesse venire nel porto della Bastia, fui portato in una spiaggia verso Ponteprato, dove venne anche uno schifo della Bastia con un certo Signor Rossi ed altri deputati, e fui presente ad un congresso che ivi fece il Rivarola col detto Signor Rossi, il capitano della nave, ed altri, ma non ho sentito cosa dicessero, perchè stavo un poco appartato ; e m'imbarcai poi sulla barchetta che ritornava in Bastia, ove sono stato assassinato da un tal Grisante Volpajola, avendomi preso il mio schioppo ed un paio di pistole e quel denaro che avevo, del che io ne ho fatta la mia lamenta al patron Cecco Patrimonio ; ma le mie armi, a riserba della spada, non mi sono state restituite ; e dopo partito per Genova il patron Patrimonio, mi hanno fatto passare in prigione, nè posso supporre che sia per altro che il Grisante e compagni abbiano con ciò voluto coprire la loro bricconeria ; anzi prima di essere imbarcato mi fu preso dal Castellano il mio orologio, con promessa di darmelo poi, ed avendolo dimandato quando fummo in Capraja, non mi è stato restituito, del che avendone fatta lamenta, mi fu detto che era stato consegnato al Signor Carlo Gherardi.

Ætatis annorum 52 circa.

Quibus habitis fuit repositus ad locum prædictum.

Successive in dicto loco Antonius Franciscus Siscus dictus Terzoni, q. Antonii, extractus e carceribus de mandato et in præsentem locum adductus et examinatus prævia monitione quoad se et quoad alios juravit tactis etc.

Interrogato rispose :

Io sono stato posto in prigione senza saperne il motivo, non avendo io fatto cosa alcuna, essendo solamente andato una volta nel Consiglio, perchè ero delli 30, ed in tanto io vi sono andato in quanto vi era stata posta la pena di lire cento, ed in questa occasione sono stato, come ho detto, posto in prigione ; peraltro io non mi sono ingerito in cosa alcuna.

Ætatis annorum 58 circa.

Quibus habitis fuit repositus ad locum prædictum.

Ea paulo post in dicto loco extractus de novo de mandato Joseph Maria Massesi et in præsentem locum adductus et examinatus prævia monitione quoad se et quoad alios juravit tactis etc.

Interrogato rispose :

Sopra le interrogazioni che mi vengono fatte presentemente, io devo aggiungere al mio esame d'ieri sera che in molte occasioni, e più volte, ho sentito che l'Antonio Marengo, anco in publico Magistrato e ne' circoli, tanto nella Casetta come fuori, diceva in presenza di molte persone che ringraziava Iddio s'era cominciata a fondare una libertà nella Corsica, di modo che, se vi fosse stata unione, si sarebbero conseguiti grandissimi vantaggi, quali appunto aveano conseguiti gli Olandesi nel fissarsi la loro libertà, e molto più colla protezione delle Corone di Savoia, Inghilterra e Vienna, che si erano assunte il carico di proteggere la Corsica, e di aiutarla; e queste cose le ripeteva tanto in presenza de' Paesani come de' Bastiacci; e simili discorsi ancora nella sostanza ho sentito, in occasione de' discorsi ne' circoli, dal dottor Francesco Maria Lucciana, e dal Pippo Sari, e quest'ultimo l'ho sentito perorare con maggior enfasi, portando esempii dalle storie antiche dei popoli che si erano fatti liberi, e de' vantaggi che avevano riportati.

Ætatis annorum 29 circa.

Quibus habitis fuit de novo de mandato repositus ad locum prædictum.

Die jovis 21 dicti in 3^iis in loco supradicto et coram extractus Jo. Baptista Guascus, q. Petri Francisci, e carceribus et in præsentem locum adductus et examinatus prævia monitione quoad se et quoad alios juravit tactis etc.

Interrogato rispose :

Io sono stato destinato per economo delle dogane di Bastia sino dal primo novembre p. p. sulle instanze delli medesimi gabellotti; e quando la Città fu bombeggiata, d'ordine di S. E. ho portato li libri ed il resto della mia esazione in mano del Signor tesoriere Giovo, ed ho ritirata la mia ricevuta. Entrato poi che fu il Rivarola in Bastia, d'ordine del Magistrato e dei Capi Corsi, fui nuovamente incaricato dell'assistenza delle dogane medesìme, e li denari che andavo esigendo li passavo tutti in mano di Matteo Orbecchio, il quale era destinato per Tesoriere, e ne ho ritirato sempre le mie ricevute, le quali devono essere anche adesso nella mia casa in Bastia, ed all'intento dell'assistenza suddetta delle dogane mi furono ridati li stessi libri che io avevo consegnati al detto Signor Tesoriere, quali ho lasciati poi in Dogana. Nel tempo del detto mio maneggio avrò riscosso lire mille tre cento in quattro cento ; e tutti questi denari li ho dati al detto Orbecchio, in più partite ; anzi il Rivarola, in occasione che avevansi da far spedizioni di Capicorsini per il scudo a botte, se avean da pagare per esempio lire 125 in 130, mi ordinava che spedissi per lire 50, 60 o 70, secondo le contingenze ; ad ogni piccola partita che mi veniva nelle mani subito avevo l'ordine per il pagamento; ed io sono stato posto in prigione da un tal mastro Giovanni detto il Tedesco, che è mastro di muro, col quale attualmente avevo un litigio per causa di una fornaciata di calcina, nè so che possa esservi stato alcun motivo nè alcun dubbio per me per essere incarcerato.

Interrogato rispose:

Ho dovuto più volte andare in casa del Rivarola per occasione che avevo di fare le spedizioni de' Capicorsini, ed anche perchè egli voleva essere informato quasi ogni giorno di quello si era introitato es'introitava nelle dogane; e in occasione di andare nella di lui casa, ho veduto che vi erano molti Cittadini della Bastia, e tra questi, più volte il maggior Gentile, Antonio Marengo, e qualche volta il Sansonetti e Lucciana ed altri; ma dal Gafforio io non vi sono stato che due volte, una cioè perchè mi mandò a chiamare, e voleva che gli dassi li denari, ma io gli risposi che li avevo dati in mano di Matteo Orbecchio, ed una altra volta mi mandò a chiamare perchè, essendo state prese in froso due straponte ad un tal Geronimo Lucchese, di Sestri, volle sapere se le straponte erano del Sestrino, o no. E quando sono venute le navi col Comandante inglese che sbarcò in terra, e che la Città gli fece il regalo, tanto il Rivarola, quanto il Gafforio e Matra, vennero in Dogana, e vi si fermarono per pochi momenti, dando gli ordini e disposizioni per il detto regalo; ed una altra volta sono stato pure chiamato dal Matra in casa della Signora Nicoletta Massei, ove abitava, volendo anche esso denari, ma io gli risposi che li davo a Matteo Orbecchio; e queste sono tutte quelle volte che ho trattato colli Capi Corsi; ed in questa occasione, dal Rivarola ho inteso dire che li Genovesi non sarebbero più venuti in Corsica, ma dagli altri mai ho sentito cosa alcuna.

Interrogato rispose:

Io so che sono stati destinati per Inquisitori dottor Antonio Morelli, Antonio Marengo, Domenico Sansonetti, Ignazio Francesco Rossi ed Ignazio Petroni, ma questo ultimo so che non si volle ingerire; e so altresì che tutto quello si operava per la Città l'ordinavan li detti Inquisitori, assieme al Podestà per la giudicatura; e so ancora che publicamente si diceva che li Genovesi non sarebbero più ritornati a comandare in Bastia, ma io non posso dire di aver sentita questa cosa nè da alcuno degl'Inquisitori, nè da altri Cittadini, perchè io stavo assistendo al mio ministero che era, come ho detto, di deputato alle dogane, e per questo motivo non trafficavo molto; nè sono stato mai chiamato dagl'Inquisitori per ricevere alcun ordine, nè per darmisi alcuna incombenza, e sapevo bene, come replico, che loro comandavano assolutamente, avendo fatti porre in prigione alcuni, fra quali Galeazzini, Carbuccia, e qualche Sestrini, e dicevasi a motivo che da questi ultimi volevano delli denari.

Interrogato rispose:

Dopo uscito dalla Bastia il Rivarola e Gafforio, e che restò libera da' Paesani la Città, seguitando io colla stessa deputazione, ho assistito alla Dogana, ed esatto quello veniva, ma poco o nulla ho esatto, e quel poco che ho esatto, che credo arrivasse a lire 32 in 33, dopo che sono stato messo in prigione ho ordinato a mio figlio che lo paghi, ma non so a chi l'abbi pagato, ed io lasciai, come ho detto, li libri in Dogana.

Interrogato rispose:

Ho inteso dire publicamente, e quando l'ho inteso ero caporione in S. Orsola di compagnia del Matteo Orbecchio, che era andato a far prigioniere Monsignor Saluzzo in Lavasina Anton Maria Asdente, quale era Aiutante della Piazza, in compagnia di molta altra gente, e che questa deliberazione era stata fatta perchè in Bastia era arrivata la notizia che in Calvi era stato arrestato Monsignor Mariotti, e ciò seguì dopo qualche giorno che furono partiti dalla Bastia il Rivarola e Gafforio, giacchè il Matra era partito molto prima.

Interrogato rispose:

Dopo che entrato fu in Bastia il Gafforio e Matra, ho veduto che è stata alberata la bandiera corsa nell'istesso luogo ove si alberava quella della Republica.

Interrogato rispose :

Col maggior Gentile io non ho avuto mai occasione di tener discorso del governo, tuttochè abbi parlato con lui spesse volte, nè mai mi sono curato d'informarmi delle cose come seguivano, ed a che fine erano diretti le operazioni che si facevano.

Ætatis annorum 80 circa.

Quibus habitis fuit repositus ad locum prædictum.

Ea in dicto loco et coram extractus pariter de mandato e carceribus Mathæus Orbecchius et in præsentem locum adductus et examinatus prævia monitione quoad se et quoad alios juravit etc.

Interrogato rispose :

Io sono uno de' Cittadini di Bastia, e mi sono mantenuto colla mia rendita, e le mie disgrazie sono provenute da che essendo entrato il Rivarola in Bastia, ed essendo venuto ad abitare nella casa del Frediani, l'appartamento inferiore della quale è mio proprio, e vi abito, il Rivarola ha voluto destinarmi per Tesoriere, e questa elezione da lui fatta, che in appresso poi è stata anche confermata e rinnovata dal Magistrato della Città della Bastia, unitamente a quello degl'Inquisitori, e da' Capi Corsi, mi ha portate poi le disgrazie che presentemente soffro.

Interrogato rispose :

Subito entrato il Rivarola in Bastia, avendo egli risaputo che il Signor vicario Rossi aveva nelle mani una partita di lire otto mila circa, per prezzo di una casa dei publici forni che il detto Signor Vicario vendè ad un tal Giacomino Ferrari, Sestrino, il Rivarola mi chiamò a se, e mi disse che voleva farmi suo tesoriere, perchè voleva aver sotto di se e sotto le sue guardie li denari che si esigevano di suo ordine; e tuttochè io repugnassi di accettare questo incarico, pure egli mi obbligò ad accettarlo, e subito mi diede anche l'ordine in scritto, sottoscritto di sua mano, perchè andassi dal Signor Vicario ad esigere le lire 8 mila che avea nelle mani; e di fatto io vi andai, e mostrando l'ordine al Signor Vicario, gli dissi che mi dasse li denari medesimi, ed avendomi egli detto che non li avea interamente, giacchè una partita pagata l'avea all'auditore Agostini, e l'altra al capitano Albora, io gli risposi che per me non vorrei che avesse più niente nelle mani, ed allora il Signor Vicario mi sborsò da lire 7 mila, per le quali io gli ho fatto la ricevuta di mia mano dietro all'ordine medesimo che lasciai in mano del Signor Vicario. Esercitando lo stesso mestiere di Tesoriere, ho riscosse anche dal Signor Gio. Battista Guasco, destinato all'assistenza delle dogane di Bastia, qualche partite di contante che io non mi ricordo precisamente quanto fosse, per le quali sempre li ho fatta la ricevuta; come ho esatte qualche altre partite dal stapolliere (1) del sale, avendogliene parimente fatte le ricevute; ed altresì dal Signor Ignazio Petroni altra partita che il Rivarola avea mandato a prendere dal stapolliere del sale; e dopo partiti il Rivarola e Gafforio dalla Bastia, ho esatto anche lire 500 dal Signor Felice Cardi, e 50 dal detto Signor Guasco, d'ordine degl'Inquisitori, e mi pare che l'ordine fosse sottoscritto dal dottore Morelli, e ne ho fatto parimente la ricevuta; avendo tenuto conto distinto di tutte le partite che ho esatto, in un libretto, dove parimente ho notato le partite tutte che ho pagate con mandati che mi facea il Rivarola, Gafforio e Matra; quali ordini colle ricevute che mi sono fatto fare alle spalle, unitamente col libretto, ho lasciato in mano del cancelliere Poggi, mio

---

(1) C'est-à-dire *Entreposeur*, de l'anglais *Staple*, all. *Stapel*, entrepôt.

cugino, in occasione che essendo stato posto l'ultima volta alla Bastia il blocco dal Rivarola e Matra, ho temuto che per qualche disgrazia questo mio conto, ricevute ed ordini, potessero disperdersi, e per questo ho creduto di metterli più in caoto con consegnarli al detto cancelliere Poggi.

Interrogato rispose :

Ho inteso publicamente, e particolarmente da Giacomino Ferrari, Sestrino, che era stata fatta una tassa dai Capi Corsi sopra li Sestrini che erano in Bastia, che tra tutto parmi che dicesse fosse di lire 3,000 circa, ma io non ho esatto i detti denari, nè mi sono ingerito in detta pratica, ed il detto Giacomino mi disse che le dette lire 3,000 le avea ricevute tra Matra e Gafforio.

Et ostensis de mandato etc.

Rispose :

Ho vedute le due ricevute che mi si mostrano, una dei 29 novembre, e l'altra dei 9 decembre, una di lire 1,333-6-8 (1), e l'altra di lire 1,313-6-8 (2), e dico che sono tutte due scritte e sottoscritte di mio proprio pugno, e carattere, e letteratura, per prezzo di sale levato dal Signor Pietro Poggi, scosso da me d'ordine del Rivarola, e sono le stesse ricevute delle quali ho fatto menzione nella narrativa fatta di sopra.

Interrogato rispose :

Io come uno dei 30 del Consiglio di Bastia, il giorno seguente alla partenza dell'Eccellentissimo Commissario Generale, fui chiamato ed intervenni nel Consiglio che si fece, nel quale intervennero ancora li Capi delle Arti, e mi ricordo che l'Antonio Marengo lesse un diploma (3) nel quale in sostanza si conteneva che il Re di Sardegna, per liberare la Corsica

---

(1-2) Soldi sei denari otto.

(3) Voir la teneur du diplôme et celle du *memoriale* de Rivarola, Sari et de Bonis, dans la publication récente de M. Giovanni Livi, *La Corsica e Cosimo I De' Medici*, pp. 400 et 403.

dal giogo della Republica di Genova, aderendo alle instanze del Rivarola, del Sari e De Bonis, avea mandato la squadra britannica, e prometteva la protezione sua e quella della Regina d'Ungheria, ed altre cose specifiche delle quali presentemente non mi ricordo, e disse che si dovesse dire il sentimento se la Città avea da rendersi al Rivarola, il quale si ritrovava colle sue genti a Monserrato ; e mi ricordo che il dottor Antonio Morelli ed altri furono di sentimento si dovesse aspettare la squadra inglese e darsi al Comandante, ma il Marengo disse che egli temeva che essendo le navi a disposizione del Rivarola, non volesse accordare l'aspettar le navi, e fu risoluto che se ne facesse parola col Rivarola medesimo ; nè in questo congresso fu risoluto altro ; ma di fatto poi la Città fu resa al Rivarola due giorni dopo, non essendo poi io più intervenuto a Consigli, e perciò non so quali fossero le capitolazioni, e solamente publicamente ho inteso dire che il Rivarola avea promesso che sarebbe stata salva la vita, la robba e le sostanze.

Interrogato rispose :

Io non so che siasi più unito Consiglio dopo la prima volta, ma può essere che siasi unito, e che io non sia stato chiamato.

Interrogato rispose :

In detto primo Consiglio vi è intervenuto tutto il Magistrato, e li 30, e li Capi delle Arti, e vi è intervenuto ancora il maggior Gentile.

Interrogato rispose :

La mattina del giorno seguente dopo la partenza di S. E. essendo andato in piazza di Corte, ho sentito publicamente dire che il Magistrato avea dichiarato per Maggior della Piazza il Francesco Maria Gentile, e d'ordine del Magistrato fu poi publicata una grida che tutti dovessero ubbidire a' di lui ordini ; e sotto di lui comandava per Aiutante Antonio Maria Asdente ; ed ho veduto poi in appresso che tanto il detto Gentile quanto l'Asdente, facevano le funzioni, uno da Comandante, e l'altro da Aiutante.

Interrogato rispose:

Io so che è stato eretto un magistrato degl'Inquisitori, ma non so da chi, e da quel che io suppongo, l'avrà eretto il Magistrato della Bastia; e sono stati eletti per Inquisitori l'Antonio Marengo, Domenico Sansonetti, Ignazio Francesco Rossi, e dottor Antonio Morelli.

Interrogato rispose:

So e vedevo che publicamente comandavan in tutto e per tutto li detti Inquisitori, dando ordini in tutti gli affari; e comandavano ancora con essi li Generali Corsi, quando vi erano, e so che hanno fatto mettere in prigione molti, ma non so il motivo.

Interrogato rispose:

Io non sono mai più intervenuto in altro Consiglio, se non che in quel giorno che sono stato fatto prigioniere, nè m'è stato dato parte di altro da alcuno dei consiglieri particolari; nel quale ultimo Consiglio vi andai per l'intimazione statami fatta alla pena di lire 100, mentre attualmente ero uno de' caporioni nel posto di S. Orsola, ed in questo Consiglio si fecero li nuovi Inquisitori di Stato, e si accrebbe il numero del Consiglio da 30 a 40, perchè vi entrassero 20 Cittadini e 20 Popolari, e nell'uscire da questo Consiglio fui catturato e posto in prigione con molti altri.

Interrogato rispose:

Io non ho avuto alcuna confidenza col Rivarola.

Interrogato rispose:

Io non mi ricordo di aver parlato col Rivarola per fare ottenere licenza ad alcuno, se non che ad instanza del Signor Passano, che era uno delli doganieri, ma il Rivarola mi rispose che non volea dar licenza ad alcuno, ma non mi disse la caosa per cui non gli volea dare questa licenza.

Interrogato rispose:

Io non ho sentito mai che alcuno de' Cittadini abbia sparlato contro la Republica di Genova, nè che abbi detto di conservarsi in libertà per aver de' vantaggi, come han fatto altri popoli ; ho bensì sentito che il popolo gridava : Viva la libertà ! in occasione che è entrato il Rivarola, ed altri Generali.

Interrogato rispose :

Dopo alcuni giorni che sono usciti dalla Bastia il Rivarola e Gafforio, ho sentito dire universalmente che essendo venuta notizia fosse stato arrestato Monsignor Mariotti in Calvi, il Magistrato degl'Inquisitori ordinasse all'aiutante Asdente ed a molta altra gente che andassero a Lavasina a far prigioniere Monsignor Saluzzo, ed ho sentito in appresso che fu condotto in Bastia in detta qualità di prigioniere.

Interrogato rispose :

La notte che partì S. E. dalla Bastia, fu sparsa voce che era stato attaccato fuoco alla polveriera, ed io perciò uscii di mia casa con mia moglie e figli, ed andai con li medesimi verso S. Nicolaio ; ma poi si disse che non era vero niente, e perciò io ritornai a casa mia ; e la mattina seguente essendo andato in Terranuova, ho sentito dire publicamente che in quella notte era stata disarmata tutta la truppa della Republica Serenissima, e quelli soldati che ho avuto occasione di vedere, alcuno ne ho veduto spogliato, e fu detto che fossero disarmati dalla plebaglia di Bastia.

Interrogato rispose :

Dopo molti giorni che il Rivarola e Gafforio erano usciti dalla Bastia, ritornò il Matra con molta gente ad abbloccare la Città, ed ancora il Rivarola colle sue genti verso li Capuccini, e come che l'uno e l'altro per mezzo de' frati aveano fatto intendere che temevano che la Città si rendesse a' Signori Genovesi, così hò inteso che fu preso un mezzo termine di far prendere dal Popolo di Bastia un giuramento solenne, come di fatto fu eseguito nella chiesa di S. Giovanni, ed io parimente ho preso l'istesso giuramento colle mani e non col cuore, perchè aveano detto li Padri Gesuiti che il giuramento non valeva niente.

Interrogato rispose:

Ho inteso dire che fu tenuto un congresso in Ponteprato, ove ci andò il Signor Cecco Rossi e Galeazzini, e Rivarola, quale in questo congresso disse che, o la Città si rendesse, o che nuovamente sarebbero venute le bombe; ed avendo il Signor Rossi portata questa risposta al Popolo di Bastia, il Popolo si alborottò contro di lui; ma io non ci ero presente.

Interrogato rispose:

Dico nuovamente che io mai ho inteso da alcuno far discorsi, nè diretti, nè indiretti, contro la Republica, nè per conservare la libertà; possono però averli fatti, ma io non averli intesi; è bensì vero che dal Rivarola ho sentito più e più volte contar questa cosa, ma da altri mai.

E dettogli che egli non dice la verità, anzi procura di nasconderla con più e più mezzi, non volendo dire ciò che è, e colla maggior probabilità deve sapere, essendo contrario a tutta la verosomiglianza che essendo il detto Orbecchio destinato dal Rivarola e dal Magistrato, come egli ha confessato, all'impiego di tanta confidenza, come è quello di Tesoriere, non sia poi egli informato delle cose più intrinsiche, e de' discorsi più familiari, i quali vien giustificato essere stati fatti, in presenza di più persone ed in molte occasioni, non solamente da' Capi ribelli, ma anche da quelli che facevano la figura non solamente del Magistrato degl'Inquisitori, ma ancora in altri uffici ed ingerenze, tanto prima che la Città fosse resa al Rivarola ed altri Capi, quanto nel tempo che si fermarono di permanenza li detti Capi in Bastia, ed ancora dopo la loro partenza, tendenti tutti detti discorsi, o ad incitare il Popolo, o a confermarlo nel vano desiderio di una pretesa libertà, ma in pregiudizio e danno del sovrano dominio della Serenissima Republica di Genova; e dalla taciturnità del detto

Orbecchio in queste circonstanze, come pure dal risultare che egli, facendo impegno per far dare la licenza di partire dalla Bastia al Signor Francesco Saverio Passano, gli dicesse che il Rivarola non volea dargliela, perchè essendo egli debitore della Republica, di cui era restato erede il detto Rivarola ed altri Capi, non volevangli perciò dar tal permissione; come pure risultando che il detto Orbecchio abbia anche egli sparlato del governo della Republica Serenissima; unite tutte queste circonstanze all'aver egli accettato il carico di Tesoriere Generale in servizio, non solamente degl'Inquisitori, ma di un ribelle ed inimico spacciato della Republica, e di aver esercitato detto incarico con le esazioni fatte de' denari spettanti alla sovrana camera della Serenissima Republica, sopra quali detto Orbecchio non può in alcun modo ignorare che non poteva chiunque si sia mettere le mani senza incorrere nel delitto di fellonia, quali esazioni egli stesso ha confessato aver fatto d'ordine del suddetto Rivarola, ribelle ed inimico come sopra, e resta anche conosciuto per le ricevute che egli stesso ha riconosciute per sue, perciò lo stesso Orbecchio, come ribelle della Republica Serenissima, aderente a' ribelli ed a' nemici della stessa Serenissima Republica, sarà soggetto sempre a quelli castighi e risentimenti che la Republica Serenissima, e in di lei nome li Collegii Serenissimi possono e devono prendere contro chi opra nella maniera che ha operato il detto Orbecchio, con quei mezzi che il gius della natura, delle genti e della guerra permette,

Rispose:

Io, Signori, è vero che sono stato destinato per Tesoriere, ma non mi sono mai voluto sottoscrivere col nome di Tesoriere; anzi una volta, essendovi un ordine diretto al Signor Pietro Poggi, sottoscritto dal Rivarola, in cui ero caratterizzato per Tesoriere, io ho cassato quel *Tesoriere*, giacchè se ho accettato il detto incarico, l'ho accettato per non poter far a meno, essendo piantato il palo per quelli che non ubbidivano, e si mandavano fucilieri in casa, e si facevano altre minaccie; nè io ho avuto mai alcuna confidenza col Rivarola, anzi essendo inimico dei Frediani, de' quali è parente il Rivarola, non poteva aver con lui confidenza; ed è vero che ho fatte le parti per il Signor Passano, ma non può dire che io li abbia detto, per parte del Rivarola, che egli ed altri Capi erano eredi della Republica.

E replicatogli che la scusa da lui addotta d'aver fatto la figura di Tesoriere astretto ed obbligato, per li timori incussigli, è scusa frivola ed inattendibile per più capi, ma particolarmente perchè, nè egli allega di aver sofferto alcun principio di danno per questo titolo, nè la resistenza è stata da lui fatta se non al più con parole officiose, e tanto più che molti altri della Cittadinanza della Bastia, li quali erano constituiti nell'istesso stato e grado che era lo stesso Orbecchio, se non si sono voluti ingerire non si sono ingeriti, nè da alcuno sono stati obbligati ad ingerirsi, e per questo, avendo detto Orbecchio accettato l'incarico di Tesoriere, lo ha fatto e deve dirsi lo abbia fatto liberamente, dal che risulta il di lui mal'animo, l'attaccamento e aderenza a ribelli e nemici della Republica Serenissima, tanto più che, come è notorio, egli avea accettato detto incarico senza farsi stabilire alcun salario, o ricompensa,

Rispose:

Io replico che ho temuto, se non accettavo, mi avessero fatto quache danno, e se non ho convenuto di salario, come di fatto non ho convenuto, è perchè non ero presente quando sono stato eletto dal Magistrato, ma mi fu detto che il Magistrato in appresso mi avrebbe tassato salario; nè mai avanti e dopo sono stato ribelle della Republica Serenissima, e se fossi stato ribelle, non mi avrebbero fatto per caporione nel posto di S. Orsola, a combattere contro ribelli.

E dettogli se ha alcuna scusa, escolpazione, o difesa da

addurre rispetto a tutto ciò che gli è stato contestato, che lo dica presentemente,

Rispose :

Io replico che il Rivarola mi ha eletto per Tesoriere, perchè voleva aver sotto li suoi occhi e sotto la sua casa li denari che si esigevano ; e perchè io li dissi che mi perdonasse, che non volea far questo ufficio, egli mi replicò che non vi era nè parenti, nè amico, nè vicino, e che bisognava assolutamente ubbidire ; e se l'altri Cittadini non hanno esercitato cariche, non sono stati cercati, nè sono stati destinati ad alcuna carica.

Ed instatogli e replicatogli se ha altra scusa, escolpazione, o difesa da addurre, la adduca, non essendovi per esso Orbecchio altro tempo dopo la conclusione del presente esame,

Dopo aver pensato per conveniente spazio di tempo ha detto :

Io non ho da addurre cosa alcuna per ora.

Ætatis annorum 50 circa.

Indi ha detto : Io sono stato preso in chiesa in Capraja. Io e molti de' miei compagni, sciolti, sbarcammo dalla gondola, ed andammo in una chiesa, ove si dice messa, che si chiama la Madonna del Porto ; ed è vero che venivano appresso di noi li birri, ma noi siamo andati colli nostri piedi, ed eravamo liberi e sciolti, e vi sono venuti poi in appresso i soldati, per nostra guardia, in essa chiesa.

E replicatogli che questa eccezione non li giova, perchè detto sito non è chiesa, ma una cappella, e che in essa tanto lui, quanto gli altri, sono stati posti a titolo di custodia pura, così avendo appreso di fare chi diriggeva l'affare della condotta di esso Orbecchio e de' compagni, con l'intelligenza, ordine e permissione del Comandante di Capraja,

Rispose :

Ed io replico che non è assolutamente cappella, ma è

chiesa, ed ha campanile, e se ci hanno condotto in essa, l'hanno fatto ignorantemente quelli che ci conducevano; per altro siamo stati condotti liberi, e di fatto il capitano Vincenzini che era con noi è stato messo in prigione, tuttoché tutti gli altri fossero stati messi in detta chiesa.

———

Ea in vesperis in loco prædicto et coram extractus pariter de mandato Jo: Batta Vincenzini, q. Vincenzini, et in præsentem locum adductus et examinatus prævia monitione quoad se et quoad alios juravit tactis etc.

Interrogato rispose:

Io non so il motivo per cui sia stato catturato in Bastia dalli Bastiacci, proprio in casa di Carlo Giovanni Pellegrini che è vicina alla mia.

Interrogato rispose:

Io sono sempre stato in Bastia dal tempo della prima rivoluzione, e fui fatto capitano dalla Serenissima Republica.

Interrogato rispose:

Nel tempo che sono state gettate le bombe dagl'Inglesi nella Bastia, io vi ero, ed ero deputato dal Magistrato della Bastia e da S. E. per caporione al posto de' Gesuiti, nel quale vi era ancora il Podestà, Domenico Odiardi, Domenico Figarella e Pietro Poggi.

Interrogato rispose:

Dopo finite le bombe io mi sono fermato sempre con la gente nel posto suddetto, anche due giorni dopo della partenza di S. E. dalla Bastia.

Interrogato rispose:

La notte stessa che s'imbarcò S. E., venne nel posto de' Gesuiti Giov. Morgantini, spedito da Pietro Pasqualini, il quale ci diede nuova che S. E. si era imbarcato, e che si dubitava avessero posto il fuoco alla polveriera, ma questo non fu creduto.

Interrogato rispose :

Dopo che si seppe che S. E. era partito, io perseverai a star nel posto per due giorni ; ma poi essendosi saputo che il Popolo della Bastia sussurrava, e che voleva accordo col Rivarola o Inglesi, io però non vi ero e non so cosa si facesse, mi ritirai in casa mia ; dopo che ho saputo che dovea entrar Rivarola, per non aver occasione di cedere il posto a' Paesani, me ne andai, e dallo stesso portai via quattro spingardi che vi erano, e li portai a casa mia, cioè due grandi e due piccoli.

Interrogato rispose :

Ritirato in casa mia ho veduto il Rivarola che è entrato in Bastia, e gli ho parlato più e più volte, e particolarmente perchè era stato carcerato il pievano Consalvi (1), affine di farlo liberare, come mi riuscì, dopo però la sua partenza.

Interrogato rispose :

Col detto Rivarola non ho trattato di cose che non si potessero trattare, nè mi sono imbarazzato ne' suoi affari.

Interrogato rispose :

Il Rivarola non mi destinò ad alcun posto, che io sappia, e può avermi destinato che io nol sappia, ma io non ho esercitato alcun ufficio. Dal Magistrato però della Bastia, dal Podestà cioè ed altri Cittadini, fui pregato a star in attenzione per la guardia della Città.

---

(1) Giovan Ferrando Consalvi, natif de Vescovato, était pievano de S. Giov. Battista di Tavagna. Il avait été arrêté le 28 novembre, sur l'ordre de Rivarola, pendant qu'il se tenait caché dans la maison d'Antonio Marengo. Celui-ci était alors absent de Bastia, ayant été envoyé vers les vaisseaux anglais.

Interrogato rispose :

Io non m'imbarazzavo negli affari della Città, ed ho inteso solamente che era stato introdotto il Rivarola nella Città, ma non ho inteso con quali condizioni.

Interrogato rispose :

Dopo l'entrata del Rivarola, so che sono entrati ancora Matra e Gafforio, e li ho veduti ; e dal Matra vi sono andato una volta per trattare un certo affare di far levare dalla casa di un tal Giov. Battista Pietri certi Paesani ; ed in questa occasione, in presenza della Cecca Assalaiola, Signora Nicoletta Massei, e del figlio proprio del detto Pietri, dissi che chi diceva mal de' Genovesi era un becco etc. E dal Gafforio vi sono andato una volta, essendo chiamato da lui medesimo che mi disse cosa era questo andare e venire che facevo per la Città di giorno e di notte, e che se volevo andare attorno mi avrebbe dato de' Paesani ; e di fatto davami quando dieci, o dodici Paesani, coi quali io scorrevo per la Città due o tre ore, parendomi che questo fosse benefizio della Città ; e molte altre volte ho parlato coll'istesso Gafforio di cose indifferenti per mantenermi dall'avere qualche incontro.

Interrogato rispose :

Quando è entrato Matra e Gafforio io era a S. Giuseppe, senza armi, così per mio gusto, ma io non li seguitai.

Interrogato rispose :

Dopo qualche giorno dell'entrata di Matra e Gafforio fu alzata la bandiera corsa, e l'ho veduta.

Interrogato rispose :

Io non mi sono mai informato di qual qualità di governo dovea essere quello con cui dovea essere regolata la Città di Bastia.

Interrogato rispose :

Ancorchè io abbia veduto entrare il Rivarola, Gafforio e Matra, e ancorchè vedessi alberare la bandiera corsa, non ho creduto, nè supposto mai, che si dovesse cambiar governo, e ne chiamo in testimonio capitano Albora, e l'Aiutante della Piazza, a' quali confidavo li miei sentimenti.

Interrogato rispose:

Io in Bastia non avevo alcun confidente, perchè non si potea confidare con alcuno, ma nemmeno si poteva parlare; e solamente dopo la partenza del Matra, Gafforio e Rivarola, introdussi in mia casa quattro miei paesani, quali avevo nel rollo, ed erano di Cardo, uno de' quali si chiama Devico, l'altro Carlo Francesco, l'altro Giovanni, e il quarto non mi sovviene.

Interrogato rispose:

Quando io ero di guardia, questi quattro venivano meco, e quando io non ero di guardia, stavano in casa mia; e questi paesani erano miei amici, e gli avevo fatti venire in Bastia per li miei riguardi.

Interrogato rispose:

Avevo fatto venire questi quattro paesani per miei riguardi e guardia, perchè non si sapea di chi fidarsi.

Interrogato rispose:

Prima che fossero partiti il Rivarola, Matra e Gafforio, io non mi fidavo di alcuno, e dopo la partenza del Rivarola mi fu data dalla Città la guardia del corpo di guardia di Terranova, ove io fui assaltato da' Paesani che erano ancora entro di Terranuova, essendo padroni ancora della Cittadella, e vi seguì uno sbaro di pistola per eccitare il Popolo, ma poi si acquietò, ed io restai padrone del corpo di guardia, del che se ne possono informare dal colonnello Grimaldi, ed anche dal capitano Albora.

Interrogato rispose:

Dopo che è partito il Gafforio, io ed il capitano Morelli perseverammo a continuare nel corpo di guardia, ed alla sera andavamo, quando l'uno quando l'altro, di ronda, stando in attenzione se li quartieri avevano bisogno di munizione.

Interrogato rispose :

Io seguitai a stare nel corpo di guardia di Terranuova sino al giorno di domenica immediatamente precedente alla mia prigionia ; nel qual giorno avendo risaputo che mia madre era morta, dissi a capitano Morelli che era conveniente che io mi ritirassi in casa mia finchè mi fosse apparecchiato lo scorruccio ; ed essendo in questo tempo in casa mia, io fui carcerato.

Interrogato rispose :

Nel tempo che era in Città il Rivarola e Gafforio, io non so che sia seguita altra novità, se non chè di dissensioni nate fra il Rivarola e Gafforio, nelle quali sono stati uccisi dalla gente di Rivarola due uomini di Bastia ; e possono essere seguite altre novità, ma io non me ne ricordo.

Interrogato rispose :

Nel tempo che vi era in Bastia il Gafforio ed il Rivarola, essi erano quelli che comandavano, ed il Magistrato lo tenevano pro forma, e quando parlo del Magistrato intendo del Podestà ed Anziani, che è il Magistrato ordinario della Città.

Interrogato rispose :

Oltre a questo Magistrato ordinario, che io sappia, non ve ne era altro in Bastia, nè altro Magistrato comandava.

Interrogato rispose :

Dopo la partenza del Rivarola e Gafforio dalla Bastia, venne il Matra ad abbloccare la Città, ed a lui si unì pure il Rivarola, e so che fu fatto far del pane per darlo a' Paesani affine che andassero via, ma fu stimato poi di non mandarglielo più, ed io fui uno di quelli che impedii che fosse dato, e lo feci distribuire alli posti de' soldati.

Interrogato rispose :

Il pane fu fatto, da quel che io mi credo, del grano del Principe, perchè altrimente non poteva essere, e credo fosse fatto fare dagl'Inquisitori, giacchè dopo la partenza del Rivarola e Gafforio, furono fatti tre che disponevano di ogni cosa e degli affari della Città, cioè due Cittadini ed uno del Popolo.

Interrogato rispose:

Non credo si sia convenuto cosa alcuna tra la Città e li Matra e Rivarola per sciogliere il blocco della Bastia, e per fare che li Paesani ritornassero alle case loro.

Interrogato rispose:

Se ne andò il Matra più per disperato che altro, giacchè lui fece veramente il tentativo da soldato, ma non gli riuscì; e per partire con suo decoro, lasciò che il Rivarola entrasse con 50 uomini; ma nemmen questo gli riuscì, perchè alla Città non tornava a conto, e perchè la Città desiderava di ritornare alla Republica.

Interrogato rispose:

So che dopo che fu sciolto il blocco vennero delle navi inglesi, e sbarcarono degli ufficiali in terra verso la Renella, e vennero anche alla Bastia, e so che doveano destinarsi il maggior Gentile ed il dottor Morelli, e credo anche l'abbate Luri, perchè parlava francese, ma non so poi se ci andassero, o sì, o no, perchè io dovevo attendere al corpo di guardia.

Interrogato rispose:

Nel tempo che io ero come capitano nel corpo di guardia di Terranuova, vedendo che li Bastiacci entravano a 25 o 30 per volta in Terranuova, io feci serrare la porta, e feci dir loro che questa cosa non camminava, e che stimavo che ognuno rispettivamente dovesse andare a loro quartieri, perchè altrimente, abbandonati li quartieri, potevano entrare li Paesani a loro piacere; e questa stessa cosa la dissi io a patrone Cecco Patrimonio; dopo di che venne in corpo di guardia Carlo Emanuele Pasqualini, al quale dissi la stessa ragione, giacchè egli mi disse che di questa cosa ve ne erano molti mal sodisfatti; ed io allora gli replicai che a me non premeva niente di stare in quel corpo di guardia, perchè non vi avevo alcun utile, e che quel che facevo lo facevo perchè le cose andassero a dovere, ed a favore della Republica, ma egli mi disse che se uscivo dal corpo di guardia il giorno che non mi toccava, potevo andare a quel posto che più mi fosse piaciuto. Essendomi poi io ritirato in casa mia per la morte di mia madre, come ho detto, corse una voce che avevano fatti prigionieri, e due miei cugini vennero fuori di casa loro per entrare in detta mia casa, ma molta gente armata che era attorno alla mia casa non gli permise di entrare, ed io allora mi sono serrato in casa, avendo meco quelli 4 paesani de' quali ho deposto sopra; e così serrato sono rimasto tutto il restante giorno e tutta la notte seguente, nella qual notte se ne sono andati li 4 paesani, uscendo per un balcone che corrispondeva nella casa di un tal Pellegrini, mio vicino; e alla mattina seguente, io pure uscendo da questo stesso balcone sono andato in casa del detto Pellegrini, e li Bastiacci allora sono entrati in casa mia, e si sono presi tutto il mio vino, e tutta la robba di casa; ed essendo nella casa del detto Pellegrini, mi fu intimato che mi rendessi, perchè mi avrebbero abbruciata la casa, ed io non sapea cosa voleva dire questa cosa, e perciò risposi che se mi avevo da rendere da uomo volevo rendermi a' Comandanti, giacchè volevo salvare la mia vita, perchè sapevo che erano tutti canaglia, e allora mi fu portato un biglietto sottoscritto da' Comandanti, cioè da Cecco Patrimonio e Peppo Mattei, e allora io mi resi e fui portato in prigione.

Interrogato rispose:

Finchè sono stato in casa mia, dalla detta mia casa non sono state tirate archibugiate di sorte alcuna; è bensì vero che sono state gettate alcune granate, per terrore, ma non potevano far male ad alcuno, e le granate le tiravano quelli quattro paesani che erano nella mia casa, quali granate avevo portate in casa mia, perchè non restassero in mano de' Paesani; uno de' quali paesani che era in casa mia restò ferito da una palla che è passata per la finestra, sbarandosi di fuora molte archibugiate dalli Bastiacci.

Interrogato rispose :

Appena venuti li Bastiacci ad accampare la mia casa, incominciarono a tirare delle archibugiate; nè a me fu intimato di dovermi rendere per prigioniere, e se mi fosse stato intimato, non avevo bisogno che mi portassero loro in prigione, perchè vi sarei andato da me.

Interrogato rispose :

Io me ne sono andato da casa mia perchè minacciavano di dargli fuoco, ma non so poi se ve l'abbiano dato, o no ; so bene che hanno portato via la mia robba perchè mi è stato detto in prigione, ma non mi è stato detto che vi sia stato dato fuoco.

Interrogato rispose :

Uscito dalla casa del Pellegrini, sono stato portato nelle stanze ove abitava il Vicario, ed indi mi hanno condotto in prigione.

Interrogato rispose :

Quando arrivai alle dette stanze, che vi era Paolo Zerbi et altri, mi fu detto che andassi in prigione, e che poi si vedrà.

Ætatis annorum 46 circa.

Quibus habitis etc.

Illico coram etc. extractus pariter de mandato notarius Franciscus Maria Bosius, q. Jo: Battæ, et in præsentem locum adductus et examinatus prævia monitione quoad se et quoad alios juravit tactis etc.

Interrogato rispose :

Il mio mestiere è di fare il scrivano, e nel tempo che

furono tirate le bombe alla Bastia dalle navi inglesi, io ero destinato di posto colle mie armi nella casa di Carlo Casella, ove essendo anche di posto il giorno in appresso delle bombe, sentii che si erano uniti li Capi delle Arti, ed andarono dal Magistrato della Città per far fare a S. E. il Signor commissario generale De Mari la proposizione che la Città era pronta a difendersi sino alla morte da' Paesani, ma che per parte di mare, non essendovi difesa bastante, si lasciava in considerazione di S. E. se era possibile il difendersi; e fu detto publicamente che S. E. allora nulla rispondesse, ma che anzi persistesse che voleva difendersi; ma poi al dopo pranzo, verso le ore 23 circa, chiamato il Magistrato, mostrò quanto avea deliberato il Consiglio di Guerra, e che poi dicesse al Magistrato che aveva risoluto di andarsene, e che lasciava in arbitrio del Magistrato la Città, raccomandandogli che conservassero il buon cuore verso la Serenissima Republica. Alla sera poi, verso le ore 3 in 4 della notte circa, fu sparsa la voce che S. E. si era imbarcato ed andato via, ed anche falsamente fu sparsa altra voce che S. E. avesse fatto mettere il fuoco alla polveriera, il che pose in costernazione la Città, scappando tutti, in modo che fu causato maggior disordine per ciò che per le bombe; e quando io sentii questa voce ero in casa mia, stando di abitazione verso il Colle, ed essendo uscito da casa mia, sono andato al corpo di guardia di Terranuova, ove vi ho ritrovato il Pietro Pasqualini che aveva il suo schioppo in mano e le chiavi, il quale mi disse che S. E. s'era imbarcato ed andato via, e dimandandogli io delle cose della polveriera, mi rispose che era svanito il tutto; il che avendo io inteso, ritornai indietro verso mia casa per assicurare la mia famiglia del timore che era stato incusso, e gridavo ad alta voce perchè ognuno stasse sicuro, perchè l'affare della polveriera non era vero; ed avendo condotto mia moglie e la mia famiglia in casa mia, ed avendo risaputo che il dottore Antonio Morelli era uscito da

Terranuova con la sua famiglia, ed era andato verso San Nicolaio, io andai in sua cerca, ma non lo trovai, se non che alli Missionarii vi ho trovato la sua famiglia, la quale assicurai che non vi era niente di male, come pure assicurai tutti quegli altri che colà si erano ritirati, e poi dopo un qualche intervallo di tempo ritornai nuovamente a casa mia. Alla mattina seguente, uscito da casa mia sono andato girando per la Città, ed essendo entrato in Terranuova, vidi che il Magistrato stava unito nella Casetta con quantità di Cittadini, e sentii che il Magistrato avea destinato varii soggetti in diversi posti e cariche, e sulla piazza di Corte vidi piantato un palo, e fu publicato che essendo stato eletto il Francesco Maria Gentile per Maggior della Piazza, ognuno dovesse stare a dovere, perchè altrimenti sarebbe castigato col palo; e se io non prendo sbaglio, intesi che quell'istesso giorno, al dopo pranzo, essendo alla vista le navi inglesi, era stato spedito dalla parte verso S. Nicolaio un tal Carlo Filippo Sari, per sentire quale fosse l'intenzione del Domenico Rivarola e delli Paesani che stavano all'abblocco della Città, ma io non so cosa riferisse, perchè non mi ritrovai presente. Il giorno seguente, alla mattina, uscirono dalla Città Antonio Marengo ed il maggior Gentile, di consenso degli altri, ed andarono verso Monserrato, ove vi era il Rivarola, e ritornati poi in Città, andarono in Casetta, ove vi era il Magistrato e molta parte dei Cittadini e li Capi delle Arti, e mi ritrovai per curiosità ancor io, e sentii che in primo luogo fu letto un diploma per parte del Re di Sardegna, nel quale in sostanza si conteneva che avendo il Re di Sardegna sentite le instanze del Domenico Rivarola, De Bonis e Sari, li quali aveano esposto essere la Corsica sollevata per liberarsi dal giogo de' Genovesi, quel Re avea accordata la sua protezione a quei Corsi, e prometteva di aver sempre sotto la sua protezione e custodia la Corsica in qualunque caso, e che a questo fine avea fatta venire la squadra del Re Brittannico, e vi erano altre cose delle quali presentemente non mi ricordo; e letto questo diploma, il Signor Marengo disse che il Rivarola volea che si rendesse a lui la Città, o che altrimente avrebbe fatto nuovamente bombeggiare. Vi furono in quel congresso due opinioni, sostenendo il dottor Morelli che se avea a rendersi la Città, dovea aspettarsi che vi fossero tutti li Capi della Corsica, affinchè non si potesse pretendere che la parola del Rivarola non obbligasse ancora gli altri, e di questo sentimento vi fu qualchedun altro; ma il Marengo sostenè il contrario e disse che lui stimava esser meglio rendersi al Rivarola per evitar il maggior male delle bombe, molto più che li quartieri erano stati quasi abbandonati dalla plebe, la quale era avvilita; e così disse ancora il Carlo Filippo Sari, aggiungendo che aveva di già patito molto danno, e che non volea soffrirne più; e con questo sentimento fu accordato che si dovesse dare la Città al Rivarola, e dettando Marengo, furono estese le capitolazioni, le quali furono lette alla presenza di tutti, e mi ricordo che contenevano che dovesse esser libera la Città, e che per tutti quelli che allora si trovavano nella Città vi dovesse esser salva la vita, l'onore, le sostanze e le armi, e che a questi patti sarebbe stata data la Città al Rivarola. Dopo di ciò partì nuovamente il Marengo per Monserrato, e non mi ricordo se andasse solo, o accompagnato; mi ricordo bensì che essendo ritornato verso la sera, fu detto che il Rivarola abbia voluto esclusi dalla capitolazione li Genovesi, che voleva prigionieri di guerra, e che volea le armi tutte della Repubblica, per poter far liberare li due suoi figli che sapeva essere prigionieri qui in Genova. Ho inteso dire dall'istesso Marengo che gli è convenuto di accordare al Rivarola quel che volea, perchè altrimenti non volea saperne di niente. Il giorno seguente entrò il Rivarola in Bastia colla sua gente; e dopo alcuni giorni arrivò il Gafforio e Matra, ed ancora loro entrarono colle loro genti in Bastia, e da loro tre disponevano di ogni cosa; ed allora, dopo qualche giorni, fu eretto il Magistrato degl'Inquisitori, votando, per quanto ho inteso, il Podestà ed il Magistrato della Bastia, Rivarola, Matra e Gafforio, ed il sacerdote Venturini, di Vallerustie, che era denominato Presidente; e furono eletti per Inquisitori il dottor Antonio Morelli, Antonio Marengo, Domenico Sansonetti, Ignazio Francesco Rossi ed Ignazio Petroni, ma quest'ultimo non volle mai intervenirvi, asserendo di essere console dell'Imperatore; e voleva anche scusarsi Ignazio Francesco Rossi, come voleano scusarsi tutti gli altri, ma ad Ignazio Francesco Rossi fu detto, come che parlava più libero degli altri, che se non accettava gli sarebbero stati mandati 50 uomini a discrezione in casa. Dopo qualche giorni io sono stato chiamato d'ordine degl'Inquisitori, ed essendovi andato, ho incontrato per il primo il Signor Antonio Marengo, al quale avendo detto cosa mi comandava, egli mi mandò dal Gafforio che era in casa di Lucciana, ed il detto Gafforio mi disse che io era stato applaudito per cancelliere degl'Inquisitori, ed io sapendo cosa era stato intimato agli altri, di non ricusare li carichi che gli erano stati dati, mi strinsi nelle spalle e senza dir altro me ne uscii, e direttamente andai a ritrovare il dottore Morelli, nello studio del quale avevo scritto da giovane, e gli domandai cosa dovevo fare, ed egli allora mi disse che essendo stati messi in prigione, per ordine del Rivarola e del Gafforio, tra gli altri, padre e figlio Galeazzini, co' quali il detto Morelli aveva aderenza, ed erano anche miei amici, dovendosi far loro il processo dagl'Inquisitori, il Morelli avea proposto me per salvarli, dicendomi inoltre che con me avea tutta la confidenza, e che non volea che Gafforio e Rivarola eleggessero altri che fossero di dipendenza loro. Accettai io dunque l'incarico datomi, e cominciai a servire il Magistrato d'Inquisitori in qualità di cancelliere, per mia disgrazia; ed ho seguitato sempre a servire il detto Magistrato in tutto quello che mi comandava, fino all'ultimo, cioè fino a che sono stati in piedi detti Inquisitori; ed ho accettata detta carica, devo dire, per timore; nè ho avuto lucro di sorte alcuna, nè dal publico, nè da privati e particolari.

Interrogato rispose :

In qualità di cancelliere degl'Inquisitori io ho formati qualche processi, tanto contro un birro, quanto contro li Galeazzini, che erano pretesi rei di aver macchinata la morte del Rivarola, e che per questo titolo erano stati posti in prigione, e con tutte le arti ho procurato di giovar loro, in modo che in tempo poi appresso uscirono dalle carceri, come essi stessi possono dire ; ed in ogni occasione ho procurato che alcuno de' carcerati non avesse male; ma in riguardo alle cose publiche, prescindendo da diverse licenze fatte per potersi imbarcare, a me non sovviene di aver fatto atto alcuno.

Interrogato rispose :

Il Signor Saverio Passano aveva accordato, per il mezzo del dottor Francesco Maria Lucciana, con Gafforio, che affin di ottenere la sua licenza per passare in Terraferma, egli, che era debitore della Camera Eccellentissima di Genova per le gabelle del Porto Cardo, dovesse rinunciare non so quali suoi stabili che aveva in Casinca, Ampugnani, o Casalta, e questa rinuncia la dovesse fare a favore della Camera Corsa di quel tempo ; e così io, come cancelliere, essendovi presenti gl'Inquisitori, rogai l'istrumento di rinuncia a favore degl'Inquisitori, ed essendo essi presenti, accettai e misi l'istrumento che ricevetti nel fogliazzetto che tenevo delle cose degl'Inquisitori.

Interrogato rispose :

Io non mi ricordo che in occasione della rinuncia fatta dal Signor Passano alcuno degl'Inquisitori che erano ivi presenti, cioè Marengo, Morelli, Sansonetti e Rossi, si esprimesse in termini che la rinuncia dovesse farsi al loro Magistrato, perchè era succeduto alli gius e ragioni della Republica Serenissima e della sua Eccellentissima Camera, e può essere stato detto, ma io non mi ricordo.

Interrogato rispose :
Quando nacquero le differenze tra il Rivarola ed il Gafforio, per le quali vi furono delle schioppettate e seguirono anche qualche morti, nacque il pensiero di creare un altro Generale, e credo io, fosse coll'intento di cacciar poi via tutti dalla Bastia, per quel che diceano; ed un giorno, vedendosi radunata molta gente sulla piazza della chiesa di S. Angelo, uscì da Terranuova il dottor Morelli per impedire questa nuova elezione, temendo che non dovessero seguire maggiori nuovi disturbi, ed avendo io cercato di lui in Terranuova, mi fu detto che era uscito, e che era andato verso S. Angelo, ove essendovi andato anch'io, vi ritrovai una grande adunanza di persone, e vi era il Podestà della Bastia, il Domenico Sansonetti, alcun degli Anziani, il maggior Gentile, e molti Paesani delle ville e suburbii; e trovai che già il notaro Pellegrini, essendovi anche presente il Rivarola, era stato obbligato incominciare ad estendere l'atto dell'elezione in Generale di Sebastiano Ciaccaldi; ma essendo arrivato io, col pretesto che ero cancelliere degl'Inquisitori, e che questi non erano atti da mettersi al ceppo, vollero che io ricevessi l'atto dell'elezione, e che lo publicassi, come ho fatto, dichiarando in presenza di tutti ad alta voce l'atto medesimo.

Interrogato rispose :
Dopo che sono usciti dalla Bastia il Rivarola ed il Gafforio, indi a qualche tempo, ritornò il Rivarola e Matra a mettere l'abblocco alla Bastia, e come che si erano spiegati che essi volevano entrare in Bastia colle loro genti perchè temevano che la Città si rendesse a' Genovesi, fu risoluto in un publico congresso tenuto avanti gl'Inquisitori che si scrivesse al Riva-

rola ed al Matra, che affine d'assicurarli che la Città non si sarebbe resa a' Genovesi, era pronta la Città a giurar solennemente che si sarebbe conservata sempre in intera libertà, nè che mai si sarebbe resa ad alcun Principe, e nemmeno a' Genovesi, purchè loro partissero dal blocco e non venissero più a molestare la Città; e questa lettera non mi ricordo se l'abbia scritta io sotto la dettatura di alcuno degl'Inquisitori, o se sia stata scritta da altro degli stessi Inquisitori; e fu mandata questa lettera per mezzo del Padre Provinciale de' Cappuccini e del Padre Guardiano, e per parte del Rivarola e Matra fu adempito l'andarsene via; ed allora io ebbi l'ordine dagl'Inquisitori, e di tutti gli altri che erano concorsi al concerto, che dovessi estendere una grida a nome degl'Inquisitori, nella quale s'intimasse a tutti, sotto pena della vita e confisca de' beni, a dover fare il giuramento medesimo, destinando la chiesa di San Giovanni; qual grida io estesi, e diedi ordine perchè si publicasse; ed il giorno seguente, essendo esposto il Venerabile nella detta chiesa di San Giovanni, e posto il Santo Vangelo sopra il tavolino, io calai in Terravecchia col Podestà, Inquisitori e tutto il Magistrato, e incominciando dal Podestà fui io presente come cancelliere a ricevere il giuramento di moltissimi, e vi erano anche presenti li notari Massese e Cattaneo, ma io poi me ne andai via, ed essi continuarono a ricevere il giuramento; scrivendo li nomi, tanto io quanto loro, quale che ricevetti presenti loro, ricevendo loro tal giuramento degli altri.

Interrogato rispose:

Dopo che furono partiti il Gafforio ed il Rivarola dalla Bastia, qualche giorni in appresso, essendo uniti assieme due degl'Inquisitori, cioè Morelli e Marengo, venne da loro, ed io vi ero presente, un tal chierico Sanguinetti che credo si chiami Domenico ed è figlio di Pasquale, il quale portò notizia che in Calvi fosse stato fatto prigioniere Monsignor Mariotti, e fece instanza perchè si mandasse a Lavasina a far prigioniere

Monsignor Saluzzo ; e come che li due detti Inquisitori mostrarono qualche difficoltà, il chierico disse che sarebbe andato gente a prenderlo ; ed allora li detti due Inquisitori chiamarono Antonio Maria Asdente, e gli diedero ordine che prendesse seco qualche gente ed andasse a Lavasina a dire a Monsignore che ritornasse in casa sua in Bastia ; e so che Monsignore venne in Bastia, ma non so se venisse accompagnato dalla gente, o no ; ma io di questo non ne ho fatto nota alcuna, perchè fu dato tal ordine in voce.

Interrogato rispose :

Parimente dopo la partenza del Rivarola e Gafforio, avendo dimandato alcuni ufficiali ed altri signori Genovesi la licenza agl'Inquisitori di venire in Terraferma, gl'Inquisitori fecero l'ordine, ed io lo ricevetti come cancelliere, che a quelli li quali non erano gentiluomini della Republica di Genova io dovessi dare la licenza liberamente, ma che a quelli i quali erano gentiluomini io non dovessi dare la licenza se non facevano prima l'obbligazione, sulla parola loro, di essere prigionieri di guerra in quella stessa forma e maniera che erano prigionieri di guerra li Signori Rossi (1) e Saluzzo (2); e si sono spiegati gl'Inquisitori che in tanto ciò facevano per non pigliare una nuova briga col Rivarola; e di fatto essendo venuto il Signor tesoriere Giuseppe Maria Giovo, il Signor capitano Albora ed il Signor Francesco Maria Pallavicino, avendo io loro intimato l'ordine degl'Inquisitori in presenza de' medesimi Inquisitori, questi signori dissero che davano la parola, e per questo io poi feci loro la licenza senza prendere a' medesimi cosa alcuna.

---

(1) Vicario Vicegerente.
(2) Lorenzo Saluzzo, frère de Monsignor Saluzzo.

Interrogato rispose:

Se io mi ricordassi di avere estesi altri ordini degl'Inquisitori, io presentemente lo narrerei, ma non me ne ricordo.

Interrogato rispose:

Una volta ho sentito che l'Antonio Marengo, a quelle persone che erano ansiose di sapere le cose come andavano, si espresse con termini che stassero pur chieti, che lasciassero fare a Dio, e che così avea incominciato la Republica di Olanda; ma veramente da altri io mai ho sentito, per quanto mi ricordi, termini consimili, e nemmeno discorsi che tendessero ad animare la gente a conservarsi in libertà.

Interrogato rispose:

Io so che è stato destinato per andare a bordo alle navi inglesi il detto Marengo, e so che andò, per quel che ho inteso, sino a Livorno, ma chi fosse poi quello che l'avesse destinato, se il Magistrato della Bastia, o altri, io non lo so, nè so quali fossero le di lui incombenze.

Interrogato rispose:

Io mi sono trovato presente, più e più volte, in tempo che essendo uniti gl'Inquisitori veniva da loro il Rivarola, e si univa ancora con essi il Gafforio, e sentivo che tutti li discorsi principalmente tendevano riguardo al modo di trovar denari, ma gl'Inquisitori rispondevano che la Città non potea esser aggravata per ricavar denari; nè altri discorsi ho sentito che si facevano fra di loro, fuori che quelli che tendevano a proseguire li processi, e castigare li prigionieri, ed ancora di invigilare sopra le persone le quali potessero esser sospette che fossero del partito della Serenissima Republica; ma non so che queste incombenze le eseguissero, nè che facessero passi per scoprire quali fossero detti aderenti.

Interrogato rispose:

Io ho inteso dire che ne' Missionarii si fossero uniti tutti li Capi delle Arti e molti Cittadini della Bastia, anche con l'intervento degl'Inquisitori, ma io non c'intervenni, e che in questo congresso fosse deliberato di mandare il Podestà con altri soggetti in Calvi, per dimandare a cautela il perdono per tutti, e che fossero salvi li privilegi della Città, e che dovendosi affittare le gabelle si dovessero affittare a Nazionali Corsi; e so che partì di fatto il detto Podestà con altri verso Calvi; e dopo due giorni di questa partenza si videro quattro navi inglesi sopra la Bastia, dalle quali staccatasi una lancia, venne in terra e sbarcò due ufficiali, i quali condotti in Cittadella, servendo per interprete l'abbate Luri che sa la lingua francese, dissero di aver tre lettere per il Rivarola, e gli fu risposto che lasciassero quelle lettere che le avrebbero mandate; e di fatto fu spedito un soldato a cavallo in Oletta, ove era il Rivarola, con le lettere medesime, ed il Rivarola riscrisse che avea ricevute le lettere, e che dimandava un congresso in Ponteprato colli deputati della Città; e di fatti furono destinati per detto congresso il dottor Morelli, Cecco Rossi, Salvatore Galeazzini e patron Francesco Santelli, come anche l'abbate Luri; ed il giorno seguente, alla mattina, non essendovi voluto andare il Morelli, vi andò il Cecco Rossi con tutti gli altri, il quale ritornato in Bastia, riferì al Popolo ed al Magistrato, che tutti andarono alli Missionarii, aver il Rivarola dato loro la copia di una lettera scrittagli dal Comandante Inglese, la quale conteneva nella sostanza che quando si fosse cooperato per parte di terra, il Comandante Inglese, non solamente con le navi, ma con sbarcare in terra cannoni, e polvere, e munizioni, avrebbe operato per prendere le Piazze di Ajaccio e Calvi, come era stata presa Bastia e S. Fiorenzo; e questa lettera la fece leggere il Cecco Rossi in presenza di tutti, aggiungendo poi che il Rivarola aveva proposto fosse egli accettato in Città con 150 uomini, o che altrimenti, non solo la Città sarebbe stata nuovamente bombeggiata, ma che anche la stessa avrebbe li beni di terra devastati; ed interpellò quelli che erano con lui se questa era la sostanza dell'ambasciata, e li suoi compagni dissero che sì. Disse di più che lui e gli altri deputati non hanno voluto dare risposta alcuna al Rivarola, dicendo solamente che avrebbero portato l'imbasciata alla Città perchè si risolvesse. Io che ero presente non ho inteso altri discorsi, ma non so come il Popolo concorso apprendesse l'affare contro detto Rossi, e di fatto corse un gran rischio perchè il Popolo si alborottò; ma poi si quietò ogni cosa, ed il dottore Morelli per quietare il rumore propose un mezzo termine, che se l'armata inglese fosse venuta con gente, in maniera da poter restar liberi dagl'insulti, allora si sarebbe trattato, ma che diversamente non voleva che li Paesani entrassero in modo alcuno in Città.

Interrogato rispose:

Fu sospettato di me da qualche mio malevolo, e particolarmente da un tal Pietro Cardi, mio malevolo, che io avessi qualche sorte di segreta corrispondenza colli Paesani, e per questo titolo sono stato posto in prigione, quando patron Cecco Patrimonio sa come io mi sono diportato, come anche lo sa Domenico Odiardi, Galeazzini ed altri.

Interrogato rispose:

Io ho veduto che li soldati della Republica erano disarmati, ma non mi sono trovato presente quando sono stati disarmati, nè so chi l'abbia disarmati.

Ætatis annorum 34 circa.

Die veneris 22 dicti in tertiis ubi supra etc. **Ignatius Franciscus de Rubeis**, q. Ignatii, extractus e carceribus et in præsentem locum adductus et examinatus prævia monitione quoad se et quoad alios juravit tactis etc.

Interrogato rispose :

Nel tempo che sono state tirate le bombe in Bastia, io non ci ero, perchè fin dagli 11 di novembre, in compagnia della madre, sorella di Monsignor Massei, e di certe mie nipoti, colla servitù, si ritirammo a Brando nella casa delli Signori Fedeli, e lì fino alli 4 decembre mi sono fermato.

Interrogato rispose :

Alli 4 decembre, che era giorno di sabato, arrivammo tutti in Bastia, e trovai quella Città in stato che era già entrato il Rivarola, Matra e Gafforio; e tutti questi governavano detta Città.

Interrogato rispose :

Dal giorno del mio arrivo in Bastia sino a quello della Santissima Concezione io sono stato quasi sempre ritirato in casa mia, ma dovendosi fare la Processione, come che ero già stato surrogato per uno degli Anziani, atteso che era assente il Podestà Francesco Saverio Caren, e Filippo Antoni, uno degli Anziani, perciò andai in Processione, e ritornato poi in Casetta, vi ritrovammo il Matra, Gafforio, un tal prete di Vallerustie che si chiama il Presidente (1), ed il fratello di capitano De Bonis; e questi Capi dissero che bisognava dar sesto agli affari della Città; e per questo fine, da loro, ed anche dal Magistrato che era unito, si creò il Magistrato degl'Inquisitori; si deputò il governo delle dogane; si fece il Tesoriere, e si creò Sargente Maggior Generale il Francesco Maria Gentile; e per Inquisitori di Stato furono eletti dottore Antonio Morelli, presidente, Domenico Sansonetti, Paolo Ignazio Zerbi, sp. Alessandro Farinola ed Ignazio Francesco Rossi; alla dogana fu eletto Giov. Battista Guasco, assegnandoli due per cento sulle esazioni, ed in Tesoriere fu eletto Matteo Orbecchio.

---

(1) Ignazio Venturini.

Interrogato rispose:

Due giorni avanti che fosse seguito questo congresso ed elezione, dovendo andare il Magistrato nella casa de' Signori Battisti, a' Missionarii, per far complimento al Comandante Inglese che era alloggiato in quella casa, fui anch'io avvisato per bene due volte dal Podestà, e vi andai accompagnando il Magistrato; e mi trovai presente quando il Filippo Antoni, Podestà surrogato, presentò le chiavi della Città al detto Comandante Inglese, e vidi che l'istesso Comandante le restituì al medesimo Podestà, avendo detto che la Città si governasse da se; e fu fatto un stabilimento che fino alla Dieta Generale del Regno dovesse governare la Città il Magistrato della medesima, sì nel Civile che nel Criminale, dentro il circuito di miglia cinque; e questo concordato l'ho veduto sottoscrivere dal Rivarola, Gafforio e Matra, che erano presenti, dal Podestà surrogato, da Antonio Morelli, Anziano surrogato, da Giacomo Figarella, Anziano legittimo, e da Antonio Marengo ed Alessandro Farinola, Anziani surrogati; e volevano che mi sottoscrivesse ancor io, ma io non volli ciò fare dicendo che vi era il numero legittimo.

Interrogato rispose:

Il giorno seguente alla Santissima Concezione venne nella Casetta il Rivarola assieme al Matra, Gafforio, il Presidente, e capitano De Bonis (1), e coll'intervento del Magistrato propose il Rivarola che l'elezione fatta il giorno precedente non era legittima, giacchè era stata fatta semplicemente in voce, e che dovea farsi a voti segreti; e così fu accordato ancora dagli altri, e si passarono sotto voti segreti, ad uno per uno, quelli che erano verbalmente stati eletti il giorno precedente, de' quali tre solamente sono stati approvati, cioè dottore Morelli, Domenico Sansonetti ed io, e gli altri non

---

(1) Ed il fratello del capitano De Bonis?

ebbero i voti sufficienti per essere approvati ; ed essendo stati nominati altri soggetti, furono, tra questi, eletti Antonio Marengo e Ignazio Petroni ; e dopo seguita questa elezione io dissi publicamente che non volevo accettare, come anche lo disse l'Antonio Marengo, ma il Gafforio si espresse dicendo : « Finora si è travagliato per i Genovesi, adesso bisogna travagliare per la Patria; altrimenti si manderanno 50 fucilieri a discrezione nelle loro case. » Ed in appresso poi ho inteso che Gafforio avea mandato a chiamare un tal notaro Francesco Maria Bosio, che lui destinò per cancelliere agl'Inquisitori ; ma il Magistrato non fece mai elezione di sorte alcuna, almeno che io vi sia intervenuto, nè so che il Magistrato abbia fatto elezione alcuna.

Interrogato rispose :

Fu stabilito nel congresso, quando si fece l'elezione, che il Magistrato dovesse aver giurisdizione, e procedere sino all'ultimo supplicio contro quelli che erano ribelli della Patria, nè so che gli sia stata data altra giurisdizione, perchè nel Civile e nel Criminale vi era il stabilmento che dovessi procedere il Podestà, e per li Paesi procedevano li Capi.

Interrogato rispose :

Fu eletto ancora per Fiscale il dottore Farinola in concorso del dottore Buttafuoco ed altri nominati.

Interrogato rispose :

Il Magistrato, per quel che io sappia, ha fatti pochi processi, contro li Galeazzini, Carbuccia, la Signora Filippina, e certi birri, alcuni di questi come supposti rei di aver tramato alla vita del Rivarola ; ma non si condannò alcuno, ed in appresso sono stati rilasciati dal Gafforio quando era in contesa col Rivarola ; e le catture di questi tali sono state fatte, per quel che ho inteso, d'ordine del Gafforio, non avendovi avuta alcuna parte il Magistrato degl'Inquisitori.

Interrogato rispose :

Io non so che il Magistrato abbia fatte altre operazioni,

solamente contro uno di S. Fiorenzo per sospetto di aver portate qualche lettere, come ancora contro un tal abbate Gavi, il quale si era saputo che era andato in Calvi, ma egli si scusò con dire di essere andato in altro luogo, e si rilasciò.

Interrogato rispose:

Li sospetti che vi furono contro quello di S. Fiorenzo consistevano in che era stato detto che fosse andato in Calvi, ed avesse riferito coll'Eccellentissimo Commissario Generale cose insussistenti contro il capitano Casavecchia che avea reso il Castello di S. Fiorenzo; e per l'abbate Gavi, l'Antonio Marengo assicurava che sapeva che egli era stato veramente in Calvi, spedito dal Signor Stefano Spinola, o sia dal Signor tesoriere Giovo, principalmente per aver notizia di un baule di scritture che dicea il detto Signor Tesoriere di aver perduto con molti denari in esso, e l'abbate Gavi confessò che gli era stata data questa incombenza, ma negò di essere stato in Calvi.

Interrogato rispose:

Il detto Magistrato d'Inquisitori, quanto a me, ha seguitato a far le sue funzioni sino alla settimana della Purificazione, nella quale io dovevo essere di settimana, ma pregai il Marengo a far le mie funzioni, allegandogli che ero occupato per essere Priore della compagnia di Misericordia; e di fatto il Marengo in detta settimana compì per me in compagnia di mastro Giacomo Luo; e la settimana poi in appresso io non ho più voluto ingerirmi, perchè vedevo che per la Città vi era del sciaratto, e tutti andavano armati di pistole e stili; e vedendo che il Popolo e la canaglia non voleva lasciarsi governare, stimai di attendere a fare li fatti miei.

Interrogato rispose:

Io sono intervenuto nel Magistrato quando il Signor Saverio Passano, per il debito che avea come affittuario di Bastia, fece una cessione di certi suoi stabili che avea in Campoloro, e non mi ricordo qual notaro ricevesse l'atto, se il Massese, o Bosio, nè mi ricordo a chi fosse fatta tal cessione di beni.

Interrogato rispose:

Prescindendo dalle prime due volte, quando seguì l'elezione del Magistrato, io non sono mai intervenuto in tempo che siasi fatto congresso dal Magistrato medesimo col Matra, Gafforio e Rivarola, e nemmeno ho saputo che sian stati fatti alcuni discorsi.

Interrogato rispose:

Dopo la partenza dalla Bastia del Rivarola e Gafforio, fu stabilito che uno per settimana dovesse stare dentro della Cittadella, nella casa ove soleva stare il Signor Vicario, e che si dovessero diligentemente osservare le lettere del Regno per Terraferma e quelle di Terraferma per il Regno, ed io ho fatto per il riconoscimento delle lettere una settimana, non avendo però mai fatta residenza nella Cittadella; e quando toccò a me il riconoscere le lettere, potrà dire il Padre Rettore Massone de' Gesuiti se essendo venute lettere dirette a lui, glie l'ho mandate tali e quali, e se avendo egli mandate lettere dissigillate perchè vi si apponesse il sigillo degl'Inquisitori, come era stato ordinato, se le abbia nemmeno aperte prima di mettervi il sigillo; e sono venute anche lettere del Signor Pier Maria Giustiniano dirette a Giorgio d'Angeli, e le mandai tali e quali al medesimo Giorgio.

Interrogato rispose:

Il motivo per cui si faceva la diligenza nelle lettere che andavano e venivano nasceva da che volea sapersi se vi era alcuno che scrivesse cose contrarie alla Patria.

Interrogato rispose:

Io non so che al Magistrato d'Inquisizione in corpo, o sia unito, sia stata dimandata licenza da alcuno di potersi transferire in Terraferma, spettando ciò a quello che risiedeva dentro, ed a lui spettava il concederle o negarle secondo le circonstanze; ed il signor capitano Romanelli e Passano, so che parlarono a me per la loro licenza, ed io risposi loro che per parte mia credevo che non vi potesse essere difficoltà, e parlando cogli altri miei collega ho detto loro l'istesso.

Interrogato rispose:

Io non so che sia stata data licenza condizionativa ad alcuno, particolarmente alli gentiluomini Genovesi che erano colà.

Interrogato rispose:

A me non è stata data incombenza alcuna fuori che quella di essere Inquisitore.

Interrogato rispose:

Io non ho avuto occasione alcuna di trattare cose particolari, nè col Rivarola, nè col Matra, nè col Gafforio, e tutto che sia andato qualche sera a vegliare in casa del Rivarola perchè la mia casa è vicina a quella ove egli abitava, pure non si è discorso che di cose indifferenti, essendovi anche presenti moltissimi Cittadini di Bastia.

Interrogato rispose:

Io fui destinato dagl'Inquisitori in compagnia di patrone Simone Francesco Santelli, altro degl'Inquisitori, di Salvator Galeazzini e dell'abbate Luri, perchè andassimo a Ponteprato ove avea il Rivarola destinato un congresso per occasione di una lettera che portò in Bastia una nave inglese delle quattro che erano alla vista, qual lettera dallo stesso Magistrato degl'Inquisitori fu spedita per un soldato a cavallo all'istesso Rivarola, per la premura ne avea fatto il medesimo ufficiale; ed arrivato in Ponteprato io, e cogli altri compagni essendoci fatti sbarcare alla spiaggia, ove venne anche con una scialuppa il medesimo ufficiale Inglese, vi ritrovammo colà già arrivato il Rivarola con molta gente, anzi vi arrivò poco dopo, e subito arrivato incominciò a schiamazzare dicendo che avea risaputo che la Città volea rendersi a Genovesi; che egli avea ricevuta una lettera del Generale Inglese, la quale fece interpretare dalla lingua francese all'italiana, nella quale si leggeva che l'Ammiraglio Inglese si rallegrava col Rivarola dell'impresa della Bastia, e che egli sarebbe partito da Maone con un numero maggiore di navi, non so se dicesse 36 o 46, per l'impresa delle altre Piazze, e che il Rivarola si apparecchiasse dalla parte di terra, tenendo le sue genti pronte; ed aggiunse poi il Rivarola che, o gli si dasse l'ingresso in Città con 150 de' suoi Paesani affine d'impedire che entrassero li Genovesi, o pure avrebbe fatto nuovamente bombardare la Città e devastar li beni della campagna; ed io gli risposi che era ancora lui Cittadino, e che dovea premere ancora a lui di non ridurre in un mucchio di sassi la Città, ma che rispetto a risolvere per le proposizioni che faceva, toccava a farlo al Popolo cui si sarebbe riferita la proposizione; e presa una copia della lettera scritta al detto Rivarola dall'Ammiraglio, ritornammo in Città; ed alli Missionarii, essendovi presenti molti de' Capi delle Arti e molto Popolo, fecimo leggere prima la lettera dell'Ammiraglio, e poi io riferii le proposizioni del Rivarola in presenza di quelli che erano venuti meco, dicendo che questi erano due mali, l'uno d'introdurre nuovamente li Paesani col Rivarola, e l'altro di soffrire nuovamente il bombeggio e la devastazione de' beni, e che il Popolo risolvesse quello che meglio stimava; e subito dopo questa mia proposizione vi fu uno di quelli del Popolo che disse: « Piuttosto bombe! » ed altri incominciarono a gridare: « Fuoco! Fuoco! » e seguì un gran sussurro, dicendo alcuni che volevano uccidere me, Sansonetti, Marengo ed altri; ed il padre Massei, missionario, fece che si ritirassimo in una stanza; ed in un'altra stanza si era anche fermato il dottore Morelli ed altri; ed il padron Cecco Patrimonio è stato quello che ha sedato tale tumulto, riconducendoci nelle case nostre.

Interrogato rispose:

Dopo partiti il Rivarola e Gafforio dalla Bastia, ritornò Matra colle sue genti, ed anche il Rivarola, e posero nuovamente l'abblocco alla Città, e si protestavano di voler entrare in Città colle loro genti per impedire che non si dasse a Genovesi; ed in quel tempo andò e venne alcune volte il Provinciale e Guardiano de' Cappuccini, proponendo almeno di lasciar entrare 50 uomini di piacimento de' Cittadini, al che alcuni inclinavano, perchè poi alla fine 50 Paesani non potevano far stare la Città; ma alcuni del Popolo ripugnavano e dicevano per niente affatto; talchè fu preso il mezzo termine di scrivere lettera in modo di proposizione, la quale conteneva che quando Rivarola e Matra si fossero ritirati colle loro genti, e non fossero venuti più ad abbloccare la Città, nè dare alcuna molestia alli travagliatori, la Città tutta avrebbe giurato solennemente di conservarsi nella sua libertà, senza darsi ad alcuno; e questa fu letta e scritta d'ordine degl'Inquisitori, e di consenso di patrone Patrimonio e dei Capi delle Arti; e mandata detta lettera, o sia proposizione, al Rivarola ed al Matra dall'istesso Padre Provinciale, fu accordato; ed il giorno seguente se ne partirono; e dopo partiti i Paesani dal blocco, si fece il giuramento in S. Giovanni, col Venerabile esposto, e giurarono il Podestà e tutti gli altri, ed io stesso ho veduto giurare patron Cecco.

Interrogato rispose:

Io non so che sia stata publicata alcuna grida per parte degl'Inquisitori, nè di altri; nè che sia stata intimata pena alcuna riguardo al detto giuramento; nè so parimente che nel giuramento si comprendesse che la Città non dovesse rendersi specificatamente alli Genovesi.

Interrogato rispose:

Io non ho inteso mai che alcuno si sia spiegato con termini offensivi, o biasimevoli, della Republica.

Interrogato rispose:

Io non ho sentito mai che alcun abbia parlato in termini da ringraziar Iddio che ci avesse restituita la libertà, e che in essa si dovevamo onninamente conservare, potendosi da questa nostra libertà ricavare vantaggi della Patria, come aveano fatto altri popoli che si erano fatti potenti dopo di essersi liberati dal giogo de' Principi; e molto meno io ho fatto tali discorsi; anzi ritornato che fui da Brando, dissi subito che la Città avea fatto una gran scappoleria a rendersi al Rivarola e Paesani, potendosi difendere da se come ha fatto poi in appresso; ma mi fu risposto che quelli che erano alli posti, partito S. E., dicevano che essendo partito il Capo non volevano più servire se non erano pagati. È bensì vero che dal Rivarola ho sentito li discorsi di libertà e di conservarsi, liberandosi dal giogo de' Genovesi, ed una volta ancora ho veduto una lettera scritta dall'abbate Zerbi, nipote del Rivarola, in cui vi erano consimili espressioni.

Ætatis annorum 55 circa.

Io devo aggiungere che il giorno dei 15 febbrajo, essendo avvisato il giorno avanti per intervenire al Consiglio, e trovandomi alquanto indisposto per dolor di testa, non volli intervenirvi, e la mattina dei 15 ritrovandomi in casa mia, ebbi avviso che erano stati messi in prigione molti de' Cittadini, e che cercavano ancora me per imprigionarmi, ed io allora me ne sono andato al Collegio dei PP. Gesuiti, che è vicino alla mia casa, nel qual collegio venne un tal Pietro di Cardo, stante a Furiani, con cinque o sei uomini per catturarmi; io gli risposi che ero in chiesa, e che non poteva catturarmi senza licenza del Vescovo, e vi erano presenti, quando ciò dissi, il padre Bosca, Gesuita, il padre Maestro Bovio, il Padre Sagristano del detto Collegio, il padre Domenico Massei, Missionario, e altri, ma il detto Pietro disse che sarebbe andato in casa mia a distruggere quello che vi era, e che avrebbe fatta anche violenza nel detto Collegio; allora io alla presenza di tutti dissi che sarei andato in prigione a nome della Chiesa, e fui trasportato nelle carceri.

Quibus habitis etc.

Die veneris 22 dicti mensis aprilis in vesperis in mansione prope Regalis Palatii extractus e carceribus Antonius Baptista Raffalli, Jo. Baptistæ filius, et in præsentem locum adductus et examinatus prævia monitione quoad se et quoad alios juravit tactis etc.

Interrogato rispose :

La notte stessa che l'Eccellentissimo Commissario Generale partì dalla Bastia, verso le quattro ore di notte, essendo io in mia casa, ed avendo sentito un gran rumore per strada, son calato giù ed ho sentito che tutti dicevano : « Brugia la polveriera ! » onde per sapere cosa era questa cosa, mi sono instradato verso Terranuova, ed entrando per la porta di guardia, ho trovatola mezza aperta, e vi era Pietro Pasqualini, quale strillava dicendo : « Se n'è andato S. E. e brugia la polveriera ! » Ed io entrato dentro, ho trovata molta gente sulla piazza di Corti, e chi scappava da una parte, e chi dall'altra, ed io procurai d'informarmi se veramente la polveriera brugiava ; ma assicuratomi che non vi era niente di nuovo, e ritrovato io mio cognato Antonio Marengo, con lui e molti altri, che presentemente non mi ricordo, uscimmo in truppa da Terranuova ed andammo ai posti di S. Angelo e Colonnella per assicurare quelli che stavano alla guardia di detti posti, dicendo loro che stassero pur saldi perchè il giorno seguente poi si sarebbe capitolato ; e questa cosa la disse a tutti il detto mio cognato Marengo ; e dopo di ciò ritornammo nuovamente in Terranuova, e precisamente alla polveriera, dove si fermammo qualche tempo per farla aggiustare, essendovi presente il Peppo Luri, il quale aveva l'incombenza ; e dopo aggiustato il tutto rispetto alla detta polveriera, anzi prima che fosse finito d'aggiustare, io partii ed andai in casa mia, ove mi fermai sino alla mattina seguente ; e devo dire che in quella notte stessa sono stati disarmati li soldati di truppa regolata della Bastia dalla plebaglia, non ostante che i Cittadini gridassero che li lasciassero stare. Alla mattina seguente poi io sono ritornato in Terranuova, ed ho veduto che in mezzo alla piazza era piantato un palo, ed ho sentito publicamente dire che era stato fatto Maggiore della Piazza, dal Signor Vicario, Francesco Maria Gentile, e che fosse stata publicata una grida perchè non seguissero furti ed omicidii; e poi nella stessa mattina, un pò più tardi, si unì nella Casetta il Magistrato della Città con tutti li Capi delle Arti, ed altri Cittadini, ed in questo congresso fu risoluto di mandare persone a trattare col Rivarola, e furono destinati ad andarvi il dottor Antonio Morelli, Antonio Marengo ed il maggior Gentile, i quali essendo ritornati, alla mattina poi seguente vi fu nuovo congresso nella Casetta con intervento delli Capi delle Arti, Consiglio e Cittadinanza; ed in questo congresso Marengo lesse prima un diploma del Re di Sardegna in cui veniva promessa la protezione di quel Re alla Corsica, e detto mio cognato Marengo dimandò cosa pareva a tutti. D'accordo tutti risposero che trattandosi di libertà, la cosa andava bene, e mio cognato particolarmente disse che qui non si faceva ingiuria ad alcuno, e che noi si davaimo alla Corsica, restando sempre in arbitrio nostro di darci a chi più ci piaceva; e così fu deliberato che si estendessero le capitolazioni, le quali in sostanza contenevano che fossero salve le robbe, le armi e la vita per tutti gli abitanti in Bastia, e che con questi patti potesse entrare il Rivarola colle sue genti. Queste cose mi furono portate dal detto mio cognato e Gentile; ed il giorno seguente entrato il Rivarola, fu incontrato dal Magistrato e dalla Cittadinanza, ed io con molti altri de' Cittadini, armati colli nostri archibugi, eravamo alla porta del Corpo di guardia; ed in detto tempo non vi era alcun ufficiale nè soldato della Repubblica, perchè erano stati disarmati come ho detto sopra.

Interrogato rispose:

Entrato il Rivarola in Bastia, fu spedito detto Marengo incontro alle navi per impedire che non venissero più a molestarci, e in tempo della di lui assenza sono entrati anche in Bastia, colle loro genti, il Gafforio ed il Matra; e dopo qualche giorni arrivarono tre o quattro navi inglesi, ove vi era anche imbarcato mio cognato che sbarcò in terra, e poi in appresso sbarcò ancora il Comandante, il quale dopo aver visitato la Piazza, andò ad albergare nella casa del Battisti; ed il giorno seguente fu detto che tutti si mettessero in abito decente per non comparire con i cenci; ed io ancora mi posi un abito di velluto fiorato che ho portato da Roma, e sono andato anch'io nella casa del Battisti, ove era andato poco avanti il Magistrato con tutta la Cittadinanza, e furono portate le chiavi della Città al Comandante Inglese, il quale sentii che le restituì poi alla Città, e non so cosa si facesse altro, perchè non entrai nel salotto; e fermatosi il Comandante una o due notti circa, se ne partì poi portandosi seco per prigionieri di guerra il signor Vicario ed il fratello di Monsignor Saluzzo, essendo stato detto publicamente che il Rivarola avea ciò voluto per aver il cambio di due suoi figliuoli che erano quì in Genova. In appresso sono stati fatti gl'Inquisitori di Stato dal Magistrato della Città e dalli tre Capi Corsi, e sono stati destinati per Inquisitori il dottor Antonio Morelli, Antonio Marengo, Domenico Sansonetti, Ignazio Francesco Rossi ed Ignazio Petroni; ma il Petroni non ha mai esercitato; e non so cosa si facessero; so che esaminarono, e credo poi che riferissero a' Generali, ma non so più di cosa.

Interrogato rispose:

Nacque poi la buglia fra il Gafforio ed il Rivarola, e vi fu della guerra fra Terranuova e Terravecchia, ed io stavo serrato in mia casa che è per contro alla Terranuova; e so che poi fu accordato che uscissero fuora li Paesani; e di fatto partirono il Rivarola ed il Gafforio, ed al comando della

Città vi restarono gl'Inquisitori, e dopo qualche giorni poi ritornò nuovamente il Matra ed il Rivarola ad abbloccar la Città, e si contrattò di far un giuramento solenne di conservarsi in libertà, e di non darsi più a Genovesi, purchè i Paesani andassero via dall'abblocco; e di fatto uno o due giorni dopo partiti li Paesani si fece il giuramento solenne in S. Giovanni. Passati alcuni giorni, comparvero nuovamente alla vista due o tre navi inglesi, e furono mandate in terra lettere per il Rivarola che gli furono spedite. Si è stato sempre sulla difesa, e fu spedito in appresso in Calvi ed in Genova per chiamar li Genovesi, e per darsi alla Republica.

Interrogato rispose:

In occasione che sono comparse l'ultima volta le navi, io ho detto che stimerei più ben fatto di darsi alla Republica e non alle navi, perchè già era stato spedito per Calvi il Podestà; e non ho tenuti altri discorsi riguardanti la Corsica, anzi stavamo attendendo il Podestà dal presidio di Calvi colle risoluzioni.

Interrogato rispose:

Quando vi erano gl'Inglesi, e quando vi era il Rivarola, tutti comunemente dicevano di non darsi alla Republica, ma questo lo dicevano per politica e per le forze che vi erano.

Interrogato rispose:

Quando dico tutti non escludo nessuno, tanto de' Cittadini, quanto della Plebe, e l'istesso capitano Grisante Volpajola diceva questo istesso di non darsi alla Republica, e fu quello che presentò il fiore al Rivarola dalla porta di Terranuova.

Interrogato rispose:

Replico che tutti comunemente dicevano che bisognava conservarsi in libertà, ed io ho sentito parlare di questo tenore il Podestà, gli Anziani, gl'Inquisitori e tutti li Cittadini, dicendo che si dovea fare una Republica, come è seguito in altre parti, e che questo era in vantaggio della

Corsica, e che non bisognava più darsi alli Genovesi, e questo perchè vi era la forza in Bastia; ed io medesimo mentre ero nel corpo di guardia, Francesco Romanelli avendomi dimandata permissione di star fuori di Terranuova, sapendo che trattava l'affare colli Signori Spinola ed altri di darsi alla Serenissima Republica, così gli ho sempre permesso di poter andare e ritornare quando voleva.

Interrogato rispose :

Sapevo che il Romanelli trattava l'affare di rendersi alla Republica, perchè il Signor Carlo Giacinto Poggi, il quale era meco in trattato di darmi una sua figlia per moglie (1), me l'ha detto; e lui lo sapeva, perchè stava vicino di casa alli Signori Spinola.

Ætatis annorum 37 circa.

Et antequam etc.

Io, soggiunse, pretendo di godere dell'Immunità della Chiesa, perchè arrivati in Capraja sopra una gondola, dissi al capitano Grisante che sciogliesse, e diede ordine che fossi io e tutti gli altri sciolti, e ci dissero che ci era destinato per noi un magazzino in vicinanza della riva del porto, e poi essendo tutti sciolti in terra, vidimo una chiesa ed entrassimo, mentre pioveva un poco d'acqua, nella medesima, e così io e tutti gli altri prigionieri, e poi vennero altresì li marinari.

---

(1) Le mariage de Raffalli avec Faustina Poggi, fille de Carlo Giacinto, eut lieu le 28 mai 1750 par procuration, Raffalli étant encore à Gênes, probablement en prison. (Voir Libro di Matrimonii di Terravecchia.) Faustina Poggi était sœur d'Anna Sansonetti dont il est parlé dans la déposition de Grisante Volpajola p. 20.

Paulo post in dicto loco extractus pariter e carceribus Turris et in præsentem locum adductus Jo. Baptista de Bonis, Petri Pauli, et examinatus prævia monitione quoad se et quoad alios juravit tactis etc.

Interrogato rispose :

Io sono nativo di Livorno, e sono impiegato nel militare, essendo tenente di artiglieria al servizio dell'Imperatore, e stavo in Livorno con mio padre, dove avendo egli scoperto che io ero innamorato di una ragazza, per sventarmi volle che m'imbarcassi per Sardegna, e mi fece imbarcare per Cagliari sopra un bastimento che colà andava, raccomandandomi ad un mio cugino che era colà; e ciò seguì sulli principii del scorso ottobre; ed arrivato in Cagliari, essendomivi fermato per il decorso di un poco più di un mese, desiderando di ritornare in Livorno, senza saputa del detto mio cugino mi sono imbarcato sopra di un bastimento diretto per Corsica, in Bastia, ove arrivai con il bastimento che era scozzese quattro giorni dopo che la Città di Bastia si era resa al colonnello Rivarola, e vi ritrovai in essa Città Angelo Francesco de Bonis (1), mio fratello, il quale era arrivato in Corsica col detto Rivarola; ed al detto mio fratello facevo premura perchè mi ritrovasse imbarco per Livorno, ma egli differiva da un giorno all'altro, ed intanto che mi fermavo in Bastia, mi ha dato l'incombenza che mi fermassi nella Cittadella della Bastia in osservazione se era portato via robba dal Palatio della Bastia; ed avendo di fatto veduti portar via molti colli di robba, ne resi avvertito detto mio fratello, il quale essendo partito qualche giorni dopo verso S. Fiorenzo,

---

(1) Il dottor Angelo Francesco de Bonis se qualifie de *oriondo di Corsica* dans le *memoriale* adressé le 6 juillet 1745 au roi de Sardaigne.

mi disse che l'aspettassi di ritorno, e che allora mi avrebbe procurato l'imbarco; ma avendolo io aspettato per cinque o sei giorni, e non vedendolo ritornare, sono andato a S. Fiorenzo, ove ho saputo che per alcune controversie nate fra detto mio fratello e Rivarola, detto mio fratello si era imbarcato per Terraferma; ed io mi sono fermato in casa di un certo prete Piazza, ove avendo avuto occasione di trattare e conoscere un prete che era arciprete d'Aleria, e si chiama D. Francesco, che si dilettava assai di caccia, essendovi anche io inclinato, mi arresi all'invito che mi fece di accompagnarmi con lui per far la caccia in Aleria, ed andai appunto con lui in Aleria, ove mi fermai per più di un mese; ed avendo risoluto di ritornare in Bastia per ricercarmi imbarco, per strada sono stato disarmato da' Paesani che mi hanno levato lo schioppo e pistole, l'orologio e 10 zecchini che aveo; ed indi sono giunto in Bastia sulli principii di febbrajo, e ritrovai che nella Città non vi erano più Montagnari, ma comandavano quelli della Bastia; ed io ho ricercato sempre più il mio imbarco per Terraferma, ma non mi voleano portare li bastimenti che partivano. Mentre ero in Bastia, fu questa assediata da Paesani nuovamente, e vennero anche le navi inglesi, e dopo poi qualche giorni ho saputo che sono stati posti in prigione molti Cittadini, ed indi a 19 giorni fui posto in prigione anche io, essendomi stato detto che il Popolo mi volea anche me prigioniere, dicendo perchè ero fratello del capitano de Bonis che dovevo andare in prigione.

Interrogato rispose:

Io nel tempo che sono stato in Bastia non ho inteso parlare della Republica.

Ætatis annorum 29 circa.

Immediate in eodem loco Franciscus Mathæus Limperani, q. Caroli Felicis, extractus de mandato e carceribus Turris et in præsentem locum adductus et examinatus prævia monitione quoad se et quoad alios juravit tactis etc.

Interrogato rispose:

Io non so quali sieno e possano essere i motivi per i quali sia stato carcerato. Possono essere due o tre, ma io non so altro.

Interrogato rispose:

Hanno detto che è stato patron Cecco Patrimonio che mi ha fatto carcerare, ma non so il motivo.

Interrogato rispose:

Nel tempo che sono state gettate le bombe in Bastia, io ci ero, ma poi cessato il bombeggio, temendo che dovessero nuovamente ritornare le navi, io mi ritirai a Brando, dove mi sono fermato per sei o sette giorni, e poi ritornai in Bastia.

Interrogato rispose:

Ritornato in Bastia, ho ritrovato che il governo era cambiato, ed avendo saputo fino da quando ero in Brando che S. E. il Commissario Generale era partito, ritrovai che nella Città vi era Domenico Rivarola, e che tra lui ed il Magistrato di quella veniva comandato.

Interrogato rispose:

Seppi da quel che mi fu riferito da più persone che era stato eretto un Magistrato denominato degl'Inquisitori di Stato, e che a questi era stata data l'incombenza e giurisdizione criminale, stando il maneggio del Politico in mano del Rivarola e degli altri Capi, giacchè veramente quando arrivai in Bastia detto Magistrato non era stato fatto, ma seguì detta erezione poco dopo entrato che fu il Rivarola, Matra e Gafforio.

Interrogato rispose :

Io stavo per lo più in casa mia ritirato, nè ho avuta alcuna incombenza, nè dalli Capi Corsi, nè dalli Magistrati, fuori che una volta ritrovandomi a caso in casa del Gafforio, ed essendo comparso il capitano Vincensini, che aveva un certo ufficio, o direzione, sopra l'ospedale, il quale portò un memoriale di uno speziale che pretendeva il prezzo delli medicinali provvisti per l'ospedale medesimo, o altra cosa consimile, mi fu data dal Gafforio l'incombenza di riconoscere il stato del detto ospedale, per poi riferire quello che avessi ritrovato risultare; e mi fu data anche un' altra incombenza di riconoscere alcune lettere che erano state trovate a Palazzo, quale incombenza io per più volte mi scusai di accettare, non ostante che mi fosse insinuato da Antonio Marengo, mio suocero, di accettarla, e che l'istessa insistenza mi fosse fatta dal cancelliere Guasco (1), il quale mi disse che mi avrebbe mandate le lettere in casa; e di fatto trovai essermi state mandate le lettere in casa, senza saper da chi. È ben vero però che la gente di casa mi disse che me le avea mandate Domenico Rivarola, e come che mi era stato detto che la diligenza dovea cadere precisamente in riconoscere se in queste lettere si contenesse che li Francesi avessero formata idea di fermarsi in Corsica quando colla loro truppa si trovavano colà, io perciò, nel ripassare quelle lettere che mi erano state mandate, ritrovai fra esse un foglio in cui si dicea che li Francesi appunto aveano ideato di fermarvisi, e separato questo foglio dagli altri, essendo andato a Palazzo, e ritrovato ivi il dottor Morelli coll'abbate Zerbi, nipote del Rivarola, e non mi ricordo se vi fosse, o se sopravenisse l'arcidiacono Stefanini, diedi in mano al detto abbate Zerbi, il quale avea nelle mani un' altra certa lettera, detto foglio;

---

(1) Il n'est nulle part question de ce *cancelliere* Guasco.

quale, Zerbi, preso detto foglio e datogli una ripassata, disse che non serve a niente, e poi passò in mano del Morelli che disse che serviva benissimo. A qual fine poi ed intento si cercasse detta notizia io non so, perchè mai mi è stata comunicata; ed oltre alle dette incombenze altre non ne ho avute.

Interrogato rispose:

Io so che dopo la partenza del Rivarola e Gafforio dalla Bastia, fu stabilito un governo democratico in cui dovea aver parte il Popolo e le persone Civili; e prima fu stabilito che si dovesse governare la Città in stato di democrazia, e dopo qualche tempo fu deliberato si chiamasse la Republica Serenissima, ma io mai ho sentito da alcuno, e nemmeno da Antonio Marengo, mio suocero, che si parlasse di stabilire una libertà independente, nè di costituirsi in un grado da non dover più ritornare sotto il dominio della Republica; ed io sono andato col riguardo sempre di non ingerirmi negli affari, e per questo non mi venivano comunicate le intenzioni di quelli che governavano.

Interrogato rispose:

Io andavo rare volte dal Rivarola e Gafforio, ed una volta semplicemente dal Matra; ed andavo per sentire se vi era qualche cosa di nuovo, come ci andavano tutti gli altri; a cagion d'esempio, quando vi erano le differenze tra il Rivarola ed il Gafforio, per le quali differenze seguitavano omicidii e disordini grandi nella Città, io andava dal Rivarola per sapere se queste cose si aggiustavano, ed altre cose di consimile natura.

Interrogato rispose:

Ho anni 46 circa.

Quibus habitis etc. (1).

---

(1) Limperani est mort en prison quelques jours après son interrogatoire. C'est pourquoi il n'est plus question de lui au cours du procès.

Die sabbatum 23 dicti in eodem loco et coram etc. Antonius Asdente, q. Vincentii, extractus de mandato e carceribus Turris et in præsentem locum adductus et examinatus prævia monitione quoad se et quoad alios juravit tactis etc.
Interrogato rispose :
La mattina seguente dopo la partenza di S. E., fui chiamato per mezzo di un' ordinanza del Signor Vicario Rossi, il quale mi disse che essendovi tale e tanta confusione per la Città di Bastia, voleva che io mi prendessi l'assunto di fare l'Aiutante di Piazza, giacchè sapeva che avevo qualche pratica nel militare per aver servito, tanto nel Piemonte, quanto questa Serenissima Republica, ed io risposi che avrei servito; ed uscito dalla Cittadella in piazza di Corti, fui chiamato anche d'ordine del Podestà, il quale mi diede ordine che facessi riconoscere per Comandante della Piazza il maggior Francesco Maria Gentile; e così io di fatto, dato ordine al tamburo che battesse, feci publicare l'ordine medesimo; pigliando poi da lui in appresso gli ordini per la direzione, non solamente delli corpi di guardia, ma anche dei posti. Quella mattina stessa tiratomi da parte, anzi il giorno seguente, dopo che si incominciò a sentire che si volea capitolare col Rivarola, tiratomi da parte, dissi, il dottor Morelli Antonio Maria, m'interpellò del mio sentimento intorno a ciò che si trattava della resa della Piazza; ed io gli dissi che secondo me si dovea cercare un armistizio per giorni otto, giacchè avendo gl'Inglesi preteso ed intimato che si dovesse rendere la Piazza al Colonnello Rivarola ed altri Capi Corsi, vi era giusto titolo di pretendere che il Rivarola solo non potesse ricevere la dedizione della Piazza, ma che dovessero anche intervenirvi li Capi della Corsica; e come che era notorio che tra il Rivarola e li detti Capi non vi passava tutta la buona corrispondenza, così la dilazione non poteva che essere

vantaggiosa alla Città, e che allora si sarebbero prese le misure, nè vi sarebbero entrati li Paesani, o altri. Piacque questo mio sentimento al dottor Morelli, e disse di voler unicamente proporlo nel congresso che dovea farsi poco appresso col Magistrato, Consiglio, e Capi dell'Arti; qual congresso di fatto si unì, e dopo sciolto, lo stesso Morelli disse a me che eravamo rovinati, perchè la gioventù volea comandare, e che egli avea proposto il sentimento da me suggeritogli, ma che non era stato abbracciato, anzi che gli era stato dato sulla voce da un giovinotto, e che era stato abbracciato il sentimento di capitolare col Rivarola; avendo in appresso sentito che era stato capitolato di ammettere il Rivarola colle sue genti in Bastia, che la Città avrebbe comandato da se, e che il Rivarola se ne sarebbe andato via presto, e che sarebbe salva la vita, robba, onore ed armi per tutti; ed andò a portare tal capitolazione il dottor Marengo ed il maggior Gentile, se non erro, giacchè li ho veduti entrar insieme in Terranuova, essendovi detto che ritornavano da capitolare. Il giorno seguente poi che era destinato per l'entrata del Rivarola, io mi sono trovato alla porta di Terranuova, ed appena vedutomi, il Rivarola mi disse che impiego avevo, ed io gli risposi: « Aiutante di Piazza per oggi. Lei provveda al posto, perchè io sono solo di mia casa, nè posso servire. » Al che egli rispose che avrebbe provvisto quando gli fosse paruto e piaciuto; e vi erano molte persone che sono qui quando seguì ciò, e per verità io avevo motivi da tenermi assai lontano dal Rivarola, giacchè per le doti di mia cognata avevo fatta lite contro li di lui beni, avanti l'Eccellentissimo Pier Maria Giustiniani, ed avevo anche conseguito in parte il pagamento con manprese sopra i beni dello stesso Rivarola, il quale perciò doveva essere irritato contro di me, come anche comprendeva da lettere che avevo allo stesso intercette, e che avevo fatte presenti al Governo. Fui però in appresso chiamato dal Magistrato nella Casetta, e d'ordine del medesimo

Magistrato mi fu ingiunto che dovessi seguitar a servir da Aiutante, dicendomi quei Signori del Magistrato che finalmente il Rivarola non poteva comandar niente, e che il tutto dovea dipendere dalli Magistrati della Città, eleggendomi di fatto per via di decreto, assegnandomi lire 30 al mese, le quali però mai ho scosso.

Interrogato rispose :

Entrarono poi li giorni appresso il Matra e Gafforio, e dopo pochissimi giorni vennero nuovamente le navi inglesi in Bastia, dalle quali sbarcò preventivamente l'Antonio Marengo, che era stato spedito in loro cerca, e di poi anche il Comandante Inglese con due altri ufficiali; qual Comandante visitò la Piazza, ed essendo poi andato ad abitare nella casa del Battisti altre volte, ed ora di Monsignor Mariotti, là il giorno seguente si trasferì il Magistrato della Città, che presentò le chiavi, le quali io preventivamente, d'ordine del Magistrato, aveo portato al Magistrato medesimo; e le chiavi furono dal Comandante restituite al Podestà; e fu fatta la capitolazione che la Città dovesse da se liberamente governarsi, tanto nel Civile quanto nel Criminale, anche per il ristretto di miglia cinque; e che nel tempo che si fermavano in Bastia li tre Capi, potessero tener tanti Paesani per la loro guardia, e non più; ma questo non fu posto in esecuzione, giacchè si fermarono in Bastia moltissimi Paesani. Dovendosi poi trasferire il Rivarola e gli altri Capi in S. Fiorenzo, vi andarono solamente il Matra ed il Rivarola, chiamati dal Comandante, e fu data a me incombenza dal Magistrato della Città che mi unissi con loro per sapere cosa si concludeva; ed arrivati in S. Fiorenzo, andammo al bordo della nave, ove sentii che il Comandante fece quattro proposizioni in quattro diversi capitoli, cioè : 1º che il Gafforio dovesse fermarsi in Bastia per comandare in qualità di Governatore ; 2º che il Matra dovesse partire a far l'impresa d'Ajaccio, e che il Rivarola facesse il blocco di Calvi ; 3º che si dovessero dalla Città di

Bastia provveder sei cannoni al Matra per l'impresa d'Ajaccio, e 4º che la Città suddetta dovesse provvedere due barche, una da servire per dispaccio, e l'altra per il trasporto delli cannoni. Io a questi quattro capi m'opposi dicendo, in quanto al primo, che era contrario a quello si era capitolato in Bastia, e che la Città volea governarsi liberamente da se; e rispetto al 3º e 4º che la Città era mal provvista di cannoni, e che non era in stato di darne, nè potea somministrare le due barche perchè non le avea. Si ritornò adunque in Bastia, ed il Matra andò per il suo destino; ma in appresso sono nate discordie gravi tra il Rivarola ed il Gafforio, ed in questa occasione, avendo risaputo quest'ultimo che io mi era opposto al suo governatorato, mi prese a perseguitare mortalmente, e mi fece anche da' suoi Paesani tirare due archibugiate, dalle quali Iddio mi ha salvato. Due giorni dopo conclusero a persuasiva de' Cittadini che si erano intramessi, o sia fu accordato di evacuar la Bastia colle loro genti; ed uscirono poi, restando la Città libera affatto da' Paesani; e dopo di ciò io seguitai a far le funzioni da Aiutante di Piazza, ed il Gentile da Maggiore. Venne in appresso il Matra colle sue genti, e dicea che volea sodisfazione dalla Città, perchè avea scacciati li Capi, e con esso si unì anche il Rivarola colle sue genti, ma la Città non volle ammettere nè l'uno nè l'altro, facendo una valida difesa; e come che i detti due Capi si spiegavano espressamente che temevano che la Città chiamasse nuovamente li Genovesi, fu stabilito, per quel che ho inteso, si dovesse far un giuramento da tutta la Città che si sarebbe, cioè la Città medesima, conservata in libertà senza darsi ad alcuno; ed il giorno seguente, in S. Giovanni, esposto il Venerabile, si prese il giuramento, e vi andai tra gli altri anch'io. Due giorni in appresso fu fatto un congresso colli Capi delle Arti in S. Teramo, a' Missionarii, su i susurri della Plebe che dicea che così non si potea stare, ma io in questo congresso non vi sono intervenuto; mi ha riferito però il dottor Morelli che egli avea proposto il suo sentimento di non prendere alcuna risoluzione rispetto a mandare in Calvi per richiedere aiuti da S. E., tutto che questa fosse l'intenzione ed inclinazione di tutti, e che fosse meglio aspettare l'esito della flotta inglese; ma che ciò non ostante era stato risoluto di mandarvi persone, colla condizione però che a cautela si dovesse impetrare il perdono per tutti a motivo delli disordini accaduti; e fu destinato il Podestà con altri, giacchè il dottor Morelli si era scusato per avere una sua zia moribonda, ed al Marengo che era parimente eletto, e che si era offerto pronto di andarvi, gli fu suggerito che non vi andasse. Partito il Podestà, vennero alla vista della Bastia tre navi con un sciabecco, e sbarcato un ufficiale in terra, portò lettere per il Rivarola, le quali gli furono mandate; ed il giorno in appresso, in un congresso a Ponteprato si spiegò che, o voleva essere ammesso in Città con 150 uomini, o che avrebbe nuovamente fatto bombardare la Città, dovendo arrivare una grossa squadra, come si conteneva in una lettera scrittagli dall'Ammiraglio inglese. Questa proposizione portata in Bastia da Cecco Rossi, ed altri che erano andati con lui, non piacque al Popolo che disse: « Fuoco! Fuoco! e piuttosto bombe che Paesani più dentro! » E questo l'ho inteso dire, perchè non vi ero presente. Essendomi io poi ammalato, mi fermai in casa per qualche giorni, ed avendo sentito dello sciaratto con archibugiate per la strada, dimandai cosa vi era di nuovo, e mi dissero che erano stati fatti prigionieri molti Cittadini, ed indi ad un'ora venne il fratello di mastro Grisante Volpajola con altri, e mi fecero prigioniere portandomi nelle carceri.

Interrogato rispose:

Io andavo mattina e giorno dal Rivarola a prendere gli ordini ed a riferirgli ciò che seguiva; ed il nome nei primi giorni lo dava il Rivarola, e poi il Gafforio; dal quale Rivarola vi ho veduto concorrere tutta la Città, e tutti li Gentiluomini, e fino a Monsignor Vescovo Saluzzo ; e nei discorsi che si facevano sentivo che il Rivarola dicea publicamente che li Genovesi non avrebbero più comandata la Corsica, e che in ogni caso, nelle paci che fossero fatte, le Potenze avrebbero pensato alla sicurezza della Corsica e dei Corsi; e li Cittadini, chi dicea una cosa e chi l'altra.

Interrogato rispose :

Quando io entrai per Aiutante, ritrovai che già tutta la truppa della Republica era disarmata, fuori che quelli soldati che erano alla Torretta ed alla Croce; ed al corpo di guardia di Terranuova incominciò a montare uno dei Cittadini ; e dopo qualche giorni in appresso, essendo stati destinati capitani, cioè Titto Raffalli, Domenico Maria Morelli e Vincenzini, questi alternavano; ma veramente poi il Raffalli dopo qualche giorni non montava più.

Interrogato rispose :

Prima che entrassero Matra e Gafforio in Bastia fu publicato l'ordine alla Piazza che tutti li soldati della Republica Serenissima dovessero al giorno seguente ritrovarsi sulla spianata ; e di fatto vi venne una grandissima parte de' medesimi, disarmati, e molti di questi si posero in fila, ed altri in confuso ; ed arrivato ivi il Rivarola col maggior Gentile, disse il Rivarola e fece publicare, portando anche io stesso la parola per le file e tra quelli soldati, che per i disertori del Re di Sardegna vi era il perdono, e che potevano ritornare a loro regimento; e per il restante della truppa, chi avesse voluto prender partito al servizio del Re di Sardegna o della Regina di Ungheria gli si sarebbe dato il passaporto dal Rivarola ; e fu fatta anche una compagnia di 60 uomini al servigio de' Corsi, ed un tal Pietro Antoni, che era di sequela del Rivarola, era destinato a questa compagnia. Ho sentito poi in appresso dire che il Sari, che è al servigio del Re di Sardegna, prese qualche Tedeschi della sua truppa e l'imbarcò sulle navi inglesi ; ma circa di ciò io non so nulla di specifico; e questi 60 soldati seguitarono al servigio sino al tempo che sono seguite le dissensioni fra il Rivarola e Gaffori; ma poi, a poco per volta, se ne sono andati tutti.

Interrogato rispose:

Per qualche pochi giorni il Magistrato cogli Anziani comandavano ancora loro, ma poi fu creato il Magistrato d'Inquisitori, e questi erano quelli che operavano e comandavano.

Interrogato rispose:

In tempo che non vi era alcun dei Capi in Bastia, e che comandavano gl'Inquisitori, una mattina fui chiamato d'ordine loro. Il dottor Morelli mi disse che bisognava allora andare a Lavasina, o per far ritornare Monsignor Saluzzo in Bastia, o per farmi consegnare 14 mila lire che avea del Seminario; ed io, partitomi per terra, trovai fuori di S. Nicolaio 18 o 20 uomini che dissero essere stati comandati a venir meco; e giunto che fui a Lavasina, esposi l'ordine a Monsignore, ed egli risolvè di ritornare in Bastia; ed in questa occasione, ritrovandosi nella gente di mio seguito certi fratelli Bonaldi, fecero qualche violenza in aver portato via qualche armi e denari, ed un Paesano abitante in Bastia, che si dice parente di Monsignor Mariotti, e si chiama Antonio Cardo di Giov. Battista, avendo preso un cucchiaro d'argento, ed avendoglielo fatto io restituire, disse che a Monsignor Mariotti in Calvi non avean fatto così, e che gli avean levato sino li chiodi; ed imbarcatosi poi Monsignor Saluzzo sopra la propria sua filuca, andò per mare in Bastia, ed io colla gente ritornai, e relatai tutto agl'Inquisitori, i quali poi non so se abbiano fatto restituire li denari e li schioppi presi dalli Bonaldi. So bene che un schioppo che avevo levato ad un Bastiaccio lo restituii a Monsignore; ed il motivo di tal mia incombenza, per quel che mi disse l'Antonio Morelli, era di aver li denari per pagare la gente.

Interrogato rispose:

Io sentivo dire da molti e molti che se gl'Inglesi restavano liberi della Città, e questa fosse rimasta libera, vi sarebbe tutto il commercio, e si sarebbero conseguiti tutti i vantaggi, ma non posso precisamente dire da chi abbia uditi tali discorsi; e col maggior Gentile non so di aver discorso di queste pratiche, essendo lui sempre in confidenza col Rivarola e cogli altri che comandavano, nè parlava mai meco di questi affari. È ben vero altresì che nelli circoli ove vi erano li Cittadini, ed anche quelli colli quali io sono stato condotto prigioniere in Genova, sempre si parlava, ed io più volte li ho sentiti, del grandissimo vantaggio che avea da venire alla Corsica ed alla Bastia dalla protezione del Re di Sardegna e delle Potenze collegate che aveano fatto l'onore d'impegnarsi a favore della Corsica, ed in specie in occasione di una pace nella quale veniva promesso nel diploma che si sarebbe presa cura particolare dei Corsi e della Corsica; e tali discorsi, replico che l'ho sentiti in diversi tempi.

Interrogato rispose:

Io mai mi sono ingerito delle provvigioni, nè delle munizioni, nè dei viveri che erano di spettanza del Principe, salvo che per il pane che feci dare a quei soldati del Principe per qualche tempo; e qualche sacchetti di polvere, che ritrovai in un posto dopo la partenza di S. E., li consegnai a cap. Terrigo; e qualche ferri li consegnai al Luri.

Ætatis annorum 36 circa.

Et antequam etc.

Io devo aggiungere che arrivati che fummo a Capraja, sbarcati da' bastimenti, andammo liberamente tutti in una chiesa, e perciò pretendo di godere dell'Immunità della medesima chiesa; ed anche devo dire che in Capraja ci fu mostrato il perdono che li Collegi Serenissimi ci avean concesso.

Quibus habitis etc.

Ea paulo post in eodem loco Joseph Maria Luri, q. Salvatoris, extractus pariter et examinatus prævia monitione quoad se et quoad alios juravit tactis etc.

Interrogato rispose :

L'ufficio di Archivista consisteva in tener in custodia tutte le scritture publiche e private che erano a Palazzo, ed avevo anche l'incombenza di fare li mandati e rolli per la direzione delle milizie, colla sopraintendenza sempre del cancelliere dell'Eccellentissimo Commissario Generale; e come Sindico avevo incombenza di difender le ragioni dell'Eccellentissima Camera, e di assistere perchè fosse tenuto e dato buon conto delle munizioni da bocca e da guerra, le quali erano in custodia e presso il Mº Tesoriere e Munizioniere, secondo gli ordini che mi venivano dati da S. E.; ed era circa un anno che avevo questa incombenza.

Interrogato rispose :

La stessa sera in cui S. E. s'imbarcò, dal suo mastro di casa io ebbi incombenza di chiamar gente per trasportare i colli della robba di S. E., e lo stesso mastro di casa mi diede anche il calice della cappella publica, con incombenza di consegnarlo al pievano Consalvi (1); e come che nel tempo del bombeggio io avevo fatto trasportare alcune cose nelle carceri per salvarle, così calai nelle stesse carceri per ritirare la mia robba, e mi convenne fermarmi più di quello pensavo perchè vi era molta altra robba; ed uscito poi accompagnando la donna che portava una mia cassa, sentii grandissime strida di gente per Terranuova che dicevano : « Brugia la polveriera ! » talchè appena cacciata in casa mia quella cassa, volli uscire anche io dalla porta di Terranuova, nella quale trovai Pietro Pasqualini che teneva mezza porta del portellino,

---

(1) Voir la note p. 128.

e faceva uscire chi gli pareva, e gli altri li buttava indietro; onde io tornai addietro, e trovai Antonio Marengo sulla piazza col capitano Romanelli ed altre persone, ed allora si risolvè di andare alla polveriera per vedere cosa vi era, ma io non li seguitai, ed indi a poco sentii che l'affare della polveriera non era vero; e come che un tal Pompeo Visconti, milanese, abitante da molto tempo in Bastia, disse forte che non occorreva prendersi pena della polveriera perchè non vi era polvere, io imbattutomi a caso col Signor Tesoriere, gli dissi questa cosa, ed egli mi rispose che vi doveano essere 400 circa rubbi di polvere; il che avendo io sentito, risolvei di andare alla polveriera per riconoscere se era stata portata via la polvere; riconosciuto che vi era, stimai di chiamar un mastro per far adattare due serrature alle porte che erano state aperte, con due chiavi diverse, ed una la diedi all'uomo che serviva il Signor Tesoriere; e dopo fatto ciò mi ritirai in casa mia; ed il giorno seguente, alla mattina, fui mandato a chiamare dal Magistrato e Podestà, i quali fecero un decreto che io mi dovessi prendere il carico delle munizioni, e tutto che io mi scusassi, essi però mi dissero che assolutamente volevano che accettassi questo incarico, e mi convenne ubbidire; e come che il Magistrato stesso mi disse che io andassi dal Signor Tesoriere a farmi consegnare tutte le chiavi, così io andai dal detto Signor Tesoriere, e mi consegnò le chiavi di tutti li magazzini, dalli quali detto Tesoriere levò molta robba che disse essere sua e degli ufficiali; quali chiavi io ho sempre conservato, tenendole nella stanza ove dormiva l'istesso Signor Tesoriere, e tenevo la chiave del stanziolino presso di me, dando poi la chiave della porta maestra ad un tal Franceschi, uomo del Signor Antonio Marengo, di cui mi aveva detto che dovessi servirmi per il maneggio delle munizioni. La sera poi dei 20 o 21 di novembre, che non mi sovviene precisamente, ma so che non era ancora entrato Rivarola in Bastia, fui mandato a chiamare da un' ordinanza, circa un' ora di notte, dal maggior Gentile, e che mi ritrovassi a Palazzo colle chiavi dell'Archivio ; e mi vi trasferii subito, e montate sù le scale, andai nella sala ove soleva abitare S. E., e mediante li lumi che vi erano, vidi che vicino alla porta della segreteria vi era il detto Gentile, Antonio Marengo, l'arcidiacono Stefanini e Leonardo Degiovanni, e se mal non mi ricordo vi era anche il maestro Piantanida ; e li ritrovai in atto che serravano la porta della medesima segreteria, e sentii, se non m'inganno, Antonio Marengo che disse che si era ritrovato il biglietto scritto dal Comandante Inglese ; e dopo di ciò passarono alla Cappella publica del Palazzo per riconoscere se vi erano tutti gli apparati sacri, e dissero che mancava il calice ; ma perchè, come ho detto, l'avevo ricevuto in consegna, non parlai ; e di là passammo tutti assieme giù nell'Archivio, ed entrati dentro, mi dimandarono la chiave della porta dell'altra stanza interiore ove soleva stare il Cancelliere, ed avendogli io risposto che non l'avevo, come di fatto era cosi, un di loro ordinò a maestro Piantanida che aprisse la porta, come egli fece, colli ferri ; ed entrati dentro vidi che fecero ricerca nel tavolino e nelle cantere dove solea scrivere e tener le scritture il cancelliere di S. E., e dissero poi che non vi era niente, e non ho veduto poi portar via scrittura alcuna.

Interrogato rispose :
Io ho disposto delle munizioni con ordini che erano sottoscritti o dal Rivarola o dal Gafforio, finchè essi sono stati in Bastia, e dopo la loro partenza con ordini degl'Inquisitori, quali tutti ordini ho posti in filza, e son rimasti in mia casa, ed alcuna parte di essi nella cantera della Tesoreria ; e rispetto alle provvigioni da bocca mi sono regolato nella stessa forma che si regolava il Signor Tesoriere.

Interrogato rispose :
Io so che dall'Archivio non sono state estratte scritture di sorte alcuna, potendo dire che quella stessa sera quando fui

chiamato dal maggior Gentile, le chiavi dell'Archivio esso Gentile se le ritenne presso di se, e poi passarono a mani del Gafforio, il quale un giorno mi chiamò e mi disse che nell'Archivio dovea essere un ceppo di un notaro, e l'andassi a ricercare per consegnarglielo, e mi diede le chiavi per questo intento ; ed io andai, ed aperto l'Archivio, ritrovai il ceppo e lo consegnai al notaro, ed in quel tempo mi portai anche via dall'Archivio il libro de' debitori camerali, che unii assieme col manuale di Tesoreria, il quale stimai di dover salvar presso di me, e che d'intelligenza del signor Tesoriere si dovesse dire di averlo mandato in Genova col signor auditore Agostini ; quali due libri erano in mia casa nel tempo che sono stato carcerato, come ne avertii Carlo Gavi e Benedetto Aitelli, i quali mi dissero che l'aveano presi e che erano in salvo.

Interrogato rispose :

Un giorno che ebbi occasione di andar a Palazzo per ricettare la consegna di ciò che avea lasciato a Palazzo un tal Niccolò Poletti di Palasca, che subito entrato Rivarola in Bastia prese stanza in Palazzo, standovi con squadra di gente di Balagna, tra le altre cose che trovai a Palazzo vi vidi molti fogliazzi di lettere che erano su tavolini e banchi, e tali e quali li ho lasciati, potendo dire di aver veduto più e più volte detto Poletti che riconosceva scritture nel Palazzo medesimo.

Ætatis annorum 46 circa.

Quibus habitis pro nunc fuit de mandato dimissum examen att. tarditate horæ.

Dies dominicus 24 mensis aprilis, in vesperis, in uno ex salotis præfati Excellentissimi Octavii Grimaldi et coram dictum Excellentissimum, et in præsentia præfati Magnifici Consultoris, Franciscus Passanus, q. Jo. Baptistæ, de mandato vocatus pro informatione cui delato juramento veritatis fatendæ et qui tactis etc. juravit etc.

Interrogato rispose :

Io facevo biscassa in Bastia, ed avevo la mia osteria in Terranuova vicino alla piazza di Santa Maria, e mi sono trovato in Bastia, tanto nel tempo del bombeggio, quanto quando S. E. se n'è andato via, e mi ricordo che quella stessa sera che si è imbarcato, stando sulla porta della mia casa, avendo sentito che appunto S. E. s'imbarcava, vidi passare il dottor Francesco Maria Lucciana, al quale dimandò una donna se era vero che S. E. s'imbarcasse e scappasse, e sentii che Lucciana disse o che sarebbe andata meglio o peggio, e che lo lasciasse andare. Ho veduto io medesimo colli miei proprii occhi che l'istesso Lucciana, essendo stata aperta la cantina di Monsignor Saluzzo per dar del vino a Paesani che si erano introdotti, faceva trasportare nelle pelli il vino dalla cantina del detto Monsignore alla sua, stando io assai vicino alla casa di esso Lucciana ; ed ho veduto parimente trasportare dalla Cittadella alla casa del detto Lucciana molta quantità di legne che erano nel giardino di S. E. ; e questo trasporto di legne l'ho veduto per due o tre giorni ; et un giorno essendo io andato in sua casa, ove abitava Gafforio, per occasione di vendere non so che calzette al fratello di detto Gafforio, ed essendovi presente il detto Lucciana e Francesco Maria Bosio, sentii che due Paesani disputavano per un loro interesse, et un di essi Paesani diceva che avea avuta la sua sentenza favorevole dall'Eccellentissimo Giustiniano, e sentii che Lucciana disse.

che la giustizia in tempo de' Genovesi si tagliava col piccozzo, e chi aveva denari se la faceva valere, e che bastava dargli da mangiare, e che non era più quel tempo, e che non eranvi più li Genovesi, e che la giustizia bisognava farsi come andava fatta; e lo stesso Bosio replicava lo stesso; e detto Bosio era cancelliere degl'Inquisitori, al quale bisognava che in ogni sera gli portassi la bolletta di quelli forastieri che alloggiavo.

Interrogato rispose:

Volendo io portare a salvare un baule di mia robba, il giorno seguente alla partenza di S. E., e volendo passare pel corpo di guardia, trovai ivi il Domenico Sansonetti, il quale m'impedì il portar fuora detto mio baulo, dicendomi che me lo portassi nuovamente in casa mia, perchè non vi era più de' ladri come in tempo dei Genovesi.

Interrogato rispose:

Alla mattina seguente che partì S. E. sentii che in piazza di Corti fu publicato da Antonio Maria Asdente il Gentile per Maggiore della Piazza, e che tutti dovessero per tale riconoscerlo sotto pena del palo; ed ho veduto che il detto Gentile faceva le parti da Maggiore, e so che quando uscirono dalla Bastia il Gafforio ed il Rivarola, e che ritornò il Matra a far l'assedio in Bastia, ed a lui ancora si unì il Rivarola colle sue genti, so, dissi, che fu preso del pane fatto fare dal detto maggior Gentile colla farina che era nei magazzeni della Republica, avendo io veduto uscire la farina da Terranuova per mezzo del servitore del Peppo Luri, e me lo disse ancora l'ordinanza del detto Gentile.

Interrogato rispose:

L'Asdente era quello che faceva da Aiutante della Piazza, ed ero presente quando il maggior Gentile gli disse che facesse questo ministero, e l'ho veduto poi sempre esercitare in appresso; e lui un giorno mi ordinò che provvedessi da mangiare e un letto per Giov. Battista de Bonis, il quale alloggiava nel corpo di guardia della Cittadella, et avendogliene provvisto per 24 o 25 giorni, essendo poi partito il detto de Bonis per S. Fiorenzo, restai creditore e dissi al detto Asdente che mi facesse pagare, ed egli dopo avermi detto che per gli ufficiali genovesi non avevo avuto tanta sprescia, mi fece poi fare da Lucciana il mio mandato, il quale mi fu pagato da Matteo Orbecchio, anzi me lo scusò sulla gabella del vino che doveo pagare. Mi trovai anche un giorno presente, dopo che era uscito dalla Bastia il Gafforio e il Rivarola, e vidi che erano insieme un tal chierico Sanguinetti, di Pasquale, col detto Asdente nel luogo delle Terrazze, e sentii che il chierico Sanguinetti disse al detto Asdente: « Li Genovesi hanno fatto prigioniere Monsignor Mariotti, bisogna far prigioniere anche il suo Vescovo. » E sentii che l'Asdente disse: « Sì, chiamiamo li Bonaldi ed altra gente, et andiamolo a pigliare. » E vidi che di fatto s'incaminarono a S. Nicolaio.

Interrogato rispose:

Mi trovai presente un giorno in casa del Marengo, dopo che era stato risoluto dal Popolo di mandar in Calvi a chiamar li Genovesi, e sentii Titto Raffalli, cognato del Marengo, che battendo forte lo schioppo in terra diceva che non era dovuto darsi a Genovesi senza almeno qualche capitolazione, e che avrebbe voluto che li Genovesi non l'avessero accettato, perchè così non sarebbero stati nè del diavolo nè del malanno.

Interrogato rispose:

Essendomi stato comandato di tenere in mia casa molti Paesani in tempo che si batteva Gafforio col Rivarola, e che noi eravamo serrati in Terranuova, e dicendo io di voler essere pagato, il Peppo Luri mi disse che mi avrebbe pagato con tanto grano, e mi fece il biglietto per quelle persone alle quali dovevo dar da mangiare, ed in appresso avendogli riportati li biglietti, mi diede per mio pagamento cinque bacini di grano di quello dell'Eccellentissima Camera, e mi diede

32 razioni valutandole a quattro da otto l'una, e so che il detto Luri dispensava le munizioni a Paesani, e ne ha dato anche a me ; e dopo che è uscito dalla Bastia il Rivarola e Gafforio, essendo stato chiamato dall'Antonio Morelli, essendovi presente detto Luri e Marengo, mi fu detto dal detto Luri se voleva comprare una botte di vino di quello che era a Palazzo, ed avendogli io risposto che se faceva per la mia osteria l'avrei comprato, allora il detto Luri venne meco nella cantina dell'Eccellentissimo Commissario Generale, ed assaggiato il vino gli dissi cosa ne pretendevano, ed avendomi egli addimandato lire 25 al barile, io gli risposi che non faceva per me, ed avendomi replicato che bisognava pigliarlo, gli risposi che se era per forza, bisognava dividerlo fra li biscattieri, come fu fatto, ed io pagai al detto Luri lire 20 per un barile. Ho veduto ancora, quando Gafforio uscì da Terranuova per andarsene via, che il detto Luri fece trasportare in Terranuova da 16 in 18 barilloni di polvere, delli quali, due vidi che ripartì fra li Paesani, e gli altri li fece caricare sopra le bestie, ed andarono via col detto Gafforio.

Interrogato rispose :

Essendo stato destinato per maestrale, in tempo che vi era Gafforio, il Pippo Sari, ed essendovi io andato un giorno a prendere la meta del vino, avendomela data al prezzo di cinque da otto, e lamentandomi che non vi potevo stare perchè non vi era della gente, egli mi rispose che della gente ne sarebbe venuta dalla Sardegna, che l'avrebbe mandata il nostro Re di Savoia.

Interrogato rispose :

Avendo io a pigione un magazzeno che era di spettanza del Signor Luca Restoni, ma che era maneggiato da cap. Giov. Battista Vincenzini, ritrovandosi in Bastia il Signor Restoni, mi chiamò e mi disse che gli pagassi alcuni mesi di pigione che dovevo, al che veramente avevo un poco di riparo perchè mi era stato appigionato dal detto Vincenzini ; ma poi essendomi stato detto da Marengo, che vi era presente, che potevo pagar sicuramente, così di fatto feci sborsandogli lire 14; ma il giorno seguente dopo imbarcato S. E., venne alla mia casa il detto Vincenzini e mi chiamò di fuori, dicendomi che gli pagassi la pigione, ed avendogli io risposto che l'avevo pagata al Signor Restoni, e che mi aveva fatta la mia ricevuta, egli mi rispose : « Non è più la giustizia de' Genovesi ; voglio li denari, e trovameli qui adesso. » Ed io per uscir dall'impegno sono stato obligato a dargli il denaro.

Ætatis annorum 36 circa.

Quibus habitis etc.

Dies lunæ 25 dicti, in tertiis, in mansione prope Turris Regalis Palatii, extractus de novo dictus Joseph Maria Luri et in præsentem locum adductus et examinatus prævia monitione quoad se et quoad alios juravit tactis etc.

Interrogato rispose :

Io solamente dopo che è entrato il Rivarola ho saputo che dal Signor vicario Rossi erano stati venduti i forni publici ad un Sestrino per lire 7 in 8 mila, che non mi ricordo precisamente la somma, e l'ho saputo la prima volta da un tal patron Pietro Caravaggio, impresario de' forni, in occasione che venne a prendere la farina, e fui anche interpellato da Francesco Maria Lucciana, il qual mi disse che Rivarola voleva li denari, ma per l'avanti io non ne avevo saputo niente di questa vendita, nè come fosse seguita, e l'istesso Lucciana mi disse che l'instrumento era stato ricevuto dal notaro Pellegrini, e sapevo per l'avanti che il Sestrino avea idea di far questa compra, e l'Eccellentissimo Commissario

Generale Mari mi aveva data incombenza di sapere dal medesimo Sestrino se era d'intenzione di far la compra.

Interrogato rispose:

Io so, per quel che publicamente si diceva, che era stato fatto fare dal maggior Gentile del pane per dare alle genti del Rivarola e Matra, quando ritornarono ad assediare Bastia; ma io non so ove sia stata presa la farina per far detto pane, a riserba se si valsero di quello grano che si diede a marinari e pescatori che lo fecero macinare in Brando.

Interrogato rispose:

Tutto il grano che io ho consegnato finchè vi è stato in Bastia il Rivarola e Gafforio, l'ho consegnato d'ordine loro, avuto in scritto, e dopo la loro partenza con ordine degl'Inquisitori, e riguardo alla provvista ordinaria de' forni, la farina si consegnava al fornaro con dargliene debito.

Interrogato rispose:

Farina, quando io son entrato per munizioniere, so che non ve ne era più di 8 sacchi; il grano non so quanto fosse, ma so che ne andò molto a male perchè era ne' magazzeni a tetto, li quali aveano patito dalle bombe e dalle cannonate, per il che vi pioveva, e vi è stato così un mese circa; e vi fu deputato il Signor Titto Raffalli dal Magistrato degl'Inquisitori e dal Gafforio, il quale però non vi venne se non che una volta, ed io ho fatto trasportare in altri magazzeni abbasso il detto grano; e come che in questi magazzeni ove era il grano eranvi anche delle armi non atte al maneggio, e cappotti, ed altre cose, li Paesani, rompendo un' ala del tetto ed un finestrino, sono entrati più volte in essi, e li ho trovati in flagranti, presente il Rivarola in occasione che visitava il Palazzo.

Interrogato rispose:

Quando fu serrata Terranuova per le dissensioni fra il Rivarola ed il Gafforio, per quelli due o tre giorni, non essendovi denaro da pagare li Paesani, mi fu dato l'ordine che li pagassi in tanto grano, e mi fu dato dal Gafforio ; ed a quelli biscattieri che aveano tenuti presso di loro li soldati e che l'aveano mantenuti, io avevo ordine di sodisfare la spesa che avean fatto, in tanto grano, purchè non eccedesse la paga del soldato, come che ho fatto ad un tal biscattiere genovese che chiamano il Minuto e ad altri. Si è pagato pure in grano li sbirri e soldati a cavallo, ed altri che erano a soldo, ed anche altri per altre spese state fatte, sempre con ordine sottoscritto dal Rivarola o dal Gafforio.

Interrogato rispose :

So che l'Eccellentissimo Mari avea lasciato una partita di vino nel Palazzo, e che la chiave della cantina fu consegnata a Piantanida Giacomo Antonio, e so che in appresso la detta chiave è andata in mano di Gafforio quando si portò ad abitare in Palazzo, e si serviva della cantina per mezzo anche di Francesco Maria Lucciana, ma non so che S. E. abbia lasciato altre provviste.

Interrogato rispose :

Quando Gafforio stava per partire, io vedevo che i Paesani ed altra gente si servivano liberamente del vino della cantina di S. E., e dissi al Lucciana che era una indiscretezza lasciar così dissipar il vino, e mi feci consegnar dalla servitù del Gafforio la chiave della cantina medesima, e poi in appresso ho portato questa chiave alli Signori Inquisitori di Stato, dicendo loro che vi era qualche quantità di vino in due botti ; e di loro ordine, ed in specie del dottor Morelli, si vendè detto vino a biscattieri per quattro circa barili, scuotendo il denaro, parte io, e parte il prete Salvatore mio fratello ; ma tanto lui quanto io, abbiamo dato il denaro in mano del dottor Morelli, che se n'è servito da pagare i Paesani. So che vi era anche tanta legna per lire 200 e più, come anche del carbone, e si servì il Gafforio ed il Poletti, nè so che altri se ne siano serviti.

Interrogato rispose :

Il detto prete Luri, mio fratello, come che sa la lingua francese, era chiamato dagl'Inquisitori per interpretare le lettere che venivano, ma non so che s'ingerisse in altri affari.

Interrogato rispose:

Io non sono mai stato destinato, nè mai sono andato ad incontrare ufficiale inglese che sbarcasse al molo della Bastia, nemmen mai vi sono andato volontariamente.

Interrogato rispose:

Io mai ho discorso del governo della Republica Serenissima; nè in tempo che vi erano li Capi Corsi, nè mai, sono intervenuto in alcun circolo, o conversazione, ove si parlasse della Republica o del suo governo.

Interrogato rispose:

Io unicamente ho trattati tanto il Rivarola quanto il Gafforio per occasione del ministero che avevo, e per far metter in iscritto gli ordini che mi erano stati dati in voce; per altro non avevo con loro alcuna confidenza nè famigliarità.

Interrogato rispose:

Io non ho sentito mai alcun discorso da alcuno, che riguardasse il governo della Republica Serenissima, a risalva che dal Gafforio, il quale sparlava del governo della Republica, e lo sentivo anche nella stessa sua casa, ma io non vi era di presenza nella medesima stanza ove parlava, ed a risalva che una volta dal Rivarola, il quale si faceva bello di aver ritrovato ne' registri presi in segreteria lettere scritte contro li Francesi; e fuori di queste occasioni non ho sentito parlare, nè in bene nè in male, del governo de' Genovesi.

Interrogato rispose:

Il Gafforio aveva nella polveriera cinque barili di polvere datigli dal Comandate inglese, ed avea fatto anche trasportare nella tesoreria 10 barilloni di polvere, 9 in cartocci da cannoni che dicea volea servirsene per battere il castello di Corte, e l'altro in polvere sciolta; e questa polvere gliel'ho data d'ordine dell'istesso Gafforio, ed anche del Rivarola, per accordo seguito fra di loro.

Interrogato rispose :

Essendo stato destinato dal Rivarola per armarolo un di Ampugnani, il quale non credevo adattato per il mestiere, affinchè non gli capitassero nelle mani alcune canne e ferri che erano nella stanza dell'armarolo, la chiave della quale stanza mi era stata consegnata dall'armarolo camerale, io stimai di trasportare in casa mia dette canne e ferri di notte tempo, per non farli passare dalli corpi di guardia della Cittadella, dalli quali mi sarebbero stati levati.

Ætatis jam dictæ.

Et antequam etc.

Devo dire che nel mentre era in Bastia il Gafforio ed il Rivarola, una notte quegli stessi Paesani posti alla guardia della polveriera si sono introdotti nella polveriera, ed hanno portato via polvere e baccini, e di incombenza del Maggior della Piazza si sono rimesse le serrature; e dopo la partenza del Gafforio si fece la recognizione della polvere in presenza del maggior Gentile, e si ritrovarono solo 40 circa barili.

Immediate paulo post in eodem loco Carolus Casella, q. Marci, extractus de mandato e carceribus Turris et in præsentem locum adductus et examinatus prævia monitione quoad se et quoad alios juravit tactis etc.

Interrogato rispose :

Nel tempo che S. E. partì dalla Bastia io ero in carcere, essendovi stato posto senza sapere il motivo in compagnia di un tal Pippo Sari e di un mio nipote (1), Marco Massei del q. Giuseppe Maria, e ritrovandomi in letto verso le ore 6 di

---

(1) Marco Massei était fils de Nicoletta, sœur de Casella.

notte, fui destato da uno sbirro, il quale mi disse, come pure agli altri due miei compagni, che andassi a ringraziare il Signor Vicegerente, il quale avea ordinato il nostro rilascio ; e noi immediatamente andammo dal Signor Vicegerente, nelle stanze del quale vi trovammo molte persone, e lo ringraziammo, e poi ognun di noi uscì dalla Cittadella, ed andammo in casa del dottor Francesco Maria Lucciana, il quale si ritrovava nelle stanze del Signor Vicario e venne con noi; ed arrivati in sua casa si tenne discorso della voce sparsa per Bastia che fosse dato fuoco alla polveriera, e si disse che era stata una bricconata; e dopo di ciò andammo a dormire, e non si sono fatti altri discorsi per quel che mi ricordo.

Interrogato rispose :

Ero in mia casa quando incominciarono a tirare le cannonate le navi inglesi, col maggior Chiesino (1), ed uscii assieme con lui per andare al posto della Colonnella, ove ero destinato ; ma arrivato colà, e vedendo che venivano qualche palle, e la crepata in aria d'una bomba sopra del medesimo posto, stimai di essere più cauto se andavo verso Terravecchia, giacchè si vedeva che le navi sbarravano direttamente a Terranuova, e m'incaminai verso li Gesuiti, e di là direttamente in una stradetta dalla quale si scopriva una nave che attualmente stava cannoneggiando, nella quale stradetta vi era molta gente ; e nell'atto che stavamo osservando, venne in quella strada un birro che cercava un piccosso, ed io dubitando che qualche lancia, come si dicea da tutti, facesse qualche sbarco, gli dimandai cosa eravi di nuovo, ma egli sempre seguitava a dimandare il piccosso ; e volendomene andar via, il birro mi disse che io non me ne andassi, ed avendogli risposto che io non avevo armi, egli mi replicò che ero prigioniere, ed io gli consegnai la mia spada, e fui accompagnato nella Citàdella, e fui posto in prigione.

---

(1) Maggior Giov. Battista Chiesa.

Argomentai allora che la piccossa la dimandassero per entrare in casa di detto Massei, mio nipote, giacchè seppi in appresso che erano entrati in casa, ed avevano fatto prigionere detto mio nipote ed il Pippo Sari che si ritrovava in casa dell'istesso Massei ; ed allora sentii che li birri dissero che il motivo per cui ci conducevano in prigione era perchè da noi si era fatto segno alle navi con fazzoletto bianco, ma essi Sari e Massei dicevano che non era vero, e che non eravi motivo di far tale segno.

Interrogato rispose :

Alla mattina seguente uscito io e li miei compagni dalla casa del Lucciana assai di buon'ora, andammo a sentir messa in S. Croce, e di là uscito, mi trattenni in Terranuova con l'idea di ricuperare la mia spada che mi era stata levata, ed a questo intento sono andato in casa del Tesoriere, che ho ritrovato attorniato da molti Bastiacci, de' quali chi dimandava archibugi ed altri prendevanseli anche di fatto, et il Signor Tesoriere si raccomandò a me, ma non ostante che io dicessi qualche cosa, non mi riuscì però cosa alcuna ; ed uscito poi in piazza di Corte, vidi che erano disarmati li soldati e birri da Bastiacci, ed un tal Bonaldi volea anche tirare una archibugiata al pievano Consalvi (1) che passava per la piazza, ed io ho impedito che gli tirasse ; e mentre ero sulla piazza, ho sentito, dopo un tocco di tamburo, che era pubblicato per Maggiore della Piazza, d'ordine del Vicegerente e del Podestà, il Francesco Maria Gentile, e per Aiutante della Piazza Antonio Maria Asdente, e vidi che fu piantato un palo, e pubblicato un bando che chi avesse rubato, o avesse fatto altra cosa degna della morte, sarebbe stato posto al palo.

Interrogato rispose :

Il giorno seguente avendo io veduto ritornare il maggior Gentile coll'Antonio Marengo che, sentii, erano stati spediti

---

(1) Voir la note p. 128.

al Rivarola, mi spinse anche a me la curiosità di sapere cosa portavano, e perciò essendo entrato in Terranuova, anzi fui avvisato dal Traglietta che andassi, d'ordine del Podestà, in Casetta, ove si tenne un congresso dal Magistrato colli Cittadini, Capi delle Arti, ed altri; e per prima sentii leggere un diploma del Re di Sardegna, e poi l'Antonio Marengo ed il Gentile dissero che il Rivarola volea lasciare nella sua libertà la Città, ma che volea entrare entro la medesima col suo seguito, colle capitulazioni, e che perciò ognuno dicesse il suo sentimento; ed avendo il dottor Antonio Morelli detto che secondo il suo sentimento dovea cercarsi una sospensione d'armi, perchè se si trattava col solo Rivarola, gli altri Capi Corsi averebbero preteso poi che li patti accordati dal Rivarola non obbligassero loro, il Marengo ed il Gentile risposero che non vi era tempo da perdere, e che il Rivarola, o volea entrare quella sera con capitolazioni, o che sarebbe entrato per forza; il che sentito, e riflettendosi che quelli del Popolo non volevano più stare alli posti se non erano pagati, si risolvè che dovesse capitolarsi col Rivarola, ed a dettatura del Marengo furono estesi li Capitoli, li quali in sostanza contenevano che per gli abitanti fosse salva la vita, l'onore, le armi e le sostanze; e con queste capitolazioni fu introdotto il giorno seguente il Rivarola.

Interrogato rispose:

Io in compagnia del Pippo Sari e di Leonardo Degiovanni siamo stati destinati per Sindici dal Magistrato della Bastia e dalli Rivarola, Matra e Gafforio, e ci fu appoggiata la cura di vedere li conti camerali per il tempo passato e corrente, per scoprire se erano state rubate robbe appartenenti all'Eccellentissimo Commissario Generale ed alla Camera; ed esercitando questo nostro ufficio, obbligati dalli detti Capi, abbiamo fatte molte operazioni, le quali dirò presentemente. In primo luogo chiamammo quei che erano stati indicati di aver trasportato la robba di S. E., sul dubbio l'avessero trafugata, e fecimo mettere anche qualche camalli in prigione, ma niente si potè porre in chiaro. Chiamammo anche il Signor Stefano Spinola per il debito che avea colla Camera Eccellentissima per lo stagno di Chiurlino, ed egli confessava di essere indietro di quattro mila lire circa, ma che avea fatto il suo ricorso in Genova per un grazioso rilascio, attese le contingenze della peste, e che avea li Monti obbligati, e sigurtà date, le quali quì in Genova potevano essere obbligate al pagamento, e per questo noi appresimo che non si potesse costringere al pagamento, come di fatto non fu molestato. Furono anche chiamati gli affittuarii delle gabelle di Porto Cardo, i quali dissero che non aveano libri, li quali si avea portati via S. E.; confessaro di esser debitori, ma che avevano fatto ricorso alla Republica per essere liberati, e che avevano una nota delli pagamenti che avean fatto, per nostra regola; e so che li detti Gabellotti poi, cioè il Signor Pallavicino ed il Signor Passano furono posti in prigione. Abbiamo ancora perquisito contro Grisante Volpajola, che ci era stato indicato di aver portato via della robba di S. E., ma non si potè mettere in chiaro cosa alcuna; nè io, fuori che queste, mi ricordo di aver fatte altre operazioni.

Interrogato rispose:

Mi ricordo ancora che essendo in prigione un tal De Franceschi, la di lui moglie ci pressava per l'aggiustamento de' suoi conti, e noi dicemmo che non avevamo incombenza; ma in appresso poi fummo obbligati ad aggiustare anche questi conti, e lo fecimo subito levar di prigione con una sigurtà; e riconosciuti li di lui libri, conti e scritture, riconoscemmo che avea bene amministrato, e che non vi era dolo; e richiedendoci egli una dichiarazione di questo stesso, noi fecimo parola col Signor Gafforio di questa sua richiesta, ma ci disse che non facessimo dichiarazione alcuna, e che non saldassimo niente.

Interrogato rispose:

Avendo avuto incombenza il Francesco Maria Lucciana di far fare la pesca delle ostriche nello stagno di Diana, nè volendo andare li marinari alla pesca senza le provvigioni, il Lucciana mi disse se volevo contribuire a qualche cosa, ed io contribuii lire 100 in tanta robba fra grano e vino, nè me ne ho fatto fare alcuna ricevuta, o ricapito, come per altro mi avea suggerito il Lucciana, fidandomi di quelli marinari, i quali mi dissero che a Pasqua mi avrebbero restituiti li miei denari colli cambii.

Interrogato rispose :
Io non ho avuto incombenza di sorte alcuna di andar ad incontrare, o di complimentare uffiziali inglesi che venivano in terra, e solamente per mera mia curiosità, quando stava in casa del Battisti il Comandante inglese, andai nella sala, ma non avendovi ritrovato alcuno, me ne sono andato nuovamente via.

Interrogato rispose :
Dopo entrato il Rivarola in Bastia fui chiamato di ordine suo un giorno, e mi disse che in compagnia del dottor Lucciana andassi incontro a Matra e Gafforio per persuaderli a non entrare in Bastia, giacchè la Città era in stato di non soffrire aggravi, e scusandomi io di non aver cavallo, mi replicò che ogni cosa si sarebbe trovata ; e partii subito col detto Lucciana, avendo raggiunto il Matra alla Penta di Casinca, ove eseguendo l'incombenza che avevimo, si studiammo di persuaderlo, ma egli ci disse che con meno di mille uomini non poteva venire, e che avrebbe procurato di licenziare il restante; e l'istessa incombenza eseguimmo anche col Gafforio alla Venzolasca, ma senza alcun frutto, e così ritornammo indietro, e riferimmo il risultato al Rivarola.

Interrogato rispose :
Fuori di quello sin ora ho detto non mi ricordo di aver avuta altra incombenza.

Interrogato rispose :

Io non posso indovinare il motivo per cui sono stato carcerato dal Popolo della Bastia.

Interrogato rispose :

In molte occasioni che ho avuto a discorrere con li Cittadini della Bastia, mai ho sentito che alcuno abbi detto male della Republica di Genova, nè del suo governo, e solamente dal Rivarola e Capi ho sentito più e più volte dire che mai più li Genovesi averebbero posti i piedi alla Bastia.

Interrogato rispose :

Io so che è stato publicato un ordine che tutti dovessero andare in S. Giovanni a prendere un giuramento di doversi conservare in libertà, e di non darsi alli Genovesi ; e questo ordine fu dato in tempo che il Matra ed il Rivarola erano venuti al blocco della Bastia, per mezzo termine da liberarsi dall' istesso blocco, ma non so da chi sia stato publicato questo ordine ; ed io non voleva andare a fare questo giuramento, ma mi fu detto che se non vi andavo avrei potuto subire delle disgrazie, e per questo mi risolsi di andarvi ancor io.

Interrogato rispose :

Come che in un appartamento della mia casa vi abitava Francesco Maria Bozio, e presso di lui abitava Sebastiano Ciaccaldi, il quale era stato eletto per Generale, avendo io veduto una mattina venir in casa il maggior Gentile, mi mosse la curiosità in saper cosa era venuto a fare, e accompagnatomi con lui entrammo da Ciaccaldi, nè mi pare che vi fosse presente il Bozio, e sentii che il maggior Gentile disse al Ciaccaldi che cosa si risolveva, giacchè erano due o tre giorni che Terranuova era serrata, e che seguivano delle morti e sangue ; et il Ciaccaldi sentii che gli rispose che egli era amico caro con Rivarola e Gafforio, e che non volea romperla con loro ; e voltatosi a me, il Ciacciadi mi disse che gli facessi il piacere di andar dal Gafforio per persuaderlo a far cessare le differenze tra di loro, perchè si potesse andare a far le altre intraprese; ed io non volevo ingerirmi, perchè seguitavano particolarmente a tirarsi delle schioppettate, ma il maggior Gentile m'assicurò che si sarebbe ottenuta una sospensione d'armi per parte di Rivarola, e allora io mi risolvei, più per il bene che per il male, di andare in Terranuova, dove fui introdotto, atteso che prima un frate, che era da Ciaccaldi, aveva ottenuta la sospensione delle armi anche per parte del Gafforio; e parlando col medesimo Gafforio, introdussi il trattato tra lui ed il Rivarola, e per questa occasione entrai ed uscii più volte, che dovessero tutti due ritirarsi e lasciare la Bastia in libertà; e le condizioni principali, che furono scritte da me sotto la dettatura del Morelli e Marengo, consistevano in che la Città dovesse restar libera, e in essa dovesse comandare, per il politico e criminale gl'Inquisitori, e per il civile ed economico il Podestà ed Anziani; che il Gafforio si potesse portar via non so che munizioni per l'espugnazione del Castello di Corti; che dovessero intervenire li parolanti, e che loro medesimi dassero parola di non offendersi sino alla Dieta generale del Regno, che si avea da fare; e queste capitolazioni sono state accettate dal Rivarola e sottoscritte da lui e dal Gafforio, e furono fatte più copie, una delle quali restò presso la Città, l'altra presso li parolanti, altra appresso il Rivarola, ed altra appresso il Gafforio.

Interrogato rispose:

Nemmeno in questa occasione ho sentito parlare della Republica di Genova, giacchè vi erano altri guai.

Interrogato rispose:

Io non so niente che in tempo del Governo di felice memoria dell'Eccellentissimo Domenico Maria Spinola si sia nemmeno discorso di alcun dubbio che egli avesse di che fosse tramato di farlo mettere in prigione; nè so che egli siasi messo in maggior guardia per questo titolo; nè so nemmeno che alcuno di quelli che abitavano in Bastia si sia posto in guardia per il detto effetto ; solamente ho sentito discorrere che da Livorno egli fu avvisato che li Paesani volevano venire in Bastia.

Interrogato rispose :

Da che ho avuto lume di cognizione ho incominciato a conoscere Antonio Marengo e Domenico Sansonetti, come conoscevo tutti gli altri.

Ætatis annorum 34 circa.

1746 die lunæ vigesima quinta mensis aprilis in vesperis in mansione supradicta prope Turris coram præfato Excellentissimo Grimaldo et in præsentia præfati M. Consultoris, Leonardus Degiovanni, q. Jo. Mathæi, extractus de mandato e carceribus Turris et in præsentem locum adductus et examinatus prævia monitione quoad se et quoad alios juravit tactis etc.

Interrogato rispose :

Io sono Cittadino di Bastia, e vivo delle mie rendite senza impiegarmi in alcun ministero, ed ho la mia casa in Terranuova, sul Colle.

Interrogato rispose :

Nel tempo che son state gettate le bombe in Bastia io ci ero, ma il giorno dopo, avendo mia moglie già inoltrata nella gravidanza, temendosi che gl'Inglesi dovessero ritornare, a di lei sollecitazione io sono partito dalla Bastia, e sono andato a Brando, ove mi sono fermato sino a due giorni dopo che S. E. il Signor Commissario Generale era partito dalla Bastia.

Interrogato rispose :

In Bastia non vi è altro Leonardo Degiovanni fuori di me,

ed io non ho altro fratello che uno che è frate nella Pace, nè del detto cognome ve n'è altro in Bastia fuori di me.

Interrogato rispose:

Io ritornai in Bastia la domenica sera, et il lunedì mattina entrò con capitulazioni il Domenico Rivarola, et intesi che le capitulazioni erano: franca la vita, l'onore, la libertà, e che la Città dovesse restar libera, ed il comando alla Città medesima.

Interrogato rispose:

Dopo alcuni giorni dall'entrata del Rivarola entrarono anche Matra e Gafforio colle loro genti, ed uniti questi col Magistrato della Città, fu eretto il Magistrato degl'Inquisitori, e furono date altre incombenze, ed io fui destinato per Sindico in compagnia di Carlo Casella e di Carlo Filippo Sari. L'incombenza dei Sindici era di riconoscere li redditi camerali, e di far rendere conto a quelli che li avevano amministrati, tanto per il conto passato, quanto per il corrente.

Interrogato rispose:

Fu chiamato a render conto delli redditi dello stagno di Chiurlino il Signor Stefano Spinola, il quale avea ragioni di non pagar cosa alcuna, e non si fece altro. Furono anche chiamati gli affittuarii di Porto Cardo, li quali comparvero e dissero di non aver niente, e nemmeno per loro fu fatto altro. Queste cose noi le facevamo perchè obbligati, e per dar una pura apparenza, e non per altro.

Interrogato rispose:

Che io abbi a memoria, non si sono chiamati altri a conto fuori di quelli detti di sopra.

Interrogato rispose:

Adesso mi ricordo che essendo carcerato un certo De Franceschi, il quale credo che fosse Quarter-Mastro per le truppe, io dissi: « Per cosa carcerare quel povero uomo? Che si doveano vedere li suoi conti et aggiustarglieli, e se era debitore, veder come si poteva fare. » E di fatto fu scarcerato;

e credo che uscisse con sigurtà, non sapendo chi gliele approvasse; ed egli poi mostrò le sue scritture e libri, e si riconobbe che ogni cosa andava bene, ma non gli si fece alcuna dichiarazione perchè non volsero quei Signori, e mi pare fosse Gafforio.

Interrogato rispose:
Noi non si siamo espressi con qual titolo volessimo li conti da tutti questi, ma solamente si facevamo rendere i conti perchè quelli Signori ci obbligavano a tanto fare.

Interrogato rispose:
Io non so che alcuno di quelli i quali hanno reso i conti sia stato obbligato, o a pagare partita alcuna, o a fare alcuna obbligazione; mi ricordo però presentemente che al Signor Pallavicino, Gabellotto di Porto Cardo, fu presa una cassa di robba, qual robba fu estimata, e se la prese, da quel che ho sentito, Gafforio; e m'immagino che possa essere stata presa per debito che avea.

Interrogato rispose:
So che per il debito della gabella di Porto Cardo andò in carcere il Signor Pallavicino, il quale poi fu rilasciato da' medesimi Rivarola e Gafforio, quando stavano per partire dalla Bastia.

Interrogato rispose:
Quando entrarono in Bastia il Gafforio e Matra, andò loro incontro il Podestà cogli Anziani e molti Cittadini, e tra questi vi andai ancor io, non in altra figura che di puro Cittadino.

Interrogato rispose:
Io sono andato qualche volta da Domenico Rivarola, che conoscevo per l'avanti come Cittadino della Bastia; e dal Gafforio ci sono andato perchè, essendo suo padre mio debitore, contro del quale un anno avanti avevo fatto espedir l'esecuzione per un debito di lire 100 circa, per questo io temendo che il figlio non se la prendesse meco, sono andato

qualche volta a trovarlo; e da Matra non ci sono mai andato.

Interrogato rispose:

Io non ho avuto mai segreto nè confidenza, nè dal Matra, nè dal Gafforio; e solamente ho sentito il Rivarola che parlando e a me, e a molti altri Cittadini che erano presenti, diceva che voleva far venir l'Armata, la quale avrebbe fatto l'impresa degli altri presidii di Corsica; ed il Gafforio l'ho sentito, parlando parimente in publico, far punto e forza sopra la pace generale nella quale dicea che si sarebbe saputo il nostro destino.

Interrogato rispose:

Io con altri Cittadini e con altre persone mai ho tenuto discorso in riguardo a quello che avevo sentito parlare e dal Rivarola e dal Gafforio; nè mai, per quel che mi ricordo, ho parlato della Republica, nè del Serenissimo Governo; e può essere che abbia detto qualche cosa, ma io non me ne ricordo.

Interrogato rispose:

Publicamente si discorreva dell'armata inglese, e si diceva che i Signori Genovesi non avrebbero comandato in Corsica; ma che io sappia precisamente chi abbia dette queste cose non me ne ricordo. Io avevo le mie case rovinate dalle bombe; vi erano li Paesani che ci ristringevano; vi era da fare per mantenersi. S'immagini se io potevo pensare a queste cose!

Interrogato rispose:

Io non ho mai detto, in occasione di ricevere i conti da quelli che aveano amministrate le rendite publiche, che la Città, o sia li Capi fossero gli eredi della Republica; nè mai si troverà che io abbia detto tale cosa; e se facevamo render li conti, eravamo obbligati a farlo.

Interrogato rispose:

So che per parte degl'Inquisitori sono state publicate qualche gride, ma cosa si contenessero io non me ne ricordo.

Interrogato rispose :
Io non ho fatto mai alcun passo, o atto, in esecuzione di gride degl'Inquisitori.

Interrogato rispose :
Io so che essendo assediati dal Matra e dal Rivarola, i quali temevano che la Città si dasse a' Signori Genovesi, e per mezzo termine, fu appresso di fare un giuramento solenne di non darsi a nessuna Potenza, ma di conservarsi in libertà; e queste cose si dicevano publicamente, in modo che non ne sapevo di più di quello si sapeva da quei del volgo ; e fu publicato un ordine che tutti dovessero andare a giurare, ed io pure vi andai ; e molte cose si facevano che io non ne sapevo niente, come per esempio fu eletto per Generale Ciaccaldi, che io non ne sapevo cosa alcuna.

Interrogato rispose :
Io nelli congressi publici non intervenivo, e solamente intervenni a quello in cui furono eletti gl'Inquisitori ; e si elessero a voce publica, essendovi presente una gran parte della Cittadinanza, e la Casetta era piena ; ma il giorno seguente poi mi dissero che gli aveano eletti a voti, non essendovi però io andato. Io mi trovo qui confuso, nè so cosa dire.

Interrogato rispose :
Io non ho memoria di essere intervenuto ad altro congresso, e se me ne ricordassi lo direi.

Interrogato rispose :
So che da Rivarola, anzi da Gafforio fu creato per L. T. (1) di Rogliano Carlo Francesco Alessandrini, ed in tanto lo so in quanto una sera ritrovandomi da Gafforio, ho sentito che si discorreva di questo L. T. essendovi presente l'Alessan-

---

(1) Luogo Tenente.

drini, ed ho sentito parlare della patente che detto Gafforio dava al detto Alessandrini di L. T. di Rogliano.

Interrogato rispose :

Si dicea publicamente per la Bastia che il Magistrato della Città avea destinato l'Antonio Marengo a fare un complimento al Comandante inglese, ed ho sentito poi da lui medesimo che il tempo cattivo l'avea obbligato ad andare sino a Livorno.

Interrogato rispose :

Ero in Bastia quando dopo di essere uscito il Rivarola ed il Gafforio si videro le quattro navi inglesi ; e chi dicea che erano quattro galee, e chi quattro navi, e chi dicea che potean essere le galee del Gran Duca, ed altri quelle di Genova, ed io per essere di corta vista non potevo distinguere se fossero navi o galee.

Interrogato rispose :

Io non ho memoria di aver discorso con alcuno di queste navi, se erano navi o galee, ma può essere che ne abbia discorso, e non me ne ricordi.

Interrogato rispose :

Io ho detto che se per parte della Republica fossero state poste in esecuzione le ultime concessioni fatte, tanto in riguardo alla nobiltà, quanto alli L. T., certamente non vi sarebbero state queste ultime rivoluzioni, e che il Matra e Gafforio non si sarebbero mossi, e che il Rivarola non sarebbe stato accettato.

Interrogato rispose :

L'occasione di fare questi discorsi nasceva in me da che avendo provato e vedute le rovine che erano seguite, dicevo che se era eseguito a tempo quello era contenuto nelle concessioni non avressimo provati tanti disastri.

Interrogato rispose :

Nè la nobiltà era stata nominata, nè fatti li L. T., e per

questo dicevo io, e dicevano altri, che non era compito quello che ci era stato concesso.

Interrogato rispose :

Io non ho memoria con chi abbia fatto tali discorsi.

Interrogato rispose :

Io da me ho argomentato, e gli altri ancora dicevano come dicevo io, da che non sono state messe in esecuzione le concessioni della Republica, hanno avuto occasione li Corsi di rivoltarsi, e se i Corsi non si rivoltavano il Rivarola non sarebbe stato ammesso.

Interrogato rispose :

La conseguenza si ricavava era che, atteso quanto sopra, erano venute le disgrazie che erano venute. Per altro era impossibile che la Corsica si conservasse nella libertà, mentre che è piena di miserie ; onde come vuole che potesse stare nella libertà ?

Interrogato rispose :

Ho inteso che la truppa della Republica era stata disarmata, ma io non ci ero, nè mi sono trovato presente ad alcun caso in cui sia stato spogliato ufficiale, o sia soldato.

Interrogato rispose :

In tempo che governava il q. Eccellentissimo Domenico Maria Spinola, vi fu una diceria per Bastia che dovessero entrare li Paesani, con intelligenza di qualche Cittadini di Bastia, per sorprendere S. E. ; ma so che fu detto che era una diceria dei Paesani (1).

Interrogato rispose :

Molti erano li Cittadini de' quali si diceva che vi avessero parte, e si posero nel numero il Signor Pietro Casale, dottor Buttafuoco, Domenico Sansonetti, Antonio Marengo, ed anche me, ma fu una falsità ed invenzione di qualcheduno.

---

(1) Au sujet de ce complot contre Domenico Maria Spinola, dont il est si souvent question, voir les *Mémoires de Rostini*, vol. II, p. 570.

Interrogato rispose :

Io non ho avuto occasione di discorrere di questo affare nè col Sansonetti, nè col Marengo, perchè appunto ebbi occasione in quel tempo di andare alla Penta, e fu anzi precisamente alla Penta che intesi questa cosa dal pievano Consalvi; e dopo essermi fermato qualche tempo alla Penta, ritornai in Bastia.

Interrogato rispose :

Ritornato in Bastia dalla Penta, non ho mai più discorso, nè col Sansonetti, nè col Marengo, di questo affare; e come che la capivo per una falsità, così non curai di giustificarmi, e come tale fu appresa anche in Bastia.

Interrogato rispose :

Io non so per qual motivo io sia stato messo in prigione, se non è perchè abbia parlato a favore della Città per far andar via Gafforio dalla Città ; e così chi ha fatto bene ha male. Io però sono stato preso in chiesa, perchè quando fossimo trasportati in Capraja entrammo sciolti in una chiesa, e pretendo godere della Immunità.

Ætatis annorum 49 circa.

Illico in eodem loco et coram etc. extractus e carceribus de mandato Carolus Philippus Sari, q. Ludovici, et in præsentem locum adductus et examinatus prævia monitione quoad se et quoad alios juravit tactis etc.

Interrogato rispose :

Prima di rispondere ad alcuna cosa devo dire che pretendo di godere dell'Immunità della Chiesa, perchè ne sono stato estratto due volte, cioè la prima volta quando fui carcerato in Bastia, essendomi ritirato nell'oratorio di S. Croce dal quale fui levato da Bastiacci e posto in carcere ; e la seconda volta dopo il nostro arrivo in Capraja, essendosine andati liberamente tutti nella chiesa dell'Assunta del Porto, dove tutti si dichiarammo di essere in Chiesa.

Interrogato rispose :

L'istesso giorno che furono tirate le bombe in Bastia, io non solamente per il timore di essere colpito da qualche cannonate, ma anche per tener compagnia e far guardia alla casa di Marco Massei, figlio di Nicoletta, mi portai in essa casa, che è situata al piè del Molo, verso la Marina ; e mentre stavo nella medesima casa, verso le 20 ore, bussò alla porta il Bargello di Campagna, ed io credendo che si volesse ritirar dentro per le cannonate, tirai su il saliscendolo, e m'avvedendo che non si apriva, e sentendo che si faceva forza, son calato giù ed ho levato il ferro morto che chiudeva la porta, e mi è venuto subito dentro il medesimo Bargello con birri e gente del paese ; ed il Bargello mi disse che ero prigioniere, ed io gli risposi : « Ebbene, andiamo. Sono qui per ubbidire chi comanda. » Nè io mai ho saputo il motivo per cui mi catturasse il Bargello ; e meco anche fu catturato il Marco Massei ; ed essendo per la strada il di lui zio, Carlo Casella, lo catturarono anche esso, e ci portaro in prigione, nella quale vi stettimo fino a quella notte che S. E. s'imbarcò, essendo stati poi quella stessa notte liberati senza saper da chi ; so bene che andammo tutti a ringraziare il Signor Vicario Vicegerente, essendovi presente il Signor Auditore, Francesco Maria Lucciana, e taltre persone che non mi ricordo ; ed usciti dalla Cittadella, andammo tutti col Signor Lucciana in casa del Signor Petroni (1), ove avea lasciata sua moglie, e poi di là ritornammo nuovamente in Terranuova, ed andammo tutti in casa del detto Lucciana, e si

---

(1) Beau-père de Lucciana.

misimo a letto a dormire, ma non si potè per il grande rumore che vi era, attesa la voce che era stata sparsa che bruciava la polveriera ; ed alla mattina di buon' ora andammo nell'oratorio di S. Croce ad udire messa, ed il medesimo giorno si unì il Magistrato con tutti li Capi delle Arti per prendere risoluzione, perchè avevano presi tutti li mulini, nè si poteva resistere ; ed in questo congresso v'intervenni anche io, e si risolvette di mandare a dire che sospendessero le armi, e che mandassero a dire cosa pretendevano. Fui destinato io, che andai verso S. Nicolaio, e facendo segno con un fassoletto bianco, fui accettato, ed accompagnato di quattro Paesani armati sino a Monserrato, ove arrivato, mi sono abboccato col Rivarola il quale mi disse cosa volevo ; ed io gli risposi che la Città voleva sospensione di armi affine di trattare con lui, ed egli mi rimandò indietro con dar ordine che non si tirasse più ; e ritornato in Città, il Magistrato destinò il maggior Gentile, Antonio Marengo ed il dottore Morelli, ma il Morelli non vi andò perchè non si la sentiva, e questi andarono a trattare ; e ritornati la domenica che era il giorno seguente, fecero leggere prima il diploma del Duca di Savoia nel quale si diceva in sostanza che egli accordava la sua protezione alla Corsica sulle instanze del Domenico Rivarola, di Paolo Francesco Sari, mio fratello, e di un tal de Bonis ; e dissero poi, tanto il Marengo, quanto il Gentile, che il Rivarola voleva accordare solamente salva la vita, l'onore, la robba, le sostanze e le armi, agli abitanti della Bastia, ove voleva entrare ; e vi fu uno, che credo fosse uno dei Capi d'Arte, il quale portò la sua opinione, che era di aspettare anche gli altri Capi per trattare anche con loro, ed altri dissero che il Rivarola voleva entrare quella sera, e che per quella sera si dovea risolvere ; il che sentito, tutti concorsero a trattare col Rivarola, ma io non so se fossero estese le capitolazioni.

Interrogato rispose :

Io parlai in quella congiuntura e dissi che si risolvesse, o per il sì, o per il no, per non farsi più abbrugiare le case, mentre ne andavano cascando alcune, e non m'imbarassai più d'altro perchè mi cascavano le case, ed io bisognava che stassi presso i maestri per farle riparare.

Interrogato rispose ;

Entrato poi il Rivarola alli 22, dopo otto giorni entrarono anche il Gafforio ed il Matra, e comandavano tutto loro, e disponevano delle cose a loro piacere.

Interrogato rispose :

Dopo entrato il Gafforio ed il Matra, fu da loro in compagnia del Magistrato, eretto il Magistrato degl'Inquisitori e quello delli Sindici, ed in questo de' Sindici fui nominato ed eletto anche io ; nè mi curava di esercitarlo, nè di avere questo rompimento di testa, ma chi non ubbidiva era obbligato con fucilieri che vi si mandavano in casa.

Interrogato rispose :

L'ufficio dei Sindici era di esaminare i conti di quei che avevano amministrato le cose camerali, e quelli che aveano rubato.

Interrogato rispose :

Io sono intervenuto tre o quattro volte cogli altri Sindici, ed in queste occasioni si sono riveduti li libri di Ottone de' Franceschi che avea in custodia li letti, coperte, e cose simili della Camera, ma non gli si è fatto saldo di alcuna sorte perchè il Gafforio ed il Rivarola non hanno voluto ; ed un' altra volta si chiamò a conti l'aiutante Asdente per li denari e pane che avea somministrato alla gente ; ed anche si chiamò il fornaro; ma io in questi due affari non mi fermai per sentire la conclusione perchè non mi volevo pigliare questi rompimenti di capo; e non volendo in nessun conto fermarmi in Bastia, avevo risoluto di ritornarmene in Roma, come di fatto avevo dimandata due volte la mia licenza, ma non me l'hanno voluta dare.

Interrogato rispose :

Nel mese di gennaio p. p. io ho servito anche da Ministrale in luogo dell'Antonio Marengo, ma tutti vendevano a modo loro, quanto gli piaceva e pareva, ed ho data la meta alla carne e vino, ma venivano *pro forma*.

Interrogato rispose :

Se non veniva chiamato io non andavo, nè in casa del Rivarola, nè dal Gafforio, nè dal Matra, perchè sono di mia inclinazione assai ritirato, e me la passo per lo più in casa mia.

Interrogato rispose :

Mio fratello venne in Bastia quando ritornarono le navi, e certo che venne ad abitare in casa nostra, ma io mi vedevo poco con lui, perchè se era per il pranzo, era invitato quà e là, e se per dormire, egli dormiva in casa in una stanza che aveo fatto accomodare dopo il bombeggio, ma essendo guaste le altre stanze, io dormivo fuori.

Interrogato rispose :

Nel tempo che vi è stato mio fratello in Bastia io non ho mai discorso degli affari con lui, nè della Republica, e solamente gli ho detto che guardasse come avea ridotto la sua casa, ed egli mi rispose che era ufficiale, e che dovea ubbidire; e discorrendo col Rivarola e Gafforio, gli ho detto che la finissero una volta, e che brugiassero tutto perchè eravamo già rovinati.

Interrogato rispose :

Io sono andato una volta al bordo delle navi, per curiosità; e vi andai in occasione che furono portati a bordo delle navi, prigionieri, il Signor Vicario e Lorenzo Saluzzo (1), e vi stetti solamente un quarto d'ora, essendo ritornato in terra con quella gondola che portò il regalo della Città al Comandante.

---

(1) Voir notes p. 142.

Interrogato rispose :

In occasione de' discorsi che si tenevano publicamente, chi diceva una cosa, e chi un'altra; altri diceva che la Republica Serenissima avea li suoi alleati, cioè la Francia e la Spagna, ed altri che gli avversarii già si erano messi in cammino, e così chi ci avrebbe distrutto per una parte, e chi per un'altra.

Interrogato rispose :

Come che io dalla Republica non avea avuto nè bene nè male, così non aveo occasione di parlarne, nè mai ne ho parlato; anzi un giorno un tale capitano Angelo mi trovò solo, come solevo fare, verso S. Giuseppe, e mi dimandò di che opinione ero io, e che avendo tanti parenti potevo spiegarmi; ed io gli risposi che non sapevo come potevo esser gradito, ma che mi dispiaceva di avere mia madre vecchia, che per altro non sarei mai più stato in quel paese.

Interrogato rispose :

Io della Republica non ne ho sentito discorrer altro, solo che armava e faceva gente.

Interrogato rispose :

Io ho anni 39 circa.

Quibus habitis etc.

Die martis 26 dicti mensis aprilis, in tertiis, Franciscus Maria Lucciana, Petri Antonii filius, extractus e carceribus Turris, et in præsentem locum adductus et examinatus et constitutus prævia monitione quoad se et quoad alios juravit tactis etc.

Interrogato rispose :

Quella notte che s'imbarcò S. E. io mi trovavo in casa

mia, che è situata vicino al Duomo di Terranuova di Bastia (1), e venne da me un tal oste genovese detto di soprannome il Minuto, il quale mi disse che S. E. andava via ; ed io subito uscito di casa, andai dal Signor Antonio Marengo, che trovai a tavolino che rispondeva ad un scritto fatto dagli ufficiali ; ed avendo io detto al detto Marengo che S. E. se ne andava, egli mi rispose che non potea darsi, giacchè egli appunto stava rispondendo ad uno scritto fatto dagli ufficiali, i quali avevano detto che la Piazza si potea mantenere per molto tempo, e che dovea portare all'indomani a S. E. tale risposta ; e seguito ciò, me ne sono ritornato a casa mia; ed indi a qualche ore sentii la voce di Pietro Pasqualini che mi chiamò per voce, dicendomi che se mi era cara la vita scappassi, perchè bruggiava la polveriera; e allora io uscito di casa unitamente con Gioacchino Morelli che era in casa mia, et andando verso piazza di Corti, ritrovai nel vicolo che vi conduce il detto Pasqualini col capitano Romanelli, qual Pasqualini mi disse che aveva prese le chiavi delle Porte, ed il Romanelli mi disse : « Venite, andiamo verso la polveriera a vedere cosa vi è di nuovo » ; e s'incamminammo verso detta parte, appunto ove vi capitò ancora il Bargello, birri, e molte altre persone, e tra queste ancora in appresso l'Antonio Marengo, e si spedì per cercare le chiavi della polveriera dal Signor Tesoriere ; ma avendo egli risposto che le chiavi non le avea, e che erano appresso all'uomo che lo serviva, allora si fece prendere un palaferro e fu gettata giù la porta per riconoscere se vi era fuoco, nè avendolo ritrovato, si publicò subito che non vi era niente di nuovo; ed essendo ritornato a casa mia, ritrovai che la casa era serrata, che mia moglie era andata via, e per questo, supponendo che fosse andata in casa di Domenico Petroni, suo padre, m'incamminai per uscire da Terranuova; ma avendo incontrato sulla piazza di Corti il

---

(1) Voir note p. 66.

Signor vicario Rossi col Signor Auditore, ed altri, detti lor nuova che nella polveriera non vi era niente di nuovo, e stimai mio obbligo di accompagnarlo a Palazzo, ove arrivato, indi a poco gli feci instanza che ordinasse la scarcerazione di Carlo Casella, Carlo Filippo Sari e Marco Massei, atteso che detto Massei era mio nipote; ed avendomi detto di sì, non si trovavano le chiavi delle prigioni perchè il carceriere non vi era, ma poi avendo detto un guardiano del porto che le chiavi le avea lui, furono aperte le carceri e rilasciati li tre prigionieri, quali vennero a ringraziare il Signor Vicegerente; ed io poi uscito di Terranuova in compagnia de' scarcerati, andai in casa di mio suocero dove vi ritrovai mia moglie, ed ove la lasciai, e me ne ritornai in Terranuova colli medesimi scarcerati, quali dormirono in casa mia.

Interrogato rispose:

Io non so, nè ho mai saputo per qual motivo fossero stati carcerati li detti Casella, Sari e Massei.

Interrogato rispose:

Uscito alla mattina di casa mia, arrivai sulla piazza di Corti in tempo appunto che veniva publicata, a suon di tamburo, una grida nella quale si dicea che dietro ordine del Vicegerente e Magistrato si dovesse riconoscere per Maggiore della Piazza Francesco Maria Gentile; ed io poi entrai a Palazzo nelle stanze, o sia sala, del Tesoriere, che era invicendato perchè, chi prendeva palle, chi prendeva scaglie, ed avendogli io fatta instanza che pagasse un debito di lire 180 circa che avea a favore delle monache Turchine della Bastia, sentendo che avea intenzione di vendere alcune sedie, gli dissi che ne averei presa una parte, come di fatto la presi, assumendomi il carico di pagarne il prezzo alle monache; ed avendomi il detto Signor Tesoriere fatta instanza che gli salvassi qualche straponta e letti, io gli dissi che l'averei servito; e chiamata gente presi le sedie ed i letti, e li feci trasportare in casa mia, e poi glieli ho rimandati; ed uscito poi da Cittadella, seppi sulla piazza di Corti che il Magistrato colli Capi delle Arti si erano uniti in Casetta; io poi non potei entrarvi perchè la porta era di già serrata.

Interrogato rispose:

Io ero Maestro delle Cerimonie di S. E., e mi veniva pagato dalla Camera Eccellentissima lire 50 per mio salario.

Interrogato rispose:

Il giorno seguente seppi che erano stati mandati a trattare col Rivarola Antonio Marengo ed il maggior Gentile; e ritrovandomi in casa del Signor Vicario, venne l'Antonio Marengo, il quale diede notizia al Signor Vicario che la capitolazione era seguita salvo l'onor, la robba e la vita; ed il Signor Vicario dimandò se egli e gli ufficiali della Republica erano inclusi nella capitolazione, ed il Marengo rispose che l'Auditore, perchè era forestiere, era incluso, ma che il Signor Vicario e gli ufficiali erano stati esclusi dal Rivarola per causa che avea i suoi figli prigionieri in Genova, e che non si era potuto far di meno; ed il Signor Romanelli mi fece instanza di conservare in mia casa cinque o sei bauli, quali per salvare l'apparenza furono prima mandati alle monache, e poi in casa mia; e glieli restituii quando fece partenza; ed il giorno in appresso, che credo fosse il lunedì, entrò il Rivarola incontrato dal Magistrato, ma io non feci funzione alcuna, essendomi fermato in piazza vestito di colore, giacchè col Rivarola non m'intendeva molto.

Interrogato rispose:

Dopo alcuni giorni dell'entrata del Rivarola fui chiamato, di suo ordine, da un' ordinanza, e trasferitomi in piazza di Corti, ove egli era col maggior Gentile et altre persone, mi disse il detto Rivarola che essendovi notizia veniva il Matra col Gafforio con molto seguito di gente, volea che io gli andassi incontro per persuaderli ad entrare con poca gente, perchè la Città non potea soffrire questo carico, ed io gli risposi che vi sarei andato, ma che solo non volevo andarvi;

ed allora mi fu dato per compagno il Signor Carlo Casella ; ed essendo andati sino alla Penta di Casinca, ed abboccatomi con essi, procurai di persuaderli, ma essi risposero che voleano venire con tutto il seguito, per non ricevere, ma per dar legge al Rivarola ; e come che mi era stato detto che venendo questi, doveano andare ad abitare in casa dei Signori Spinola, avendo detto questa cosa a' Signori Matra e Gafforio, essi risposero, cioè il Gafforio, che voleva andare ad abitare in Cittadella ; al che avendo io replicato che questa cosa dava ammirazione, e che poi il Palazzo era stato danneggiato dalle bombe, allora egli mi disse che sarebbe venuto in casa mia ; e come che egli è un poco parente di affinità, per mia moglie, gli risposi che era padrone. Con tali risposte siamo ritornati in Bastia, ed avendo riferito il tutto al Rivarola, questi volea prendersela meco, ed io gli dissi che non avevo potuto far di più, nè mi era riuscito di persuadere, nè al Matra, nè al Gafforio, il suo intento, e che potea valersi di altre persone di maggiore abilità della mia. Di fatto, accostandosi essi alla Città, fu spedito il Canonico Poggi, con altri, ma senza effetto ; ed in ultimo luogo fui spedito nuovamente io col dottore Morelli, ma senza parimente alcun effetto, e solamente si convenne che la truppa non dovesse entrare in Terranuova, a risalva di soli 100 uomini.

Interrogato rispose :

Dopo entrato il Gafforio ed il Matra io partii dalla Bastia, ed andai a Lucciana per molti miei interessi ; e fermatomi per due giorni, ritornai in Bastia, ove riseppi che dal Magistrato e dalli detti tre Capi erano stati fatti il Fiscale, Inquisitori e Sindici ; ed in appresso, essendo venuta notizia che in Murato era seguito un omicidio, fu ordinata una commissione alla quale era destinato il Signor Buttafuoco, ma essendo questo indisposto, così fui destinato io ad andarvi per Commissario ; e partito dalla Bastia col notaro Cattaneo, sono andato a

Murato. ove feci il processo; ed avendo scritto al Gafforio quel che risultava in processo, mi venne poi l'ordine, tanto del Gafforio, quanto del Rivarola, che dovessi far abbrugiare la casa e devastare li beni del reo; come feci, facendo brugiare una casa e devastare una vigna, giacchè il resto era stato devastato dalli parolanti.

Interrogato rispose :

A me non fu data patente, ma semplicemente una istruzione sottoscritta dal Rivarola e Gafforio, nella quale mi si ordinava cosa dovevo fare; e per questa Commissione non ho presa cosa alcuna; e pochi animali che vi erano, se li mangiarono li Paesani e birri che vennero meco.

Interrogato rispose :

Come che si riempivano le prigioni di persone, d'ordine del Rivarola, maggior Gentile, Gafforio, Inquisitori e Sindici, mi fu data l'incombenza dal Gafforio di prendermi cognizione dei medesimi, e che non potessero essere liberati senza che io riferissi il motivo della carcerazione al Gafforio; nè fuori di questa ho avuta altra incombenza, nè mi sono ingerito in cosa alcuna.

Interrogato rispose :

So che è stato spedito al Capo Corso, d'ordine del Rivarola, un tal Casabianca, nè so il motivo per cui sia stato spedito; e so ancora che è stato mandato Giuseppe Maria Massese per prendere la robba che si aveva notizia esser colà, e che dicevasi essere del Signor Pallavicino, il quale era debitore alla Camera, e mi trovai presente quando il Gafforio diede un tale ordine; e ritornato Massese, dopo alcuni giorni, fui presente quando fu fatto l'inventario di un baule del Signor Pallavicino, e vidi che vi erano dentro alcune robbe della sua Signora, qual robba fu estimata in presenza mia e di altre persone, ed il Gafforio disse che volea tenersi la robba per se, come di fatto se la tenne, e se la portò via dicendo che non volea seguisse come la robba di S. E. che se l'avea presa il Rivarola, e che voleva esserne lui il debitore.

Interrogato rispose:

Fui anche destinato ad andar in casa del Signor Pallavicino e del Signor Passano, che erano affittuarii delle gabelle, per far l'inventario, anzi ad assistervi; ed io vi andai perchè l'Arcidiacono Stefanini mi avea raccomandato il Passano, e volevo favorire l'amico, essendo destinato a questa assistenza dal Gafforio; e si fece l'inventario più *pro forma* che per altro, mentre essi erano già arrestati in Cittadella, e la robba inventoriata si lasciò in casa, e poi le chiavi furono portate via dal notaro; ed il giorno in appresso furono restituite le chiavi, tanto al Signor Pallavicino, quanto al Passano, mediante un sborso che il Signor Passano fece di lire 100, ed il Pallavicino pagò lire 200, e diede anco sigurtà il figlio.

Interrogato rispose:

Li detti denari furono pagati da un tal Francesco Maria Pelle in mano del Gafforio, ed io vi ero presente e numerai il detto denaro.

Interrogato rispose:

Il Rivarola pretendeva che li detti affittuarii pagassero lire 10 mila, perchè diceva che aveva avuta notizia che il Pallavicino aveva offerto all'Eccellentissimo Pier Maria Giustiniano lire 10 mila; ma il Gafforio, per far dispetto al Rivarola, a mia instanza si contentò delle 100 e 200 lire come ho detto sopra, ed ordinò che non fossero molestati, e li fece rilasciare; anzi al Signor Passano avea altresì data parola di dargli la sua licenza per imbarcarsi.

Interrogato rispose:

Un'altra volta, non essendovi il Cancelliere nè il deputato di scritture per riconoscere le lettere, fui io destinato dal Gafforio, in occasione che doveano partire due bastimenti sopra de' quali si doveano imbarcare la nipote del Vicario ed il capitano Casavecchia, a ritirare le lettere che vi fossero, giacchè vi era ordine che quelle lettere che non aveano il sigillo dell'Inquisitori dovessero visitarsi ; e così io feci fare la ricerca, per mezzo di un birro, delle lettere, e quelle che furono ritrovate, il birro le portò agl'Inquisitori.

Interrogato rispose :

Fuori delle suddette io non ho avuta altra incombenza nè ingerenza di publico servizio.

Interrogato rispose :

Ho saputo che in casa di Monsignore e nel Seminario erano stati da' Paesani presi comestibili, e nella cantina di Monsignore si dissipava il vino, ma io non vi ero presente, nè so chi così facesse, nè chi si prendesse la detta robba.

Interrogato rispose :

Io so, per quel che ho inteso dire publicamente, che la robba di S. E. che era rimasta in Palazzo, il Rivarola se la fece trasportare in sua casa contro l'assenso della Città ; e rispetto alle provvigioni, so che il Gafforio si serviva della legna e carbone quando era in Cittadella ; che quando stava in casa mia soffrivo io la commissariata. È ben però vero che io ne ebbi ancora da cinque a sei some perchè me ne trovai mancante, giacchè dalle genti del Gafforio si brugiavano le legna ; ed il restante poi di dette legne erano ripartite alli quartieri, con qualche sorte di ordine finchè vi furono in Bastia il Rivarola ed il Gafforio ; ma essi partiti, li Bastiesi hanno dato il sacco.

Interrogato rispose :

Quando son nate le differenze tra il Gafforio ed il Rivarola, e che vi seguirono archibugiate e morti, stavo ritirato in casa mia, nè mi sono preso alcuna ingerenza.

Interrogato rispose :

Furono accordate le differenze fra il Rivarola e Gafforio, e fu aggiustato che uscissero tutti due ; e tutti cooperarono ad effetto uscissero per stare con un poco di quiete ; ed il Gafforio uscì un giorno dopo del Rivarola con tutti quelli uomini che seco avea in Terranuova, e portò via da 15 some cariche, parte di polvere, e parte di palle ed altro.

Interrogato rispose:

Io accompagnato ho il Gafforio sino alle porte di Terranuova, nè so che gli sia stato presentato in quell'atto alcuna lettera.

Interrogato rispose:

Io non ho discorso, nè mai ho inteso discorrere di cose appartenenti, nè al governo di Bastia, nè a quello di Genova; e se si discorreva, si discorreva di cose indifferenti e generali, non sovvenendomi di alcun discorso preciso; e molte volte si lagnavimo degli ufficiali e dell'abbandono che aveano fatto della Città nel tempo delle bombe, avendo veduto che tutti gli ufficiali stavano ritirati; e fuori di questo non ho avuto mai alcun discorso; nè sono stato mai in casa sua (1) per far conferenze; e da Gafforio ho inteso più volte che dicea publicamente che dopo che fossero stati presi tutti li presidii del Regno, si sarebbe tenuta una Dieta generale, e che si sarebbe determinato un nuovo metodo di governarsi; e parlando particolarmente a me, mi dicea che il Rivarola avea intenzione di far venire 1500 uomini di truppa regolata del Re di Sardegna, ma che non averebbe avuto questo onore, e che l'intenzione sua era di mettere quello Regno in libertà, perchè riguardo alla Repubblica di Genova Iddio averebbe provvisto; e mi dicea inoltre che non era vero che li Capi Corsi avessero fatta instanza al Re di Sardegna, come diceva il diploma, e che il Rivarola avea fatta una lettera, e finto il suo nome, ma che egli non avea mai scritto; e solamente così generalmente si discorreva di tutto, senza nominare la Bastia.

Interrogato rispose:

In occasione che vennero l'ultima volta le navi inglesi, io

---

(1) C'est-à-dire chez Rivarola.

andai a vederle sulle muraglie, al dopo pranzo ; nè ho avuta occasione di discorrere della venuta di dette navi, nè del motivo della medesima.

Interrogato rispose :

Nel tempo del governo del Signor Domenico Spinola si disse che in Bastia era seguito un tumulto, ma io non ne so altro ; so che il Marengo se ne andò via, e poi ritornò, per quel che mi pare, con un salvo condotto ; e mi pare che in detta occasione non partissero altri dalla Bastia ; ma poi questa cosa si risolse ad un nulla.

Interrogato rispose :

Fuori che quello ho detto sino a quest'ora io non ho operato nè parlato di cosa alcuna, nè in riguardo alla Serenissima Repubblica, nè in riguardo alla libertà della Città ; e quando fu fatto il giuramento di non darsi ad alcuno, nemmeno andai a giurare perchè ero ammalato.

E dettogli che egli nasconde la verità ; e che dal modo di esprimersi nelle risposte che dà agl'interrogatorii fattigli si vede che egli studiatamente si vuol occultare ciò che per altro è vero e risulta dalle cognizioni presesi da S. E., cioè che egli confidentissimo come era del Gafforio, entrava a parte di tutti i suoi Consigli, e si era reso dispotico regolatore anche col titolo di parentela che con esso avea ; il che vien dimostrato dalle incombenze dategli dallo stesso Gafforio e dal Rivarola di commissariate publiche, nelle quali ha esercitato il jus unicamente competente al Supremo Principe di brugiamento di case e divastazione de' beni, e le altre incombenze di formar inventarii, e di prendere la robba de' publici gabellieri della Republica Serenissima, per il titolo che essi fossero debitori del Gafforio e Rivarola, succeduti in luogo della Republica Serenissima, ed a questo titolo abbia estorto denari da' medesimi, ed occupata molta loro robba ; il che ha fatto, resosi apertamente, non solamente aderente e fautore, ma compagno de' rebelli e nemici attuali della Repubblica, contro la quale in più e più occasioni non solamente ha sparlato esagerando il di lei mal governo per incitare gli altri contro la stessa, ma si è espresso di voler perdere il sangue piuttosto che soffrire mai più il governo e giogo de' Genovesi; la robba de' quali ha creduto di poter impunemente occupare, tanto nel trasporto in casa sua propria di quantità di vino spettante al vescovo Saluzzo, quanto di legne ed altro che ha ritrovato nel Palazzo publico, disponendo assolutamente e dispoticamente, col manto del Gafforio ribelle e nemico della Repubblica, di ogni cosa; dalle quali cose tutte risulta che egli si è fatto e si è dimostrato ribelle e nemico della Repubblica, sua legittima padrona, operando contro di lei e suoi ministri con mal'animo; il quale anche ha dimostrato in occasione, e prima dell'ultima ribellione e guerra, quando fu fatto complotto contro la persona del q. Eccellentissimo Domenico Maria Spinola, Commissario del Regno, entrando a parte delli consigli e maneggi a questo intento; e perciò, considerato come ribelle ed inimico della Repubblica, dovrà egli aspettare li giusti di lei risentimenti, nel modo che ad un Principe conviene contro un suo suddito fattosegli ribelle ed inimico; e de' suddetti fatti non si può dubitare, deponendone più persone per cognizione di S. E. che ha avuto l'incarico di sentirle, ed anche si ricava dalla confessione di più fatti da esso confessati, e dall'impegno che dopo la sua carcerazione seguita presero li ribelli ed inimici della Repubblica a favor suo e d'altri carcerati; ordinando S. E. che affine di disporlo a dire la verità gli si leggano le deposizioni di alcuni che hanno deposto dei fatti contestatigli.

Rispose:

Io ho detto tutto quello mi è seguito, e se ho eseguite alcune incombenze datemi dal Rivarola e Gafforio, non l'ho fatto con ma l'animo; e poi di tutto quello è seguito nelle ultime contingenze i Patroni Serenissimi hanno dato il perdono a tutti, come a me ed a' carcerati; essendone stati assicurati in Caprara dal patron Cecco Patrimonio, quale ci lesse l'instruzione, se non era falsa, il che non credo; e poi io e gli altri godiamo dell'Immunità della Chiesa, giacchè arrivati in Caprara, siamo andati liberamente in una chiesa che è alla marina, e perciò pretendo di essere stato preso in luogo sacro; inoltre dico, senza appartarmi niente da queste due pretensioni, che quelli che hanno deposto le cose che mi sono sentito contestare hanno deposto falsamente, giacchè io non ho mai parlato nella maniera che dicono, e quel che ho operato, l'ho operato forzatamente e con buona intenzione. Dicono il falso in quella parte che io sia stato spedito al Capo Corso; del vino di Monsignore; e di essere andato nella Dogana; e di altre cose, a riserba di quello che ho confessato; come pure dicono il falso che io avessi alcuna ingerenza nel fatto del complotto contro del q. Eccellentissimo Spinola.

E replicatogli che non gli suffraga l'Immunità allegata, giacchè egli e gli altri sono stati portati, non in una chiesa, ma in una cappella campestre che non gode immunità, e che in ogni caso vi sono stati trasportati a custodia, il che esclude qualunque si sia titolo per questo caso; come pure in niente gli suffraga l'allegazione di aver egli operato forzatamente, giacchè, tanto dal modo con cui ha confessati i fatti de' quali ha deposto, quanto per le cognizioni presesi coll'esame di più testimoni da S. E. e contestategli, risulta chiaramente che tutto ciò che ha operato, l'ha operato liberamente, e senza che gli sia stata usata alcuna violenza, quale nemmeno ha avuto l'ardire di allegare di essergli stata intimata se non eseguiva le incombenze che ha eseguite; nè gli suffraga in nessun conto l'allegazione del perdono ottenuto, giacchè non è vero essere stato concesso alcun perdono, ed il Cecco Patrimonio non poteva avere alcuna altra incombenza, se non che di trattare colla Città di Bastia, la quale, prima che non solamente fosse aperto alcun trattato col

Cecco Patrimonio, ma prima anche che vi fosse alcuna notizia di questa incombenza di trattare, ha consegnato lui e tutti gli altri suoi compagni liberamente alla Serenissima Republica ; e che perciò egli dovrà essere riputato, come si replica, per ribelle, aderente a' nemici e ribelli della Republica, e perciò, come tale, anche esso nemico della Republica; onde dica quello gli occorre.

Rispose :

Replico che io non sono nè ribelle nè altro, nè ho avuto mai tale intenzione, ed ho operato, come hanno operato tutti gli altri, per forza. L'Immunità della Chiesa pretendo goderla, perchè in detta cappella vi si celebra ogni festa ; ed il perdono l'ho veduto io che era stato concluso sotto gli 8 o 9 di marzo, e così prima del nostro imbarco.

E dettogli se abbia alcune scuse, escolpazioni, o difese, che le adduca presentemente, giacchè il Governo Serenissimo procede contro di lui per l'jus della guerra ed ostile.

Rispose :

Quel che ho detto lo replico ; e la Republica Serenissima, come padrona, faccia quello che vuole. Sono in forza, e bisogna che vi stia ; e non diffido punto del perdono concesso dalla Republica Serenissima.

Ætatis annorum 38 circa.

Indi poi è stato ammonito per qualunque giorno ed ora a sentire gli ordini e deliberazioni de' Serenissimi Collegi.

Ea in vesperis in loco prædicto et coram etc. extractus pariter de mandato e carceribus Turris Dominicus Cardi Sansonetti (1), q. Sansonetti, et in præsentem locum adductus,

---

(1) Domenico Cardi Sansonetti, marié à Anna Felice Calvelli, était fils de Sansonetto Cardi et d'Angela Caterina Olmeta.

examinatus et constitutus reus prævia monitione quoad se et quoad alios juravit tactis etc.

Interrogato rispose :

Prima di rispondere io mi protesto di goder dell'Immunità Ecclesiastica, essendomi rifugiato nella chiesa di Santa Maria del porto di Capraja.

Interrogato rispose :

Protesto di nuovo di non contestare esame se non che astretto, nec aliter, nec ullo modo etc.

Interrogato rispose :

Astretto, senza pregiudizio dell'Immunità Ecclesiastica, dico che quando sono state gettate dagl'Inglesi le bombe in Bastia, io mi trovavo a letto colle terzane, e mi levai di letto, ritirandomi in una villa con tutta la famiglia vicino al convento degli Angeli, avendo lasciato solo mio figlio (1) nella casa.

Interrogato rispose :

Mi fermai in detta villa sino alle 24 ore, ed essendo caduta ivi una bomba che ci coprì tutti di terra, mi sono ritirato in una cantina ivi vicina, e vi sono stato tutta quella notte, qual cantina è di Giov. Battista Guasco.

Interrogato rispose :

Li due giorni seguenti, non solamente per li patimenti che avevo sofferto, ma anche per la terzana doppia, mi sono fermato in letto.

Interrogato rispose :

Ritrovandomi in letto, verso le tre ore di notte, venne a bussare in casa mia un tal tenente Domenico Odiardi, il quale mi disse che l'Eccellentissimo Commissario Generale si era imbarcato ; che aveva lasciato il fuoco attempato alla polveriera, e che fuggissimo tutti ; e perciò io, mezzo vestito

---

(1) Giovan Battista, capitaine au Royal Corse en 1740.

e mezzo spogliato, con tutta la mia famiglia mi sono rifugiato in quella stessa villa ove era andato in tempo delle bombe.

Interrogato rispose:

Si siam fermati per due ore, dopo il decorso delle quali ritornammo in casa nostra, essendo precorsa la voce che avevano levato il fuoco dalla polveriera; e mentre io ritornavo in casa mia, ho incontrato molta gente, tutta di Bastia, che avean spogliati di armi li posti, e portata via molta robba, compresa molta di S. E.

Interrogato rispose:

Ritornato in casa mia, mi vi sono fermato tutta la notte, e la mattina seguente fui mandato a chiamare dal Signor Podestà che montassi in Terranuova; ed unitamente col Signor Podestà, e molti altri che erano avvisati, andammo dal Signor vicario Rossi in Cittadella, e gli si disse che si fermasse qui per Vicegerente, e che non avesse paura alcuna, e fu detto che anche l'istessa notte da molti fu detta l'istessa cosa al detto Signor Vicario.

Interrogato rispose:

Il Signor Podestà lì in Terranuova, non ricordandomi precisamente il sito, disse publicamente che a lui, essendovi presente l'Antonio Marengo, aveva detto S. E. la stessa notte, poco prima che partisse, che non era suo decoro il capitolare col Rivarola; che perciò lui lasciava la Città al Magistrato, e che il Magistrato medesimo, quando non avesse potuto reggere, conservasse l'amore alla Republica Serenissima; e non mi ricordo se questa cosa fosse verbale o in scritto; ma come che io mi trovavo tocco dal male, e lì in Terranuova, chi rubava da una parte, e chi dall'altra, io mi son ritirato a casa mia; nè si fece novità alcuna, mandando solamente gente a quartieri perchè non entrasse il Rivarola.

Interrogato rispose:

Il giorno seguente fui mandato nuovamente a chiamare

d'ordine del Signor Podestà, ma come che io ero mezzo ammalato vi andai tardi, e ritrovai che già nella Casetta era riunito il Consiglio, intervenendovi il Magistrato, li migliori Cittadini e li Capi delle Arti, e riseppi che Antonio Marengo e il maggior Gentile erano ritornati da trattare col Rivarola, d'ordine del Magistrato, ed avevano portate le capitolazioni, che in appresso poi ho saputo contenere che la Città dovesse essere libera, salvo l'onore, le sostanze, la vita e le armi a tutti gli abitanti; e queste capitolazioni ho sentito che la Città le avea accettate perchè non poteva reggere, e l'armata inglese era ancora alla vista, e non vi era ne' magazzeni publici che 16 o 17 stara di farina; altrimenti dissero che se non si accettavano queste capitolazioni il Rivarola averebbe incendiata tutta la Città; e la mattina seguente entrò il Rivarola.

Interrogato rispose:

Io arrivai tardi in Casetta, che già era tutto aggiustato; nè ho sentito i discorsi che si sono fatti, e solamente fui presente alla risoluzione, mentre tutti dissero: « Purchè ci mantenga dette capitolazioni, entri pure. »

Interrogato rispose:

In quella occasione io non ho veduto nè sentito leggere alcun diploma; ma dieci o dodici giorni dopo ho veduto e letto un diploma nel quale si conteneva che S. M. Sarda accordava a' Corsi le sue alleanze e la sua protezione, anche dopo le paci.

Interrogato rispose:

Dopo entrato Rivarola, di lì a due giorni, andò lui proprio in Palazzo, e prese tutta la robba che avevavi lasciato presso Piantanida S. E., e la fece trasportare nella casa del Signor Felice Spinola, coll'idea, per quel che hanno detto, d'imbarcarla; e poi in appresso la fece portare in casa sua, o in casa di una sua nipote; ed in riguardo al governo cominciò a prendere nelle mani tutto quello che vi era di gabelle, o altro, per quanto intesi, e lo faceva passare in mano di un tal Matteo Orbecchio; e dico per quanto intesi, giacchè io stavo ritirato in mia casa, atteso che detto Rivarola avea portato seco tre miei nemici, cioè un tal Vinciguerra, ed Andrea e Otto Saliceti, figli del capitano Virgilio Saliceti, di Oletta, i quali io aveva fatti bandire di galea per invasione di effetti; e so che questi mi volevano ammazzare; e benchè uscissi qualche volta, uscivo sempre con della gente armata; ed un giorno andai da Rivarola per ripigliare la chiave della casa del Signor Felice Spinola, che pretendeva di ritenersi, e me la consegnò.

Interrogato rispose:

Non so se fosse avanti l'entrata del Gafforio e Matra, o dopo, che fu spedito dal Magistrato Antonio Marengo in cerca delle navi inglesi, ma non so con quali commissioni fosse spedito.

Interrogato rispose:

Io non ho avuta ingerenza di sorte alcuna fino all'entrata di Gafforio e Matra, ma entrati loro, si unirono tutti detti tre Capi col Magistrato della Città nella Casetta, e lamentandosi la Città di essere più schiava che mai, fu deliberato che il Podestà cogli Anziani avessero la giurisdizione civile per la Città e distretto, fu creato un Magistrato d'Inquisitori, a quali fu appoggiato il politico e criminale, e furono eletti per detto Magistrato il dottore Morelli Antonio, che avea due voti in Magistrato, Antonio Marengo, Ignazio Francesco Rossi e Francesco Saverio Petroni, e non altri. Furono eretti altri Magistrati per la revisione de' conti e libri camerali, e furono eletti Carlo Casella e Leonardo Degiovanni; in governatore di dogana lasciarono Giov. Battista Guasco, che eravi destinato da S. E.; per ciaccatieri del sale, Pietro Poggi con Ignazio Petroni; e dal Gafforio fu imposta la pena che qualunque non avesse accettato, avrebbe mandati 50 fucilieri a discrezione.

Interrogato rispose :

Io mi trovai presente quando furono fatte dette elezioni, ma io non votavo, giacchè non avevo alcuna ingerenza nel Magistrato.

Interrogato rispose :

Dopo che se ne è uscito dalla Bastia il Gafforio ed il Rivarola, come che si fecero accomodare le barricate per difendersi dalli Paesani, io fui destinato per distribuire i soldati, e sopra intendere alli posti; e deputai Anton Giuseppe Mattei con Cecco Patrimonio; e posi mio figlio ancora ne' posti; nè fuori di tale ingerenza ne ho avuto mai altra, tanto in tempo che vi erano i Capi Corsi in Bastia, quanto dopo, fuori che quella che portava seco l'essere anche io uno degl'Inquisitori, il che mi sono scordato di dire poco fa.

Interrogato rispose :

Esercitando il ministero degl' Inquisitori, mentre erano il Rivarola ed il Gafforio in Città, io separatamente da me non ho fatto cosa alcuna, e concorrevo con gli altri a quelle cose che proponeva il Morelli come presidente.

Interrogato rispose :

Le operazioni fatte dal Magistrato degl'Inquisitori, in tempo che vi erano i Capi Corsi in Bastia, può essere che le sappi il Morelli ed il Marengo rispetto alle carcerazioni, ma Cecco Rossi ed io non ne sapessimo cosa alcuna, e Petroni non veniva su ad altro, perchè era mezzo ammalato; e poi lui era parente del Gafforio, e non aveva paura di pena alcuna.

Interrogato rispose :

Rivarola e Gafforio facevano tutto loro, e gl'Inquisitori solamente s'ingerivano rispetto alle imbarcazioni e lettere, volendosi dal Magistrato e Capi sapere quelli che s'imbarcavano, e le lettere che si scrivevano.

Interrogato rispose:

Il fine per cui si facevano le perquisizioni sopra quelli che s'imbarcavano, e lettere che si scrivevano, si era perchè non si voleva che fosse penetrato in Terraferma quello si faceva in Bastia.

Interrogato rispose :

Dopo partiti il Rivarola e Gafforio, l'incombenza del Magistrato si era, col sentimento del Popolo, di tener armati li posti e di conservare la robba e la vita, perchè non entrassero più li Paesani.

Interrogato rispose :

Si presero lire mille dalli Priori delle compagnie del Santissimo Sagramento di Terranuova e Terravecchia, per quali si siamo obbligati noi *nomine proprio*; e lire sette mila si presero dal Seminario, che poi si fece obbligare la Città, quali si fecero passar di Gaetano Rigo, per pagare la gente che serviva a' posti; e si fece fare farina del grano rimasto ne' magazzeni publici della Camera Eccellentissima; e tutto il grano e munizioni sono state distribuite da Giuseppe Maria Luri, secondo gli ordini che gli venivano dati dalli deputati d'Inquisitori.

Interrogato rispose :

Io non mi ricordo che il Magistrato, nel concedere la licenza agli ufficiali li quali erano stati in servigio della Republica Serenissima, abbia apposta alcuna condizione; ed in riguardo alli Gabellotti, mi ricordo che la condizione fu apposta al Signor Passano, che dovesse cioè egli cedere un stabile che avea in Campoloro; ed io ero presente quando fu fatto l'instrumento di cessione, la quale non mi sovviene se fosse fatta a favore del Magistrato, o della Camera.

Interrogato rispose :

Io non so per qual motivo si sia voluta la cessione soprasegnata dal Signor Passano, ma l'averà saputo il Signor Morelli che era presidente, e che disponeva le cose.

Interrogato rispose :

Rispetto agli altri, cioè al Signor Tesoriere e Pallavicino, che dimandarono la loro licenza, non so se vi fosse apposta condizione alcuna; anzi so di certo che al Signor Pallavicino fu concessa la licenza libera, ma al Signor Tesoriere non me ne ricordo; che poi il Signor Pallavicino sia stato trattenuto io non lo so.

Interrogato rispose:

Quanto a me non mi ricordo di aver fatto altro ordine, separatamente da me, nè unito con gli altri. So bene che il Magistrato, anche con intelligenza delli Capi delle Arti, avea deliberato, anzi due degl'Inquisitori, cioè Morelli e Rossi, di somministrare del pane alle genti del Rivarola; ed essendo io un poco indisposto ed in letto, venne in casa mia il maggior Gentile, mio cognato, e mi disse che gli dassi sei sacchi di farina, di quella che era della Camera Eccellentissima, per far tanto pane da dare alle genti del Rivarola, ed io ordinai che gli si dasse questa farina; non so poi che esito avesse. Se però avessi a dire tutto quello che ha fatto il Magistrato vi vorrebbe molto tempo. Devo aggiungere che dimandando anche il Matra del pane per il mezzo del Padre Provinciale e Guardiano de' Cappuccini, fu deliberato, col consenso delli Capi delle Arti, che se li dovesse dare affine di evitare il maggior danno del brugiamento delle case e devastazione de' beni che minacciava, et il Magistrato degl'Inquisitori comprò il pane per mandarlo, affinchè se ne andasse via presto; ma il pane poi non fu mandato, ma distribuito a' quartieri, non so se tutto, o parte. Si sono fatti due capitani con 150 uomini, Domenico Maria Morelli uno, e Vincenzini l'altro, per servire alle Porte e fare le ronde, ed anche per soccorrere li quartieri quando avessero dimandato aiuto.

Interrogato rispose:

Io non avevo alcuna nè confidenza nè famigliarità, nè col Matra, nè col Rivarola o Gafforio; anzi col Matra io avevo occasione di stare in guardia, perchè avendomi fatta dimandare una mia figlia per sua moglie (1), ed avendo io sentito che a Palazzo non si sentiva bene questo fatto, non ho voluto acconsentire alle dimande fattemi ; e per questo temevo che il Matra fosse offeso, e per conseguenza ne stavo lontano.

Interrogato rispose :

Io mai sono intervenuto in alcuno loro congresso, o consiglio, nè mai mi hanno fatto partecipe delle loro mire e fini.

Interrogato rispose :

Nè io, nè gli altri Inquisitori, nè tra noi, nè coll'intervento di altri, abbiam mai discorso del governo col quale dovessimo regolarsi.

Interrogato rispose :

Non abbiamo nemmeno mai discorso del governo passato della Republica, nè della Republica medesima riguardo all'avvenire, nè mai di queste cose ho discorso, nè ne ho sentito discorrere nelle conversazioni o circoli, perchè, come già ho detto, avevo sospetto delle genti di Rivarola e Matra, ed ero sempre mezzo ammalato, come sono anche presentemente.

Interrogato rispose :

Quando ritornarono il Matra ed il Rivarola ad assediare la Città, per dare loro un sonnifero fu ordinato un solenne giuramento che la Città non si sarebbe data ad alcun Principe ; ed io ero presente quando fu deliberato questo ; e vi erano anche presenti tutti li Procuratori delle Arti ; e l'estensiva di tale giuramento fu fatta a dettatura del dottore Morelli, nella quale si diceva che la Città si sarebbe conser-

---

(1) Angela Caterina Sansonetti, fille de Domenico, a épousé le 15 septembre 1749 Mario Emanuele Matra, frère d'Alerio Francesco. Le Général Marquis de Cursay a assisté au mariage en qualité de témoin. (Voir Libro de' Matrimonii di Terravecchia.)

vata in libertà, nè si sarebbe data ad alcun Principe; nè io intesi che nella estensiva fosse nominata la Republica, tutto che in appresso abbia sentito dire che la Republica fosse espressamente nominata; ma fu anche detto che questo giuramento era invalido, e che così avea consultato il Padre Rettore de' Gesuiti, per quel che dissero; ed io andai nella chiesa, ma io non giurai.

Interrogato rispose:

Dopo fatto detto giuramento, alcuni giorni in appresso, vennero alla vista della Bastia quattro navi inglesi, e sbarcò a terra un ufficiale che disse aver delle lettere per Domenico Rivarola; e queste gli furono mandate d'ordine degl'Inquisitori, e poi fu stabilito un congresso a Ponteprato dal Rivarola, nel quale congresso intervenne anche Cecco Rossi, Salvatore Galeazzini, Reverendo Lillo Luri, e tre delli Procuratori delle Arti, che furono mandati colà; e ritornati poi in Città, riferirono che il Rivarola, o voleva entrare con 150 uomini, o pure avrebbe devastato i beni per occupare la Città, e sarebber venute le navi nuovamente a bombardarla; e portarono anche una copia della lettera scritta dall'ammiraglio inglese al Rivarola, nella quale gli dicea che per allora mandava quattro navi per incrociare tra la Bastia e Livorno, e che in appresso avrebbe mandata l'armata colle bombarde, e portati li mortari per sbarcare richiestigli dal Rivarola; e letta questa lettera in publico, alli Missionarii, ove era raunato il Popolo, e proposte le pretensioni del Rivarola, il Popolo rispose: « Piuttosto le bombe! » e perchè uno disse ad un altro: « Tu non hai niente da perdere, » non sovvenendomi se fosse il medesimo Rossi, o altro, che dicesse questo, egli è certo che fu appreso l'avesse detto Rossi, perchè contro di lui si voltò la gente, ed ancora contro di me, ed altri che erano sulla banca, e ci rinserrarono nelli Missionarii, e poi ci levarono subito.

Interrogato rispose:

Mentre vi erano questi torbidi io ho scritta una lettera al Signor Felice Spinola, nè so di averne scritta altra, nella quale gli davo notizia delli fatti seguiti, e gli dicevo che ne' suoi stabili non vi pensasse più, perchè chi avea occupata una cosa e chi un' altra.

Interrogato rispose:

Questa lettera che mi si mostra, scritta dalla Bastia alli 2 gennaio 1746, è quella appunto che ho scritto al Signor Felice Spinola.

Interrogato rispose:

Ho letto quelle parole scritte nella lettera: *Quando non adempisca qualche condizione che le verrà proposta, che credo non sarà accettabile,* e per spiegazione delle medesime devo dire che i Capi Corsi pretendevano che questi Signori (1) dovessero prendere l'investitura delli loro stabili.

Interrogato rispose:

Hanno detto publicamente, e ci ero ancora io presente, che se i signori Genovesi vorranno godere li loro stabili, bisognerà che prendano l'investitura; ed avevano di già incamerate le castagne che erano presso di un tal Santo Bonaldo.

Interrogato rispose:

A me non sovviene di aver sottoscritta mai alcuna scrittura da mandarsi in Terraferma.

Interrogato rispose:

Nè solo da me, nè unitamente cogli altri Inquisitori, mi ricordo di aver mai sottoscritta alcuna scrittura che venisse in Terraferma. So bene di aver sottoscritte qualche lettere responsive a' Capi Corsi, unitamente cogli altri.

Interrogato rispose:

Questa sottoscrizione che mi si mostra, nella quale tra gli altri vedo scritto *Domenico Cardi-Sansonetti,* è mia sottoscri-

---

(1) Spinola.

zione, come pure è sottoscrizione del Morelli quella che dice *Antonio Morelli*, ed è ancora di Rossi quella che dice *Ignazio Francesco Rossi*, come pure è di Marengo quella che dice *Antonio Marengo*, e l'altra sottoscrizione che mi si mostra, nella quale vedo scritto *Francesco Maria Gentile, sargente generale del Regno*, è sottoscrizione del medesimo Gentile, mio cognato.

Interrogato rispose :

A me non sovviene in quale occasione io, in compagnia degli altri, abbia fatta questa sottoscrizione.

E d'ordine lettogli la lettera di parola in parola a sua chiara intelligenza,

Rispose :

Mi son sentito leggere da capo a piè la lettera che vedo sottoscritta di mia mano, ma io non l'ho letta, e l'ho sottoscritta senza leggere. Mi ricordo bensì che mi è stata portata da sottoscrivere, e so che l'ho sottoscritta, e non ero solo, e non l'ho letta, nè mi sono fatto dire il tenore della medesima.

Interrogato rispose :

A me non sovviene precisamente il tempo in cui ho sottoscritta detta lettera, e se mi sovvenisse lo direi.

Interrogato rispose :

In tempo che viveva l'Eccellentissimo Domenico Maria Spinola, Commissario Generale in Corsica, una mattina, chiamatomi da se, mi disse che si era formata una congiura contro di lui, e che aveva una lista di tutti quelli i quali si erano fatti capi della stessa, qual lista gli era stata data da una nipote di Pensa, e che nella consulta che aveva tenuto aveva deliberato di procedere alle catture ; ma io gli risposi che non credevo cosa alcuna di questo, perchè, avendo tanti parenti, probabilmente ne averei saputo qualche cosa, e mi replicò S. E. che nemmen lui credeva niente; e S. E. non fece altro che rinforzare li quartieri e le sentinelle, ma non fece poi altri passi.

Interrogato rispose:

So che in quella occasione Antonio Marengo uscì dalla Città ed andò verso le montagne; e ritornò poi col tuto accesso datogli da S. E.; e mi fu detto che S. E., essendovi presente Marengo, gl'indicò la sedia ove soleva sedere, dicendogli: « Signor Marengo, qui vi è la sedia, se volete sedervi ve la cedo volentieri. » Ma io non so che altre persone uscissero dalla Bastia.

Interrogato rispose:

Io in quella occasione non sono uscito dalla Bastia, essendomivi sempre fermato servendo S. E.; ed il Signor arcidiacono Stefanini, rinnovando la memoria di questo fatto due o tre mesi fa in Bastia, mi ebbe a dire che a me non era stata comunicata questa cosa perchè fu temuto che io la palesassi a S. E.

Interrogato rispose:

Nel discorso che mi fece a me l'arcidiacono Stefanini mi ricordo che mi disse che veramente il complotto era stato fatto per questo fine, e che vi entravano molti nel complotto, tra quali mi ricordo che mi nominò Leonardo De Giovanni, ed un altro, pomontinco, che sta in Terranuova, ma degli altri non me ne ricordo; e che non si venne in esecuzione perchè li uomini del Giov. Battista Galeazzini non erano intervenuti, il quale Galeazzini, mi disse (1) che era il primario autore del complotto.

Interrogato rispose:

So che Monsignor Saluzzo fu obbligato a venire in Bastia, ma io non so d'ordine di chi, nè il motivo; e vi andò Asdente a pigliarlo.

E dettogli che egli nasconde la verità di molti fatti de' quali risulta dalle cognizioni presesi da S. E.; e dal modo

---

(1) Mi disse l'Arcidiacono.

di rispondere alle interrogazioni che gli si sono fatte si comprende chiaramente non spiegare egli tutto ciò che sa, e che è vero, affine di coprire e di scusare la sua rea condotta ed intenzione, giacchè egli nell'avere esercitato il ministero di uno degl'Inquisitori di Stato nella Bastia, ed aver fatte tutte le operazioni, molte delle quali egli stesso ha confessato, si è fatto ribelle, aderente a' ribelli ed a' nemici attuali della Republica Serenissima, arrogandosi autorità che solamente competono al Supremo di lei Governo, di cui egli ha sparlato caratterizzandolo per tirannico, e questo in più e diverse occasioni, per incitare il Popolo contro la stessa Republica Serenissima, delli di cui jus e finanze si è reso anche, unitamente cogli altri, dispotico e dispositore; il che tutto anche pienamente si conferma dalla lettera da lui sottoscritta, unitamente cogli altri, e diretta al Re di Sardegna, dalla quale egli vien convinto, non solo di essersi ribellato alla Republica, sua legittima padrona, ma di aver cercato tutti li mezzi di attirargli contro i nemici, e di impedire, per quanto a lui stava, che in alcun tempo non fosse ricuperata, nè la Bastia nè l'Isola di Corsica, dalla detta Republica Serenissima; mostrando il di lui animo perverso, e la volontà malvaggia, la quale poteva anche preventivamente congetturarsi dall'essersi unito con quelli che avevano tramato contro il q. Eccellentissimo Domenico Maria Spinola, e dall'aver formato il pensiero di disanimare e far perdere la speranza del possesso de' beni che aveva la casa Spinola, colle maliziose espressioni che si leggono nella lettera fattagli vedere; il che tutto unito assieme, e che risulta dalle cognizioni presesi da S. E. che gli si contestano, lo dimostra, come si replica, per ribelle, aderente a' ribelli e nemici attuali della Republica, anzi dimostra egli stesso per inimico della Republica medesima, la quale perciò potrà e dovrà prendere il dovuto risentimento contro lui considerato come tale, valendosi del jus della guerra ed ostile; ordinando S. E. che gli si leggano le deposizioni ricevute, e che indi dica quello gli occorre.

Rispose :

Rispetto al Magistrato degl'Inquisitori, S. E., quando partì, lasciò al Podestà ed alla Città la facoltà di rendersi e governarsi, ricordandosi solamente l'amore verso la Republica, sicchè se io ho esercitato come Inquisitore l'ho fatto come persona legittimamente eletta da chi avea facoltà di elegermi. Io non ho mai sparlato contro la Republica Serenissima nelli governi passati, e nemmeno nel tempo in cui ho avuto la direzione come uno del detto Magistrato. Rispetto alle entrate publiche, non ho mai maneggiato nemmeno un quattrino, e solamente li grani e le monizioni si sono distribuite alli soldati per escludere li Paesani che voleano introdursi nella Città, ed anzi, per pagare detti soldati, sì io che gli altri, siamo debitori di lire 1000 *nomine proprio*. Circa la lettera scritta a S. M. Sarda, giuro sul mio onore di non averla letta. Rispetto agli affari della Casa Eccellentissima Spinola, e per la congiura fatta contro la persona del q. Eccellentissimo Domenico Maria Spinola di felice memoria, dico asseverantemente che non è stata mai a mia notizia, come lo può giustificare questo Eccellentissimo Magistrato, come ho detto nel mio esame, e per i loro stabili non ho avuto mai sinistro concetto di far loro alcuna frode, e li ho conservati sempre come mi sono stati dati (1); e tutto quello che è stato detto dalli testimonii statimi letti sono tutte infamità, e null'altro sussiste che quello ho deposto nel mio esame.

E replicatogli non essere attendibile tutto ciò che ha allegato, ed in specie riguardo a che egli legittimamente abbia eserci-

---

(1) Domenico Sansonetti avait géré pendant longtemps les affaires de la famille Spinola.

tato il Ministero d'Inquisitore, giacchè avendo questo Ministero l'origine sua dall'aperta ribellione e dalla direzione ed autorità degl'inimici della Republica, tutto ciò che vien in conseguenza non può aver altro carattere che di ribellione e di atto ostile ed inimico alla Republica stessa; ed in riguardo ad aver sottoscritta la lettera al Re di Sardegna senza leggerla, essere questo totalmente improbabile ed inverisimile, particolarmente in una materia tanto delicata e d'importanza, e particolarmente riguardo a lui, che per la destinazione fatta nella sua persona in uno degl'Inquisitori di Stato viene giustificato essere appreso da tutti per uomo esperimentato e diligente nelle operazioni; e riguardo finalmente a tutto ciò che si contiene nella contestazione, come che risulta dalle deposizioni giurate, non suffraga il dir generalmente che sono false ed incredibili; che per ciò dica quello gli occorre.

Rispose:

Rispetto a quello si è fatto, io ho delle ragioni da addurre; e la prima si è che la Corte Brittannica ci ha costituiti nella nostra piena libertà, e perciò come popoli liberi potevamo fare quel che ci pareva. In secondo luogo, avendo S. E., nel partirsi dalla Bastia, detto al Podestà ed al Magistrato che nel caso che non si potesse reggere, almeno conservassimo il buon cuore per la Republica, nel supposto che si sia fatto ogni male nell'ammettere per forza li Paesani e Capi, avendoli però noi in appresso cacciati col nostro sangue e colle nostre sostanze, ed avendo richiamato la Republica, non ci si può presentemente imputar più in delitto qualunque cosa che sia seguita, come per male seguita, nel modo segue quando un ribelle ammazza altro ribelle, che *de jure* resta libero. Ed in terzo luogo, avendoci assicurato il Popolo tutto, il Magistrato, li Capi, patrone Cecco Patrimonio e Peppo Mattei, che averessimo sempre salva la vita, l'onore e i beni, e che di tutto ciò ci assicuravano con fede publica, e che saressimo stati o tutti vivi o tutti morti, dobbiamo vivere sotto la sicurezza della loro parola, e dobbiamo restar liberi, e che intendiamo essere in Torre con fede publica.

E di nuovo replicatogli che la Città e Popolo della Bastia ha consegnato lui e gli altri suoi compagni alla Republica Serenissima liberamente, et alla libera disposizione della medesima,

Rispose :

La Città aveva risoluto per atto publico che dovessimo essere tutti liberi, e si siamo risoluti sulla parola dataci.

E dettogli per parte di S. E. che l'Immunità della Chiesa non gli suffraga in conto alcuno, mentre non è chiesa, ma è una cappella campestre che non gode immunità ecclesiastica alcuna ; ed in ogni caso egli con tutti li compagni sono stati condotti nella cappella medesima per pura custodia,

Rispose :

La chiesa è publica, e vi si dice messa ogni giorno ; almeno vi si può dire ; e noi vi siamo andati da noi liberamente, senza che alcuno ivi ci abbia condotti, essendo entrati nella medesima liberi e sciolti ; ma poi inoltre patrone Cecco Patrimonio ci ha mostrato il foglio in cui li Collegii Serenissimi, attesi li danni sofferti, davano il perdono generale a tutti, con che la Republica Serenissima dovesse scegliere tra quelli che erano mandati qui alcuni ostaggi per trattenerli sino alla tranquillità del paese.

E replicatogli per parte di S. E. che nemmeno questa allegazione gli suffraga, giacchè li Collegii Serenissimi non hanno mai concesso perdono generale per la Bastia ; e che il patrone Cecco Patrimonio non avea altro se non che una pura e semplice incombenza di trattare colla Città ; e prima che il patrone Cecco Patrimonio fosse arrivato in Bastia, anzi anche prima che colà si sapesse nulla dell'instruzione data al detto Patrimonio di trattare, la Città medesima ed il Popolo ha consegnato lui e gli altri suoi compagni liberamente alla Republica, ed a sua libera disposizione senza alcuna condizione; che perciò dica ciò che gli occorre.

Rispose :

Il perdono era già emanato.

E dettogli che se ha alcune scuse, escolpazioni, o difese da dedurre, le deduca presentemente,

Rispose :

Io non ho altre scuse, o escolpazioni ad addurre.

Ætatis annorum 57 circa (1).

Ed indi è stato ammonito per qualunque giorno ed ora ad udire gli ordini e le deliberazioni de' Serenissimi Collegii.

Die mercurii 27 dicti mensis aprilis in vesperis ubi supra etc. extractus de mandato e carceribus Turris Franciscus Maria Gentilis (2), q. Michaelis Angeli, et in præsentem locum adductus, examinatus et constitutus reus prævia monitione quoad se et quoad alios juravit tactis etc.

Interrogato rispose :

Non intendo di rispondere in questa mia causa perchè intendo di godere dell'Immunità della Chiesa, dico della chiesa di Santa Maria del porto di Capraja, ove sono entrato libero come sono adesso.

Interrogato rispose :

Previe le mie proteste di rispondere astretto e non altrimenti, io dico che l'istesso giorno nel quale cominciarono le

---

(1) Né à Bastia le 4 octobre 1687.

(2) Francesco Maria Gentile était fils de Michelangelo Gentile et de Lucie Casanova-Lancellotti. Il était marié à Apollonia Cardi-Sansonetti.

navi a bombeggiare la Città di Bastia, avendo io inteso nella mattina stando in mia casa, che il Signor ispettore Lomellino usciva fuori con 300 uomini, presi anche io le mie armi, e risaputo che si era incamminato verso S. Giuseppe, m'istradai a quella volta, e quando fui sotto il posto della Colonnella, sentii un gran strepito di archibugiate in vicinanza della villa di Marengo (1); ed accostandomi verso colà, vidi che ritornava indietro la truppa col Signor Ispettore, col quale vi erano ufficiali, ed entrò in Terranuova. Essendo poi andato a pranzo in casa mia, ed uscito in appresso in luogo che potevo veder le navi, osservai che si erano molto accostate, come anche osservai che li primi tiri fattigli da terra erano mal regolati; e supponendo che li bombardieri potessero essere ubriachi, andai al posto del baluardo S. Carlo, ove vi ritrovai un bombardiere ed altra pochissima gente non atta a maneggiare quel cannone che era grosso, e perciò mi posi anche io, non solamente a maneggiare la manuella, ma anche ad appuntare e far scaricare il cannone anche con buon effetto contro le navi; ma poi essendo verso le ore 22 caduta una bomba giusto sul posto, che non scoppiò, ma si (2) ricoperse di terra, ed essendo partite le genti che erano ivi a risalva di un bombardiere genovese, nè essendo possibile il maneggiare il pezzo, stimai di darne avviso a S. E. che ritrovai appunto sopra la piazza di Corti, dal quale ebbi ordine di pigliar qualche soldati, e con loro ritornai sul posto, nel quale mi fermai sino quasi a sera; ma non potendosi più resistere, mi ritirai a casa mia. Finì il bombeggiamento verso le 12 ore; ed in quel giorno il Popolo incominciava a sussurrare; e qualcheduno che ha parlato meco, l'ho rimandato al Podestà; ed ho inteso poi in appresso che essendo andato il Podestà cogli Anziani dal-

---

(1) Ficajola.
(2) *Si* pour *ci*.

l'Eccellentissimo Commissario Generale, gli aveva rappresentato che la Città era in pessimo stato, che li Cittadini erano pronti a sacrificar tutto, e che se S. E. voleva prendere le sue misure, facesse fare una consulta di guerra. Mi fu anche riferito che S. E. averebbe fatto fare la consulta, come seguì, e sentii riferire che il sentimento era che poteva sostenersi la Città, ma che rimettevano a S. E. ; e mi fu anche riferito che S. E., avuto questo sentimento, dicesse che egli aveva avuto il sentimento della consulta di guerra, che anche il Magistrato facesse estendere in scritto, perchè S. E. averebbe mandato il tutto in Genova con una gondola che pensava di spedire; aggiungendo che non era di suo onore il capitolare col Rivarola, nè cogli altri Capi Corsi, ma che in ogni caso egli raccomandava a' Cittadini l'aver sempre a cuore la Serenissima Republica.

Interrogato rispose :

In quel giorno stesso che fu fatta questa proposta, e fatta la risposta da S. E., mi fu riferito il tutto dal Podestà e da Antonio Marengo, ed altri che non mi ricordo.

Interrogato rispose :

La notte seguente a questo fatto, ritrovandomi in casa mia gettato sul letto, giacchè ero stracco, per riposare, mi sentii addestare da un mio famigliare, giacchè la mia famiglia era in Brando, e nell'addestarmi dissemi che bruggiava la polveriera. Io allora, saltato subito su, e fattomi sulla porta della mia abitazione, vedevo correre in giù le persone che dicevano: « Brugia la polveriera! » Io dicevo loro per animarli che non temessero, mentre non poteva essere questa cosa, ma non so da chi mi fusse detto che si era S. E. imbarcato e lasciato attempato il fuoco alla polveriera. Io gli replicai che non poteva essere questa cosa, non potendosi dubitare simile cosa di S. E., ma vi era grandissima confusione che pareva l'inferno, e questa confusione durò per qualche ora ; perchè poi dalle genti che venivano in giù riseppi che era cessato il timore della polveriera, e che un tal Pietro Pasqualini aveva prese le chiavi del corpo di guardia di Terranuova al Capitano Romanelli, e che erano stati fatti spogliare da lui li soldati delle loro divise, e che il Marengo le aveva fatte restituire, con aver anche visitata la polveriera; e subito ciò ritornai a rinserrarmi in casa, et ad andarmene a dormire.

Interrogato rispose:

Il giorno seguente alla mattina di buon'ora, io andai in Terranuova, e trovato per strada, anzi sulla piazza di Corti, il Podestà, dissi a lui che mi pareva ben fatto l'andare dal signor Vicario Vicegerente, e far capo da lui; ed egli mi rispose subito che tale era stato il suo pensiero, ed in compagnia sua io entrai in Cittadella, essendovi anche altri soggetti del Magistrato, et il Signor Podestà disse al Signor Vicario che essendo partito S. E., Sua Signoria Reveritissima restava Vicegerente, e che non si prendessi pena, perchè tutti gli averebbero prestata ubbidienza, e che comandasse pure quello si avea a fare. Allora il Signor Vicario disse che egli non avea ufficiali, e voltatosi a me, mi disse che per amor di Dio mi assumessi il carico da far da Maggior di Piazza, e scusandomi io sulla grave mia età, mi replicò che gli facessi questo piacere. Allora io risolsi di servire; uscii in Piazza di Corti, ed essendo anche uscito meco il Podestà, andò in Casetta; nè quella mattina seguì altro. Il dopo pranzo poi, fatti avvisare li Capi delle Arti, ed il Consiglio, e li Podestà vecchii (1), fui da questi confermato in Maggiore della Piazza.

Interrogato rispose:

In quel giorno io non feci altro che guarnire tutti li posti soliti e li quartieri di uomini di Bastia, giacchè la truppa

---

(1) Les anciens *Podestà* étaient de droit membres du Conseil de la ville. On les appelait *Soprannumerarii* parce qu'ils n'étaient pas compris parmi les trente membres du dit Conseil qui étaient renouvelés chaque année.

era tutta dispersa e disarmata; ed in quel giorno riseppi che appunto tutti li soldati ed ufficiali della Repubblica erano stati disarmati di tutte le loro armi e divise dalle persone di Bastia.

Interrogato rispose:
In questo Consiglio io v'intervenni, ma non votai; e nel medesimo sentii che per parte di Rivarola era stato fatto intendere che averebbe trattato colla Città; e mi pare che in questo Consiglio fosse parimente deliberato che il Marengo ed io andassimo a trattare, essendoci stata data la forma delle capitolazioni.

Interrogato rispose:
Mi pare che contenesse la forma delle capitolazioni che dovesse essere salva la vita, l'onore, le sostanze, le armi e la libertà per la Città.

Interrogato rispose:
Andammo io ed il Marengo a Monserrato, ove vi era il Rivarola, il quale accordò le capitolazioni, e ci disse che egli non intendeva di essere di più che il minimo fra li Cittadini di Bastia.

Interrogato rispose:
Il Rivarola parlava da se solo, e faceva queste capitolazioni come Rivarola.

Interrogato rispose:
Ritornati in Città, noi abbiamo riferito alla Città che il Rivarola accordava il tutto, e che era contento; ed il Magistrato, Podestà, Capi d'Arte, che erano uniti nella Casetta, si contentarono.

Interrogato rispose:
In Città non so chi sottoscrisse le capitolazioni, ma probabilmente sarà stato il Magistrato e la Città, e lassù in Monserrato l'ha sottoscritte Marengo ed io, se mal non mi ricordo, ed il Rivarola.

Interrogato rispose :

Non mi pare che degli ufficiali e truppa che erano nella Città si sia fatta menzione alcuna; ma essendo stato detto che tutti quelli che erano nella Città dovessero avere salva la vita, l'onore, le sostanze e le armi, pare a me che debbansi essere compresi.

Interrogato rispose :

Quando si fecero queste capitolazioni, e quando furono sottoscritte ed accordate, mai vi fu presente il Signor Vicegerente, nè mai ho sentito nominare il medesimo.

Interrogato rispose :

Riguardo al Rivarola, in vigore di queste capitolazioni veniva a lui permesso di entrare in Città colle sue genti, nè più altro per allora; ma egli entrato, da queste sue genti fece occupare li corpi di guardia, e parte delle sue genti fece alloggiare nel quartiere publico, ed altra gente si portò in Terravecchia, in vicinanza della casa Frediani ove egli si portò ad alloggiare.

Interrogato rispose :

Quando entrò il Rivarola io mi trovai al corpo di guardia dell'Avanzata, e nel corpo di guardia si fece parata come si suol fare ad un ufficiale grande; e come che avevo avuto ordine dal Magistrato di far fare il sbaro de' mortaletti, così io eseguii; ed entrato il Rivarola, lo accompagnai anche io come tutti li altri in S. Maria ove si cantò il *Te Deum*.

Interrogato rispose :

Dopo l'entrata del Rivarola in Bastia, io non so che sia seguita alcuna novità, e solamente dopo qualche giorni, risaputosi che Matra e Gafforio con molta gente del loro seguito venivano verso la Bastia con idea di entrarvi, fu destinato il canonico Poggi, l'arcidiacono Stefanini ed io, per andar loro incontro per dissuaderli che non entrassero con tanta gente; e partiti dalla Bastia, l'incontrammo qualche miglia di là da Biguglia, e si studiammo di persuaderli a licenziar la loro gente, ma essi ci dissero che molta ne avevano licenziata, e che quella che era con loro voleva venire in Bastia; anzi ci proposero per mezzo termine che la Città pagasse per due giorni lire 600 da poter distribuire a quella gente, e che loro davano parola dopo due giorni di farla uscire. Noi stimammo ben fatto accordar questo; e ritornati il giorno seguente in Città, furono detti Matra e Gafforio introdotti colle loro genti, ed io l'incontrai nel corpo di guardia all'Avanzata, essendo poi andati tutti assieme col Rivarola, incontrato sulla piazza di Corti, in S. Maria, ove vi andai anch'io come tutti gli altri. Il Matra prese abitazione a' Missionarii, ed il Gafforio si fermò in Terranuova, in casa del dottor Lucciana, con 180 uomini circa, e quella sera il Matra, non ostante che gli fossero state sborsate lire 500, disse alle sue genti, che si lamentavano di non trovar alloggio, che se lo prendessero dove e come l'avessero potuto pigliare; e perciò seguì bisbiglio grandissimo in Terravecchia, il quale poi fu acquietato il giorno seguente col sborso delle restanti lire 100, incominciandosi a mandar via qualche Paesani. Nacquero indi differenze e puntigli tra il Rivarola ed il Gafforio, e questi, mandatomi a chiamare, mi propose che trattassi con Rivarola perchè ognuno si ritenesse solamente 100 uomini in Bastia, e mandasse fuori il resto; et io accettai l'incombenza, e parlandone col Rivarola, questi mi diede tutto l'arbitrio, e mi disse che facessi io; ma avendo scoperto il naturale del Gafforio che è assai comprensivo e lesto, io ho risoluto di non fidarmene affatto, e per questo operai in maniera che 20 uomini del seguito del Rivarola, de' più animosi, stassero a mia disposizione nel quartiere, in modo che non potessero essere nemmeno veduti, e poi diedi mano a che uscissero da Terravecchia gli uomini del Rivarola, mandando via il Presidente Venturini con qualche gente di suo seguito. Mi accorsi però che non mi ero ingannato nel mio sospetto, perchè di fatto il Gafforio aveva date tutte le disposizioni per rendersi assoluto padrone di Terranuova, e perciò io per prevenirlo, unendo qualche genti del Rivarola, ed entrando in Terranuova all'improvvisto, ho fatto occupare li corpi di guardia e li posti più importanti; il che essendo stato riferito al Gafforio, mandò da me un suo ufficiale a sapere come era questa novità, e sentendo in risposta che io avevo scoperto le sue arti, si ritrovò in strettezza; ma introdottosi molti Cittadini, si trattò e si concluse che le genti del Rivarola e Gafforio dovessero farle montare per il terzo, e che per meglio intendersi tra di loro dovessero venire ad abitare in casa del Vicario, dove di fatto si trasferì il Gafforio, ma non già così il Rivarola che temè anche di essere avvelenato dal Gafforio. Andava però ogni giorno, o quasi ogni giorno, in Cittadella, e durò quest'affare per qualche giorni; indi avendo avuta notizia che nuovamente il Gafforio potesse ideare alcuna novità, uscito di casa mia una mattina con idea di andare in Terranuova, incontrai per strada e nel fosso gente che sapevo che dovevano essere di guardia, colle armi; dimandai loro ove andavano, ed essi mi risposero che dalla gente del Gafforio erano mandati via da Terranuova, ed accostandomi io sempre più verso le porte di Terranuova, sempre più anche accertandomi del di lui intento, stimai di non espormi, e quando fui in una certa situazione, voltai e mi posi al coperto; ed ho saputo poi in appresso che vi era l'ordine dato di tirarmi addosso, ed intanto non mi fu tirato perchè chi era alla porta era mio conoscente. Postomi dunque al coperto; e per strade che non erano esposte essendomi veduto col Rivarola, feci mettere insieme molte delle sue genti, ed appostai queste in situazioni tali che potessero dominare col fucile Terranuova; e perchè già il fratello del Gafforio avea appuntato un cannone, e fatto tirare ove avea veduto un gruppo di gente, le persone da me appostate fecero fuoco sopra Terranuova, e fu anche subito ferito il fratello del Gafforio in un piede, essendo seguitato il fuoco fra una parte e l'altra cinque giorni circa. Dopo questo tempo dalla Terranuova fu chiamato a trattare, ed io dissi chi aveva da trattare, ed essendo stato proposto il dottor Antonio Morelli, questo uscì, e si accordò sospensione d'armi per parlar del trattato; dopo di che mandammo entro di Terranuova Sebastiano Ciaccaldi, il quale essendo veramente un uomo onesto, fu stimato adattato a dover contribuire a qualche accordo; et in questo frattempo vi era la libertà di andare e venire per qualcheduno; ed essendomi io abboccato con Antonio Marengo, gli addussi le ragioni per le quali non dovevamo più soffrire che in Bastia vi fussero più tutti due, stante l'averci mancate tutte le parole date, essendosi egli preso l'assunto di ridurre il Gafforio col quale avea l'intrinsichezza, ed io mi assunsi quello di parlare al Rivarola il quale mi sentiva volontieri e si lasciava governare; e si pensò inoltre di metter zizania tra di loro, giacchè dovevamo fare come potevamo, eleggendo in Generale il suddetto Ciaccaldi; ed essendo piaciuto questo parere, il Podestà mandò lettere circolari a' paesi vicini, quali lettere e circolari io stesso sottoscrissi d'ordine del Podestà; e venuti i Principali dei paesi chiamati in Bastia, e radunati in piazza S. Angelo con tutti li Capi delle Arti e Cittadini che erano in Terravecchia, si elesse a voce comune per Generale lo stesso Ciaccaldi, ed intervenendovi il rogito del notaro Francesco Maria Bozio, fu publicata l'elezione, il che dispiacque molto al Gafforio, ma lo rese anche facile ad accordare quello si era ideato, cioè che tanto egli quanto il Rivarola uscir dovesse dalla Bastia. Fu dunque stabilito che il tal determinato giorno dovessero ambidue uscire, et il Rivarola di fatto uscì, non ostante che venisse dirottissima pioggia, la quale l'obbligò a fermarsi a Cappuccini, ma il Gafforio allegando la sua indisposizione, differì per qualche giorno, ma poi uscì anche lui, portandosi via 14 o 15 barilloni di polvere e molte cassette di palle; et allora restò libera la Città da' Paesani.

Interrogato rispose :

Dopo pochi giorni dalla partenza di Rivarola e Gafforio dalla Bastia, si riseppe che il Matra veniva nuovamente verso la Bastia per farne il blocco, e perciò furono prese le divise per mettere in difesa la Città, e furono destinate tre compagnie, e presi ancora dalla Città, ove potevano pigliarsi, denari per mantenere quella gente, e furono armati li posti, essendo la Città determinata di farsi piuttosto tagliar a pezzi che far entrare li Paesani ; e questa risoluzione si fece tanto più quanto che, quando vennero li Paesani (1), vennero anche alla Bastia le navi inglesi, e sbarcò in terra un ufficiale che vi si fermò un giorno ed una notte, il quale avea detto che la Città dovesse essere comandata da Cittadini, e che il Gafforio e Rivarola dovessero uscire dalla Città. Venne dunque il Matra e pose il blocco alla Città ; ed io sul principio ho ricevuta una lettera dal Rivarola, nella quale mi scriveva che avendo risaputo essere venuto il Matra ad assediare la Città, egli avea di già approntati 230 uomini, e che avea scritto a Paesi per adunare maggior numero, e che sarebbe venuto a liberare la Città ed ad obbligare il Matra a ritirarsi. Venne egli di fatto, ma si unì col Matra ed assediava ancora lui la Città, avendola io lasciata così assediata quando come prigioniere fui portato alla presente Città. Devo anche aggiungere che nella lettera scrittami dal Rivarola, egli mi dicea che facessi apparecchiare del pane per la sua gente, ed avendo io comunicato la lettera agl'Inquisitori, mi dissero che venendo il Rivarola colle sue genti a liberare la Città, il pane se gli poteva dare ; e di fatto mi diedero l'ordine che ci facessi fare cinque mine di pane, ed io lo feci fare e lo mandai al Rivarola, anzi lo mandò il Podestà, o altri che fossero, e non so chi glielo portasse. Seppi in appresso che

---

(1) C'est-à-dire Gafforio e Matra.

avea anche il Matra addimandato per le sue genti del pane, e che il Magistrato degl'Inquisitori avea ordinato che gli si facesse, stante che disse che volea andarsene via colle sue genti; ed io risaputa questa cosa, mentre andavo di notte per la ronda a' quartieri, andavo dicendo a tutti che mi pareva cosa stravagante e mal fatta che gli assediati dovessero somministrare il pane agli assedianti, e proposi che piuttosto dovea ripartirsi questo pane tra quelli che stavano a quartieri; qual mio pensiere fu applaudito, e di fatto così seguì alla mattina seguente, avendolo io fatto distribuire fra li soldati che stavano alli posti; e come che in questo tempo il Matra ed il Rivarola si sono spiegati che in tanto ci tenevano assediati perchè temeano che la Città volesse rendersi alla Republica di Genova, così per ingannare il Rivarola et il Matra e loro seguaci, si deliberò di fare un giuramento solenne che la Città si sarebbe conservata libera, e non si sarebbe resa ad alcun Principe, compresa la Republica di Genova, consultata prima la pratica col Padre Rettore de' Gesuiti, per quel che io credo, che questo giuramento non obbligava giacchè era fatto per forza; e questo giuramento si fece solennemente in S. Giovanni, esposto il Venerabile, avendo io anche come tutti gli altri giurato. Aggiungo di più che non ostante questo il Matra ed il Rivarola non si sono slontanati, e che in questo tempo capitò una nave inglese, il Comandante della quale fece un congresso in Ponteprato col Rivarola, per quel che dissero, e la Città mandò anche li deputati che credo fossero il Galeazzini ed altri che presentemente non mi ricordo.

Interrogato rispose:

Io non so il motivo per cui sia stato messo in prigione, se non è che la causa sia la prava inculcazione de' miei malevoli.

Interrogato rispose:

Io per il decorso di tutto questo tempo ho seguitato a fare l'ufficio di Maggiore della Piazza, e tutti quegli atti che sono allo stesso ufficio annessi; anzi otto o dieci giorni prima che io fossi carcerato, andando io a ricevere gli ordini degl'Inquisitori, e scoprendo ogni giorno sempre più la gran confusione che vi era, avevo rinunciato e dimesso l'ufficio da Maggiore, ma al dopo pranzo vennero in casa mia il Podestà e patrone Cecco Patrimonio, i quali mi pregarono a non abbandonarli, e perciò fui obbligato a seguitare.

Interrogato rispose:

Gli ordini attenenti all'ufficio da Maggiore li ricevevo dal Rivarola e Gafforio, e così anche il nome, alternando tra di loro, or l'uno, or l'altro; e prima che entrasse il Rivarola in Bastia facevo da me, perchè il Podestà mi aveva detto: « Fate voi »; e dopo usciti il Rivarola ed il Gafforio, tanto gli ordini, quanto il nome li ricevevo dagl'Inquisitori.

Interrogato rispose:

Appena fui Maggiore diedi gli ordini perchè stassero tutti attenti, e che ognuno stasse a dovere, perchè appunto il Podestà mi aveva detto che facessi io, non essendo loro pratici.

Interrogato rispose:

Io fuori che alle cose attinenti al Maggior della Piazza non mi sono ingerito in alcun altro affare, nè ho fatto alcuna operazione, la quale non fosse attinente al detto mio ufficio da Maggiore.

Interrogato rispose:

Nel trattato che ebbi col Rivarola, unitamente col Marengo, il Rivarola non ci comunicò alcuna altra scrittura fuori che quella delle capitolazioni, nè io mi ricordo d'aver veduta altra scrittura.

Interrogato rispose:

Nel congresso che si tenne dal Podestà, Magistrato, Consiglio e Capi d'Arte, tutti furono concordi ad accordare le capitolazioni, nè vi fu alcuno che contradicesse, o proponesse diverso sentimento ; può essere però che alcuno abbi detto qualche cosa, ma io certo non l'ho sentita.

Interrogato rispose :
Le capitolazioni furono dettate dal Marengo, e le dettava al cancelliere, quale le scriveva ; e furono lette dopo estese a tutti quelli che intervennero nel congresso.

Interrogato rispose :
Dopo entrato il Rivarola gli ufficiali della Republica, il Vicario e gli altri gentiluomini che avevano ufficio, sono stati considerati per prigionieri di guerra perchè così volevano quelli che comandavano, or restringendoli, ora allargandoli, conforme loro pareva.

Interrogato rispose :
Io non so chi abbia dato loro l'intimazione che erano prigionieri di guerra ; io so di non averli intimato niente, e credo per certo che alcuno mai gliel'abbia intimato.

Interrogato rispose :
Mentre erano i Capi in Bastia mi fu data l'incombenza di dover sottoscrivere li biglietti di quelli che avevano da partire per Terraferma, ed ero io solo destinato, nè mi assumevo altro titolo che il puro mio nome di Francesco Maria Gentile.

Interrogato rispose :
Io non mi sono mai intricato in altro, tanto in ciò che riguardava la Città di Bastia, quanto in quello che riguardava il Regno.

Interrogato rispose :
Io mai, nè col Rivarola, nè col Gafforio e Matra, nè con alcuna altra persona, ho mai parlato del sistema da stabilirsi per il governo della Bastia e della Corsica, nè di alcun mezzo da adoperarsi per stabilire tale sistema.

Interrogato rispose :
Io mai ho parlato della Republica di Genova in riguardo

agli aggravii che potesse pretendersi avessero sofferti la Città della Bastia ed il Regno della Corsica.

Interrogato rispose:

Io nel sentire che tanto il Rivarola quanto il Gafforio discorrevano di aver ideato una republica nella Corsica, e di prendere i mezzi per stabilirla e conservarla, quali discorsi ho sentiti più di una volta, me ne ridevo perchè so cosa è la Corsica; ma in quanto a me non ho mai discorso di questi affari, nè in presenza loro, nè di altre persone.

Interrogato rispose:

Come che io non ho avuto mai intenzione di che si dovesse slontanare la Corsica da quella fedeltà che ho professata e professo alla Republica, così son sicuro di non essermi mai espresso in termini da potersi argomentare che io fossi alieno dalla soggezione alla Republica medesima.

Interrogato rispose:

Io non ho mai scritta nè sottoscritta alcuna lettera diretta in Terraferma ad alcuna persona, nel tempo di questi ultimi affari della Corsica, riguardo agli affari della Bastia o del Regno, fuori che una che scrissi in ultimo luogo al Signor Francesco Maria Rebuffi, in occasione che si domandavano sussidii alla Republica Serenissima.

E mostratogli d'ordine di S. E. due passaporti etc.

Rispose:

Queste due scritture che mi vengono mostrate son sicuramente sottoscritte di mio carattere e sigillate col mio sigillo, e vedo ancora che sono sottoscritte da Antonio Morelli e Filippo Antonj, ed in esse leggo che portano il titolo di Deputati per l'Unione de' Capi Corsi colla Bastia, ma io per verità non mi ricordo di aver mai assunto questo titolo, ed eseguivo le incombenze che mi venivano date; e devo dire che molte volte non trovandomi in loco, affine di facilitare la spedizione de' bastimenti, sottoscrivevo il foglio in bianco, e lo lasciavo poi in Casetta, apponendovi però il mio sigillo; e di più Loro Signori riflettano che avendo voluto gl'Inglesi che tutta la Corsica stasse unita, se non si faceva così forse li bastimenti non sarebbero stati sicuri.

Interrogato rispose:

So che fu armato un felucone in Bastia che dovea essere patroneggiato da un Nazionale Genovese (1), ma non so a qual fine fosse armato, perchè s'intendevano col Rivarola e Gafforio, e non so se fosse con bandiera corsa, o altra.

E mostratogli d'ordine dell'E. S. due ordini per sale, e dettogli etc.

Rispose:

Questi due biglietti sono sottoscritti di mio carattere, e dirò come è seguito. Vi erano li Paesani che volevano essere provvisti di sale, e come che vi era grandissima confusione, mi pregarono tanto il Rivarola quanto il Gafforio che io aiutassi loro per far che non seguissero confusioni; e per questo io avrò sottoscritto qualche ordine per sale, come ho sottoscritti questi due che mi si mostrano, uno per un tale Salvatore Vinciguerra, che era mio conoscente, e l'altro per un tal Santo Agostini, che non mi ricordo chi sia.

Interrogato rispose:

Io assolutamente non ho nè scritta nè sottoscritta alcuna lettera diretta ad alcun personaggio, o Principe, nè memoriale, nè altre cose simili, particolarmente riguardante gli affari della Corsica. Per nulla affatto. Dio me ne guardi!

E mostratogli d'ordine di S. E. la lettera diretta al Duca di Savoia, e da esso e da molti altri sottoscritta,

Rispose:

Io ho sottoscritto questa lettera, o sia memoriale diretto al Re di Sardegna, e fui obbligato a farlo da tutti quelli che vi sono sottoscritti, Rivarola, Ciaccaldi, Magistrato della Bastia, Inquisitori di Stato; ed io per non mostrarmi contrario

---

(1) Corso?

alle loro mire, e per non chiamarmi la rovina addosso, l'ho sottoscritta, e con la lusinga anche che la mia firma non gli dasse gran peso, e che intanto sarebbe stata eseguita senza detta mia firma.

Interrogato rispose:

Io non mi ricordo in che tempo abbia sottoscritta detta lettera, ma so che si sottoscrisse in casa del Rivarola.

Ed ammonito a dire la verità sopra tutti quelli fatti sopra i quali è stato per parte dell'E. S. interrogato,

Rispose:

La verità l'ho detta.

E dettogli che egli assolutamente nasconde più che può la verità per non scoprire e confessare le proprie delinquenze, giacchè risulta chiaramente dalle cognizioni presesi da S. E. che egli, assunto appena l'ufficio del Maggiore della Piazza di Bastia, ha fatto publicare a suon di tamburo, per il mezzo di Antonio Maria Asdente, da lui dichiarato Aiutante, che ognun dovesse ubbidire a' di lui ordini sotto pena della vita e di esser posto al palo, qual palo egli fece piantare in mezzo alla piazza di Corti; che egli ed il Marengo destinati a trattare col Rivarola, riportando in Bastia al publico congresso del Magistrato, Consiglio e Capi delle Arti, prima di ogni cosa fecero publicare e leggere una copia del diploma del Re di Sardegna, in cui veniva promessa la protezione e gli aiuti al Regno di Corsica, sulle istanze del Rivarola, Sari e de Bonis, con espressioni infinitamente offensive della Serenissima Republica di Genova; e che nell'istesso congresso, essendo stata portata opinione da qualcheduno che non si dovesse dare la Città al Rivarola, egli col Marengo, ed ambidue, perorarono per indurre gli altri alla resa, incutendo anche timore alla gente più semplice di un nuovo bombeggiamento, e di sangue, e sacco per la Città; che egli esercitando l'ufficio di Maggiore della Piazza, aveva tutta la confidenza col Rivarola ed altri Capi, come pure aveva tutta l'ingerenza ne' Consigli che si facevano, tanto tra di loro, quanto unitamente cogl'Inquisitori di Stato ; che in più e diverse occasioni, con espressioni indicative del suo mal'animo, insinuava il doversi conservare in quella libertà la quale era stata acquistata, scosso il giogo de' Genovesi; che egli anche, ingannando il Popolo della Bastia, voleva nascostamente provvedere al Rivarola ed al Matra provviggione di pane, servendosi anche a questo uso della farina e grano proprio della Camera Eccellentissima ; e che da tutti questi titoli viene bastantemente convinto di esser egli stato, ed essere ribelle della Republica Serenissima, aderente a ribelli ed a nemici attuali della medesima ; il che maggiormente si prova dall'aver egli, unitamente con gli altri, e principalmente col Rivarola, attuale inimico della Republica, sottoscritto lettere, o memoriale che gli si è mostrato e letto, nel quale, non solamente si contengono sensi di espressa ribellione, ma inoltre instanze e premure che evidentemente dimostrano essersi egli voluto mettere nel numero delli nemici della Republica Serenissima, col suggerire e dimandare i mezzi di non solamente conservare la Corsica in stato di libertà, ma di impedire che in alcun tempo ritornasse alla soggezione della Republica, al quale intento anche tendevano le incombenze e titoli da lui, in compagnia di altri, assuntisi di Deputati per l'Unione de' Capi Corsi con la Bastia ; e che perciò dovrà egli essere stimato e riputato come ribelle della Republica Serenissima, sua legittima padrona, aderente a ribelli e nemici della stessa Republica, e di lei formale inimico, e contro di lui come tale dovrà e potrà la stessa Serenissima Republica prendersi le dovute soddisfazioni, servendosi delli jus della guerra ed ostile ; aggravandosi sempre più questi suoi nuovi delitti da che altre volte egli, provato delinquente in questa materia di ribellione, fu considerato con tutta clemenza dalla Republica Serenissima, ed esentato da quella pena che sin d'allora si aveva meritato ; e quando anche fosse vero che egli non da se si fosse assunto il carico di Maggiore di Piazza, ma che una tal carica gli fosse stata data dal Vicegerente della Republica Serenissima, egli si è reso reo di fellonia per avere, dopo accettato detto incarico, trattato di rendere e resa effettivamente la Piazza senza far alcun conto del Vicegerente, il quale è stato perciò fatto prigioniere di guerra; ed aggiungendo fellonia a fellonia, egli è stato quello che ha intimato agli ufficiali della Republica Serenissima essere eglino restati prigionieri di guerra, con averli dato l'arresto nella Città di Bastia; il che sempre più dimostra che egli ha avuto la aderenza anche preventiva colli Capi ribelli e nemici della Republica; il che tutto risulta, parte dalle cognizioni presesi da S. E. che gli si contestano, parte dalle scritture da lui medesimo riconosciute, ed una parte ancora dalle confessioni fatte da lui medesimo di cose di fatto, alle quali pretende incongruamente presentemente di dare il colorito di buona e retta intenzione, quando da tutto quanto sopra contestatogli risulta evidentemente il contrario ; constando inoltre dalle contestazioni fattegli per le cognizioni presesi da S. E. la prevenzione del di lui mal'animo dall'aver voluto immediatamente tentar di scoprire li segreti del Governo Serenissimo coll'aver visitate le scritture della segreteria di S. E. e quelle che fossero restate presso il di lui Cancelliere; e dettogli che dica cosa gli occorra,

Rispose :

Il palo sarà stato piantato d'ordine del Rivarola che avrà dato all'Aiutante, mentre io non vi ho avuta parte alcuna, e questo era fatto per metter freno alla gente. Al secondo capo rispondo che al Rivarola non si è data la Città, essendosi lui protestato che la Città dovesse essere libera, e che lui non intendeva di comandare se non come infimo cittadino. Al terzo rispondo che io non aveva alcuna confidenza col Rivarola, Matra e Gafforio, e che vi andavo quando ero chiamato, e mai mi sono ingerito nelle operazioni degl'Inquisitori. Al quarto, il pane l'ho fatto fare d'intelligenza degl'Inquisitori e d'ordine di loro, e non so se fosse di farina del Principe, o no, e quel che facevo lo facevo d'ordine del Rivarola e degli altri; e rispetto a tutto il restante, io quel che ho fatto posso dire di averlo fatto inavvertentemente e senza riflessione, ed anche perchè vi erano gli ordini del Rivarola e Gafforio, a' quali bisognava ubbidire; aggiungendo, in riguardo a che altre volte io son stato preteso reo, che veramente non so comprendere come per avere scritte alcune lettere nelli Paesi, nelle quali instruivo cosa si potesse domandare a vantaggio della patria, mi si potesse imputare reato; e finalmente riguardo alla segreteria di S. E. è vero che io, in compagnia del Marengo ed altri, siamo andati a Palazzo per riconoscere le robbe che aveva lasciato S. E., e ne abbiamo tenuto nota, le quali robbe si diede ordine che si dovessero portare nelle stanze del Signor Vicario, ed è vero altresì che si aprì la segreteria, e si presero alcuni libri e fogliazzi, ed io stesso mi sono portato in casa la chiave; ma il giorno seguente, essendovi ritornato, ho ritrovato che era stata aperta, e portata via la serratnra, ed ogni altra cosa; ed i libri della segreteria sono stati portati in casa del Rivarola; e degli altri fogliazzi non so cosa ne sia seguito.

E replicatogli che tutte le mentovate frivole scuse da lui addotte punto non gli suffragano, anzi lo aggravano, e particolarmente quest'ultima circostanza d'aver fatte passare alle mani del Rivarola le scritture della segreteria; nulla parimente suffragandogli l'allegata Immunità della Chiesa, giacchè quello di Capraja è un puro oratorio campestre che non gode di alcuna immunità, e poi in ogni caso egli vi è stato trasportato a titolo di mera e pura custodia; ed anche prescindendo da questo titolo, per le delinquenze da esso commesse non gode alcuna immunità, onde etc.

Rispose :

Io dico ed intendo di godere dell'Immunità perchè quella è chiesa che salva; ed inoltre pretendo di godere della fede publica, perchè ritornato il Podestà da Calvi in Bastia, avendo sentito che contro di me e contro quattro altri si sentiva male, il patrone Cecco Patrimonio, che era Capo di Terravecchia, mi disse che stessi pur sicuro perchè saressimo stati, o tutti vivi, o tutti morti; dicendoci che quando il Principe ci vorrà accordare il perdono generale, bene, altrimente prenderemo le nostre misure; e ci ha detto anche in Capraja che vi è il perdono generale. Intendo quella parola di *prendere le nostre misure* che se non ci avessero concesso perdono generale, ci sarebbe dato luogo a poterci salvare.

E replicatogli nuovamente che non gli suffraga alcuna buona fede che egli allega, giacchè egli e gli altri suoi compagni sono stati liberamente e senza alcuna condizione, dalla Città e Popolo di Bastia, nella loro dedizione in ultimo luogo fatta, dati alla Republica Serenissima, ed alla sua libera disposizione, la quale non ha concesso alcun perdono generale, e solamente avea data instruzione e commissione a padrone Cecco Patrimonio di trattare col Popolo e Città di Bastia sopra la dedizione della medesima Città, e prima che il detto Patrimonio con detta commissione ed instruzione fosse arrivato in Bastia, anzi prima che in detta Città fosse arrivata alcuna notizia di detta instruzione, e prima che il patrone Cecco Patrimonio partisse da Terraferma, egli e gli altri sono stati consegnati liberamente ed a libera disposizione della Republica Serenissima, onde dica etc.

Rispose :

Chi ci ha dati e consegnati non è il Popolo, nè la Città, ma sono stati alcuni ladri e nostri nemici; ed insisto sopra l'Immunità della Chiesa, e sulla buona fede del perdono concesso.

E dettogli che se ha qualche scusa, escolpazione, o difesa da dedurre, la deduca presentemente,

Rispose :

Io non ho inteso di fare cosa benchè minima in pregiudizio della Republica Serenissima ; e se avessi appreso di aver fatta qualche cosa, mi sarei dato luogo a salvarmi ; e se ho fatta qualche firma, l'ho fatta per non scoprirmi a quelli che comandavano, e per coprire il buon genio che avea per la Republica Serenissima.

Ætatis annorum 78 circa.

1746 die jovis vigesima octava dicti mensis aprilis, in tertiis, in mansione prædicta etc. extractus pariter de mandato e carceribus Turris Antonius Marengus, q. Jo : Francisci (1), et in præsentem locum adductus et examinatus prævia monitione quoad se et quoad alios juravit tactis etc.

Interrogato rispose :

Io ero presente in Bastia quando la Città soffrì il danno dalle navi inglesi, ed il giorno medesimo in cui finirono le bombe, sentendosi susurrare il borgo et il volgo, non solamente sopra li danni sofferti, ma anche sulla mancanza delle provvigioni, e sulli danni che si potevano temere in appresso essendo in vista le navi medesime, le quali si erano slontanate e avevano cessato il bombardamento in vista del tempo contrario, l'Eccellentissimo Commissario Generale, all'orecchie del quale bisogna che siano stati riferiti questi susurri del Popolo, chiamò a se il Magistrato della Città, ed io vi

---

(1) Antonio Marengo était fils de Giovan-Francesco Marengo et de Maria Cristofini. Il était marié à Paola-Maria Raffalli.

andai come uno degli Anziani surrogato. S. E. disse al Magistrato che sentiva dei susurri per la Città, dal Popolo, e che desiderava sapere quale era il sentimento del Magistrato e Cittadini; ed il Magistrato rispose che veramente il susurro nel Popolo vi era, ma che in riguardo a' Cittadini, S. E. si assicurasse che non si sarebbe risparmiato nè sangue nè sostanze, perchè la Città fosse in stato di difesa; e che riflettesse S. E. alli danni gravissimi che avevano causate le bombe, ed alla sussistenza che potesse aver la Città e presidio; per il che si suggerì che poteva chiamare il Consiglio di guerra, e sentir il sentimento del medesimo. Così disse di voler fare S. E., e che fossimo ritornati a 22 ore. Ritornammo di fatto, e S. E. ci mostrò in iscritto il consulto di guerra, nel quale, per preambolo, si dicea che la Piazza potea sussistere, e che aveva provvigioni da bocca e da guerra per alcuni mesi, ma si concludeva poi che il Consiglio di guerra si rimetteva alla superiore cognizione dell'E. S. per una onorevole capitolazione. Letto questo consulto di guerra, noi rilevammo a S. E. la contraddizione ed implicanza tra il preambolo e la conclusione, e gli rappresentammo che si sapeva non essere nelle munizioni che 19 mine di farina; e S. E. si spiegò di essere anche egli del nostro sentimento, ma che non era del suo decoro il capitolare col Rivarola ed altri Capi Corsi, e che perciò voleva partire per andare in Calvi, e che avrebbe lasciata la Città all'arbitrio del Magistrato, e che facessimo quel che si fosse potuto fare, e che frattanto conservassimo per la Republica il nostro buon cuore; e ci aggiunse inoltre che per giustificare in ogni tempo presso la Republica la condotta della Città, mettessimo in iscritto li motivi e ragioni che avessimo appreso, mentre le avrebbe spedite a Genova, e che perciò alla mattina seguente le dovessimo portare questo scritto. Partito il Magistrato, si risolvè per l'estensiva del medesimo scritto di non andare nella Casetta per evitare le apparenze, ed il Magistrato venne in mia casa, come luogo più adattato e vicino, e lì si posimo ad estendere lo scritto; ma come che si avanzava già il tempo ad una ora di notte, e le porte dovean chiudersi, abitando qualcuno del Magistrato in Terravecchia, mi lasciarono l'incombenza di finirlo ad estendere, con darsi l'appuntamento per ritornare alla mattina seguente per rivedere lo scritto, e portarsi a consegnarlo a S. E. ; e mentre ero al tavolino, verso le tre ore circa, sentii per le strade grandissimo strepito, e voci che dicevano: « S. E. se n'è andato, avendo lasciato alla polveriera il fuoco attempato ». Calai io dunque da casa mia, e vidi che tutte le genti scappavano mezze ignude con una estrema confusione, e con maggiore orrore di quando erano tirate le bombe, ed io risolvei di andare alla polveriera col bargello, che incontrai, e col Sindico camerale, ed andati tutti assieme, e qualchedun altro che era in nostra compagnia, ricercate le chiavi, e non trovatele, giacchè il Signor Tesoriere mandò a dire che le avea il suo uomo, si aprì con palaferro la porta, e riconosciuto che era falso che vi fosse il fuoco, fui sollecito di mandar gente per la Città affin di togliere il timore ed il susurro, e m'incamminai poi verso le porte di Terranuova, ove vi ritrovai Pietro Pasqualini che avea qualche persona di suo seguito, e che teneva le chiavi di esse in mano, e sentii che disse che ne era il padrone lui, ed io gli dissi che lo era per poco, perchè S. E. avea lasciato il comando al Magistrato, nè mi volli impegnare di più, giacchè mi pareva furioso, e temei anche che fosse ubriaco ; e perciò uscito dal corpo di guardia, incontrai per la strada che va a Santa Maria il capitano Romanelli, al quale dissi che essendo partiti gli altri ufficiali, andasse pure nel corpo di guardia, che avrebbe fatto da supremo comandante; e ritornando con lui nuovamente verso il corpo di guardia, sulla piazza di Corti ritrovammo il Signor Vicario Rossi col Signor Auditore, i quali ritornavano dal scaletto per non essersi potuti imbarcare, ed io dissi al Signor Vicario che giacchè in questa nostra disgrazia la fortuna ha voluto che egli si fermasse in Bastia, stasse pure di buon animo, che egli avrebbe fatto le funzioni da Vicegerente; ed accompagnatomi con lui, entrai nelle sue stanze, ove arrivati, io gli dissi che essendo tempo di grazia, mi facesse il favore che facesse rilasciare alcuni prigionieri di Nebbio; ed egli mi rispose di sì, e diede l'ordine per il rilascio; anzi suppongo che questa instanza per li prigionieri gliel'abbia fatta dopo che avendo incontrato il Signor Vicegerente sulla piazza, e lasciatolo entrare nelle sue stanze, io uscito di Terranuova, andai ad avvisare tutti gli posti che stassero pur di buon animo, sino a quello di S. Angelo, e per li restanti quartieri diedi l'incombenza al figlio del capitano Matteo Mattei, e ritornato poi in Terranuova, andai dal Signor Vicegerente a fargli la suddetta istanza, ove non so se vi trovassi, o venisse, il detto Pasqualini, ed io vedendolo, dissi al Signor Vicegerente: « Ecco qui chi voleva farsi padrone del corpo di guardia ». Ed avendomi egli risposto come io ci entravo, e che non vi sarebbe barba d'uomo in Terranuova da farlo cedere, si attaccammo di parole, e vedendo io detto Pasqualini ritirarsi indietro, che incrocciò l'archibugio per tirarmi, io incrocciai una pistola che avevo al fianco, e gliela scrocciai contro, ma prese fuoco solamente sopra il polverino; ed intromesse le persone, tra quali il Signor Buttafuoco, io poi dimandai sodisfazione, essendo offeso per caosa publica ed alla presenza del Signor Vicegerente; e perciò fu obbligato ad andare in prigione d'ordine del Signor Vicegerente. Uscito dalla Cittadella in piazza di Corti, qualcheduno di quei villani cominciavano a prendere le armi a soldati, ed io ho fatto restituire quelle che ho potuto; ed al Romanelli dissi che andasse al suo posto, come pure alli soldati, dicendogli che non dubitassero di niente; e ritornai poi a casa mia, ove mi fermai per tutta la notte, e tutto che sentissi tirare molte archibugiate per tutti li canti, che mi davano orrore, io stimai di dovermivi fermare sino alla mattina seguente per non espormi, avendo poi risaputo alla mattina seguente che erano state tirate affine di avere il campo di potere disarmare li soldati, e fare quello che più volevano. In quel giorno non seguì altra novità, per quel che mi ricordo, e solamente al dopo pranzo fu detto, e non so per qual mezzo si fosse risaputo, che il Rivarola desiderava di trattar colla Città; ed esssendo radunato il Magistrato, fummo deputati, il maggior Gentile ed io, ad andare a sentire le proposizioni del Rivarola, e arrivati in Monserrato, come che il Rivarola minacciava ferro e fuoco, io mi altercai con lui dicendogli che per lui e il di lui seguito, se fossero dieci mila volte altrettanti, non li stimavamo niente, e non avevamo paura che entrassero in Città, e che intanto sentivamo discorsi di trattato perchè vi erano ancora le navi alla vista; ed il Rivarola allora si aperse che non voleva già che la Città si rendesse, nè al Re Sardo, nè ad altri Capi Corsi, nè a lui, ma che volea che la Città si rendesse alla Città medesima; ed io apprendendo che questo fosse molto confacente a ciò che ci aveva anche detto l'Eccellentissimo Commissario Generale, stimai col maggior Gentile di accettare il trattato per farlo presente alla Città. Ritornati dunque noi due in Bastia, fu convocato il Magistrato, Consiglio, e tutti li Capi delle Arti, e fatta da noi presente la pretensione del Rivarola, fu unanimamente concluso che si stendessero le capitolazioni, nelle quali in sostanza si diceva che la Città dovesse comandarsi da se, e che fosse salva la vita, le sostanze e le armi a tutti; e con queste capitolazioni ritornammo, io col maggior Gentile, dal Rivarola, il quale ci disse che nella capitolazione non voleva inclusi li Genovesi per avere in mano un cambio da far liberare li due suoi figli che aveva in Genova in Torre; io gli replicai che sottoscrivesse le capitolazioni, e che di questa esclusione se ne sarebbe discorso colla Città. Sottoscrisse egli dunque le capitolazioni, come gliel'avevamo portate noi, ed il giorno seguente, giorno delli 22 di novembre, egli entrò in Città colle sue genti, e fu incontrato dal Magistrato, e si andò in S. Maria, ove fu cantato il *Te Deum*. Dopo entrato, il Rivarola incominciò a disporre non solamente in materia di governo, destinando Tesoriere e Doganiere, con ordinare anche catture, ma anche prese la robba del Signor Marchese Mari, e se là fece trasportare in casa sua, il che pose in impegno me particolarmente, e la Città che vedeva violate la capitolazioni procurò di cercare il riparo, e perciò essendo arrivato in Bastia il Comandante inglese, dopo anche che erano venuti in Bastia il Matra ed il Gafforio, io ho voluto che anche dal Matra e Gafforio fossero sottoscritte le medesime capitolazioni, e riconfermate dall'istesso Rivarola, coll'aggiunta di più che lo stesso Rivarola dovesse rimettere in Palazzo tutta la robba del Signor Mari e, come replico, anche sopra di ciò si sottoscrivesse il Rivarola. Non ostante ciò il Rivarola, Gafforio e Matra volevano seguitare, e di fatto seguitavano, a comandare dispoticamente, e dopo aver presi li denari del publico, e quelli anche presi da' Sestrini, e consumate anche quasi tutte le munizioni da bocca e da guerra, intendevano anche d'imporre tasse secondo le facoltà che ognuno avea, ed io allora, abboccatomi col maggior Gentile, stabilimmo di far nascere dissensioni tra il Gafforio ed il Rivarola, operando egli d'incitare il Rivarola contro di Gafforio, ed io Gafforio contro il Rivarola, e camminando con questa intelligenza, ci riuscì di far crescere le discordie a segno che tra Terranuova e Terravecchia, cioè tra le genti del Rivarola, che erano in Terravecchia, e le genti del Gafforio, che erano a Terranuova, si venne alle armi; fu serrata Terranuova, e vi seguirono anche delle morti; ed essendo stato il paese per molti giorni su questo piede, finalmente si venne ad uno accordo fra di loro, che entrambi, uno per una parte, e l'altro per l'altra, dovessero in uno istesso tempo uscire dalla Città; ed usciti fuori li detti Rivarola e Gafforio, la Città si pose in stato di reggersi da se armando i posti per difendersi da chi si sia. Usciti li detti tre Capi, il Magistrato degl'Inquisitori eletto dalla Città, in cui vi ero io, Domenico Sansonetti, Cecco Rossi, Antonio Morelli ed Ignazio Petroni, il quale mai ha esercitato per essere console di Lorena, e credo anche d'Inghilterra, il Magistrato, dissi, degl'Inquisitori ha prese le misure per la difesa della Città, e anche a nome proprio, sul principio, abbiamo prese lire mille dalla congregazione del Santissimo Sagramento di Terranuova e Terravecchia, per somministrare aiuto alla gente che stava alli posti di Terranuova, e servitisi ancora di quelle poche munizioni e viveri che erano restate. Una turba di cento cinquanta, circa, dei più miserabili, e dell'infima plebe, suscitati da alcuni Cittadini, hanno fatto la loro combricola, e non ostante che si fosse deliberato in un publico congresso di tutto il Popolo, e Capi delle Università di tutto il Popolo, che si dovesse spedire deputati in Calvi ed in Genova, per dimandare a cautela il perdono per tutti, e soccorsi per poter reggere, per la qual deputazione sono stato io stesso destinato, e mi sono offerto di dover servire, quando fosse necessario, e che ero pronto ad andare, il che non seguì perchè il padre Rettore dei Gesuiti non mi stimò adattato, e volle che fosse eletto il Podestà, a favore del quale era ben affetto, non ostante tutto questo, essendo ritornato il Podestà in Bastia, in un giorno che fu chiamato il Consiglio, dopo 15 o 20 giorni di queste determinazioni da me segnate, furono fatti prigionieri molti Cittadini che intervennero al Consiglio; ed io che mi ritrovavo ammalato in letto, fui sorpreso in casa mia, e condotto anche io in prigione, contro la fede dataci da tutto il Popolo, e dal patron Cecco Patrimonio; e dopo che fummo anche in prigione, replicandosi che era il Popolo che ci aveva voluti in prigione, noi che sapevamo essere stati li più vili e i più ladri del Popolo che avevano ciò fatto, instigati da alcuni nostri nemici, ci dissimo che eravamo contenti che il Popolo si radunasse, e che se a voti deliberava il Popolo che perissimo, eravamo pronti a perire ; ma nulla di ciò fu fatto ; anzi devo aggiungere che 20 giorni avanti della nostra cattura, in un publico consiglio, io ho detto al patron Cecco Patrimonio che quando fosse ritornato il rappresentante della Republica, io l'avrei assicurato che il tutto era seguito principalmente per opera del detto patron Cecco Patrimonio, di cui si eravamo fidati. Nè è per ora che mi sovvenga possa essere e aggiungere al fatto raccontato. E per mia indennità devo soggiungere che essendo noi rifugiati nella chiesa del porto di Capraja, intendo di godere dell'Immunità della Chiesa, e che ho risposto astretto.

Ætatis annorum 50 circa.

Quibus habitis etc.

Ea in vesperis ubi supra extractus de novo de mandato e carceribus et in præsentem locum adductus examinatus et constitutus etc. prævia monitione quoad se et quoad alios supra Antonius Marengus juravit tactis etc.

Interrogato rispose :

Rinuovando sempre la mia protesta di dover godere dell'Immunità della Chiesa, e di rispondere sempre astretto, dico che presentemente non mi sovviene di aggiungere cosa di sostanza a quei fatti che questa mattina ho descritto, e solamente devo aggiungere che Rivarola volea farmi ammazzare da' suoi dipendenti per le male sodisfazioni che avea.

Interrogato rispose :

Li posti che ho visitato fuori di Terranuova l'istessa notte che partì S. E. erano tutti provvisti di Bastiesi, nè vi era alcun soldato della Republica, almeno che abbia veduto, perchè visitai solamente il posto dell'Avanzata, di S. Giuseppe, e S. Angelo.

Interrogato rispose :
Io quando sono ritornato da Monserrato dopo il primo congresso fatto dal Rivarola, portammo con noi in Città una copia del diploma che poi è stato dato fuori in stampa, qual copia non so se dal Rivarola fosse data a me o al Gentile.

Interrogato rispose :
Diceva il diploma che per dar danno alla Republica di Genova volea dare aiuto ai Corsi, ma non so se lo dicesse il Rivarola, o il diploma ; ma il diploma è stampato, e si può vedere quello contiene.

Interrogato rispose :
Il detto diploma fu letto al Consiglio e Capi d'Arte che erano radunati col Magistrato, perchè il Rivarola disse al Gentile ed a me : « Guardino ! Hanno da fare colle potenze alleate; non hanno da far con me. Io piangerò la distruzione della Città, quanto ho pianto allorchè furono tirate le bombe. »

Interrogato rispose :
Dopo letto il diploma, si propose le condizioni che accordava il Rivarola ; tutti furono dell'istesso sentimento di rendersi nella maniera che si era detto, nè vi fu alcuno che vi contradicesse, o che proponesse altro sentimento ; credo però che vi fossero, o uno, o due, i quali dicessero che sarebbe bene l'aspettare le navi per far la resa alle medesime, ma io risposi che questo istesso l'avevo detto al Rivarola, e che egli mi avea replicato col dirmi : « Ecco là le navi. » Ed aggiunsi poi io che potevano venir di notte, e buttare le bombe, e che era più vantaggioso l'accettare la convenzione proposta che di rendersi agl'Inglesi ; e così tutti unitamente risolverono di far stendere le capitolazioni, e fui deputato io

a far detta estensiva, e sotto la mia dettatura le scrisse il Cancelliere in presenza di tutti, e furono parimente alla presenza di tutti sottoscritte dal Cancelliere.

Interrogato rispose :

La Città avea destinato il figlio di Domenico Sansonetti (1) per andare al bordo delle navi inglesi, per dar notizia di quello era seguito, ma egli, partitosi dal porto, ritornò poi senza aver potuto raggiungere le navi; ed avendo il Signor Podestà pregato me, e dopo essermi scusato perchè pativo in mare, tanto mi disse che mi determinai ad andare; ed imbarcatomi sopra di una gondola bastiese, unitamente col capitano De Bonis (2), mandato dal Rivarola, presimo la volta verso le navi, ma il tempo cattivo ci obbligò ad andare in Capraja a rendersi quasi prigionieri, e dalla Capraja ci furono tirate moltissime archibugiate, il che ci obbligò a ritirarsi (3) e mettersi alla discrezione del mare; e patendo sempre burrasca, fummo obbligati dal tempo ad andare a Livorno, dove appena arrivati, essendosi risaputo che era bastimento che venia dalla Corsica, venne il Comandante delle navi inglesi, ed a lui riferii quello era seguito, e che si compiacessero di non venire più ad incomodarsi (4).

Interrogato rispose :

Mi sono fermato in Livorno per quel poco tempo che il mare cattivo non permetteva si dovesse partire, e in questo tempo non ho parlato con alcuno; ed un tal Paolo Giuseppe Tomasini volea condurmi dal marchese Silva, ma io non ci volsi andare, e come che avean da partire le navi, così io m'imbarcai sulle medesime, per maggior mia cautela, per

---

(1) Giovan Battista, voir page 218.
(2) Angelo Francesco, voir pages 47 et 160.
(3) Pour *ritirarci e metterci*.
(4) Pour *incomodarci*.

venire in Bastia, e meco s'imbarcò ancora il De Bonis ; ed arrivati in Bastia io sono sbarcato in terra.

Interrogato rispose :

Arrivate le navi in Bastia, sbarcò il Comandante ed andò ad abitare nella casa delli Battisti, e fu molto mal trattato dal Rivarola, tanto di letto, quanto di vitto ; ed essendosi fermato per una notte, il giorno seguente poi furono obbligati li Generali Corsi a sottoscrivere le capitolazioni nel modo divisato dal Rivarola, ed ad osservarle ; nè a mia notizia fu fatta altra cosa.

Interrogato rispose :

Mi è stato detto che le chiavi fossero presentate al Comandante inglese, ma io non ci ero.

Interrogato rispose :

Partito il Comandante inglese, fu eretto il Magistrato d'Inquisitori di Stato, e vi vollero anche intervenire il Rivarola e Gafforio, e furono eletti il dottore Antonio Morelli, Domenico Sansonetti, Cecco Rossi, Ignazio Petroni, ed io.

Interrogato rispose :

Il Magistrato degl'Inquisitori non aveva alcuna incombenza particolare, e solamente s'ingeriva in quelle cose nelle quali l'obbligava Gafforio ad ingerirsi.

Interrogato rispose :

Separatamente da me non ho fatto alcuna operazione come Inquisitore di Stato, ed unitamente cogli altri collega non si è fatto altro che esaminare qualcuno per dar sodisfazione a Gafforio che sollecitava la spedizione, e si è procurato di far bene a tutti, finchè si potessero mandar via dalla Bastia, tanto lui, quanto Rivarola e Paesani.

Interrogato rispose :

Fuori le operazioni da me descritte non ne ho fatte altre unitamente cogli altri.

Interrogato rispose :

Li Capi Corsi volevano sapere se nelle lettere scritte vi era niente, e per questo dagl'Inquisitori, tutti uniti assieme, o pure da quelli che vi si trovavano, essendo prese le lettere e portate in Magistrato, si esaminavano; e si riferiva loro il contenuto; e molte anche si sono suppresse.

Interrogato rispose:

Dopo la partenza di Gafforio e Rivarola si è seguitato sempre così, e non si è fatto male benchè minimo ad alcuno; nè a mia memoria è che il Magistrato abbia fatto alcuna operazione, tanto riguardo al publico che al particolare, circa la giurisdizione.

Interrogato rispose:

Fu dimandata la licenza dagli ufficiali della Republica, e gli si diede colla condizione di non poter servire alla Republica Serenissima; e questo si facea perchè, essendo stata negata sempre la detta licenza dai Generali Corsi, e non avendo noi ancora il piè ben fermo in Bastia, abbiamo stimato di non attirarsi lo sdegno dei Capi Corsi per qualunque accidente potesse seguire, avendo al blocco il Matra con quattro mila uomini.

Interrogato rispose:

Avendo saputo che mio cognato, Capitano Casavecchia, aveva reso il Castello di S. Fiorenzo, e che dovea venire in Bastia, e sapendo che alcuni pastori di Patrimonio, mal soddisfatti di lui per avergli fatti restituire alcuni schioppi, si erano impostati per ammazzarlo, io uscii dalla Bastia con qualche uomini per coprirlo nella sua ritirata, ed arrivai sino a S. Fiorenzo, e ritrovai che mio cognato era in Castello, e che di già l'aveva reso, avendo fatto le capitolazioni.

Interrogato rispose:

Credo che entrasse nel Castello un tal di Oletta, dipendente dal Rivarola, ma non so quando entrasse, nè quando uscisse.

Interrogato rispose:

Io, a dire con tutta sincerità, col Rivarola non ho mai

trattato in confidenza, giacchè, per quel che ho deposto, io era offeso da lui, e lui si dichiarava offeso da me; e per quel che riguarda il Gafforio, le sue mire erano contrarie a quelle del Rivarola, per quel che potevo capire ne' suoi discorsi; anzi il Rivarola avea intercetta una lettera scritta al Silva in Livorno, dalla quale risultava che il Gafforio trattava per l'Infante Don Filippo, e questa lettera il Rivarola l'avea publicata per il Regno.

Interrogato rispose :

Replico che riguardo alle mire, o trattati, che potessero avere i Capi Corsi per la Corsica, non ho potuto mai sapere cosa alcuna di positivo, nè ho potuto mai penetrare le loro idee, e semplicemente un giorno mi disse Gafforio che era stato insinuato dal Silva a tener in moto quel Regno.

Interrogato rispose :

Ho detto sempre bene della Republica, e che le sue leggi sono santissime, e questo l'ho detto in tutte le occasioni.

Interrogato rispose :

In riguardo alla Republica Serenissima replico che ho parlato sempre bene, e per la libertà della Bastia e della Corsica si diceva da tutti, ed io parimente ho detto, che bisognava conservarsi in libertà, e questo coll'intento di non assoggettarsi a Ribelli, e per tenerli lontani a non molestarci.

Interrogato rispose :

Io prima che entrasse Rivarola in Bastia non sono mai andato in Palazzo nelle stanze ove solea stare S. E., per quanto mi sovviene, e vi sono andato solamente due volte dopo, una col maggior Gentile, che fu di sera, e si fece serrare la segreteria perchè alcuno non prendesse le scritture, ed un'altra volta vi sono ritornato di mattina, perchè essendosi saputo che un tal Poletti di Balagna avea dato di mano alle scritture, e le spogliava, si sono presi li fogliazzi e le scritture, e credo dal Signor Luri lasciate là in una stanza; ed in appresso ho saputo che il Rivarola ha mandati li cammalli, e da essi si è fatto trasportare in casa sua tutta la segreteria, a risalva di un registro di lettere del 1738, scritto di pochissime carte, che più per curiosità che per altro mi portai in casa mia.

Interrogato rispose:
Io non so che sia stata data incombenza ad alcuno di riconoscere le scritture di segreteria, perchè io praticavo poco col Rivarola.

Interrogato rispose:
Io non ho mai scritto in Terraferma ad alcuno, riguardo agli affari della Corsica, per quel che a me sovvenga.

Interrogato rispose:
So di avere sottoscritto una lettera diretta alla Corte di Torino, nella quale, tra le altre cose, si dimandavano 25 mila zecchini, ma questa lettera la diedi al dottore Morelli ad effetto la supprimesse, e dirò il fatto come è seguito: Un tal Luigi Zerbi, nipote del Rivarola, scrisse una lettera, e la mandò per una donna colla sopraccarta agl'Inquisitori di Stato, nella quale lettera appunto si conteneva la richiesta delli 25 mila zecchini, ed era sottoscritta da molti delle provincie, ed era parimente sottoscritta dal Magistrato della Città, e da quello degl'Inquisitori, e pregava che si facesse legalizzare e si mandasse; e questo è seguito in tempo che dopo usciti Rivarola, Gafforio e Matra dalla Bastia, erano nuovamente ritornati al blocco della medesima Bastia; ed io avuta questa lettera nelle mani, la comunicai unitamente col dottore Morelli, nostro Decano, dicendogli e dandogli incarico che la supprimesse, e non ne facesse altro uso.

Interrogato rispose:
La lettera era sottoscritta da tutta la canaglia delle montagne, e non si poteva nemmeno legalizzare.

Interrogato rispose:
La lettera che scriveva l'abbate Zerbi, diretta agl'Inquisitori, conteneva, per quanto mi sovviene, che si facesse legaliz-

zare la lettera medesima, e si mandasse alla Corte di Torino, se non sbaglio.

Interrogato rispose :

Mi pare che la lettera diretta alla Corte di Torino fosse accompagnata di altra, ma non ho memoria nè da chi fosse sottoscritta, ned a chi fosse scritta, e so che tale e quale la consegnai al dottor Morelli perchè la supprimesse.

Interrogato rispose :

Io non so nè mi ricordo che in detta lettera vi fosse altro di speciale, se non che la richiesta delli 25 mila zecchini.

E mostratogli il plico diretto a Monsignor di Gorzegno (1), e dettogli etc.

Rispose :

Può essere che questo sia il plico che mi mandò l'abbate Zerbi, ma io precisamente non me ne ricordo.

Mostratogli indi la detta lettera circa la sottoscrizione, e particolarmente quella che dice *Antonio Marengo*, come anche fattogli leggere la lettera stessa, e dettogli etc.

Rispose :

La sottoscrizione è mia assolutamente, ma l'ho sottoscritta senza leggerla. Mi dissero che conteneva la richiesta di 25 mila zecchini, e vedendo che era sottoscritta dal Magistrato della Città, la sottoscrissi ancor io, perchè avendo male soddisfazioni col Rivarola, dubitavo che se la prendesse contro di me; ed io so che assolutamente ho consegnata detta lettera al dottor Morelli perchè la supprimesse, ma bisogna che l'abbia restituita, e il fatto precisamente è così; e quella lettera che mandò al Magistrato l'abbate Zerbi, mi parea che non fosse legalizzata, e questa vedo che è legalizzata, ma può essere che sbagli, e che fosse solamente per l'incarico di mandarla alla Corte.

---

(1) Marchese Carretto di Gorzegno, Secrétaire d'Etat et Ministre des affaires étrangères de Charles Emmanuel III, roi de Sardaigne,

Interrogato rispose :

Io avevo carteggio e corrispondenza con Monsignor Mariotti per li suoi proprii interessi, e per lui ho fatto qualche compra di mobili, e vendita di suoi grani; e mi ha scritto anche dandomi qualche notizia delle fortificazioni di Calvi, ma io che lo conoscevo per un uomo da nulla, e capace a precipitarsi, gli risposi che non era conveniente al suo carattere l'ingerirsi in questi affari, e che gli avrebbe portato delli pregiudizii; e so che questa mia lettera è stata ritrovata dal Signor Marchese Mari nelle scritture del detto Monsignore, e dalla detta lettera comparirà che io forse mi sarò espresso con termini più gagliardi.

Interrogato rispose :

Un tal chierico Sanguinetti, figlio di Pasquale, ed un tale Antonio Cardo, detto Cuccia, il quale è parente di detto Monsignor Mariotti, portarono la notizia agl'Inquisitori di Stato, ma non vi era veramente altro presente che il dottor Morelli ed io, che Monsignor Mariotti era stato arrestato in Calvi, e facevano instanza che si arrestasse Monsignor Saluzzo; ed allora il Morelli discorrendo meco, si risolvè che andasse l'Aiutante con qualche gente a far venire da Lavasina il detto Monsignor Saluzzo alla Bastia, e che anzi gli dicesse che venisse, giacchè era stato esposto da' suddetti che voleva venire in Terraferma; e questo si fece principalmente perchè aveva in mano lire 12 mila circa del Seminario, ed eravi bisogno di provvedere le soldatesche che stavano alla difesa della Città contro de' Paesani, ad effetto si potesse prendere qualche partito, come di fatto si presero lire 7 mila, e Monsignore non ebbe alcun arresto, ma era in tutta la sua libertà. Devo aggiungere riguardo alla lettera, che anche dopo di essere in prigione in Bastia, il Signor Podestà Caren mi mandò a dire, per il mezzo del Signor Cecco Rossi, che egli non avea altro dispiacere se non che di aver sottoscritta detta lettera, ed io gli mandai a rispondere che stasse pure quieto sulla medesima, mentre io l'avevo consegnata al Signor Morelli perchè la supprimesse, e che credo l'avrà suppressa, ma che potrebbe parlarne al medesimo Morelli.

E dettogli che egli nasconde con tutti li modi la verità per non scoprire le proprie delinquenze nella loro vera atrocità; e che risulta dalle cognizioni presesi da S. E. essersi egli fatto lecito, nella stessa notte dell'imbarco dell'Eccellentissimo Commissario Generale, di andare intorno nei posti ove era la truppa della Serenissima Republica, per farla disarmare; e che nella stessa notte instò e cooperò affinchè fossero aperte le prigioni; e che il giorno seguente, alla mattina, si trovò presente ed assistè alla dichiarazione fatta, col suon di tamburo, di Maggiore di Piazza, della persona di Francesco Maria Gentile, il quale fece piantar il palo in mezzo alla piazza di Corti, con publicare ordini sotto pena della vita a chi non ubbidiva a detto Maggiore; che fattosi destinare per trattare col Rivarola, unitamente col detto maggior Gentile, egli portò il diploma del Re di Sardegna, e perorò affinchè la Città si rendesse al Rivarola, con opporsi alli sentimenti che erano stati proposti nel Consiglio radunato, incutendo anche timore ai più semplici col ritorno delle carcasse e gettito di bombe; che fattosi destinare per inviato al Comandante delle navi inglesi, e trasportatosi in Livorno, facesse ritornare la detta squadra, e procurasse fossero fatti regali al Comandante, al quale, unitamente con gli altri, presentasse le chiavi della Città; che in appresso si trasferisse in S. Fiorenzo per facilitare la resa di quel forte, valendosi del mezzo della parentela che aveva col Casavecchia; che destinato per uno degl'Inquisitori di Stato, disponesse dispoticamente degli affari, essendo confidentissimo del Rivarola, Gafforio e Matra, e che valendosi dell'autorità d'Inquisitore, facesse molte operazioni, tutte tendenti a stabilire ed a conservare, non solo la pretesa libertà della Bastia, ma anche del Regno della Corsica, perorando più e più volte, in presenza di persone, e così in publico come in privato, per la libertà medesima, spiegandosi con termini offensivi alla Republica Serenissima, sua legittima padrona, e contro il di lei governo; che egli, in compagnia del Gentile, introdottosi, anche prima della venuta del Rivarola in Bastia, nella Segreteria, occupasse scritture, e che in appresso animasse persona destinata a far ricerca in queste scritture per l'accettazione di questa incombenza, che egli (1) ricusava di accettare; che egli, anche dopo restata la Città evacuata dal Rivarola e Gafforio, cooperasse cogli altri Inquisitori a che si dovessero considerare per prigionieri di guerra gli ufficiali e ministri della Republica, e che ricevesse obbligazione da alcuno di loro, e rinuncie di beni a favore degl'Inquisitori di Stato, spiegandosi che erano rimasti eredi della Republica Serenissima; e che cooperasse perchè fosse dato ordine di far prigioniere di guerra Monsignor Saluzzo, avuta la notizia dell'arresto di Monsignor Mariotti, suo corrispondente; e che da tutto questo chiaramente si comprende essere egli ribelle della Republica, aderente de' ribelli e de' nemici attuali della medesima; il che più evidentemente ancora si rileva dalla lettera diretta al Re di Sardegna, da lui unitamente agli altri sottoscritta, nella quale non solamente si riconosce la sua pessima volontà nelle espressioni contrarie alla Republica, ma anche si ricava dalla stessa lettera che egli, cogli altri, suggeriva e cercava i mezzi perchè il Regno della Corsica, in alcun tempo, non ritornasse alla soggezione della Republica, contro la quale ha parlato e macchinato nel modo di sopra espresso; e perciò contro di lui, come a ribelle, aderente a ribelli e nemici attuali della Republica, ed anche come inimico espresso della medesima, il Governo Serenissimo

---

(1) C'est-à-dire *la persona destinata*, qui n'était autre que Limperani.

potrà e dovrà prendere il risentimento conveniente, valendosi del jus della guerra et ostile, che gli compete, tanto più che contro di lui anche preventivamente si hanno fondati sospetti che tramasse contro il Governo Serenissimo, e contro la vita e libertà della felice memoria dell'Eccellentissimo Domenico Maria Spinola, già Commissario Generale in quel Regno, e che perciò preventivamente ed in ogni tempo abbia avuto un animo di perfidia e di ribellione contro il suo Principe naturale; le quali cose tutte risultano, non solamente dalle deposizioni giurate, prese per sua cognizione da S. E., che gli si contestano, e dalla lettera mostratagli, e da lui sottoscritta e riconosciuta, ma anche dalla confessione dei fatti da lui stentatamente attestati, dopo di aver studiosamente non palesate diverse circostanze, le quali dovevano essere a lui presenti, per essere di un estremo rimarco, e da lui non ostante ciò taciute e dissimulate nelli presenti suoi esami, pretendendo presentemente di dargli colorito di buona intenzione, quando da tutto il complesso chiaramente risulta tutta la di lui più pessima e perfida intenzione, onde dica quel che gli occorre etc.

Ed essendogli state lette d'ordine le cognizioni prese da S. E. riguardo ad esso,

Ha risposto:

Io ho sentito contestarmi molte cose alle quali ripartitamente risponderò. In primo luogo, quanto sia all'insinuazione fatta a mio genero che accettasse l'incombenza di riconoscere le lettere e le scritture, può essere che ciò sia seguito, ma questo nulla significa mentre non trattavasi che di levarsi una curiosità, e per vedere se vi era qualche cosa contro di me. In secondo luogo, per l'affare del q. Eccellentissimo Spinola, io fin d'allora seppi questa voce che si era sparsa anche contro di me, ed a me è parso di aver convinto S. E. con un argomento che non avea replica, cioè che essendo anche stato dato in nota Giov. Battista Galeazzini, col quale ho io una mortale inimicizia, se Galeazzini era reo, io devo essere innocente, giacchè non era possibile che io mi fossi unito con lui a questa impresa; e tutto che io mi sia ritirato dalla Città per non espormi a qualche disastro, pure io in appresso sono ritornato con una lettera di S. E., avendo giustificato tutto il fatto. In terzo luogo, rispetto all'essere andato in segreteria, può dire il Signor Luri se io trasportassi via alcuna scrittura, e se sono ritornato la seconda volta, sono andato per vedere di mettere in cauto le scritture, in compagnia del Sindico, avendo inteso che era stata rotta la segreteria dal Poletti. In quarto luogo, io veramente ero presente quando il Passano fece la rinuncia del suo stabile, ma mi sono trovato a caso nell'atto di stipularsi la scrittura; per altro egli può dire se io avevo fatto alcun trattato, ma lui deve aver concluso per l'avanti con gli altri, ma non con me. In quinto luogo, per quel che dicono li testimonii che io abbia disarmati li posti, che abbia provvisto pane per la gente del Rivarola, sono tutte falsità, ed è certissimo che io anzi ho procurato non si disarmassero li soldati, e li fossero restituite le armi; e lo possono dire li medesimi soldati, come anche il capitano Romanelli, se ho fatte parti anzi favorevoli al Principe; e rispetto al pane io non ho saputo niente, se non che il fatto. In sesto luogo, è falsissimo che io abbia fatte aprire le prigioni a prigionieri. Il Signor Vicario fu lui che chiamò il carceriere e gli diede l'ordine per la scarcerazione di quelli del Nebbio, per quali solo io ne feci istanza al detto Signor Vicario, ed eravi presente il Signor auditore Agostini, il quale potrà attestarlo. Di tutto poi il restante che si contiene nelli testimonii lettimi, tutto è falso. Sonovi mille contraddizioni fra di loro, e li testimonii sono gente infame, mandati qui ed istigati dai miei più fieri nemici di Bastia, che sono Pietro Casale, Paolo Zerbi, il dottor Buttafuoco, Felice Cardi, Anton Giuseppe Mattei, Galeazzini ed altri, che sono miei nemici mortali per più capi, e che mi hanno sempre perseguitato a morte per male sodisfazioni che avevano contro di me; e poi il mestiere che ho fatto di curiale in Bastia, ove l'ho fatto con qualche poco ardore a favore delli miei clienti, mi ha concitato l'odio di molti, particolarmente in quel paese nel quale la vendetta è passata in natura, e si fanno ordinariamente li processi pieni di falsità. Rispetto alla lettera sottoscritta, io ho procurato che si soffochi e si supprima; ma poi un ribelle che ammazza un ribelle deve restar libero; ed io che sono stato l'autore che si sia risoluto di mandare in Calvi per dimandare gli aiuti, e richiamare la Republica di Genova, come potrà dire il Padre Rettore delli Gesuiti, e patron Cecco Patrimonio, intendo per questo atto di aver scancellata qualunque macchia che si potesse dire avessi contratto; tanto più che senza di me, e senza del mio maneggio e opera, Gafforio non sarebbe uscito dalla Bastia. E per quel che depongono li testimonii, rispetto alla mia amicizia ed intrinsichezza con tutti li Capi Corsi, sono convinti di falsità da che è certo che il Rivarola era inimico spacciato del Gafforio, ed ognuno di loro tendeva a fini diversi. Non era dunque possibile che io potessi essere amico ed intrinseco di tutti e due; ma anzi, valendomi delle loro dissensioni, ho tanto poi operato per cacciarli tutti due; e che io fossi contrario al Rivarola, lo dimostra l'aver io premesso che dovesse il Rivarola restituire la robba di S. E., e che ciò si stabilisse espressivamente nelle seconde capitolazioni.

E replicatogli che tutto quanto egli ha allegato finora in nulla lo sgrava, giacchè li fatti sono incontrastabili, e da lui stesso confessati; come sono quelli principalmente dei trattati da lui fatti con li nemici attuali della Republica; degli incarichi assuntisi ed esercizio di essi; delle lettere sottoscritte; ed altri che gli si sono contestati; da' quali sempre risulterà essere egli ribelle ed aderente a ribelli e nemici della Republica, e nemico della stessa; il che anche si comprova da un certo solenne giuramento, da lui con gli altri Inquisitori di Stato deliberato prendersi dalla Città, di conservarsi in piena libertà, e di non darsi ad alcun Principe, e particolarmente alla Serenissima Republica, contro la quale non ha egli negato di aver egli sparlato con termini colli quali tutti attestano di avere sparlato; onde dica etc.

Rispose:

Io sono stato sempre fedele alla Republica, ed intendo di esserlo e morirlo; e quando fu deliberato il giuramento che mi si contesta, io non vi ero, ed arrivai dopo concluso, e tutto che abbi giurato come tutti gli altri, anzi sono stato degli ultimi, sapevo che non obbligava, perchè è stato di obietto illicito; e di fatto, dopo due giorni, trattai col Padre Rettore per mandare in Calvi; e quando ho detto che li testimonii sono infami e falsi, ho inteso anche di negare che io mai abbia sparlato della Republica e del suo governo; e rispetto al giuramento, fu preso per mezzo termine, affin di levarsi d'attorno quattro mila Paesani che erano sotto la scorta del Matra, che dicea ciò fare perchè temea che la Città volesse darsi a Genovesi. E per provar che siamo stati fedeli al Principe, basta solamente il riflettere che se noi negavamo le provviste di polvere a Terravecchia, e chiudere il presidio, li Paesani assolutamente sarebbero entrati in Terravecchia; e se non fossimo fedeli, non avressimo preso li denari in imprestito per valersene in somministrare le paghe a Paesani che erano alla difesa della Città. Qualche vertigine ognuno ne patisce, e le buone operazioni devono compensare alcuna che fosse cattiva; e si spera nella bontà del Serenissimo Principe.

E dettogli che se ha da dedurre alcuna scusa, escolpazione o difesa, la deduca qui presentemente all'E. S.,

Rispose:

Già ho detto quello mi occorreva, ed a noi ci ha detto il patron Cecco Patrimonio che la Republica ci ha concesso il perdono.

E dettogli non essere vero assolutamente che la Republica Serenissima abbia concesso alcun perdono, giacchè il Patrimonio non avea altro, se non che una commissione di trattare con la Bastia per la di lei dedizione, ed a questo effetto aveva una pura istruzione; e prima che il Cecco Patrimonio arrivasse in Bastia, anzi prima che fosse partito dalla Terraferma, nè che in Bastia vi fosse alcuna notizia della commissione avea il Patrimonio, egli, cogli altri, dalla Città e Popolo di Bastia sono stati dati a libera disposizione della Republica Serenissima; onde dica etc.

Rispose :

Non è il Popolo che ci ha consegnati, ma quattro birbanti, e noi eravamo assicurati sulla fede di tutto il Popolo che non ci poteva in alcun modo tradire; e questo punto della fede publica è un punto delicato, e la Republica Serenissima che è pia dovrà averci tutta la considerazione.

E soggiuntogli che rispetto a quello che ha allegato circa l'Immunità della chiesa di Capraja, tale cosa non gli suffraga in modo veruno, mentre che non è chiesa, ma è una semplice cappella campestre che non gode di alcuna immunità, e che in essa cappella sono stati poi trasportati per pura custodia, onde dica etc.

Rispose :

La chiesa in cui noi siamo andati liberi è veramente chiesa, e noi siamo entrati in essa senza essere custoditi da alcuno, e che pochi giorni avanti vi era stata celebrata la S. Messa, essendovi anche il campanile e coro.

E dettogli se abbia da suggerire cosa alcuna altra,

Rispose :

Mi rimetto alla loro carità.

Ætatis etc.

Indi poi è stato ammonito per qualunque giorno et ora ad udire gli ordini e le deliberazioni de' Serenissimi Collegii.

Die veneris 29 dicti in tertiis, in mansione etc. extractus de novo e carceribus dictus Antonius Maria Asdente et in præsentem locum adductus et constitutus prævia monitione quoad se et quoad alios juravit tactis etc.

Interrogato rispose :

Presentemente non mi viene in memoria cosa da aggiungere all'esame da me già fatto.

Interrogato rispose :

Io mi sarò trovato presente, in molte occasioni, quando diverse persone hanno dimandato licenza, ed agl'Inquisitori ed al Rivarola, di passare in Terraferma, e so che a molti soldati, marinari, ed altri, è stata concessa, ma presentemente non mi ricordo chi siano.

Interrogato rispose :

Non mi ricordo di essermi trovato in casa del Rivarola in occasione che un tal de Franceschi, che conosco benissimo, e che sapevo aveva da rendere i conti ai Sindici, in occasione che egli dimandasse la sua licenza per venire in Terraferma.

Interrogato rispose :

Io non ho passata alla truppa altra parola che quella del Rivarola che dava il perdono a' disertori, unitamente col suo aiutante Casabianca.

Interrogato rispose :

Mi ricordo presentemente che Peppo Luri mi disse essersi imbarcato da 30 in 40 soldati per Sardegna, col sargente Martinich, ma io non ero presente quando furono imbarcati, nè quando furono arrolati, e che si era ancora imbarcato un tal alfiere Santa Maria, e sargente Casella.

Interrogato rispose :

Non ostante che mi sia stato fissato dal Magistrato il soldo di lire 30 al mese, io mai non ho riscossa cosa alcuna.

E dettogli che egli nasconde la verità, e vuol palliarla

per cercar scuse alle sue delinquenze in aver volontariamente assunto il grado di Aiutante di Piazza in servizio de' ribelli della Republica Serenissima, suoi attuali nemici ; ingerendosi anche non solamente in cose che non erano del suo assunto ministero, ma facendosi principale autore in affari che dimostravano essere totalmente contrarii alla Serenissima Republica, della quale in più occasioni ha' sparlato con termini offensivi della sua dignità ; e col disporre delle munizioni e provvigioni che alla stessa Republica spettavano ; servendo sempre alle idee e mire delli stessi ribelli e nemici della Republica, colli quali egli aveva confidenza intrinseca e dipendenza, publicando li loro ordini, e facendoli eseguire, in riguardo particolarmente della truppa stata disarmata e spogliata, ed in appresso per sua opera, arrolata al servigio de' ribelli, ed in quello de' Principi stranieri e nemici; e che perciò si è reso egli stesso ribelle, aderente a' ribelli e nemici della Republica, ed egli stesso inimico della medesima ; che perciò contro di lui e come tale la Republica Serenissima potrà e dovrà risentirsi col jus ostile e di guerra che gli compete, senza avere alcun riguardo alla buona intenzione che egli presentemente allega per palliare le ree sue operazioni, e senza aver nemmen riguardo alla allegata temuta violenza, dalla quale potea senza alcun pericolo esentarsi, come hanno fatto tanti altri che non si sono ingeriti in cooperare ed eseguire ciò che egli ha cooperato ed eseguito ; e molto più se egli, come allega, ha sul principio accettato l'incarico da Aiutante della Piazza per comando ed instanza fattagli dal Vicegerente della Republica, giacchè se egli in appresso ha fatte le sue operazioni che ha fatte, e che egli medesimo ha confessate, col comando di tutt'altro che del Vicegerente, egli è reo di fellonia e di mancanza in materia cotanto delicata ; e che lo stesso esser egli stato carcerato dalla Città e Popolo della Bastia dimostra esser egli stato universalmente e publicamente considerato per avverso al nome genovese, ed inimico della Republica, ed aderente a' ribelli e capi di ribellione, colli sentimenti de' quali egli si regolava; avendo ricevuto da tutto questo molto peso e fondamento li sospetti altre volte avuti contro di lui che s'intendesse colli ribelli della Republica, per li quali sospetti è stato egli molestato anche con carcere; risultando li fatti suddetti dalle cognizioni presesi da S. E. con testimonii giurati, e dalli fatti dallo stesso confessati, tutto che palliatamente e per dar colore alla sua pretesa buona intenzione, quali deposizioni gli si contestano.

Ed essendogli state lette le deposizioni suddette nelle parti riguardanti esso Asdente,

Ha risposto:

Che io sia stato Aiutante di Piazza nel tempo che vi era Rivarola, avanti e dopo, questo è vero, ma non già per ciò può pretendersi contro di me che abbi commesso delitto particolarmente che meriti nome di ribellione e di aderenza a ribelli; ed ho servita una città, la quale voleva essere in stato libero appunto per ritornare alla devozione della Republica Serenissima; ed a questo titolo, non solo ho servito da Aiutante, ma anche da puro soldato, essendo stato collo schioppo alle troniere del posto di S. Orsola, tenendo lontani li Paesani ribelli dall'assedio, essendovi presente al detto assedio il Rivarola, e fui anche a fare una sortita contro de' medesimi, ed io ero pronto a farla; e non è vero assolutamente che io fossi parente del Rivarola, giacchè solamente una mia cognata era nuora del Rivarola, e restata vedova, ho dovuto io far lite con lui, e per questo egli mi doveva veder mal volentieri, anzi era mio inimico, come egli medesimo scriveva nelle sue lettere. Si era anche particolarmente dichiarato offeso, perchè in sua casa, con pistola alla mano, cercai di far arrestare uno che avea commesso un omicidio; e se io ho portata la parola del perdono che avea publicato per li disertori di Savoia il Rivarola, da questo non può argomentarsi che io avessi aderenza con lui; non essendo poi vero assolutamente che io scrivessi li nomi dei soldati della Republica Serenissima, nè che mi sia intrigato in alcun modo negli arrolamenti fatti; e la compagnia fatta per servigio della Città non l'ho fatta nemmeno io, ma il maggior Gentile ha scelto uomo per uomo. È vero che sono andato a Lavasina, ma non mai con l'incombenza di far prigioniere Monsignor Saluzzo, e solamente per li motivi che ho detto nel mio esame; nè è vero che abbi parlato di questo affare col chierico Sanguinetti, o altri, e che sapessi che questo si facesse per il titolo di Monsignor Mariotti, e prova evidente si ricava da che, se io fossi stato mandato con tale incombenza di farlo prigioniere, non l'avrei lasciato imbarcar solo nella sua feluchetta, senza andarvi io, o mettervi della gente, giacchè essendo pratico del militare, so come vanno condotti li prigionieri. Non è vero assolutamente poi che io abbia disposto delle munizioni e provviggioni, potendo dire il Signor Luri se io mi sono mai ingerito in queste cose, essendo lui che le maneggiava; come anche non è vero che io abbia disposto delle cose di Palazzo; è pure anche falso che io abbia sparlato male della Republica, nè poteva farlo, e se ho detto qualche volta che era bene stare in libertà, l'ho detto perchè ho inteso sempre che questa libertà potesse dar luogo a che la detta Città potesse ritornare al Serenissimo Principe, come è coerente al sentimento comunicato dal dottor Morelli; nè avrei io mai pensato di parlare contro la Republica, avendo qui nel stato suo di Terraferma qualche miei beni, ed avendo anche molti parenti che sono gentiluomini, e in Raggio vi ho mia sorella maritata, ed i miei nepoti sono qui nel collegio Soleri. Per altro tutti li testimonii che mi sono stati contestati sono falsi, e saranno miei nemici, o mal soddisfatti di me per qualche operazione che abbi fatto; ed io non intendo assolutamente di aver fatto cosa per la quale mi meriti il titolo di ribelle, aderente a ribelli e nemici della Republica, per la quale sempre ho havuto buon animo e retta intenzione, e mi sono anche esibito a servire la Serenissima Republica in tempo dell'Eccellentissimo Pier Maria Giustiniani; ed in quel paese sono stato sempre perseguitato, perchè ho preso una moglie con qualche cosa, e mi si vedeva mal volentieri; et un tal Grisante Volpajola, prima di essere stato catturato, mi ha tirato una archibugiata, e ha mandato per due volte a saccheggiare la mia casa, perchè io avevo procurato di ricuperare la robba di capitano Solimano.

E dettogli che a nulla gli suffraga tutto ciò che egli allega; come pure a nulla gli suffraga l'allegata Immunità, giacchè egli con gli altri sono stati condotti non in una chiesa, ma in una cappella campestre che non gode di alcuna immunità, ed in ogni caso sono stati condotti ivi a titolo di pura custodia, onde dica etc.

Rispose:
Intendo che la chiesa mi salvi, giacchè in essa, due giorni prima, vi era stata celebrata messa, ed eravi il campanile.

E dettogli che se egli ha da dedurre qualche scusa, escolpazione, o difesa, la deduca presentemente a S. E. che a bella posta è per sentire quello abbia a dedurre, mentre etc.

Rispose:
Io ho già detto quel che mi occorre; e poi inoltre dico che Patrimonio ci ha mostrato il perdono ottenuto da' Padroni Serenissimi, nel quale perdono si diceva solamente che qualcheduno sarebbe stato tenuto per ostaggio.

E replicatogli non esser vero che il Governo Serenissimo abbia concesso alcun perdono, e che patron Cecco Patrimonio avea solamente l'istruzione e commissione di trattare colla Città e Popolo di Bastia, e che prima che arrivasse in Bastia il detto Patrimonio, anzi prima che partisse da Terraferma, e che in Bastia vi fosse notizia di tal commissione, il Popolo di Bastia ha consegnato lui con gli altri a libera disposizione del Governo Serenissimo,

Rispose :

Io ho sentito leggere dal Signor Sansonetti la scrittura del Patrimonio, nella quale si diceva che era concesso il perdono a tutti gli abitanti ; se poi Cecco Patrimonio ci abbia voluto ingannare, io mi rimetto ; ed io poi mi rimetto alla carità e pietà di V. E. e di tutto il Trono Serenissimo.

Ætatis annorum 36 circiter.

Indi poi è stato ammonito etc.

Aggiungo che se sono stato posto in arresto per qualche sospetto contro di me, questo sospetto si è dileguato, e l'istesso padre Massone, Rettore delli Gesuiti, ha assicurato l'Eccellentissimo Commissario Generale della mia innocenza; e quando fui qui carcerato in Genova, parimente ho giustificata la mia condotta, e sono stato rilasciato ; ed essendo andato in Napoli, il Signor Giov. Battista Spinola, che eravi inviato della Republica, potrà dire le operazioni che ho fatte.

———

Die ea in vesperis ubi supra extractus de novo dictus Leonardus Degiovanni e carceribus Turris et in præsentem locum adductus, examinatus et constitutus, prævia monitione quoad se et quoad alios juravit tactis etc.

Interrogato rispose :

Io non ho da aggiungere niente all'altro mio esame.

Interrogato rispose :

Quando sono stato eletto in uno de' Sindici, vi ero presente, cioè in quel giorno che a viva voce fui eletto per Sindico, e v'intervennero per l'elezione il Magistrato della Città, Gafforio e Matra ; ma fu poi detto che questa elezione non camminava, ed il giorno seguente si fece nuovamente l'elezione a voti segreti, intervenendovi nell'elezione il Magistrato della Città, Gafforio e Matra, ma io non intervenni in questa elezione; l'ho sentito dire però publicamente anche da quelli stessi che sono concorsi nell'elezione.

E dettogli che egli, tanto nell'altro suo esame, quanto in questo coll'allegare che non ha altro da aggiungere, e col modo che tiene ed ha tenuto nelle risposte date alle interrogazioni che gli si sono fatte, si studia di occultare e palliare la verità, affinchè anche per la sua confessione non risulti il suo reato di essersi fatto aderente a ribelli ed a nemici attuali della Republica Serenissima, e perciò anch'egli divenuto ribelle e nemico della stessa Serenissima Republica; risultando che egli, accettata l'incombenza di uno dei Sindici datagli e conferitagli anche dal Rivarola, Gafforio e Matra, aperti ribelli e nemici spacciati della Republica Serenissima, ha esercitata la stessa incombenza di Sindico, con obbligare gli ufficiali della Republica Serenissima a rendimenti di conti, ed a palesare le partite ed effetti spettanti all'erario della Republica medesima, ed intromesso si è con ciò in affare in cui non poteva intromettersi senza delitto di Lesa-Maestà; e che nell'esercizio medesimo si sia diportato con arroganza tale che dimostrava il suo mal'animo contro la Republica Serenissima, sua legittima sovrana, contro della quale ha egli sparlato, in più occasioni, per inserire, non solo disestimazione, ma anche disprezzo, in chi lo sentiva; e che anche con li fatti ha dimostrato questo suo pravo animo, concorrendo con altri a disarmare un ufficiale della Republica; e che per tutto ciò, come si replica, egli vien dimostrato ribelle, aderente a' ribelli e nemici della Republica, e nemico della stessa, la quale perciò potrà e dovrà contro di lui, considerato come tale, risentirsi, valendosi del jus ostile e della guerra; e che queste sue operazioni prestano e danno fondamento alli sospetti per l'avanti di lui avuti, che unitamente con altri cospirasse contro la persona e vita del q. Eccellentissimo Domenico Maria Spinola; il che tutto si ricava dalle cognizioni presesi da S. E. per mezzo di deposizioni giurate che gli si contestano, dalli fatti che egli stesso ha confessato, non ostante che abbi palliato li medesimi fatti, ed anche più espressamente risulta da che egli nella sua deposizione ha avuto l'ardire di addossare alla Republica Serenissima la mancanza nelle cose accordate al Regno della Corsica, e che da questa mancanza ne siano venuti li mali in ultimo luogo seguiti; il che fa riconoscere il di lui mal'animo, con prevenzione e premeditazione delle asserite mal sodisfazioni, che egli infonde in altri, ma che in sostanza devono considerarsi per sue proprie, onde etc.

Ed essendogli state lette le deposizioni in quelle parti che riguardano esso Degiovanni,

Ha risposto contro:

· È falso e falsissimo che io abbia disarmato ufficiale alcuno; è falso e falsissimo che io abbia parlato con arroganza, come pure è falso che io abbia sparlato della Republica; ed è falsissimo altresì che io abbia conspirato contro la persona del q. Eccellentissimo Domenico Maria Spinola; e Dio sa il disgusto che ho avuto a veder fare quella mutazione. Oh Dio Santissimo! Se mi sono ingerito nelli conti, vi sono stato obbligato mentre eravamo nelle forze.

E replicatogli che egli non riceve alcun vantaggio dall'allegata forza, giacchè anzi risulta da' medesimi suoi esami non essergli stata fatta violenza alcuna per accettare simil incarico; e consta altresì che quelli stessi Cittadini che non si sono voluti ingerire non si sono ingeriti, onde etc.

Rispose:

Ho già detto che avendo spedita l'esecuzione contro del padre del Gafforio, temendo di lui, bisognava che vi avessi contemplazione e che facessi quello ordinava; e tutto quello che ho fatto l'ho fatto sempre d'ordine.

E soggiuntogli che se ha da dedurre cosa alcuna sopra quello gli è stato contestato, o qualche escolpazione, scusa, o difesa, la deduca presentemente all'E. S. mentre etc.

Rispose :

Io non ho mai inteso di essere ribelle della Serenissima Republica, e sono stato sempre fedele e fedelissimo della Republica medesima.

Ætatis annorum jam dictæ.

Indi ammonito etc.

Ea paulo post in dicto loco extractus pariter e carceribus Turris dictus Carolus Casella et in præsentem locum adductus examinatus et constitutus prævia monitione quoad se et quoad alios juravit tactis etc.

Interrogato rispose :

Io non ho da aggiungere niente all'altro esame da me già fatto.

Interrogato rispose :

Dal Gafforio e Matra ho sentito più e più volte dire che li Genovesi non averebbero mai più messo il piede in Corsica, ma nelli circoli dei Cittadini non ho sentito mai dire altro se non che bisognava vedere a che segno si mettevano le cose di Europa; nè ho sentito mai alcuna espressione che tendesse a che fosse persuasa la gente di stabilire una libertà in Corsica, anzi posso dire che quando si vedevano le operazioni che facevano li Paesani si diceva pubblicamente : « Sian benedetti li Genovesi ! »

Interrogato rispose :

L'elezione fatta de' Sindici in una sera avanti fu fatta a voce dal Magistrato e qualche Cittadini, e dal Matra e Gafforio, ed io ero presente, e sentii che fui eletto in uno dei Sindici; ma poi avendo allegato il Rivarola, per quanto ho inteso, che l'elezione non era ben fatta, alla mattina seguente fu fatta a voti segreti dal Magistrato, Capi, ed altri, e l'ho inteso dire publicamente, mentre io non vi ero.

E dettogli che egli non dice tutta la verità, nascondendo e palliando li fatti da' quali risulta essersi egli fatto aderente a ribelli e nemici attuali della Republica, e perciò anch'egli resosi ribelle e nimico della stessa, il che risulta da che egli ha accettata l'incombenza di Sindico conferitagli da nemici spacciati ed aperti della Republica Serenissima, con gli altri, e di avere esercitata la carica medesima con esigere conti, ed intromettersi nel rendimento de' medesimi, dalli ministri ed ufficiali della Republica Serenissima, il che non potea fare se non con arrogarsi una autorità che solamente compete alla Republica Serenissima, ed a quelli che da essa son destinati, e perciò resosi reo di Lesa-Maestà; risultando anche inoltre che egli nell'atto del bombeggio della Città di Bastia, unitamente con altri, facesse segni indicativi alle navi degl'Inglesi, dal che chiaramente si deduce aver egli di già l'animo prevenuto contro la Republica, sua legittima sovrana, intendendosi colli di lei nemici, e della quale Republica egli ha sparlato con poco rispetto; della quale prevenzione di mal'animo contro la Republica si desume anche argomento dall'essersi unito con molti altri, e conspirato contro la persona e vita del q. Eccellentissimo Domenico Maria Spinola, Commissario Generale del Regno, e dall'essersi veduto in compagnia di altri che hanno disarmato gli ufficiali della Republica Serenissima; il che unito assieme, aggiunta la risoluzione fatta dal Popolo di Bastia di farlo incarcerare come aderente e sospetto cogli inimici attuali della Republica, dimostra chiaramente esser egli ribelle della Republica, aderente de' ribelli ed attuali di lei nemici, e che contro di lui, considerato come tale, potrà e dovrà il Serenissimo

Governo prendere le sodisfazioni convenienti, servendosi del jus ostile e della guerra che gli compete; delli quali fatti risulta dalle cognizioni presesi da S. E. con deposizioni giurate de' testimonii che gli si contestano, e dalle sue stesse deposizioni, tutto che presentemente da lui vengano palliati detti fatti; onde etc.

Ed essendogli state lette le deposizioni nelle parti riguardanti esso Casella,

Ha risposto:

Io ho confidato nella mia innocenza, e perciò ho deposto per verità quello ho deposto, ma vedendomi presentemente contestar delitti che non ho commessi, sono in obbligo di allegare di essere stato preso in Chiesa, e perciò intendo di godere dell'Ecclesiastica Immunità, essendomi io rifugiato nella chiesa di Capraja, quando là siamo arrivati.

E dettogli che l'allegazione dell'Immunità non gli suffraga, non solamente perchè la chiesa ove dice di essersi rifugiato non è altrimente chiesa, ma una cappella campestre che non gode di alcuna immunità, ma anche perchè ivi è stato riposto in luogo di custodia; risponda adunque alle contestazioni fattegli;

Rispose:

Rispondendo presentemente adunque alle cose contestatemi, sempre previa la protesta di godere dell'Immunità e di rispondere forzato e non altrimenti, dico in primo luogo che se ho accettato ed esercitato il carico di Sindico non posso essere redarguito di alcun delitto, giacchè ho inteso che quando è partito S. E. ha lasciato in suo luogo il Magistrato, e se il Magistrato mi ha dato incarico, ed io l'ho esercitato, non ho fatto alcun male, e poi questo incarico l'ho accettato ed esercitato astretto dalla forza. In secondo luogo rispondo non essere assolutamente vero che io abbia fatti segni alcuni, nè che sia stato presente allorchè si facessero, ed io ero in istrada e non ero nella casa del Massei, e li testimonii che hanno deposto, hanno deposto il falso. Non è vero in terzo luogo che abbia io mai sparlato della Republica Serenissima ; come parimente non è vero che io mi sia unito con altri per conspirare contro la persona del q. Eccellentissimo Spinola ; come altresì non è vero che io sia stato presente quando fu disarmato un ufficiale, e dirò come il fatto è andato. Essendo io sulla piazza di Corti, senza armi, per impedire che non seguissero disordini, un tale che si chiama Giov. Benedetto Santa Lucia, della Bastia, mi presentò uno schioppo, ed io lo presi al fine suddetto di impedire li disordini, e dopo un'oretta circa il maggior Gentile mi disse che quel schioppo che avevo era di un ufficiale della Repubblica, ed io glielo diedi in mano subito, al medesimo maggior Gentile. In quarto luogo dico che il Popolo della Bastia, per coprire le proprie iniquità, ha presi noi altri, e ci ha incarcerati. Per altro io sono stato sempre favorevole alla Republica Serenissima, nè intendo di essere ribelle.

E replicatogli che le sue risposte negative non gli suffragano, come non gli suffraga l'allegata violenza in aver esercitata la carica di Sindico nella maniera contestatagli e che risulta dalle cognizioni presesi da S. E., giacchè se egli non avesse voluto, era in libertà di non accettare il detto incarico, nè ingerirsi in esso, come pure non ingerirsi in trattati di convenzioni tra i Capi ribelli e nemici della Republica, come egli stesso ha confessato, essendo anche notorio che molti altri Cittadini non hanno voluto accettare le incombenze, nè si sono voluti ingerire, onde dica etc.

Rispose :

Il tutto ho fatto forzatamente ; anche ho inteso dire che Matra, Gafforio e Rivarola hanno detto che chi non accettava gl'incarichi sarebbe stato riputato ribelle della patria, e che averebbe sofferto la pena che meritava tal delitto ; e se altri Cittadini si sono scusati, hanno addotto motivi d'infermità che era vera, come seguì nel Signor Domenico Rossi che eletto per Sindico addusse che aveva la podagra ; ed il Signor Ignazio Petroni, che fu eletto Inquisitore e non accettò, addusse il motivo di essere console ; nè altri so che siano stati eletti e che non abbiano accettato, o esercitato ; e il fatto dimostra che alcuno non può lamentarsi dei Sindici, e particolarmente di me, perchè se fossimo stati nemici della Republica, avressimo potuto far di più di quello che abbiamo fatto ; e se sono stati fatti prigionieri il Signor Pallavicino e Passano, io gli giuro che non vi ho avuto parte, nè ne so niente ; e se abbiamo indagato chi abbia presa la robba di S. E. e di altri, credo che di questa operazione non possiamo essere redarguiti, giacchè tendeva a bene.

E dettogli che se ha alcuna difesa, escolpazione, o scusa da dedurre, la deduca presentemente a S. E. mentre etc.

Rispose :

Io non ho altro che aggiungere ; e per quel che sia lo trattato tra il Rivarola e Gafforio, in cui sono intervenuto, l'ho fatto perchè se ne andassero li Paesani, ed ho stimato di far bene ; e quando è stato detto di darsi alla Republica, io sono concorso con tutti gli altri, nè alcuno potrà dire che io vi abbia contradetto.

Ætatis etc.
Indi ammonito etc.

Illico in eodem loco extractus de novo dictus Joseph Maria Luri et in præsentem locum adductus e carceribus Turris et examinatus prævia monitione quoad se et quoad alios juravit tactis etc.

Interrogato rispose :

Io non ho da aggiungere cosa alcuna agli esami da me fatti.

Se però sarò interrogato di qualche cosa in particolare dirò quello che mi sovviene.

Interrogato rispose :

Li due libri che io ho ritirati presso di me, uno conteneva il debito e credito del Tesoriere, solamente delli denari che egli riceveva e pagava d'ordine publico, nè conteneva altro, e l'altro libro conteneva li debitori della Camera Eccellentissima, cioè li gabellotti, le imprestanze della Camera, affituarii dei stagni, conduttori de' beni camerali, e qualche altro debitore per altri conti, qual libro stava appresso del Sindico; e questi da dopo che sono venuti nelle mie mani non hanno mai veduta la luce; e del libro di Tesoriere che fosse nelle mie mani, non solo era a notizia del Signor Tesoriere Giovo, ma lo sapeva anche il Signor Stefano Spinola q. S.

Interrogato rispose :

Io non sono mai intervenuto ad alcun discorso che si facesse dalli Cittadini della Bastia, riguardante il governo della Republica, nè il stabilimento delle cose della Corsica, nè mai io di questo ho parlato.

E dettogli che egli non dice il vero, e che questa sua taciturnità in un affare che con tutta probabilità deve sapere, giacchè non è possibile che egli come Cittadino della Bastia e conosciuto da tutti non sia intervenuto più e più volte ne' circoli e conversazioni ne' quali si parlava della Republica di Genova, in di lei discredito, come è notorio, e dello stabilimento della libertà della Bastia e della Corsica, e delli mezzi per sostenerla, questa tale di lui taciturnità aggrava il di lui delitto consistente in avere accettata e esercitata l'incombenza da ribelli della Republica di una carica di confidenza come era quella di essere, a nome di detti ribelli, custode e distributore delle munizioni e provvigioni che erano proprie, come egli sapeva, della Republica Serenissima, eseguendo, nel dissipare dette munizioni e provvigioni, gli ordini dei Capi ribelli ed inimici attuali della Republica, e disponendo delle dette munizioni non solo a libero arbitrio di detti inimici della Republica, ma anche a suo proprio arbitrio, facendosene dispositore con l'intelligenza che avea con li detti Capi ribelli e nemici della Republica, co' quali poteano facilmente andare d'accordo nella dissipazione delle dette provvigioni e munizioni; qual incombenza, ufficio ed esercizio non poteva nè doveva egli fare per alcun titolo, considerato anche come semplice Cittadino della Bastia, ma anche molto più per essere egli ufficiale e ministro della Republica Serenissima; e che perciò egli si è fatto reo di aderenza a ribelli e nemici della Republica, contro la quale di più si è fatto ardito a sparlare in più occasioni ed in presenza di più persone, dal che si deduce il suo mal'animo, il quale sempre più risulta da che egli è andato incontro agli ufficiali inglesi in compagnia di altri, e dall'aver prontamente fattesi consegnare le chiavi dal Tesoriere della Republica Serenissima, operazioni che non potevano farsi senza incorrere in reato di ribellione, e rispetto a lui che era ministro della Republica, anche di fellonia; con aver anche disposto de' denari ricavati da vendita di robba appartenente al Commissario Generale, ed aver dato in pagamento grano della Republica in più occasioni; per il che essendo egli considerato come reo di rebellione e di fellonia, potrà e dovrà il Governo Serenissimo contro di lui prendere la sodisfazione conveniente, valendosi del jus ostile e della guerra che gli compete; e che di tutti li fatti suddetti risulta dalle cognizioni presesi da S. E. con deposizioni giurate de' testimonii, e dalli fatti che egli stesso ha confessato, al che dà anche peso che il Popolo e Città della Bastia lo ha reputato per aderente a ribelli et inimici della Republica, e perciò fattolo carcerare e liberamente consegnatolo alla stessa, onde dica etc.

E lettogli le deposizioni in quelle parti etc.

Ha risposto :

Io ho inteso di far anzi vantaggio alle cose della Republica con accettare la custodia delle munizioni, essendo andato al riparo che non siano dissipate le provvigioni, ed è certo che non sarebbero durate tanto se io non fossi stato alla custodia di esse ; e se io ho eseguito gli ordini del Rivarola e Gafforio, l'ho fatto per la forza, giacchè erano intimate pene anche della vita a chi non ubbidiva, e non ho dissipato assolutamente di mio arbitrio le munizioni, ma sempre con ordini ; e so che l'Eccellentissimo Mari in Calvi, per quel che mi è stato riferito, ha detto che avea tutto il piacere che le munizioni fossero alla mia custodia ; e tutto il restante che dicono li testimonii contestatimi circa l'aver io sparlato della Republica è falso e falsissimo ; e riguardo a quel che dicono dell'ufficiale che ho io incontrato, io sono andato sul molo della Bastia più per curiosità che per altro, e non ho accompagnato ufficiale in modo alcuno ; e colli Capi ribelli io non ho avuta alcuna confidenza, ed andavo solamente da essi per far firmare gli ordini che davano verbali, o per farli ridurre in scritto. Rispetto alla farina che dicono i testimonii falsamente che io abbia somministrato per far pane alli Paesani, io non ne so niente. So bensì che ho dato 20 stara di grano a marinari, e 10 a pescatori per ridurre in farina, d'ordine degl'Inquisitori, e vedendo che non era riportato ne' magazzeni, l'ho significato a medesimi Inquisitori, ed essi mi hanno risposto che la farina era in un magazzeno alla Marina ; ed in riguardo al prezzo del vino di S. E. che fu di 4 barili, io veramente di compagnia di mio fratello l'ho esatto, ma ho dato il contante in mano di Antonio Morelli che era Inquisitore ; e se la Città e Popolo di Bastia mi ha fatto catturare, non suppongo che mi abbia fatto catturare per essere aderente a ribelli della Republica Serenissima, al servigio della quale io sono stato sempre, e se mi sono caosato qualche odiosità, questa proveniva appunto che molti non si servissero della robba publica, come volevano fare, senza freno, e per aver obbligati alcuni a restituire la robba che aveano rubata.

E replicatogli che nulla di tutto questo gli suffraga per il reato contestatogli, come molto meno gli suffraga l'allegare che fu obbligato ad accettare ed esercitare le incombenze dategli, ed eseguire gli ordini de' nemici della Republica, giacchè molti Cittadini della stessa Bastia non sono stati forzati ad accettare consimili incombenze, anzi non le hanno volute esercitare, senza che sia venuto loro alcun male; ma poi per lui in particolare poteva e doveva servire per motivo bastante ad esentarsene l'essere egli in attuale servigio della Republica, e perciò non esser egli obbligato ad ingerirsi in servigio d'altri che della stessa Serenissima Republica, e che perciò tale allegazione dovrà essere sempre stimata mendicata e da non attendersi, onde etc.

Rispose:

Avendomi eletto la Città, io non ho saputo di fallire, e se mai avessi supposto d'incorrere con ciò nell'indignazione della Republica, piuttosto mi sarei fatto archibugiare; e di fatto quello che ho potuto nascondere, che sono i libri della Tesoreria e dei debitori, gli ho nascosti che alcuno non gli ha potuti vedere; essendo sempre stato fedele alla Republica, come è notorio agli Eccellentissimi Commissarii Generali, da' quali ho avuti onorifici attestati, dal tempo del Signor Alessandro Saluzzo in appresso, ed anche prima.

E dettogli se ha alcuna difesa, escolpazione o scusa da dedurre, la deduca presentemente nanti l'E. S. mentre etc.

Rispose:

Per rimarcare la mia attenzione, devo anche soggiungere che in questi ultimi frangenti ho salvato le sedie dell'Eccellentissimo Giustiniani, e gliel'ho mandato a dire per il mezzo di un..... (1) venuto alla presente Città.

Ætatis jam dictæ.

Ammonito indi etc.

---

(1) Le mot manque dans le document.

1746 die sabbati 30 dicti mensis aprilis in tertiis in examinatorio Palatii Criminalis coram ut supra extractus de novo Jo. Baptista Vincenzini et in præsentem locum adductus examinatus et constitutus prævia monitione quoad se et quoad alios juravit tactis etc.

Interrogato rispose :

Altro non posso aggiungere all'esame mio se non che io sono stato quello che ho procurato si metta la Città in difesa contro li Paesani, e lo possono attestare Peppo Mattei e Cecco Patrimonio, e li Capi di tutte le Arti; ed ho preteso di farmi merito e non demerito colla Republica.

Interrogato rispose :

Capitano Domenico Maria Morelli, essendo io di guardia, mi disse che andava a pigliare il giuramento, e sono andato ancor io in S. Giovanni a giurare, ma se avessi da dire cosa era il giuramento, io non lo so. Bisognava far così per l'apparenza e per non mostrarsi parziale in nessun conto, e perchè allora avevamo li Paesani all'abblocco, e perchè essi se ne andassero via.

Interrogato rispose :

Io non ho sentito discorrere, nè delle cose del governo della Corsica, nè della Republica. Quando si parlava con confidenti si diceva che bisognava star uniti colla Republica, e quando si era cogli altri si scappava il fatto; e quando venne in ultimo luogo una nave, essendovi presente Matteo Zerbi, si diceva che piuttosto di far entrare li Paesani si dovea soffrire nuovamente le bombe, e chi fosse potuto scappare sarebbe scappato.

Interrogato rispose :

Io non ho avuta altra incombenza che quella dell'Ospedale, e se mi fosse stata data altra incombenza che fosse illecita io non l'avrei accettata. Io ero stato ferito due volte al servigio del mio Principe, e non doveva cercare altro Principe.

Interrogato rispose :

Io non ho mai cercato di andare a servire alcun Principe forastiere, nè mi è stata data alcuna patente ; posso però dire che un anno fa circa, trovandomi io in Livorno col maggior Gentile, ed avendo incontrato il Domenico Rivarola, mi disse che gli facessi il piacere di parlare all'istesso maggior Gentile se voleva essere suo Tenente Colonnello, ed avendogli detta questa cosa ridendo al detto maggior Gentile, egli mi rispose : « Costui è un pazzo. » Ed io senza dargli mai più risposta alcuna, al detto Rivarola, mi sono dopo poche ore imbarcato per la Bastia.

Interrogato rispose :

Venuto il Rivarola in Bastia, egli mai ha discorso di questo affare, nè mai mi ha fatto altro discorso che io dovessi prendere alcun partito, o che mi volesse dare patente alcuna.

E dettogli che egli nasconde la verità per non scoprire il proprio delitto, risultando dalle cognizioni presesi da S. E. anche per mezzo de' testimonii giurati che gli si contestano essere egli stato confidente ed aderente a' Capi ribelli ed a nemici attuali della Republica Serenissima, accettando uffici e ministeri, ed esercitandoli con avere anche, con gente armata, occupato e custodito a nome loro il corpo di guardia e posti più gelosi, il che ha egli confessato di aver fatto, tutto che voglia colorire queste sue operazioni per se medesime ree colla buona intenzione che egli ha allegato ; qual buona intenzione viene affatto esclusa da che egli colli Paesani datigli dal Gafforio scorreva la Città, il che ha egli stesso confessato, e dall'avere procurato di aver seco persone paesane e non bastiesi per la guardia di sua persona, come egli asserisce, ma in sostanza per potere coll'aderenza dei ribelli dedurre al fine le sue prave intenzioni ; delle quali anche più chiara prova si ricava dall'aver egli radunato in casa sua propria armi, munizioni e granate, delle quali ne ha fatto uso perfidamente nel tempo che d'ordine della Città e Popolo di Bastia avea ad essere catturato, qual cattura seguì dopo ostinata difesa, anche con ferite e morti di persone bastiesi, le quali in quel tempo si erano dichiarate a favore della Republica Serenissima, contro la quale egli si è espresso con termini offensivi ed indicanti il suo mal'animo; e da tutto questo, aggiuntavi la di lui pertinacia e taciturnità in cose le quali devono essere seguite publicamente, e che sicuramente egli deve aver saputo, non solamente perchè erano publiche e notorie in Bastia, ma anche perchè essendo egli considerato in quei tempi uno dei Capi, per la confidenza avuta in esso di dargli in mano le porte di Terranuova, dovea essere necessariamente ragguagliato di ogni cosa; e dall'aver egli nell'esercizio del detto ministero mostrata diffidenza totale di quelli i quali spacciatamente aveano incominciato a dichiararsi per la Republica Serenissima, chiudendo loro le porte in faccia, e non permettendo loro l'ingresso di Terranuova; da tutto, si replica, viene egli bastantemente provato reo di ribellione, aderente a' ribelli ed inimici attuali della Republica Serenissima, anzi egli stesso resosi inimico della medesima; e che perciò contro di lui come a tale potrà e dovrà il Governo Serenissimo prendersi li risentimenti convenienti col valersi del jus ostile e della guerra che gli compete, onde etc.

E lettogli le deposizioni etc.

Rispose:

Io non ho avuto mai ingerenza colli Paesani, e la difesa l'ho presa d'ordine del Magistrato e non delli Capi perchè erano fuori, e sono falsi li testimonii che depongono essere io stato fatto capitano dal Rivarola e da' Capi Corsi; e quel che ho fatto, l'ho fatto per ordine della Città, e tutto quello che ho fatto, l'ho fatto anche in benefizio della Republica, come ne puonno deporre gli ufficiali della medesima Republica; e se sono andato colle genti del Gafforio, è stato perchè vi fui obbligato; e se avessi voluto, ed avessi avuta mala intenzione, il Gafforio non sarebbe sortito, avendo io stesso cercate le bestie per far caricare le robbe del detto Gafforio perchè se ne andasse via, ed il Podestà con altri può attestare se io mi sono affaticato perchè se ne andasse via. Quelle quattro persone paesane che ho introdotte in Città nella mia casa non erano ribelli, ed erano uscite dalle loro case per non imbarazzarsi colli ribelli, ed io in tanto li ho fatti entrare in quanto che quella stessa sera che partì S. E., essendo io di guardia alli posti delli Gesuiti, tutti li Bastiesi abbandonarono li posti e si misero a spogliare li soldati della Republica, ed io restai solo, e per non trovarmi un'altra volta a questi cimenti, essendo venuti detti quattro Paesani in Città, li ho posti a soldo, e stavano con me. Non è vero che io abbia fatta difesa, nè tirate archibugiate, nè dato ordine che se ne tirasse; questa era una malignità, e patron Cecco Patrimonio può essere buon testimonio, mentre quando venne a ritrovarmi in prigione, dissemi che contro di me non vi era niente. D'armi non avevo in casa mia in tempo della mia cattura, a risalva del mio schioppo; le granate però vi erano, ma io non ne ho tirate, nè dato ordine che se ne tirasse; e se non ho lasciato entrare persone dalle porte di Terranuova, quando venivano in truppa di 100 in 200 uomini, lo facevo per il buon servigio, affinchè non si sprovvedessero li posti di fuori, come ho detto al patron Cecco Patrimonio, ed al medesimo patron Cecco ho anzi io fatte aprire le porte che erano state serrate dalli soldati, nè lui potrà dire il contrario; e contro la Republica non ho mai sparlato, nè avevo occasione di sparlare.

E replicatogli che tutto quanto egli allega in nulla gli suffraga, particolarmente in quella parte ove dice di essere stato obbligato, giacchè se non avesse voluto non vi sarebbe stato alcuno che lo coartasse, e molti altri Cittadini non sono stati coartati, tutto che non abbino voluto esercitare incombenze che gli erano state date, onde etc.

Rispose :

Quando ho detto di essere stato obbligato, ho inteso di dire per difendere la Città e per disporre le cose a favore della Republica, e se non fosse stato per questo non mi sarei in nulla imbarazzato.

E dettogli che se ha da dedurre qualche cosa, come anche qualche escolpazione, difesa, o scusa, abbia a dedurla presentemente, mentre etc.

Rispose :

Replico che tutto quello che hanno detto li testimonii contestatimi è tutto falso e falsissimo, e sono gente maligna ; nè ho commesso delitto alcuno, nè contro la Republica, nè contro altri, anzi ho preteso di farmi merito presso la Republica, e non so cosa dire altro.

Ætatis etc.

Indi ammonito etc.

Paulo post in eodem loco et coram extractus de novo e carceribus dictus Franciscus Maria Bosius, notarius, et in præsentem locum adductus examinatus et constitutus prævia monitione quoad se et quoad alios juravit tactis etc.

Interrogato rispose :

A me non sovviene di dover aggiungere altra cosa al mio esame passato se non che circa il motivo delle dissensioni nate fra il Gafforio ed il Rivarola, e questo si fu perchè il Rivarola ha intercettato due lettere che il Gafforio scriveva, una al Marchese Silva, e l'altra al Tomasini, in Livorno, le quali erano lettere responsive, e da queste scoprì che egli aderiva alla Spagna, ed essendo egli aderente al Re di Sardegna, per questo nacquero le dissensioni; e devo aggiungere ancora che quando fu concluso dimandare di comune consenso il Podestà in Calvi, essendo andato in casa di patron Cecco Patrimonio in compagnia del dottor Morelli e del tenente Domenico Odiardi, ad effetto di stabilire la missione del Podestà e compagni, usciti dalla casa di patron Patrimonio, io dissi al Morelli, e dopo di lui ancora al tenente Domenico Odiardi, cosa dovevo fare delle scritture, e come avevo a regolarmi, e tanto l'uno quanto l'altro mi dissero che le lacerassi, e che sapevo benissimo che era stata mandata a chiamare la Republica, e che non volevano che vi restasse alcuna memoria; ed io allora eseguii quest'ordine, lacerandole tutte e cacciandole nel fuoco, e solamente è rimasto presso di me inavvertentemente una pura nota dei nomi di quelli che avevano fatto il giuramento in S. Giovanni, senza però che vi fosse la data di giorno, nè altro, nè a quale effetto fossero notati detti nomi.

Interrogato rispose:

In dette scritture da me lacerate e bruggiate altro non si conteneva che quello che ho deposto nell'altro mio esame.

Interrogato rispose:

Io non so che per parte degl'Inquisitori siano state prese scritture di sorte alcuna nella segreteria di S. E. nè in altro luogo, e riguardo alle scritture posso dire che avendo un giorno veduto nella Cancelleria del civile Palazzo le scritture dei fogliazzi sparse per terra, dissi al notaro Pellegrini e Cruciano Belgodere che finalmente le dette scritture contenevano li nostri interessi, e che non si dovevano così lasciar andar a male; e partecipato anche ciò agl'Inquisitori, questi mi dissero che facessi instanza al Gafforio che mi dasse la chiave, e che facessi destinare persona per riadattare al meglio fosse stato possibile le dette scritture, e furono destinati li notari Pellegrini e Belgodere come quelli che prima ne aveano la custodia ; e come che il Signor Pietro Casale vi avea molti libri depositati per la magna lite avea con sua suocera Carbuccia, avendo per ciò detto Casale fatta instanza al Gafforio perchè li fossero restituiti, il medesimo ne ordinò la restituzione.

Interrogato rispose :

Io non so che siano state scritte lettere alcune dagl'Inquisitori in Terraferma.

E dettogli che egli non dice intieramente la verità, e nel spiegarsi col nascondere le più essenziali circostanze pretende di palliar la verità medesima e di esentarsi dal reato che ha ; risultando, non solamente da quelle cognizioni che si è preso S. E. per mezzo de' testimonii giurati che gli si contestano, ma anche da' fatti da lui medesimo confessati tutto che palliati, aver egli accettato ed esercitato l'ufficio di Cancelliere degli noti Inquisitori di Stato, ed in eseguendo detto ufficio aver fatti atti ed operazioni non solamente contrarii ed offensivi della Maestà della Republica, sua legittima padrona, ma anche senza alcuna benchè minima giurisdizione o autorità de' Capi ribelli e nemici attuali della Republica Serenissima, e dello stesso Magistrato degl'Inquisitori, eletto da' Capi ribelli unitamente con altri, con espresso delitto di Lesa-Maestà, e nell'esercizio di tal sua carica, aver egli fatto molte operazioni ed atti anche contro de' particolari, arrogandosi facoltà che non poteva avere se non che con violazione delli jus della Republica Serenissima, contro il di cui governo ha egli sparlato in diverse e più occasioni, ed in presenza di più persone, con modi offensivi, ingerendosi anche in affari prescindendo dal detto suo ministero, che indicano e comprovano essere egli stato di un pessimo mal'animo contro la Republica Serenissima, unendosi con altri a disarmare li soldati della Republica che erano nelli posti ; il che tutto unito insieme fa chiaramente conoscere esser egli ribelle, aderente a ribelli e nemici attuali della Republica Serenissima, anzi egli stesso fattosi inimico della medesima ; desumendosi anche da tutto questo un gagliardo fondamento per dar corpo a sospetti altre volte contro di lui avuti che conspirasse con molti altri alla vita e persona di q. Eccellentissimo Domenico Maria Spinola ; e comprova ancora la di lui premeditazione e il di lui mal'animo lo stesso confessar che ha fatto di aver lacerate le scritture fatte in esercizio di Cancelliere degl'Inquisitori, qual operazione non può aver fatto se non per nascondere il suo delitto, e togliere la maniera di giustificarlo più pienamente ; aggravandosi tanto più tutto il fin'ora detto dall'essere egli notaro nel Regno di Corsica, e che perciò non poteva ignorare le cause e gli effetti di suddette operazioni, e particolarmente quelle di lacerar scritture fatte come cancelliere ed in qualità di notaro, quale circostanza lo aggrava del delitto di falsario in materia particolarmente di Stato, nella quale materia deve egli aver saputo molti e molti fatti, sia in riguardo degl'Inquisitori di Stato delli quali era Cancelliere, come in qualità di confidente ed intrinseco del Rivarola, Gafforio e Matra, per li trattati che avean fatti tra di loro, ed anche con Principi forastieri e forse nemici della Repubblica, quali trattati e notizie non avendo egli comunicato, e presentemente tacendole, si fa reo di Lesa-Maestà ; e che perciò considerato egli come ribelle, aderente a ribelli e nemici della Repubblica, reo di Lesa-Maestà e falsario, dovrà dal Governo Serenissimo aspettare li convenienti risentimenti che potrà e dovrà prendere l'istesso Governo Serenissimo contro di lui, come a tale, valendosi del jus ostile e della guerra che gli compete, onde etc.

E lettogli le deposizioni nelle parti etc.
Rispose :
Io che vedevo gli ufficiali della Repubblica, li gentiluomini, lo stesso Vescovo, umiliarsi alli Capi Corsi, ed anche l'istesso Padre Rettore de' Gesuiti, e vedevo che li sbirri, bombardieri e soldati che servivano la Repubblica, continuavano a servire,

non posso perciò essere redarguito se anche io ho accettato un incarico di servire il Magistrato degl'Inquisitori, ma nell'esercizio di questo incarico mi sono diportato in maniera da far vedere a tutti, e particolarmente a quelli che conoscevo ben affetti alla Republica, il mio attaccamento alla stessa, avvisandoli di ogni cosa di lor vantaggio, e non esigendo da alcuno mai un soldo; e non è vero che abbia mai serviti li Capi Corsi, i quali avevano altri notari che li servivano, nè mai ho fatto atti per loro, e d'ordine loro, quando non vi intervenivano gl'Inquisitori che io serviva, della qual verità me ne può fare testimonianza tutta la Bastia; e non è vero che in alcun tempo abbia conspirato alla vita del quondam Eccellentissimo Domenico Maria Spinola, quale anzi mi guardava di buon occhio; e quel che dicono contro di me li testimonii non sussiste, e saranno miei nemici, e nominerò li cancellieri che servivano li Capi e che si facevano pagare, dal che si ricava che li detti testimonii sono falsi; e se ho lacerate le scritture, credo di non aver fatto male, giacchè non dovevano essere in considerazione, non avendo io preteso di assumermi mai alcun gius contro la Republica, quale ho riguardata sempre come mia padrona; non è vero che io abbia sparlato contro della Republica, e chi l'ha detto ha detto il falso, parimente che sia andato con altri a disarmare li soldati della Republica, non avendo mai avuto mal'animo contro la medesima, nè contro de' suoi soldati ed ufficiali; e tutto che io potessi allegare a favor mio l'Immunità della Chiesa, per essere andato nella chiesa di Capraja, ciò non ostante mi rimetto alla pietà della Serenissima Republica, avendomi sempre riguardato con buon occhio.

E dettogli che l'allegata Immunità a nulla rileva, giacchè il luogo ove era stato riposto per pura custodia era una cappella campestre e non chiesa, e che perciò non gode alcuna immunità; soggiuntogli anche che se ha da dedurre qualche cosa, come anche qualche scusa, escolpazione o difesa, la deduca presentemente avanti di S. E. mentre etc.

Rispose :

Presentemente non ho altro da aggiungere.

Ætatis etc.

1746 die dominica prima mensis maii in vesperis in examinatorio Palatii Criminalis extractus de novo e carceribus Palatii Criminalis dictus Ignatius Franciscus Rossi et in præsentem locum adductus examinatus et constitutus prævia monitione quoad se et quoad alios juravit tactis etc.

Interrogato rispose :

Io ho deposto chiaramente il tutto senza curarmi d'insistere sull'eccezione della Chiesa dalla quale sono stato estratto, perchè a me pare di essere innocente, e che per me non vi sia occasione di esaminare se goda o non goda dell'Immunità, perchè io credo di non aver commesso delitto alcuno, e di essere innocente, e di godere del perdono. In ragione di fatto però devo soggiungere che tra le altre autorità che hanno esercitato gl'Inquisitori di Stato, si erano quelle di concedere o negare l'imbarco per Terraferma, e se seguiva qualche rissa si sentivan le querele di quelli si lamentavano, e si faceva passare alcuno in prigione, e cose simili.

Interrogato rispose :

Io per quello che mi ricordo non ho da aggiungere cosa alcuna al mio esame.

Interrogato rispose :

Io non ho scritto nè sottoscritto lettere dirette per Terraferma, non avendovi io corrispondenza alcuna, e solamente ne ho scritta una a certi Signori Fedeli, per un mio interesse particolare, che ho data aperta, a sigillo alzato, al maggior Giuseppe Maria Gentile, quando partì.

Interrogato rispose:
Il Rivarola ha fatto sottoscrivere una lettera diretta alla Corte di Sardegna, alla quale si sono sottoscritti molti Capi della Corsica, il Podestà e Magistrato della Città, e quello d'Inquisitori, e perciò mi sono sottoscritto ancor io, e molti altri Cittadini della Bastia, ma so che questa lettera non è andata al suo destino, perchè essendo stata mandata in Bastia dal Rivarola per farla autenticare, quando io sono andato in Ponteprato per il congresso di cui ho già deposto, fece meco lamenta che non avea più ricevuta la lettera che avea mandato per far autenticare, ed io gli risposi che non ne sapevo niente; e ritornato poi in Bastia, ho parlato al Signor Antonio Marengo di questa lamenta fattami dal Rivarola, ed egli mi disse che la lettera l'avea il dottor Morelli, e che questa non si sarebbe veduta mai più, avendomi detto in quella occasione che l'avea mandata in Bastia per farla autenticare.

Interrogato rispose:
Il contenuto della detta lettera, da quello mi sovviene, si era che veniva addimandato un sussidio di denaro di 20 in 24 mila zecchini, e da 4 in 5 cento soldati, nè mi ricordo che in questa vi fosse altro.

Interrogato rispose:
Detta lettera credo che sia stata scritta e composta dall'abbate Zerbi, nipote del Rivarola; ed il tempo in cui fu sottoscritta, se non m'inganno, fu verso le feste di Natale, poco prima, o poco dopo.

Interrogato rispose:
Circa la sottoscrizione di questa lettera non fu tenuto alcun discorso negl'Inquisitori; è vero però, se non m'inganno, tre assieme la sottoscrivemmo.

Interrogato rispose :

L'espressioni che si contenevano in detta lettera rispetto allo stato della Corsica erano che si avea conquistato la Bastia, che si dovea fare l'impresa delle altre Piazze, che si era in scarsezza di denaro, del quale se ne faceva richiesta.

Interrogato rispose :

Io ho veduto la lettera, o sia memoriale, ed ho letto il medesimo, e dico che è l'istesso stato sottoscritto da me come altro degl'Inquisitori, e la sottoscrizione che dice *Ignazio Francesco Rossi* è mia assolutamente, e questa è quella stessa lettera che mi disse il Marengo che era ritornata nelle mani del dottor Morelli.

Interrogato rispose :

Replico che poco prima, o poco dopo le feste di Natale, è stata sottoscritta la detta lettera, nè vedo che in questa vi sia data alcuna; e poi non ostante che comparisca per ordine della scrittura che altri avanti ed altri dopo siano sottoscritti, pure posso dire che eravi i vani ad effetto che ognuno si sottoscrivesse nel luogo ove gli era segnato.

E dettogli che egli vuol nascondere e palliare la verità, perchè non consti intieramente del suo reato, risultante, non solamente dalle cognizioni presesi da S. E. per mezzo di testimonii giurati che gli si contestano, ma anche dalli fatti dallo stesso confessati, tutto che con qualche palliatura; risultando che egli ha accettata l'elezione fatta nella sua persona, dalli Capi ribelli e nemici attuali della Repubblica, di uno degl'Inquisitori di Stato ; in esecuzione di tal carica abbia fatte molte e molte operazioni, con arrogarsi autorità e giurisdizione che unicamente compete e competere poteva al Principe sovrano del Regno di Corsica ; procedendo criminalmente contro persone che in qualunque modo potevano dirsi aderenti della Serenissima Repubblica; disponendo assolutamente de' beni della Serenissima Repubblica, delle di lei munizioni e provviggioni da bocca ; e particolarmente contro gli ufficiali della Republica Serenissima ha proceduto col jus ostile, considerandoli come prigionieri di guerra; e che del governo della stessa Republica abbia egli sparlato in più e diverse occasioni, per incitare e fomentare l'avversione al di lei governo legittimo, e per stabilire la pretesa independente libertà della Bastia e della Corsica, ; e che in particolare nell'ultima incombenza avuta d'intervenire al congresso tenuto col Rivarola in Ponteprato, e nella relazione fatta al Popolo di Bastia, ha dato nuove prove della sua aderenza col detto Rivarola, incutendo timori al Popolo medesimo per farlo nuovamente introdurre nella Città; e che da tutto questo, nelle circostanze delle quali depongono li testimonii contestatigli, risulta chiaramente essere egli ribelle della Republica Serenissima, aderente a ribelli e nemici attuali della medesima, anzi espressamente inimico, come egli si è caratterizzato nella lettera, o sia memoriale, da esso sottoscritto unitamente con altri, e diretto al Re di Sardegna, nel quale memoriale si contengono espressioni, non solamente ostili in riguardo alla Republica, ma direttamente anche all'oggetto di ricercare i mezzi per conservarsi nella pretesa libertà, e per impedire alla Republica che in alcun tempo non ritornasse al dominio della Bastia e di quel Regno della Corsica; dal che anche risulta che se li suoi concittadini e Popolo di Bastia hanno avuto il sospetto che egli avesse un animo perverso contro il governo della Republica Serenissima, ed hanno temuto che egli traversasse le idee concepite di darsi alla Republica, e che per questo titolo lo hanno carcerato, il sospetto era giusto, anzi intieramente fondato e vero, tanto più che egli medesimo ha confessato che nell'ultimo congresso da esso tenuto col Rivarola, questi gli ha tenuto discorso del suddetto memoriale, del qual discorso egli però non ha fatto alcuna menzione al Popolo e Città della Bastia che lo avea destinato al congresso, e nemmen di questo discorso ha fatto partecipi quelli che gli erano compagni in questa commissione per il congresso di Ponteprato, dal che evidentemente si ricava che espressamente tradiva la Città, e s'intendeva col Rivarola nell'atto stesso che la Città lo teneva per suo inimico; e dal complesso di tutto il finora contestatogli si ricava, come vien replicato, esser egli ribelle e attuale nemico della Republica, aderente de' ribelli e de' nemici della stessa, e che contro di lui perciò, come a tale, potrà e dovrà il Governo Serenissimo prendersi li risentimenti convenienti, e valendosi del jus ostile e della guerra che gli compete, onde dica etc.

Rispose :

Io dico che la verità l'ho già detta, e l'elezione del Magistrato d'Inquisitori fu fatta non solo dalli Capi Corsi ma ancora dal Magistrato della Città. Io non mi sono arrogato alcuna autorità, e quelli che sono stati carcerati lo furono d'ordine del Gafforio, mentre io non ne sapevo cosa alcuna; e se si sono fatti qualche esami, ciò è stato d'ordine del Gafforio, quale poi fece scarcerare li prigionieri in occasione delle dissensioni nate fra lui ed il Rivarola. Io non ho disposto di cosa alcuna della Republica Serenissima, e solamente di cento stare circa di grano che si sono distribuite alla povera gente che stava alli quartieri; e rispetto alle munizioni da guerra non se ne è disposto dal Magistrato d'Inquisitori se non per darne a quelli che stavano alla difesa della Città, tanto di notte come di giorno; e se fossimo stati noi Inquisitori nemici della Republica, bastava che da noi si facessero chiudere le porte, e non si somministrasse ogni sorte di munizioni. Io non ho proceduto in cosa alcuna contro gli ufficiali della Republica, e le licenze dell'imbarco le conduceva quello degl'Inquisitori che era di settimana; ed io per il Signor Passano in ispecie dissi nel fosso al patron Cecco Patrimonio che a me non occorreva cosa alcuna perchè lo lasciassi andare. Non è vero che io mai abbia sparlato della Republica e del suo governo; ma anzi quando sono arrivato nella Città di Bastia li 4 decembre p. p. dissi con molte persone che non si potevano sostenere queste cose. Io quando mi portai in Ponteprato in compagnia di patrone Simon Santelli, altro Inquisitore, e del Signor Galeazzini, mandati dagli altri Inquisitori, discorsimo publicamente, ed ho detto nel mio esame che il Rivarola fece un gran schiammasso contro la Città perchè gl'impedivano l'ingresso, ed io e gli altri gli risposimo che li Paesani aveano nella Città usato troppo ostilità, ed esso ci rispose che non erano stati quelli che erano venuti in sua compagnia, ma bensì quelli del Gafforio e Matra, e disse che o voleva con 150 uomini entrare in Bastia, e questi per munire la Piazza perchè temeva che la Città non si dasse alla Republica, come già si era spedito il Signor Podestà ed altri per Calvi, che l'avea saputa, o pure sarebbero nuovamente venute le navi ed averebbero bombeggiata la Città, ed esso averebbe fatto divastare li beni della campagna, e che voleva la risposta per tutta quella sera; ed arrivato io con li detti compagni in Bastia, feci relazione tale e quale secondo la proposta, senza il mio sentimento particolare. Circa la lettera, mi sono sottoscritto perchè l'ho veduta sottoscritta da tutti gli altri; e rispetto ad essa lettera non posso aggiungere più di quello che già ho detto nel mio esame; ed al medesimo Rivarola gli dissi che non sapevo niente di tal lettera perchè non si spiegò; ed io non intendo per detta sottoscrizione, nè accettazione d'Inquisitore, accettata contro mia volontà per non avere li 50 fucilieri in casa, come propose il Gafforio, di essere ribelle, nè nemico del mio Principe; anzi di questo sono stato sempre ben affetto come ne può far fede tutta la Città; e rispetto al Popolo che mi catturò, sono stati solamente da sei a otto, i quali mi presero in chiesa, nel collegio dei PP. Gesuiti, come ho detto, e mi sono constituito nelle carceri in compagnia di altri, a nome della Chiesa, come ho detto nel mio esame; nè intendo di contestare lite, ma di aver risposto astretto. Le altre cose sono poi tutte falsissime, con contradizioni ne' medesimi testimonii, e per questo sono inattendibili.

E replicatogli che a nulla rilieva tutto ciò che ha allegato, non suffragandoli punto ciò che egli dice di aver accettato ed esercitato l'ufficio d'Inquisitore senza sua volontà, ma astretto, giacchè non dà nemmeno alcun segno che le minaccie da lui allegate abbiano avuto effetto contro alcuno; anzi risulta che altri Cittadini, i quali sono stati eletti, con addurre leggierissime scuse sono stati esentati; come pure niente gli suffraga l'allegata buona intenzione, giacchè li fatti dimostrano il contrario; e punto nemmeno gli suffraga l'Immunità che allega, giacchè trattandosi di un ribelle e di un inimico della Republica, nelle circonstanze nelle quali si trovava e si trova il Regno della Corsica, il luogo immune non può servire di alcun mantello, nè vi è luogo ad asilio benchè minimo a di lui favore, come pretende; che perciò dica etc.

Rispose:

Replico avere detta la verità tale e quale, e non trovarsi altri Cittadini che abbiano ricusato l'ufficio avuto, fuori che il N. Domenico Rossi che fu eletto per uno dei Sindici, e fu scusato perchè patisce spesse volte di podagra, ed Ignazio Petroni, perchè ebbe l'impiego dal Gafforio di essere ciaccattiere del sale, insieme al Poggi; ed intendo di non essere nimico nè ribelle del mio Principe, come non lo sono mai stato; e perciò intendo di godere, per quello che importa la pura sottoscrizione della lettera, intendo di godere dell'Immunità Ecclesiastica, dalla quale non intendo appartarmi.

E dettogli che se ha alcuna scusa, escolpazione o difesa da dedurre, la deduca presentemente, mentre etc.

Rispose:

Io sono stato sempre fedele alla Republica Serenissima, e ne chiamo in testimonio tutta la Città, ed in specie l'Eccellentissimo Pier Maria Giustiniano, ed il Not.ro Paolo Battista Rivarola, delle mie qualità.

Ætatis etc.

Indi poi è stato ammonito per qualunque giorno ed ora ad udire tutti quegli ordini e deliberazioni che li Serenissimi Collegii stimassero di prendere.

Ea paulo post in dicto loco etc. extractus de novo e carceribus dictus Jo : Baptista Guascus et in præsentem locum adductus examinatus et constitutus prævia monitione quoad se et quoad alios juravit tactis etc.

Interrogato rispose :

Io non ho da aggiungere niente a quello che ho già deposto, sapendo tutta la Bastia che io sono un uomo che attendo a me stesso : e gli ufficiali della Repubblica possono dire tutti se ho loro usata tutta l'attenzione ed onestà ; nè si troverà alcun Genovese che possa lagnarsi di me.

E dettogli che egli avendo accettato liberamente le incombenze dategli da Capi ribelli ed attuali nemici della Repubblica di essere doganiere, e di riscuotere, a nome loro, li diritti che unicamente devonsi ed erano dovuti alla Repubblica Serenissima, ed avendo esercitato il medesimo impiego a nome loro, et eseguiti li loro ordini col pagamento del denaro ritratto, denaro che spettava, come si replica, alla Repubblica Serenissima, egli si è fatto aderente a ribelli e nemici della Repubblica, della quale in più occasioni ha sparlato in termini improprii, come risulta dalle cognizioni presesi da S. E. con deposizioni giurate di testimonii che gli si contestano, e da tutto questo, che riceve peso da che egli altre volte era stato ministro della stessa Republica

Serenissima in riguardo alle dette dogane, dovrà, si replica, essere egli tenuto per ribelle, aderente a ribelli e nemici della Republica, e che perciò contro di lui, come a tale, potrà e dovrà il Governo Serenissimo prendersi li risentimenti convenienti, valendosi del jus ostile e di guerra che gli compete ; che perciò etc.

Rispose :

Io dico che non posso essere tenuto per ribelle, nè in grado di ribelle, giacchè se ho accettato l'incarico delle dogane che già mi era stato dato da S. E. l'ho accettato dal Magistrato della Città, che mi ha stabilito il 2 0/0 sulla riscossione, ed avevo ordine dallo stesso Magistrato di pagare li denari a mani di chi era deputato, che era l'Orbecchio ; che io poi abbia sparlato della Republica Serenissima è falso onninamente, non praticando, come ho detto, con alcuno ; nè è vero che io abbia avuta alcuna confidenza colli Capi ribelli.

E dettogli se abbia da addurre qualche scusa, escolpazione o difesa, la deduca presentemente, mentre etc.

Rispose :

Tutta la Città mi può essere buon testimonio che io sono sempre stato fedele alla Republica ; e quando si è trattato di spedir li deputati, ho parlato anche a Gaetano Rigo, sestrino, al quale, quando anche eranvi i Capi, ho parlato favorevole alla Republica, e con Santo Sisco detto per soprannome Mancino, quali erano del partito del Principe.

Ætatis etc.

Indi è stato ammonito in tutto come gli altri.

Ea paulo post in examinatorio Turris Regalis Palatii extractus de novo e carceribus Turris Carolus Philippus Sari et in præsentem locum adductus examinatus et constitutus prævia monitione quoad se et quoad alios juravit tactis etc.
Interrogato rispose:
Non ho niente da aggiungere al mio esame già fatto, se non che di pregare V. E. di aver riguardo alle calunnie di quella gente che mi ha assassinato; e sono li Bastiesi li quali sono quelli che hanno fatto mille infamità, potendolo dire li medesimi ufficiali.
Interrogato rispose:
Io non ho fatto altre operazioni che quelle che ho detto nell'altro mio esame in qualità di Sindico.
Interrogato rispose:
Io non so che sia stato fatto complotto contro la persona del q. Eccellentissimo Spinola, nè in Bastia mai ne ho sentito parlare; bensì in Terraferma, ma non mi ricordo del tempo, e si diceva così in generale che io non ho inteso.
E dettogli che nasconde la verità, e che nel suo esame ha palliato li fatti, supponendo di poter con ciò coprire il suo reato e la sua perfidia; risultando tanto dalle cognizioni presesi da S. E. colle deposizioni giurate di più testimonii, quanto dai fatti stessi benchè palliatamente confessati, che egli nell'atto del bombeggiamento fatto dagl'Inglesi nella Bastia facesse segni verso le navi col fazzoletto bianco, e che dopo levato dal carcere con modo illecito, ne' congressi tenuti siasi violentemente espresso per far introdurre in Bastia il Domenico Rivarola, inimico attuale della Republica Serenissima, presso di cui, avendo un fratello che ha sentito leggere per suo compagno nel diploma del Re di Sardegna, esso stesso si è fatto autore d'introdurre trattato; e che destinato per uno dei Sindici dai Capi ribelli e nemici della Republica,

abbia accettato l'incarico et esercitatolo contro li ministri e gabellotti della Republica, arrogandosi con ciò una giurisdizione illegittima ed indipendente dalla stessa Serenissima Republica, sua legittima padrona, contro la quale egli più e più volte, in più occasioni, ed in presenza di più persone, ha sparlato ingiuriosamente, con incitare le genti ad una vera ribellione, e con insinuar loro una pretesa libertà, caratterizzando il governo della Republica per tirannico, essendo intieramente confidente ed intrinseco de' Capi ribelli ed inimici della Republica; che perciò egli si è reso ribelle, aderente a' ribelli della Republica Serenissima, e nemici attuali della stessa, anzi egli stesso inimico; il che tutto comprova evidentemente il malo di lui animo, e la rea e perfida di lui intenzione, di cui ha dato anche fondato sospetto coll'essersi fatto compagno di quelli che avevano congiurato contro la persona del q. Eccellentissimo Domenico Maria Spinola; e che per tutto questo, che, come si replica, risulta da testimonii che gli si contestano, ed anche dalle confessioni proprie, considerato come ribelle, aderente a' ribelli e nemici della Republica, il Governo Serenissimo, usando del jus ostile e di guerra che gli compete, potrà e dovrà prendere contro di lui li risentimenti convenienti, onde etc.

E lette previamente le deposizioni nelle parti etc.

Rispose:

Non è vero assolutamente che io abbia fatti segni con fazzoletto verso le navi, essendo falsi li testimonii che lo dicono, ed appena venuto il bargello nella casa della Signora Nicoletta Massei, l'aprii subito; e quando nel primo congresso ho parlato, non ho detto altro se non che avevo di già la casa rovinata; e se dicevo qualche cosa, era perchè mi trovavo rovinato; e se sono andato dal Rivarola, vi sono andato d'ordine del Magistrato; e se sono stato destinato per altro de' Sindici, sono stato eletto dal Magistrato, essendovi anche li Capi, avendo accettato per necessità; ed una volta solamente sono intervenuto con gli altri, nè puonno dire di avermivi veduto altra volta; e come che non l'ho cercata tal carica, così non mi sono arrogato autorità alcuna; e li testimonii che dicono che io ho sparlato della Republica sono falsi, e non hanno detto il vero; nè io mai ho incitato alcuno contro la Serenissima Republica; nè ho carteggiato con alcuno; nè dato polvere e munizioni; nè avevo confidenza alcuna con li Capi ribelli, quali non mi comunicavano li loro segreti per non aver io abilità alcuna; ed è una infamità che io abbia avuta parte nell'affare contro l'Eccellentissimo Spinola, non sapendo io nulla di ciò; ed io non sono altrimente reo di rebellione, essendo noto che dal 1741 a questa parte solamente mi ritrovo in Corsica; per altro per l'avanti sono stato fuori, e tre anni schiavo, essendone stato riscattato colli denari di questo Reverendissimo Magistrato del Riscatto de' schiavi, nella somma di 80 scudi romani, sicchè non potevo aver mal'animo contro la Republica.

E replicatogli che tutto ciò che allega non gli suffraga, e particolarmente la violenza che allega in aver accettato ed esercitato il ministero di Sindico, giacchè è notorio non aver alcuno patito verun male se non ha voluto esercitare l'incarico datogli da' Capi ribelli, essendone stati esentati coll'addurre leggierissime scuse; e rispetto all'Immunità della Chiesa altre volte allegata, questa neppure gli suffraga, giacchè per le delinquenze delle quali egli è reo, nelle circonstanze dello stato di lui e del Regno della Corsica, l'Immunità Ecclesiastica non può servire di mantello, nè vi ha luogo la medesima, onde etc.

Rispose:

Hanno veduto che nell'esercizio dell'incarico non ho fatto ad alcuno verun male; e dell'Immunità pretendo di godere essendomi rifugiato anche in chiesa perchè non mi ammazzassero. E di più devo godere del perdono, perchè patron Cecco Patrimonio me l'ha mostrato in scritto.

E replicatogli che nemmeno questa ultima allegazione gli suffraga, giacchè li Serenissimi Collegii non hanno concesso perdono alcuno, ed il detto Patrimonio aveva solamente una commissione, o sia istruzione, di trattare colla Città e Popolo di Bastia circa la sua dedizione, e prima che detto Patrimonio arrivasse in Bastia, anzi prima che fosse partito da Terraferma, e che in Bastia vi fosse alcuna cognizione di tal trattato, egli cogli altri è stato consegnato a libera disposizione del governo legittimo, onde etc.

Rispose:
Faccino pure quello che vogliono, essendo nelle loro braccia, e mi rimetto a loro benignità.

E dettogli che se ha alcuna cosa da addurre, come alcuna scusa, escolpazione o difesa, la deduca presentemente, mentre etc.

Rispose:
Io non posso dire di più di quello ho detto. Li testimonii sono infami, e non dicono la verità.

Ætatis etc.
Indi poi è stato ammonito in tutto come gli altri etc.

Immediate ubi supra extractus de novo e carceribus Turris Antonius Baptista Raffalli et in præsentem locum adductus examinatus et constitutus prævia monitione quoad se et quoad alios juravit tactis etc.

Interrogato rispose:
Io non ho da aggiungere cosa alcuna al mio esame fatto l'altra volta, e posso solamente dire che dopo che sono stato in carcere mi fu fatta l'imbasciata se volevo dare 5 mila lire per sovvenire la Bastia, ed io li risposi di sì, purchè avessi le

mie sicurezze; ma poi in appresso non mi fu cercato altro; ma pochi giorni avanti alla mia costà venuta mi dissero che in casa mia si prendevano del grano per sovvenire la Città.

E dettogli che dal non deporre egli le cose più sostanziali in riguardo agli ultimi affari di Corsica, de' quali deve essere verisimilmente informato, particolarmente per essere così stretto parente del Marengo, che era uno de' direttori; dall'aver publicamente in più occasioni sparlato in termini improprii contro la Serenissima Republica e suo governo, con lodare le operazioni dei ribelli, e dall'essersi espresso, dopo vedute l'ultima volta le navi inglesi, che era meglio richiamare il Podestà, già spedito per trattare col rappresentante della Republica; dall'aver esercitato il ministero confidenziale di Capitano in custodia delle porte di Terranuova; dalla confidenza e famigliarità che avea colli Capi ribelli; dall'aver avuto da' medesimi l'incombenza di star attento a' magazzeni dove conservavansi le provvigioni; dall'aver mostrato animo ilare in occasione dell'arrivo del Comandante inglese, vestendosi in gala; dall'esser egli sospetto di essere intervenuto in un complotto fatto contro la persona del q. Eccellentissimo Domenico Maria Spinola, e finalmente dall'esser egli stato publicamente tenuto per aderente a' ribelli dalla Città e Popolo della Bastia che lo ha fatto carcerare, delle quali cose tutte risulta per le cognizioni presesi da S. E. con deposizioni giurate da testimonii che gli si contestano, si deduce chiaramente esser egli stato aderente a' ribelli e nemici attuali della Republica, e perciò anche egli ribelle e nimico della stessa, e che contro di lui, come a tale, potrà e dovrà il Governo Serenissimo prendersi le sodisfazioni convenienti col jus ostile e di guerra che gli compete, senza che punto gli suffraghi l'Immunità Ecclesiastica che egli ha allegato, giacchè non è vero che il luogo ove fu posto a titolo di pura e mera custodia godesse di alcuna immunità, essendo una cappella campestre, e che quando fosse luogo immune, non gli suffragherebbe, essendo stato posto in esso a titolo di pura custodia, come si replica, onde etc.

E lettogli previamente le deposizioni nelle parti etc.

Rispose:

Non si deve dar credito a testimonii, quali sono tutti miei nemici, e sono una manica di ladri; nè io ho detto nè fatto alcuna cosa contro la Serenissima Republica; e se io avessi avuto mal'animo contro de' Signori Genovesi, non avrei io in modo alcuno lasciato uscir fuori delle Porte il Signor capitano Romanelli, quale andava a trattare per la Republica; nè avrei offerto di dare il denaro richiestomi, come ho deposto. Appunto è vero che sono stato destinato ad andar a vedere li magazzeni, e vi sono andato una sola volta, nè per questo devo essere considerato per ribelle ed inimico della Serenissima Republica; ed io non ho avuta alcuna confidenza colli Capi ribelli, dalli quali se vi sono andato qualche volta, vi andava anche tutto il Popolo; e cosa avean da fare di me che so appena leggere e scrivere? Dell'affare del q. Eccellentissimo Spinola io nulla ne so; ed intendo di godere dell'Immunità della Chiesa, e del perdono concessoci dalla Republica, lettomi dal Cecco Patrimonio.

E replicatogli che la Republica Serenissima non ha concesso alcun perdono, e che il patron Cecco Patrimonio non avea se non che la pura e mera incombenza di trattare colla Città e Popolo di Bastia, ed a questo effetto avea la sua instruzione, e che prima che egli arrivasse in Bastia, anzi prima che partisse da Terraferma, e prima che in Bastia vi fosse alcuna notizia della commissione che egli avea, il Popolo e Città della Bastia ha dato alla libera disposizione della Republica Serenissima lui con tutti gli altri, e che perciò nulla gli suffraga quello che allega circa il perdono; onde dica etc.

Rispose:

Io ho detto quello che ho inteso leggere dal Patrimonio.

E soggiuntogli che se ha alcuna scusa, escolpazione o difesa da dedurre, la deduca presentemente, mentre etc.

Rispose:

Io, come ho detto nell'altro mio esame, dovea essere genero del Carlo Giacinto Poggi (1), che ognuno sa come era ben affetto alla Serenissima Republica, e se avessi avuto mal'animo, sapendo li trattati che si facevano per far ritornare la Republica, avrei palesato quello che si ideava e si trattava ; ma all'incontro stavo cheto ed attendevo alli fatti miei ; e se avessi temuto che di me si fosse formato sospetto, mi potevo ritirare fuori, in Orezza, dove sta mio padre che è un povero vecchio, nè so cosa dire di più.

Ætatis etc.

Ammonito indi per qualunque giorno ed ora ad udire gli ordini e deliberazioni de' Serenissimi Collegi.

---

(1) Voir note p. 159.

RELAZIONE

DELL'ECCELLENTISSIMO OTTAVIO GRIMALDI

A SERENISSIMI COLLEGI

1746, 5 maggio.

Serenissimi Signori,

Prima di far presente a VV. SS. Serenissime l'epilogo delle cognizioni prese contro li noti carcerati corsi, stima l'Eccellentissimo Ottavio, di sentimento del Magnifico Pietro Giustiniano, q. Stephani, Consultore, di sottoporre alla superiore comprensione di VV. SS. Serenissime alcuni riflessi che crede opportuni a togliere gli equivoci in riguardo alle deliberazioni da prendersi.

Riflette dunque in primo luogo S. E. che la Città di Bastia, in vista del noto diploma del Re Sardo, fatto presente al Magistrato, Consiglio, e Capi d'Arte della stessa Città, si è resa al Rivarola con escludere dalle capitolazioni il Vicegerente e gli altri ufficiali della Repubblica, che furono fatti prigionieri di guerra; ed in appresso, evacuata la Città medesima dal Rivarola ed altri Capi co' loro seguaci, constituitasi in governo anarchico, ha seguitato ad essere in un vero stato di nemica della Republica Serenissima. Di questa inimicizia apprende S. E. vi sieno le più vere prove, giacchè, stabilito il governo anarchico, sono stati considerati e voluti per prigionieri di guerra li ufficiali e ministri della Republica; si è voluto prigioniere altresì di guerra Monsignor Saluzzo all'avviso che fosse arrestato in Calvi Monsignor Mariotti; si è trattata la dedizione della Città alla Republica Serenissima con certi determinati patti, ed è stata attestata una tale inimicizia nella lettera, o sia memoriale diretto al Re di Sardegna, ben noto a VV. SS. Serenissime; stimando S. E. che la somma di tale inimicizia non possa dirsi mancante da che forse a soli Magistrati siano imputabili gli atti suddetti, imperciochè, secondo le più universali massime publiche, ciò che si opera da primi Magistrati in una Città, e per la presunzione che si sappi e non si contradica nell'universale, ma sia il mandato di così operare, viene il tutto attribuito alla Città medesima; e risultando perciò, nel caso nostro, l'essere stata appoggiata la causa tutta, e particolarmente del Politico, al Magistrato dell'Inquisitori di Stato, riconosciuto dal Popolo tutto in Supremo Rettore, e concorrendovi la circonstanza che la dedizione della Città, trattata con la Republica con certi determinati patti, ha avuto per Rettore li Magistrato, Consiglio e Capi d'Arte, sembra non possa dubitarsi che le sopranarrate operazioni riferir si debbano alla Città tutta, e non a soli Magistrati.

Riflette in secondo luogo S. E. che essendo in potere di VV. SS. Serenissime l'esercitare gli ultimi atti di ostilità contro de' carcerati considerati come inimici della Republica, per essere eglino totalmente esclusi dalli patti della dedizione, ed anzi dalla Città medesima di Bastia consegnati a libera disposizione di VV. SS. Serenissime, non per questo vorranno valersi di tal jus ostile, se non che appunto contro di quelli li quali nell'attual ribellione ed inimicizia si sono contraddistinti con specialità, dando una qualche riprova del loro perverso animo.

Riflette in terzo luogo S. E. che se in alcuno de' catturati non venissero pienamente giustificati atti specifici che lo dimostrassero d'una egual malizia con li più perversi, pure temendosi che questo tale possa essere nocivo alla Republica se per alcun caso occorresse rilasciarlo, in questo tale vi concorrerebbe quella specialità che obbliga il Principe ad usare sevizia affin d'evitare il male che teme.

Riflette in quarto luogo S. E. che l'indole altiera de' Corsi fa con maggior fondamento temere che in qualunque caso dovessero liberarsi in vigore d'un'amnistia generale quelli che sono attualmente nelle carceri, riconosceranno questi la loro libertà in tutt'altri che dalla Serenissima Republica, e la attribueranno all'osservanza delli noti diplomi, o siano lettere patenti, publicati dalla Regina d'Ungheria e Re di Sardegna, e con l'animosità che in loro si aumenterà dalla protezione di queste Potenze, uniranno il disprezzo e desistimazione in riguardo al Governo Serenissimo, crescendo con ciò in loro la facilità di nuocere nelle contigenze future del Regno di Corsica.

Riflette in quinto luogo S. E. sul genio vendicativo di quella nazione, il quale fa giustamente temere che liberati in qualunque maniera dalle carceri, quelli di essi carcerati che hanno aderenze di parentele e di dipendenze vorranno prendersi soddisfazione sopra li autori della presente loro disgrazia; e come che tali autori sono quelli che formano il partito del Governo Serenissimo, così verranno per indiretto ad essere imminenti per questo titolo nuovi disturbi publici, oltre il male delli particolari, *in universum*, alli quali crede S. E. che se si trattasse di porre in chiaro colle forme giuridiche qualunque delitto di ribellione o lesa maestà, sopra li soli indizii e congetture persuasive del delitto medesimo ogni giudice giustamente potrebbe determinarsi a condannare, e perciò apprende S. E. che ancorchè vi sia qualche difetto ne' testimonii esaminati in prova che alcun de' carcerati abbia operato con perfidia d'animo e con volontà pienamente diretta ad offendere la maestà del Principato, persuase che siano VV. SS. Serenissime dalli indizii e congetture, non possono poi esitare sul prendere il risentimento conveniente alla dignità e sicurezza del Governo Serenissimo, in riguardo particolarmente ad una nazione che l'esperienza ha dimostrato essersi abusata della benignità esercitata dal Governo Serenissimo nel lungo corso delle turbolenze di quel Regno.

Dopo tali riflessi che S. E. ha stimato preciso di sottomettere alla censura di VV. SS. Serenissime, passa ad epilogare strettamente ciò che risulta contro de' carcerati, con far loro anche presenti le difese e scuse da essi addotte, affinchè per ogni uno di loro si degnino di determinarsi.

I. Francesco Maria Gentile, il giorno immediato dopo la partenza di S. E. dalla Bastia, si prova che alla mattina di buon' ora, fatto piantar il palo nella piazza di Corte, per mezzo di Antonio Maria Asdente che dichiarò Aiutante, fece publicar grida a suon di tamburo che sotto pena di vita ogniun dovesse a lui prestar ubbidienza, così avendo ordinato il Magistrato della Città; e si prova aver egli esercitato questo uffizio per tutto il decorso del tempo, prendendo ed eseguendo gli ordini del Rivarola e compagni, e del Magistrato dell'Inquisitori di Stato. Fu egli, col Marengo, destinato al trattato fatto col Rivarola, ed avendo fatto leggere il diploma del Re di Sardegna, perorò a favore della resa contro il sentimento di altri, li quali opinavano si dovesse differire con qualche mezzo termine la resa medesima, e portò la conclusione delle capitolazioni con escludere dalle stesse gli ufficiali e ministri della Republica. Godeva egli l'intera confidenza de' Capi ribelli, ma più che degli altri del Rivarola, di cui si è mostrato parzialissimo nel tempo delle discordie nate col Gafforio, ed egli stesso confessa che il Rivarola si lasciava da lui governare. Si prova che egli ha visitate le scritture che erano rimaste nella segreteria di S. E. il Signor Commissario

Generale, le quali poi sono passate in mano del Rivarola ; ed oltre l'uffizio di Maggiore della Piazza ha avuto quello di essere Deputato per l'Unione de' Capi Corsi colla Bastia ; ha sottoscritto ordini diretti al stapolliere del sale per farne provvedere i Paesani, e coll'intelligenza dei Capi ribelli ha disposto delle munizioni da bocca e da guerra della Republica Serenissima ; della quale ha sparlato in più occasioni, insinuando il conservarsi in libertà, con magnificare i vantaggi che si sarebbero ricavati a favore della Corsica. Nell'istesso tempo che l'ultima volta il Rivarola assediava la Città della Bastia, egli sotto mano voleva provvedere le di lui genti di pane, coll'intelligenza però dell'Inquisitori di Stato. Ha egli sottoscritto il noto memoriale diretto al Re di Sardegna, ed altre volte processato come ribelle, ha avuta la liberazione per titolo di grazia.

A tutti questi fatti statigli contestati egli ha preteso di dar risposta : Che il palo è stato piantato d'ordine del Rivarola, e non del suo, quando evidentemente vien provato che prima che ancora fosse introdotto il trattato col Rivarola, era stato piantato il palo. Che la Città non si è resa al Rivarola, quale si era protestato di voler essere come l'infimo Cittadino, quando vien convinto del contrario, non solo dalla capitolazione, ma dal fatto immediatamente seguito. Allega che il delitto antecedente non sa come possa dirsi ribellione per alcune poche lettere ch'egli ha scritto a vantaggio della sua patria. E rispetto a tutti gli altri fatti contestatigli non ha altra scusa da addurre, se non che d'aver operato inavvertentemente, negando solamente d'aver sparlato della Republica Serenissima, e d'aver lodato la libertà de' Corsi.

Allega l'Immunità Ecclesiastica, asserendo di essere liberamente andato, unitamente cogli altri, in una chiesa nel porto della spiaggia della Capraja, ed allega parimente il perdono che VV. SS. Serenissime hanno concesso a patron

Cecco Patrimonio, quale perdono dice egli aver veduto in iscritto, mostratogli dallo stesso patron Patrimonio.

Sopra questi due ultimi capi, che son stati dedotti universalmente dagli altri ancora, per evitare il tedio delle repliche a VV. SS. Serenissime, stima S. E. di far loro presente che quanto all'Immunità è stato replicato a ogni uno de' carcerati che l'hanno allegata, non suffragare l'Immunità medesima, giacchè non è altrimente chiesa, ma una cappella campestre quella dove sono stati trasportati a puro e mero titolo di custodia, accompagnati da sbirri e soldati che li guardavano, il che tutto vien provato dalle deposizioni giurate del Signor Commissario di Capraja, e di due altri testimonii che S. E. ha stimato di dover esaminare per giustificare questo fatto (1).

E rispetto al perdono che hanno asserito essergli stato supposto dal Patrimonio per concesso da VV. SS. Serenissime, è stato replicato non esser vero che tal perdono sia stato mai concesso, e che patron Cecco Patrimonio non aveva se non che una pura commissione ed ordine di trattare colla Città per la di lei dedizione, e che a questo effetto gli era stata consegnata una semplice instruzione, ma che prima del di lui arrivo in Bastia, anzi prima che egli partisse dalla Terraferma, e che in quella Città vi fosse alcuna notizia dell'instruzione e commissione data, il Popolo e Città della Bastia ha consegnato li carcerati a libera disposizione del Governo Serenissimo.

E come che in riguardo al detto maggior Gentile è stato anche da lui stesso allegato d'aver accettata l'incombenza di Maggior della Piazza dal Vicario Vicegerente di VV. SS. Serenissime, essendogli stato replicato che quando ciò fosse vero, e che egli abbia accettato l'incarico di Maggior della

---

(1) Ces dépositions ne se trouvent pas parmi les pièces que nous publions.

Piazza dal detto Vicegerente, egli era reo di fellonia e di Lesa-Maestà per aver resa la Città al Rivarola senza saputa del detto Vicegerente, anzi con farlo dichiarare prigioniero di guerra, unitamente con altri ufficiali che egli come tali ha fatto ristringere, non ha egli saputo dar altra risposta se non che d'aver operato inavvertentemente.

II. Contro l'Antonio Marengo risulta che nella stessa sera della partenza dell'Eccellentissimo Commissario Generale ha disarmato li posti di Terravecchia, ne' quali si trovava qualche parte della truppa della Republica, ed ha fatto liberare dalle prigioni quei che vi si trovavano; e che nel giorno seguente, destinato al trattato col Rivarola, unitamente al maggior Gentile, dopo aver fatto leggere il diploma, o siano lettere patenti del Re di Sardegna, perorò anch'egli a favore della resa, disanimando li più deboli con minacce di bombe e brugiamenti. Si giustifica essere egli stato destinato per andare in cerca delle navi inglesi, e che ritornato con esse in Bastia, dopo la presentazione delle chiavi al Comandante procurò l'approvazione delle capitolazioni, particolarmente per la libertà della Bastia.

Risulta che egli andò in S. Fiorenzo per ricevere la resa di quel forte dal capitan Casavecchia, suo cognato, che comandava a nome della Republica; e che creato il Magistrato degl'Inquisitori di Stato in Bastia dal Rivarola, Gafforio e Matra, unitamente col Magistrato della Città, fu egli uno degli eletti allo stesso Magistrato, e che esercitando l'uffizio, disponeva dispoticamente d'ogni affare, entrando a parte de' Consigli de' Capi ribelli, col formar processi contro quelli che potessero essere sospetti d'aderenza colla Republica di Genova, della quale disse essere erede il suo Magistrato in occasione che fu obbligato a fare una rinoncia de' suoi beni stabili uno de' Gabellieri della Camera Eccellentissima. Risulta che anche dopo evacuata la Bastia dal Rivarola e Gafforio, egli come Inquisitore di Stato, in compagnia de' collega, considerò per prigionieri di guerra gli ufficiali della Republica Serenissima, facendogli dar parola, in atti del Cancelliere, di non servire contro la Corsica ; e che avuta notizia dell'arresto seguito in Calvi di Monsignor Mariotti, ordinasse fosse prigioniere Monsignor Saluzzo.

Risulta che di sua intelligenza come Inquisitore di Stato era stato fabbricato il pane per le genti del Rivarola e del Matra nell'ultimo assedio ; e che egli in ogni occasione si è mostrato avverso alla Republica Serenissima, sparlando del di lei governo con espressioni, che finalmente la Corsica s'era levata il capestro dal collo, e magnificando li gran vantaggi che avrebbe ricavati la Corsica dalla libertà, adducendo per esempio la Republica d'Olanda. Si prova che egli, anche prima che entrasse il Rivarola in Bastia, s'introdusse col maggior Gentile, Leonardo Giovanni, ed altri, nella segreteria di S. E., estraendone li fogliazzi che passarono in mano del Rivarola, e che aveva persuaso il Limperani, suo genero, ad accettare l'incombenza di riconoscere e sfogliare li fogliazzi ed altre scritture ritrovate in detta segreteria. Contro di lui vi è fondato sospetto che concorresse con altri ad una congiura fatta contro il q. Eccellentissimo Domenico Maria Spinola, allora Commissario Generale del Regno, e finalmente vi è la prova che egli abbia sottoscritto, come confessa, la lettera o sia memoriale diretto al Re di Sardegna, ben noto a VV. SS. Serenissime.

In sua difesa e discolpa allega il Marengo che l'essere andato nella segreteria di S. E. era coll'intento di mettere in cauto le scritture, la ricognizione delle quali desiderò che fosse fatta da suo genero per pura curiosità di scoprire se si conteneva in esse alcuna cosa a lui contraria ; che il trattato fatto col Rivarola era stato fatto d'ordine della Città, lasciata da S. E. in atto della sua partenza, in sua vece ; che dalla Città medesima ebbe il destino di portarsi dal Comandante Inglese per fargli sapere il stabilito tra la Città e il Rivarola, e che tutti questi atti non possono imputarsi a lui in reato; che la sua andata verso S. Fiorenzo aveva avuto per intento, non già la resa di quel forte, quale al suo arrivo colà trovò già che aveva capitolato, ma solamente di coprire la ritirata al Casavecchia, suo cognato, che sapea essere insidiato nella vita, e che vi erano persone appostate per ucciderlo. Confessa la sottoscrizione del memoriale, o sia lettera, ma allega d'aver procurato che fosse soffocata dandola al dottor Morelli per questo effetto. Nega nel resto tutto ciò che contro di lui asseriscono li testimonii, ed adduce a favor suo la compensazione delle cattive colle buone opere che ha fatto, magnificando l'essere stato egli l'autore delle discordie tra il Rivarola ed il Gafforio, senza le quali non si sarebbe mai liberata la Città dall'oppressione de' Paesani, e che fu egli il primo a trattare che s'introducesse la pratica di mandar in Calvi all'Eccellentissimo Commissario Generale. A tutto quanto sopra aggiunge l'Immunità per il rifugio nella chiesa di Capraja, ed il perdono concesso da VV. SS. Serenissime nella stessa maniera che ha allegato il maggior Gentile, facendosi particolarmente merito che stava in sua mano il far serrare Terranuova, ed il negare le provviste e munizioni ai Bastiesi, se avesse avuto intenzione che il Rivarola e il Matra rientrassero nella Città; dal che vuole egli ricavare la rettitudine del suo operato, della quale rettitudine ne chiama in testimonio quei che sono stati Generali nel Regno di Corsica.

III. Contro il Domenico Sansonetti si prova che eletto egli in uno degl'Inquisitori di Stato, esercitò l'incombenza avuta con far costruire processi contro le persone che poteva supporsi fossero ben affette alla Repubblica, e l'assistere indefessamente alla visita delle lettere che venivano nella Bastia, e dalla Bastia erano scritte; col disporre delle farine del pubblico per far fabbricare il pane alle genti del Rivarola e Matra, e col ricevere le rinuncie del Gabelliere di sopra indicato, spiegandosi anch'egli che il Magistrato era erede delli gius e ragioni della Republica. Si prova che egli in ogni occasione ha sparlato contro il governo della Republica Serenissima, caratterizzandolo per tirannico, ed ha in ogni occasione ingerito il desiderio della libertà nel Popolo, con magnificare li grandi vantaggi che ne sarebbero risultati, ad esempio della Republica Olandese. Risulta che egli era confidentissimo de' Capi Corsi, e particolarmente del Rivarola, entrando in tutti li Consigli più interni e segreti. Ha finalmente sottoscritta la lettera, o memoriale, diretta a S. M. Sarda, unitamente cogli altri, e come Inquisitore di Stato.

Confessa egli di avere sottoscritto il memoriale suddetto, ma allega di averlo fatto senza leggerlo, come confessa parimente d'aver accettato il carico d'Inquisitore di Stato, ed anche esercitato negli atti contestati, ma allega che essendo stato legittimamente eletto dalla Città lasciata in luogo suo da S. E. in atto della di lei partenza, ed inoltre avendo la Corte Brittannica constituita la Corsica in piena libertà, non crede di aver fatto male in tutto ciò che egli ha operato. Confessa di aver disposto delle munizioni della Republica Serenissima, unitamente cogli altri Inquisitori, ma dice che ciò era necessario per la difesa della Città. Nel restante è negativo, ed allega anch'egli l'Immunità ed il perdono.

IV. Contro Ignazio Francesco Rossi risulta essere stato eletto egli pure per uno degl'Inquisitori di Stato, ed accettata l'incombenza, di aver esercitati tutti gli atti che si son notati in riguardo al Marengo e Sansonetti, altri Inquisitori, sparlando anch'egli della Republica e suo governo, come gli altri. Vien provato di più che essendo egli stato destinato dalla Città, unitamente con altri, per assistere ad un congresso che doveva farsi a Ponteprato tra il Rivarola, il Comandante inglese e li deputati per la Città, egli nel riferire li sentimenti del Rivarola al Popolo radunato persuadeva il Popolo a voler riammettere nella Città con 150 uomini il Rivarola medesimo, il che negò di fare il Popolo, gridando:

Piuttosto bombe e fuoco! Ha sottoscritto anch'egli come Inquisitore la lettera, o sia memoriale diretto al Re di Sardegna; anzi di più confessa che in quest'ultimo Congresso a Ponteprato il Rivarola li aveva tenuto discorso della stessa lettera, dal che si è ricavato nuovo gravame contro di lui che egli ingannava la Città con aver taciuto il fatto della lettera al Popolo, quando fece la sua relazione, e col non aver comunicato a suoi collega il discorso fattogli dal Rivarola circa la stessa lettera.

A sua discolpa adduce il Rossi che tutto quello che ha operato, lo ha fatto per timore, giacchè era stato insinuato a tutti per ordine de' Capi Corsi che se non si ubbidiva, e se non si esercitavano gl'incarichi dati, sarebbero stati mandati 50 fucilieri a discrezione nella casa del disubbidiente; e tutto che gli sia stato replicato che altri Cittadini come lui, o non hanno accettato le cariche e non le hanno esercitate, o pure con leggierissime scuse sono stati esentati, senza patir alcun male, pure egli inculca su questo suo timore, quale anche dagli altri carcerati è stato addottato per lor discolpa. Confessa di aver sottoscritto la lettera, e crede di essere scusato se lo ha fatto dopo aver veduti sottoscritti tutti gli altri, e che avendo parlato col Marengo dopo il congresso di Ponteprato, questi gli aveva assicurato che la lettera era stata soppressa. Nega nel restante tutto ciò che gli è stato contestato, e dopo aver anch'egli allegato il perdono ottenuto per mezzo di patron Cecco Patrimonio, allega l'Immunità della Chiesa per esserne stato estratto da suoi concittadini che lo catturarono nel collegio de' Padri Gesuiti di Bastia.

Per questa particolare allegazione d'Immunità deve S. E. far presente a VV. SS. Serenissime aver interpellato li RR. PP. Teologi, et essere eglino stati di sentimento che non gli suffraghi nelle circostanze delle quali si fa menzione nei Consulti che saranno fatti presenti a VV. SS. Serenissime.

V. Contro il dottor Francesco Maria Lucciana vien giustificato che egli, dopo aver alloggiato in casa sua propria il Gafforio, suo parente di affinità, disponeva di lui assolutamente, e valendosi della di lui autorità, esigeva da tutti la più cieca ubbidienza.

Fu eletto dal Gafforio ed altri Capi per Commissario in campagna, in occasione d'un omicidio seguito in Murato, ed ivi ha fatto il processo, facendo bruciar la casa e devastando li beni del preteso reo. Si prova aver egli occupato e fatto inventario della robba dei Gabellieri della Camera Eccellentissima, e che ha fatto più estorsioni, vestendo sempre il nome del Gafforio e Rivarola, ne' Consigli de' quali era ammesso e aveva una gran parte. Si prova finalmente che egli in più e diverse occasioni ha sparlato contro la Republica Serenissima, esprimendosi di voler piuttosto spargere tutto il suo sangue che ritornare sotto la tirannia de' Genovesi, magnificando anch'egli li vantaggi che si sarebbero ricavati dal conservarsi la libertà la quale si era acquistata.

Non allega altra scusa, o difesa, a favor suo il Lucciana, se non che di non aver avuto mal'animo nelle operazioni da lui fatte, e che in tanto le faceva perchè in quel tempo bisognava ubbidire. Confessa di aver presa molta robba, e particolarmente una cassa del M. Pallavicino, uno de' Gabellieri, ma che tutto questo ha fatto d'ordine del Gafforio, e che presso di lui era restata la robba presa. Nega nel resto di aver sparlato della Republica e del suo governo, e di avere magnificata la libertà della Corsica, et allega l'Immunità della Chiesa in Capraja, ed il perdono concesso da VV. SS. Serenissime al patron Patrimonio.

VI. Contro Francesco Maria Bosio vien provato essere egli stato eletto da' Capi ribelli per Cancelliere d'Inquisitori di Stato, e che ha esercitato tale ministero, formando processi criminali contro molti che erano sospetti di aderenza colla Republica Serenissima, facendo gride a nome degl'Inquisitori, coll'imposizione della pena di morte, et altri atti consimili, servendo gl'Inquisitori medesimi in tutto ciò e quanto, tanto in riguardo al publico che al particolare, le ordinavano. Si prova che anch'egli publicamente sparlava del Governo Serenissimo, e persuadeva la libertà della Corsica con esagerarne i vantaggi, e vi sono contro di lui sospetti fondati che sia concorso nella congiura fatta contro la persona e vita del q. Eccellentissimo Domenico Maria Spinola. Ha egli confessato avere lacerati e bruciati tutti gli atti et ordini ricevuti dagl'Inquisitori di Stato e di loro incombenza, ancorchè fossero scritture ricevute come notaro e cancelliere, e di più ha confessato di avere ricevuto come Cancelliere degl'Inquisitori l'atto solenne dell'elezione in Generale della Corsica della persona di Sebastiano Ciaccaldi, ed il giuramento solenne fatto in S. Giovanni, col Venerabile esposto, di conservarsi in libertà, e di non darsi ad alcun Principe, particolarmente alla Republica di Genova.

A sua difesa allega il Bosio che egli vedendo contemplati li Capi Corsi da tutta la Città, ed anche dallo stesso Vescovo e Gentiluomini Genovesi, e sapendo di più che era stato intimato a tutti sotto pene rigorose il dover ubbidire, non ha creduto di far gran male, ed ha accettata l'incombenza di Cancelliere d'Inquisitori, ed esercitata la medesima, e che anzi, non solamente si è mostrato disinteressato, senza scuotere da alcuno mercede per li suoi atti, ma che di nascosto favoriva quelli che erano del partito del Principe Serenissimo, del quale nega assolutamente aver mai sparlato. Allega anche lui come gli altri l'Immunità della chiesa di Capraja, ed il perdono di VV. SS. Serenissime dato al patron Patrimonio.

VII. Contro Antonio Maria Asdente vien provato essere egli stato destinato dal maggior Gentile per suo Aiutante, qual impiego ha esercitato fino al tempo della sua carcerazione, publicando gli ordini anche a nome del Rivarola e del Gafforio, del quale Rivarola egli era parente d'affinità. Si prova che egli ha publicato nella truppa della Republica colà fermatasi il perdono a nome del Rivarola per i disertori del Re di Sardegna, ed ha cooperato perchè si arrolassero li medesimi soldati, non solamente al servizio della Republica de' Corsi, ma anche a quello del Re di Sardegna e della Regina d'Ongheria. Risulta aver egli eseguiti gli ordini per far prigioniere Monsignor Saluzzo; che ha parlato anche lui contro la Republica Serenissima e suo governo, insinuando la libertà.

In sua discolpa e difesa adduce l'Asdente che l'elezione sua in Aiutante era stata fatta dal Magistrato della Città, col salario di lire 30 al mese, e che la Città volea conservarsi libera per ritornare poi all'ubbidienza della Republica. Allega che l'andata sua alla Vasina non era con l'intento di far prigioniere Monsignor Saluzzo, il che ricavasi dall'averlo lasciato venire sulla sua barchetta senza l'assistenza, o sua, o della gente che aveva seco, ma che solamente aveva incombenza di farlo ritornare in Bastia, che da lui volevano gl'Inquisitori lire 14 mila d'imprestito. Nega di essere parente del Rivarola, o di lui confidente; anzi dice d'essere di lui nimico per una lite agitata nanti l'Eccellentissimo Giustiniani. Nega di aver sparlato della Republica Serenissima; e che anzi ha dimostrato il suo buon animo a favore de' Genovesi, tra quali ha molti parenti, anche gentiluomini, possedendo anche qualche beni stabili in Raggio. Perfine allega l'Immunità della Chiesa in Capraja ed il perdono di VV. SS. Serenissime, come gli altri.

VIII. Contro Leonardo Giovanni si prova aver egli accettata in compagnia del Sari e del Casella la carica di uno dei Sindici, nella quale è stato eletto da' Capi Corsi e dal Magistrato della Città, e che ha esercitata una tal carica con tutta arroganza, esigendo da Gabellieri e Ministri della Republica li conti, ed obbligandoli a presentare li loro libri. Risulta contro di lui che col Marengo e Gentile andò alla segreteria, in qual occasione furono portati via li fogliazzi ; e risulta altresì d'aver egli disarmato un sargente della Republica nella stessa notte ch'era partito S. E. dalla Bastia ; e si prova finalmente che egli sparlava contro il Governo della Republica Serenissima, caratterizzandolo per tirannico, e magnificando li vantaggi della libertà della Corsica ; e nel suo esame ha avuto l'ardire di attribuire gli ultimi disordini seguiti nel Regno della Corsica e la ribellione formata alla mancanza dalla Republica de' patti accordati nelle ultime concessioni publicate.

Null'altro adduce il Leonardo Giovanni a sua discolpa se non che l'aver accettato ed esercitato il carico d'uno dei Sindici per puro timore che gli fosse fatta violenza secondo cio che avevano publicato i Capi Corsi ; e nel restante nega indistintamente ogni cosa contenuta nella contestazione fattagli, dicendo anzi di essere stato sempre aderente a Genovesi.

IX. Contro Carlo Filippo Sari vien provato d'aver nel giorno del bombeggiamento fatto dagl'Inglesi fatti segni, con un fazzoletto bianco, verso le stesse navi dalla casa di Nicoletta Massei, e che carcerato da S. E., fu poi liberato nella stessa sera della sua partenza. Vien provato, ed egli stesso confessa, che fu il primo ad aprire il trattato della resa della Città al Rivarola, e che nel congresso fatto dal Popolo circa il trattato della resa medesima egli publicamente e con grande alterazione d'animo, sentendo che qualcheduno opinava che la Città non dovesse rendersi, esclamava che egli aveva perduto più di lire 4 mila nel bombeggio, e che bisognava assolutamente pigliar il partito allora di rendersi. Si prova esser egli stato eletto per uno dei Sindici, come il Leonardo Giovanni, ed avere esercitato come lui la detta carica con far rendere conto a Gabellieri et altri. Si prova esser egli stato il più infesto al nome Genovese, sparlando publicamente contro la Republica e suo governo, non ostante avesse ricevuto il beneficio di essere stato riscattato dalla schiavitù di Barbaria co' denari del Magistrato de' Schiavi in scudi 80 romani.

Egli è fratello del Sari nominato nelle lettere patenti del Re di Sardegna, ed era sospetto di essere stato a parte della congiura fatta contro la persona del q. Eccellentissimo Domenico Maria Spinola.

A sua discolpazione e difesa adduce il Sari che se ha accettata ed esercitata l'incombenza di Sindico, lo ha fatto per forza, e che se ha parlato con violenza, ciò seguiva da che era occupato dal dolore della rovina della sua casa. Nega tutto il restante che gli vien contestato, dicendo che li testimonii sono falsi, ed allegando il perdono concesso da VV. SS. Serenissime a patron Cecco Patrimonio; vi aggiunge l'Immunità della Chiesa, essendo stato estratto dall'oratorio di S. Croce in Bastia, quando fu carcerato da suoi concittadini e dal Popolo.

Rispetto a questa Immunità VV. SS. Serenissime averanno presente il Consulto dei RR. PP. Teologi enunciato di sopra quando si è parlato dell'Ignazio Francesco Rossi.

X. Contro Carlo Casella consta aver egli accettata ed esercitata la carica di Sindico col Sari e Giovanni, esigendo conti, e facendo tutto come gli altri; e che ancor egli ha sparlato contro la Republica e suo governo. Risulta che egli fosse in compagnia del Sari quando questi fece il segno col fazzoletto bianco verso le navi inglesi nell'atto del bombeggio; e che si trovava presente in compagnia d'altri nell'atto che fu disarmato un ufficiale della Republica; ed è anche sospetto di essere compagno nella congiura formata contro il q. Eccellentissimo Domenico Maria Spinola.

A sua discolpa dice il Casella essere stato obbligato per forza ad accettare l'incarico di Sindico et ad esercitarlo; che avendo saputo esser d'un ufficiale della Republica un schioppo datogli da un tal Santa Lucia, lo ha restituito subito. Allega essere falso che egli si trovasse in casa della Nicoletta Massei quando fu detto essere stati fatti li segni verso le navi inglesi, e che egli di fatto fu catturato in strada publica, senza che mai sia entrato per quel giorno in quella casa. Nega di avere mai parlato contro la Republica di Genova, o Genovesi, ed allega l'Immunità della chiesa in Capraja ed il perdono come gli altri.

XI. Contro Giuseppe Maria Luri vien provato che essendo egli Sindico et Archivista per la Republica Serenissima, ha accettata l'incombenza di Munizioniere datagli dai Capi Corsi e dal Magistrato della Bastia, e in esecuzione di tale accettazione si è fatto dar le chiavi dei magazzini dal Signor Tesoriere, et ha disposto delle munizioni da bocca e da guerra secondo gli ordini venivangli dati dal Rivarola e Gafforio, co' quali era confidente; e di aver anche disposto de' denari ricavati da vettovaglie che eran proprie dell'Eccellentissimo De Mari, con ordine degl'Inquisitori di Stato. Risulta che egli ha sparlato contro la Republica ed a favor della libertà de' Corsi, e che è andato ad incontrare gli ufficiali inglesi che sbarcavano alla Bastia.

A sua discolpa ha allegato il Luri che l'aver accettato ed esercitato l'ufficio di Munizioniere è stato per non incorrere a qualche male, allegando intimate pene rigorose a chi non ubbidiva, e che ha inteso di far piuttosto vantaggio alla Camera Eccellentissima per impedire, per quanto fusse a lui possibile, che le munizioni non si dissipassero intieramente. Nega di aver sparlato mai della Republica, e di essere andato incontro alli ufficiali inglesi, essendosi trovato a caso sul molo della Bastia, e per pura curiosità. Allega l'Immunità della chiesa in Capraja ed il perdono come gli altri.

XII. Contro Matteo Orbecchi vien provato esser egli stato eletto per suo tesoriere dal Rivarola; con questo incarico aver riscosse le partite ricavate dalla vendita dei forni, come anche il ricavato delli redditi delle dogane, e di averne disposto secondo ciò che ha ordinato il Rivarola; come anche ha disposto del ricavato del prezzo dei sali venduti in quel tempo, che gli è stato sborsato dal Stapolliere.

A sua discolpa deduce l'Orbecchi d'aver accettato l'incarico per forza, essendo anzi inimico del Rivarola, ed allega come gli altri l'Immunità della chiesa di Capraja et il perdono.

XIII. Contro Giovanni Battista Guasco si prova esser egli stato deputato dal Magistrato della Città per Economo alle Dogane, e di avere pagati li denari esatti all'Orbecchi, con ordini sottoscritti dal Rivarola, e che ancor egli ha sparlato contro la Republica e suo governo.

Allega egli in sua discolpa che il Magistrato della Città che lo aveva eletto li aveva anche dato l'ordine di pagare tutto ciò che esigesse dalle dogane all'Orbecchi, Tesoriere del Rivarola, assegnandoli 2 per cento sopra le esazioni; negando del resto d'aver mai sparlato della Republica, e che la Città tutta, e gli Eccellentissimi Commissarii Generali possono fargli fede come egli sempre abbia fatto vita ritirata, e come sia stato sempre aderente alla Republica.

XIV. Contro Anton Battista Raffalli si prova essere egli stato destinato per uno de' Capitani alla custodia della porta di Terranuova, ed anche a visitare li magazzini di grano che erano a custodia di Giuseppe Maria Luri. Risulta che egli ha sparlato contro la Republica, mostrando allegrezza con vestirsi in gala all'arrivo del Comandante Inglese, e dispiacere che si fosse mandato il Podestà della Bastia in Calvi.

In sua difesa allega il Raffalli che l'aver accettato d'esser Capitano, e visitato li magazzeni, è stato per non attirarsi alcun male a dosso, come veniva minacciato; e che non è vero abbia mai sparlato contro la Republica, nè contro li Genovesi; e che anzi era ben affetto alla stessa Republica, avendo già concluso il matrimonio con la figlia di Carlo Giacinto Poggi, casa che ognun sa quanto sia ben affetta alla Republica; e che tutto il suo male vien originato dall'esser stato una volta cognato dell'Antonio Marengo ; e che egli sa appena leggere e scrivere ; ed allega inoltre l'Immunità della chiesa di Capraja ed il perdono.

XV. Contro Giov. Battista Vincenzini si prova che essendo anch'egli uno dei Capitani destinati alla porta di Terranuova, scorreva la Città con le genti dategli dal Gafforio, avendo inoltre fatto venir quattro Paesani, suoi confidenti, che teneva in sua casa e portava seco in ogni occasione. Risulta che partito il Gafforio ed il Rivarola, essendo egli di guardia alle porte di Terranuova, impediva l'accesso a quelli i quali si eran già incominciati a scuoprire a favore della Repubblica, ed anche allo stesso patron Cecco Patrimonio ; e risulta ancora che deliberata dal Popolo la di lui cattura, egli, colli quattro Paesani rinserrati in casa, ha fatto valida difesa con sbarro di granate, delle quali ne avea fatto ammasso in casa sua, e di molte schioppettate, da una delle quali è stato ucciso il figlio di Grisanto Volpajola ; venendo finalmente provato che egli in più occasioni sparlasse contro la Repubblica e suo governo, ed a favore della libertà della Corsica. Si aggiunge a tutto ciò che nella cassa della segreteria del Rivarola è stata trovata una patente da capitano in servizio del Re di Sardegna per detto Giov. Battista Vincenzini.

Allega questi in sua difesa che tutto ciò che ha fatto lo ha fatto per la difesa della Città, e che dopo uscito il Gafforio, vedendo andar tanta gente in Terranuova, ha temuto restassero sprovvisti li posti di fuori, e che per questo ha serrate le porte, non mai però al Patrimonio ; che li quattro Paesani non erano ribelli, e che egli li teneva per sua guardia ; e che quando fu assediato in casa sua, nel tempo della sua cattura, non fu sbarrato di suo ordine, e perciò non può egli esser tenuto a rispondere di ciò che sia seguito. Nega per altro d'aver mai sparlato della Repubblica, della quale dice egli essere sempre stato aderente.

Contro gli altri carcerati S. E. non ha potuto ricavare nè

prove nè congetture che li rendano speciali tra l'universale della Città, e perciò non ha potuto rispetto a questi venir a contestazione di sorte alcuna; e quei stessi del Popolo della Bastia che quì gli hanno accompagnati non hanno saputo dir altro se non che generalmente essere essi o parenti o aderenti di qualcheduno de' principali che sono quì carcerati, o d'altri che sono in Bastia, li quali per buona sorte godono del perdono di VV. SS. Serenissime.

Tanto si dà l'onore S. E. di sottoporre a' rifflessi di VV. SS. Serenissime, alle quali etc.

SENTENZE

1746, 5 maggio.

Lette a Serenissimi Collegi le informazioni prese dal prefato Illustrissimo et Eccellentissimo Ottavio Grimaldi, Capo della Eccellentissima Giunta della Marina, e commissionato da Serenissimi Collegi, contro de' carcerati trasportati dalla Bastia alle carceri della presente Città a libera disposizione de' prefati Serenissimi Collegi, contro de' medesimi principiate a leggersi sino d'ieri mattina, proseguitesi ieri al dopo pranzo, e terminate questa mattina, quali informazioni si sono principiate ad assumere fino dal 30 del scorso marzo ; continuatesi indi li 14, 15, 18, 19, 20, 21, 22, 23, 24, 25, 26, 27, 28, 29 e 30 scaduto aprile, e 1º del corrente, come ne appare da nove libretti da fogli venti per ogni uno, a risalva del primo che è di soli tredici, e del sesto che è di soli dicianove ; essendo detti rispettivi libretti enumerati, cioè il primo che principia dall'esame di Anton Giuseppe Figarella e termina con quello di Benedetto Aitelli, dal nº, o sia carta, 1 sino alli 51, contenendosi in esso le informazioni circa la consegna dei prigionieri, se era a libera disposizione della Republica, o sia del Serenissimo Governo ; e gli altri libretti, il primo de' quali marcato n. 2 principia dalla carta 1 e va sino alle 80 ; il secondo marcato n. 3, dalle carte 81 sino alle carte 160 ; il terzo marcato n. 4, dalle carte 161 sino a 240 ; il quarto col n. 5, dalle carte 241 sino 320 ; il quinto col n. 6, dalle 321 sino a 396 ; il sesto col n. 7, dalle 397 sino alle 476 ; il settimo col n. 8, dalle carte 477 sino alle 556, e l'ottava col n. 9, dalle 557 sino alle 571.

Udito indi quanto è stato rappresentato dal prefato Illustrissimo et Eccellentissimo Ottavio Grimaldi, e l'esposto dal M. Pietro Giustiniani, Consultore eletto o sia deputato, in ordine ai medesimi prigionieri, loro delitto, et a quello hanno allegato, sia riguardo al perdono che hanno preteso essere stato concesso da Lor Signorie Serenissime, che all'Immunità Ecclesiastica.

Discorsa longamente la pratica.

Letta indi la detta relazione nella parte che riguarda il Francesco Maria Gentile.

Discorsa di belnuovo longamente la pratica,

Proposto da Sua Serenità chi sia di parere per modum colligendi vota di condannare il detto Francesco Maria Gentile nella pena della testa, propositio retulit vota 18 faventia et 4 repugnantia (1).

Illico

Proposto per modum colligendi vota chi sia di parere di condannare detto Gentile nella pena di forca, propositio retulit vota 6 faventia et 16 repugnantia.

Mox

Proposto per modum colligendi vota chi sia di parere di deliberare che eseguita che sarà la deliberazione da farsi contro del detto Gentile, la testa del medesimo debba espor-

---

(1) Le Sénat de Gênes se composait de vingt-deux membres, savoir: le *Doge*, huit *Governatori*, huit *Procuratori*, cinq *Sindici maggiori*, dont la réunion formait le *Corpo della Signoria* ou soit les *Serenissimi Collegi*.

si in quel luogo publico che si dirà in appresso, propositio retulit vota 14 faventia et 8 repugnantia.

Incontinenti

Iterum re discussa,
Eo quod dictus Franciscus Maria Gentilis, q. Michaelis Angeli, subditus hujus Serenissimæ Reipublicæ Genuæ, rebellis recidivus et læsæ Majestatis reus, in Regno Corsicæ pro hoste se gesserit, consilio et opere, contra Rempublicam ejusque statum, Serenissima Collegia, jure belli ex quacunque facultate eisdem Serenissimis Collegiis competente super Regno Corsicæ, mandaverunt prædicto Gentili caput per carnificem amputari, ita ut naturaliter moriatur, et anima ejus e corpore separetur, ut cæteris exemplo sit, salvo jure providendi pro confiscatione bonorum, jurisdictionum, feudorum et jurium etc.

Per Serenissima Collegia ad calculos, omnibus in vigesimo secundo numero favorabilibus, uno tantum excepto.

Immediate

Letta indi la parte della suddetta relazione riguardante l'Antonio Marengo, q. Joannis Francisci.
Discorsa etc.
Proposto per modum colligendi vota chi sia di parere di condannare detto Marengo nella pena di testa, propositio retulit vota 17 faventia et 5 repugnantia.

Oppido

Eo quod dictus Antonius Marengus, q. Jo: Francisci, subditus Serenissimæ Reipublicæ Genuæ, rebellis et Læsæ Majestatis reus, in Regno Corsicæ pro hoste se gesserit, consilio et opere, contra Rempublicam ejusque statum, Serenissima Collegia, jure belli ex quacunque facultate competente præfatis Serenissimis Collegiis super Regno Corsicæ, mandaverunt eidem Marengo caput per carnificem amputari, ita ut naturaliter moriatur et anima ejus e corpore separetur, ut cæteris exemplo sit, salvo jure providendi pro confiscatione bonorum, feudorum et jurium.

Per Serenissima Collegia ad calculos, omnibus in vigesimo secundo numero favorabilibus, duobus tantum exceptis.

Poco dopo

Letta a Serenissimi Collegi la parte della relazione che riguarda Domenico Cardi Sansonetti, q. Sansonetti,

Discorsa etc.

Proposto per modum colligendi vota chi sia di parere di condannare detto Domenico Cardi Sansonetti nella pena di testa, propositio retulit vota 20 faventia et 2 repugnantia.

Mox

Eo quod dictus Dominicus Cardi Sansonetti, q. Sansonnetti, subditus hujus Serenissimæ Reipublicæ Genuæ, rebellis et læsæ Majestatis reus, in Regno Corsicæ pro hoste se gesserit, consilio et opere, contra Rempublicam ejusque statum, Serenissima Collegia, jure belli ex quacunque facultate competente præfatis Serenissimis Collegiis super Regno Corsicæ, mandaverunt eidem Dominico Cardi Sansonetti caput per carnificem amputari, ita ut naturaliter moriatur et anima ejus e corpore separetur, ut cæteris exemplo sit, salvo jure providendi pro confiscatione bonorum, jurisdictionum, feudorum et jurium.

Per Serenissima Collegia ad calculos, omnibus in vigesimo secundo numero favorabilibus, uno tantum excepto.

Ea

Letta a Serenissimi Collegi la parte di detta relazione riguardante l'Ignazio Francesco Rossi, et udito l'esposto dal detto M. Giustiniano, Consultore, riguardo all'Immunità Ecclesiastica allegata dal detto Rossi.

Letto successivamente il consulto del R° Spinola reso al prefato Eccellentissimo Grimaldo, e fatto presente il tenore delli Consulti delli RR. PP. Teologi, quali tutti concordano che non gli suffraga l'Immunità della Chiesa.

Discorsa etc.

Proposto per modum colligendi vota chi sia di parere di condannare detto Ignazio Francesco Rossi, q. Ignazio, nella pena di testa, propositio retulit vota 18 faventia et 4 repugnantia.

Mox

Eo quod dictus Ignatius Franciscus Rossi, sive de Rubeis, q. Ignatii, subditus hujus Serenissimæ Reipublicæ Genuæ, rebellis et læsæ Majestatis reus, in Regno Corsicæ pro hoste se gesserit, consilio et opere, contra Rempublicam ejusque statum, Serenissima Collegia, jure belli ex quacunque facultate præfatis Serenissimis Collegiis competente super Regno Corsicæ, mandaverunt eidem Rossi, sive de Rubeis, caput per carnificem amputari, ita ut naturaliter moriatur et anima ejus e corpore separetur, ut cæteris exemplo sit, salvo jure providendi pro confiscatione bonorum.

Per Serenissima Collegia ad calculos, omnibus in vigesimo secundo numero favorabilibus, tribus tantum exceptis.

Paulo post

Letta a Serenissimi Collegi la parte della detta relazione riguardo al Francesco Maria Lucciana, q. Petri Antonii.

Discorsa etc.

Proposto per modum colligendi vota chi sia di parere di condannare detto Lucciana nella pena di forca, propositio retulit vota 16 faventia et 6 repugnantia.

Illico

Eo quod dictus Franciscus Maria Lucciana, Petri Antonii filius, subditus hujus Serenissimæ Reipublicæ Genuæ, rebellis et læsæ Majestatis reus, in Regno Corsicæ pro hoste se gesserit, consilio et opere, contra Rempublicam ejusque statum, Serenissima Collegia, jure belli ex quacunque facultate præfatis Serenissimis Collegiis competente super Regno Corsicæ, mandaverunt eumdem Lucciana laqueo per carnificem collo apposito suspendi, ita ut naturaliter moriatur et anima ejus e corpore separetur, ut cæteris exemplo sit, salvo jure providendi pro confiscatione bonorum.

Per Serenissima Collegia ad calculos, omnibus in vigesimo secundo numero favorabilibus, duobus tantum exceptis.

Incontinenti

Letta a Serenissimi Collegi la parte della detta relazione che parla del Francesco Maria Bosio, q. Jo : Baptistæ.

Discorsa etc.

Proposto per modum colligendi vota chi sia di parere di condannare detto Bosio nella pena di forca, propositio retulit vota 18 faventia et 4 repugnantia.

Immediate

Eo quod dictus Franciscus Maria Bosius, q. Jo : Baptistæ, subditus hujus Serenissimæ Reipublicæ Genuæ, rebellis et læsæ Majestatis reus, in Regno Corsicæ pro hoste se gesserit, consilio et opere, contra Rempublicam ejusque statum, Serenissima Collegia, jure belli ex quacunque facultate præfatis Serenissimis Collegiis competente super Regno Corsicæ, mandaverunt eumdem Bosium laqueo collo apposito per carnificem suspendi, ita ut naturaliter moriatur et anima ejus e corpore separetur, ut cæteris exemplo sit, salvo jure providendi pro confiscatione bonorum.

Per Serenissima Collegia ad calculos, omnibus in vigesimo secundo numero favorabilibus, duobus exceptis.

Illico

Letta a Serenissimi Collegi la parte della detta relazione che riguarda l'Antonio Maria Asdente, q. Vincentii,

Discorsa etc.

Proposto per modum colligendi vota chi sia di parere di condannare detto Asdente nella pena di testa, propositio retulit vota 19 faventia et 3 repugnantia.

Mox

Eo quod dictus Antonius Maria Asdente, q. Vincentii, subditus hujus Serenissimæ Reipublicæ Genuæ, rebellis et læsæ Majestatis reus, in Regno Corsicæ pro hoste se gesserit, consilio et opere, contra Rempublicam ejusque statum, Serenissima Collegia, jure belli ex quacunque facultate competente præfatis Serenissimis Collegiis super Regno Corsicæ, mandaverunt eidem Asdenti caput per carnificem amputari, ita ut naturaliter moriatur et anima ejus e corpore separetur, ut cæteris exemplo sit, salvo jure providendi pro confiscatione bonorum.

Per Serenissima Collegia ad calculos, omnibus in vigesimo secundo numero favorabilibus, uno tantum excepto.

Paulo post

Letta a Serenissimi Collegi la parte della detta relazione che riguarda il Leonardo Giovanni,

Proposto per modum colligendi vota chi sia di parere di condannare detto Giovanni nella pena di forca, propositio retulit vota 19 faventia et 3 repugnantia.

Mox

Eo quod dictus Leonardus de Giovanni, q. Jo: Mathæi, subditus hujus Serenissimæ Reipublicæ Genuæ, rebellis et læsæ Majestatis reus in Regno Corsicæ pro hoste se gesserit, consilio et opere, contra Rempublicam ejusque statum, Serenissima Collegia, jure belli ex quacunque facultate præfatis Serenissimis Collegiis competente super Regno Corsicæ, mandaverunt eumdem Giovanni laqueo collo apposito per carnificem suspendi, ita ut naturaliter moriatur et anima ejus e corpore separetur, ut cæteris exemplo sit, salvo jure providendi pro confiscatione bonorum.

Per Serenissima Collegia ad calculos, omnibus in vigesimo secundo numero favorabiliter concurrentibus, tribus tamen exceptis.

Immediate

Letta a Serenissimi Collegi la parte di detta relazione che riguarda il Carlo Filippo Sari, q. Luigi.

Discorsa, et avuti presenti li Consulti stati fatti dalli RR. PP. Teologi,

Proposto per modum colligendi vota chi sia di parere di condannare detto Sari nella pena di forca, propositio retulit vota 15 faventia et 7 repugnantia.

Mox

Eo quod dictus Carolus Philippus Sari, q. Lodixii, subditus hujus Serenissimæ Reipublicæ Genuæ, rebellis et læsæ Majestatis reus, in Regno Corsicæ pro hoste se gesserit, consilio et opere, contra Rempublicam ejusque statum, Serenissima Collegia, jure belli ex quacunque facultate præfatis Serenissimis Collegiis competente super Regno Corsicæ, mandaverunt eumdem Sari laqueo collo apposito per carnificem suspendi, ita ut naturaliter moriatur et anima ejus e corpore separetur, ut cæteris exemplo sit, salvo jure providendi pro confiscatione bonorum.

Per Serenissima Collegia ad calculos, omnibus in vigesimo secundo numero favorabilibus, quatuor tamen exceptis.

Incontinenti

Letta a Serenissimi Collegi la parte della detta relazione che parla di Giov. Battista Vincenzini, q. Vincenzini,

Omesse per ora le parti che riguardano Carlo Casella, Giuseppe Maria Luri, Matteo Orbecchio, Giov. Battista Guasco e Anton Battista Raffalli,

Discorsa etc.

Proposto per modum colligendi vota chi sia di parere di condannare detto Vincenzini nella pena di forca, propositio retulit vota 19 faventia et 3 repugnantia.

Mox

Eo quod dictus Jo: Baptista Vincenzini, q. Vincenzini, subditus hujus Serenissimæ Reipublicæ Genuæ, rebellis et læsæ Majestatis reus, in Regno Corsicæ pro hoste se gesserit, consilio et opere, contra Rempublicam ejusque statum, Serenissima Collegia, jure belli ex quacunque facultate præfatis Serenissimis Collegiis competente super Regno Corsicæ, mandaverunt eumdem Vincenzini laqueo collo apposito per carnificem suspendi, ita ut naturaliter moriatur et anima ejus e corpore separetur, ut cæteris exemplo sit, salvo jure providendi pro confiscatione bonorum.

Per Serenissima Collegia ad calculos, omnibus in vigesimo secundo numero favorabilibus, duobus tantum exceptis.

Poco dopo

Discorsa la pratica,
Proposto per modum colligendi vota chi sia di parere di destinare per il luogo dell'esecuzione di dette sentenze, o sia deliberazioni, il cortile inferiore del Palazzetto Criminale, propositio retulit vota 14 faventia et 8 repugnantia.

Illico

Proposto per modum colligendi vota chi sia di parere di destinare per il luogo dell'esecuzione il Lazaretto, propositio retulit vota 3 faventia et 19 repugnantia.

Incontinenti

Proposto per modum colligendi vota chi sia di parere di destinare per il luogo dell'esecuzione il molo vecchio, propositio retulit vota 8 faventia et 14 repugnantia.

Mox

Per il luogo dell'esecuzione suddetta si destina il detto cortile inferiore del Palazzetto Criminale.
Per Serenissima Collegia ad calculos.

Poco dopo

Il prefato Illustrissimo et Eccellentissimo Ottavio Grimaldi per l'esecuzione delle dette sentenze, o sia deliberazioni, dia tutti gli ordini che più stimerà opportuni ad effetto siegua al più presto, e non oltrepassi il termine di giovedì prossimo, dodeci del corrente, e ciò sotto li modi e forme, divise e tempi all'Eccellenza Sua meglio visti.

Per Serenissima Collegia ad calculos.

Incontinenti

Discorsa etc.

Il prefato Eccellentissimo Ottavio abbia facoltà di far seguire l'esecuzione suddetta anche in quelli siti interni del detto Palazzetto Criminale, come meglio stimerà.

Per Serenissima Collegia ad calculos.

Illico

Si tengano tutte le deliberazioni suddette nel maggior segreto, e si faccia presente agl'Illustrissimi Supremi Sindicatori questa deliberazione di Lor Signorie Serenissime, salvo però al prefato Eccellentissimo Ottavio per quelli ordini che dovrà dare per l'esecuzione suddetta.

Jo : Baptista.

Qui cade la relazione dell'esecuzione (1).

---

(1) Telle est la mention qu'on retrouve au lieu et place du procès-verbal d'exécution.

ESPOSTO

FATTO

D'ORDINE DELL'ECCELLENTISSIMO OTTAVIO GRIMALDI

Una città suddita della Republica, trovandosi assediata e battuta da un partito di ribelli aderenti agli attuali nemici della Republica medesima, si è arresa; e tutto che debba credersi che la maggior parte de' Cittadini abbiano determinata la dedizione trovandosi abbattuti da' danni sofferti e nella apprensione di soggiacere ad un totale esterminio, si hanno però giusti motivi di sospettare che alcuni di essi Cittadini essendo d'intelligenza coi suddetti ribelli, abbiano artificiosamente contribuito a disanimare gli altri ed a facilitare la resa, e che li medesimi abbino anche successivamente procurato di dilatare e fomentare la ribellione. Nata indi dissensione fra li Cittadini e il suddetto partito di ribelli che aveva occupata la Città, fu da essa a viva forza scacciato il suddetto partito, e li Cittadini si sono formati un governo anarchico, senza sottomettersi alla Republica, tutto che sia stata assediata la Città dall'istesso partito di ribelli.

Essendosi poi divisi in due fazioni li Cittadini, una di esse è rimasta dispotica con avere arrestati e rinchiusi in carcere i Capi dell'altra fazione, fra i quali si annoverano molti di coloro i quali si sospetta che fossero d'intelligenza con il partito de' ribelli, e che abbino fomentato la ribellione.

In questo stato di cose li Cittadini rimasti all'anarchico

governo ed amministrazione della Città, trovandosi sempre assediati e vivamente attaccati dal partito de' ribelli che aveano scacciato, e molestati dagli altri nemici della Republica, hanno domandato di ritornare all'antica ubbidienza e soggezione della medesima; chiederono soccorso da essa di viveri e munizioni, ma ad un tempo spiegandosi che non avrebbero ammesso il Generale se non si accordava un generale assoluto perdono a tutti li Cittadini, e a quelli ancora che trovavansi carcerati come sopra.

La Republica, intese suddette richieste, avendo mandato sufficiente provvista di munizioni e viveri e qualche numero di sue truppe in situazione vicina a detta Città, fa rispondere per mezzo del suo Generale che qualora antecedentemente fossero consegnati senza alcuna condizione di perdono e liberamente li prigionieri suddetti, si sarebbero somministrate alla Città le provviste, e sarebbe concesso un perdono generale per gli altri Cittadini, e si sarebbero mandate le soldatesche.

Non acconsente la Città a queste condizioni, ed anzi nuovamente insiste presso la Republica per il perdono generale comprensivo anche de' suddetti prigionieri, adducendo di aver, non meno nell'atto di assicurarsi de' medesimi, ma anche antecedentemente, promesso loro di preservarli da ogni castigo, e viene accalorita una tale insistenza da un Cittadino venuto nella Capitale con lettere de' Capi che governavano detta Città, in cui chiedevasi che almeno si esentassero li carcerati dalla morte e da pene ignominiose.

Per motivi di sola publica convenienza la Republica si facilita a dare commissione al suddetto Cittadino di trattare e concludere con la sua Città che li carcerati suddetti debbano consegnarsi alla Republica, la quale non avrebbe dato loro nè pena di morte, nè altra ignominiosa, e che adempiuta una tal condizione, si sarebbe dato il perdono generale alla Città, e somministrate le munizioni e soldatesche; nè il

Cittadino suddetto si è voluto incaricare, o dar parola che la Città dovesse consegnar li suddetti prigionieri nel modo suddetto, e solamente si è incaricato a trattare con la Città, ricevendo per questo titolo l'instruzione.

Mentre sta per viaggio detto Cittadino verso la sua Città, e prima che in essa s'avesse alcuna notizia della commissione et incombenza data allo stesso, sopra altre lettere del Generale che insiste si consegnino liberamente li prigionieri se si vogliono avere le provviste e soldatesche, la Città risolve di darli liberamente alla Republica, consegnandoli alli esecutori a questo fine, che sopra due bastimenti li conducono ove erano le soldatesche e munizioni, ed ivi entrano sotto la superiore custodia de' soldati e legni armati della Republica, la quale manda le munizioni e soldatesche nella Città; anzi il suddetto Cittadino, risaputa per viaggio la consegna suddetta de' prigionieri, restituisce agli uffiziali della Republica le instruzioni ricevute, e scrive essere stati dati li medesimi prigionieri a libera disposizione.

Sopra questo fatto si propongono due dubbii da risolversi tanto nel foro esteriore che nell'interno.

1. Se a prigionieri che per i loro delitti meritassero pena di morte, o altra ignominiosa, possa la Republica dare detta pena come a liberamente consegnati.

2. Se in ordine a quelli d'essi prigionieri li quali la Republica si assicurasse in coscienza che fossero complici della ribellione, o l'avessero fomentata, possa usare il rigor militare, considerandoli come nemici e ribelli, e perciò *jure belli*, procedendo di fatto, farli morire senza alcuna formalità di processo.

Risposta (1)

Rispondiamo affermativamente in ambedue li quesiti per le ragioni state addotte, discusse etc. nel congresso tenuto innanzi l'Eccellentissimo Ottavio Grimaldi li 2 aprile 1746.

---

(1) Le document ne dit pas quels sont les auteurs de cette réponse. Ce sont probablement les mêmes théologiens de qui émanent les *Consulti* qu'on trouvera ci-après.

CONSULTI DEI RR. PP. TEOLOGI

CONSULTO

di fra Grimaldo Oldoino, Agostiniano

Eccellenza,

In coerenza dei due quesiti (1) già discussi in pieno congresso e concordemente risoluti anche in scritto, apprendo in senso di verità potere il Serenissimo Governo, con sicurezza di coscienza, esercitare il gius o diritto ostile anche contro quegli Ecclesiastici (2) sieno rei di ribellione, fautori, aderenti, o compagni dei nimici della Serenissima Republica, giusta l'esposto nel foglio trasmessomi per ordine di V. E. (3)

Questa risoluzione si deduce in primo luogo dal C. Perpendimus lib. 5, tit. 29, cap. 23 de Sententiis excom., ove abbiamo che un certo sacerdote fattosi nominare temerariamente per figlio del Re, suscitò sedizione e guerra. Per comando

---

(1) Les *due quesiti* sont probablement ceux qui font l'objet de l'*esposto* qui précède.

(2) Les *Prigionieri Ecclesiastici* étaient, comme on l'a vu, Monsignor Mariotti, arrêté à Calvi, et l'*abbate* Salvator Luri, arrêté à Bastia.

(3) C'est un autre *esposto* que celui qu'on vient de lire.

del Conte (che convien dire fosse il Supremo Regolatore) fu tosto per la strada frustato l'accennato sacerdote, ed in appresso, appeso al patibolo, fu giustiziato. Il Pontefice Clemente III risponde non essersi incorsa la scomunica; e perchè si dubitava essersi ecceduto, o con mal'animo, o con altro, il dovuto modo di procedere, fu semplicemente prescritto all'Ordinario di assegnare una qualche salutare penitenza. Sicchè senza incorrere la scomunica si può procedere contro gli Ecclesiastici sediziosi, e non solo nell'attuale conflitto, ma pur anche dopo il conflitto, siccome successe nel caso suddetto; e ciò non solo senza timore di scomunica, ma neppure di peccato, purchè facciasi con intenzione diretta al publico bene, il che si dubita non succedesse nel divisato caso.

La differenza che corre tra gli Ecclesiastici ed i Laici in ordine alla guerra e diritto ostile, ella è, giusta i Dottori, che gli Ecclesiastici si presumono innocenti, e come tali non è permesso di offenderli, ma talora poi consti il contrario, come appunto nel nostro caso in cui gli Ecclesiastici carcerati si son fatti ribelli, fautori, aderenti e compagni de' nemici della Serenissima Repubblica, è sicuramente permesso di esercitare contro de' medesimi il diritto ostile nell'atto del conflitto, e se la sicurezza del Principato non è bastevolmente cauta, anche dopo il conflitto; così conchiude l'Oliva *de foro ecclesiæ*, citando il Vittorio ed il Molina: *Post capturam autem si adhuc securus non fuerit Princeps, puto quod poterit eos occidere tanquam hostes, quemadmodum si essent laici et hostes.* È vero che il detto Oliva aggiunge la seguente cautela: *Si res verò patiatur moram, et sit extra periculum, securius faciet si Romanum Pontificem consulat.* Ad ogni modo non apprendo debba aver luogo presentemente la divisata cautela, e ciò singolarmente per due fortissimi e giustissimi motivi. Il primo è la pessima qualità di questi Ecclesiastici, i quali in vista di tanti atti di clemenza e di perdono replicatamente fatti dal lor Principe naturale, hanno avuto tanta perfidia da farsi anche presentemente rei di ribellione, talchè non v'è luogo da poter presumere neppur in futuro la di loro emenda.

Il secondo egli è il considerare la natura e la qualità di questa guerra, per cui il Serenissimo Principe è in obbligo di procurare con l'opportuna cautela la sicurezza e quiete del suo Dominio, ed in conseguenza può lecitamente, senza riguardo alla segnata riserva, esercitare il diritto ostile contro de' suddetti Ecclesiastici, qualora sieno veramente rei di ribellione.

Nè apprendo sieno per recar difficoltà in questo caso i concordati con Roma, i quali in verun modo tolgono al Principe Serenissimo quello che per altro diritto a lui compete.

Per quello poi concerne all'ultimo quesito circa l'estrazione da luogo sacro et immune de' sudditi ribelli, fatta ed eseguita da loro concittadini nell'attual bollore della ribellione ed inimicizia della detta Città, apprendo che neppur questo debba impedire al Serenissimo Principe il lecito esercizio del diritto ostile contro de' consaputi carcerati. Primieramente resta questo comprovato dalla risoluzione data al primo quesito, poichè se nel presente affare l'Immunità personale, che sembra assai più rispettevole, non impedisce al Governo Serenissimo l'esercizio del diritto ostile, neppure dovrà impedirlo l'Immunità locale; e molto più resterà chiaro qualora si farà la dovuta considerazione alla vera e giusta origine del diritto ostile, e singolarmente contro de' nemici, e nemici ribelli.

Inoltre la bolla di Gregorio è diretta contro de' ministri publici, e contro quelli che pretendono di fare l'estrazione de' rei col pretesto d'altri privilegi, mentre nel nostro caso l'estrazione è stata fatta da' Cittadini particolari, e non da publici ministri.

Finalmente resta questo confermato dalla dottrina dell'esimio Padre Suarez, il quale risolve che qualora venga alcun estratto da persona particolare senza l'ordine del giudice, se l'estratto viene poi nelle mani dell'istesso giudice, punto non suffraga l'Immunità al detto estratto, restando puramente all'estrattore l'obbligo di provvedere come potrà alla sua coscienza, in caso fosse veramente reo (lib. III de reverentia debita locis sacris cap. 13 n. 17); il che neppur credo aver luogo nei noti concittadini, attesa la rettitudide del loro operare.

Che è quanto col dovuto profondo rispetto etc.

Fra Grimaldo Oldoino,
Agostiniano.

ALTRA RISPOSTA

ai due quesiti dopo il congresso di venerdì mattina 29 del cadente aprile, data dal Teologo fra Giuseppe Maria Solari, Carmelitano.

Poichè l'Illustrissimo ed Eccellentissimo Signor Deputato, vedute le risposte dei due Reverendi Padri Teologi, miei riveriti maestri e colleghi, e la mia data nel qui annesso foglio, sotto ai proposti quesiti, trovò i due primi concordi nel sentimento di potersi procedere contro i Prigionieri Ecclesiastici in forza del gius ostile, indipendentemente dall'Indulto Apostolico, e di potersi parimente procedere col medesimo dritto contro i Prigionieri Laici che estratti furono dal luogo sacro, nelle quali asserzioni, sotto diversi motivi relativamente all'uno e l'altro dubbio, io non concorra, dissentendo positivamente dalla prima, e non concorrendo che in parte e dubbiosamente nella seconda, risolvè l'Eccellenza Sua di sentirci tutti e tre unitamente in un congresso che si tenne d'ordine suo ier mattina (1).

L'esito di questo fu qual si sperava, e come facilmente avviene quando non si ha in mira che Iddio, la verità e l'obbligo di ben servire. Fissato in maniera più distinta e più precisa lo stato della quistione, o sia quello che si chiama l'articolo, tanto più facile fu il concordare quanto che non erano i sentimenti che fossero realmente contrarii, ma la diversità consistea nel vario aspetto della questione, mentre i due lodati Padri Teologi, come meglio potrà giudicarsi esaminando i motivi almen principali delle rispettive loro risposte, consideravano massimamente il gius ostile, o sia naturale della difesa, e quello della vendetta, o sia della giustizia del castigo, nol miravano che per rifuggire lo scoglio della sevizia *contra innocentem*, quando io all'opposto non applicando che alla sfuggita il pensiero sul capo della difesa, ingannato, se mi si permette di dirlo, in questa parte da quella clausola posta nell'introduzione ai due quesiti, dove parlando del gius economico che non è finalmente diverso nel caso nostro del gius difensivo, par che s'intenda di escluderlo e di non farne uso per la ragione che qualche cosa di più debba essere lecito in caso di guerra che di semplice ribellione, riducea tutta la mia difficoltà all'esercizio del gius ostile vendicativo, il quale nelle circostanze di fatto in cui siamo, io giudicava secondo il mio curto lume non aver luogo nel caso degli Ecclesiastici per l'ostacolo della Immunità personale, nè in quello de' laici estratti da luogo sacro quando protetti fossero dal privilegio locale, o nell'atto dell'estrazione, o dopo cessata tal supposta urgente necessità publica di estraerli;

---

(1) Le document n'indique pas quel était le troisième père théologien. C'est probablement le Spinola dont il est question dans la sentence contre Rossi, p. 343.

delle quali cose la certezza io dicea doversi ripetere dalle più fedeli notizie del fatto medesimo, e dalla pratica di Roma, solo giudice legittimo di tali controversie, come legislatrice ed interprete del gius canonico.

Ora dunque fissata la questione sopra il gius ostile difensivo, risponderò in iscritto, come risposi nel congresso in voce, che trattandosi di necessaria difesa, cessa ogni difficoltà *ex parte juris*, e tutto consiste nel fatto, o per meglio dire nel giudizio che si forma della gravezza del pericolo, e che non sia reparabile per altra via.

Dato il fondamento di così giudicare entra subito il gius naturale, così nel privato in ordine a se e cose sue, come nel Principe in ordine alla conservazione dello Stato e alla tutela de' sudditi; il qual gius nel Principe si chiama, come di sopra accennai, gius economico, perchè è somigliante a quello di un padre di famiglia nel difendere la casa e i suoi, anche con preventiva offesa nel pericolo urgente dell'invasione, non avendo tempo di ricorrere al Principe publico, universale tutore di tutti. E questo gius di difesa naturale ed ostile, che viene ad essere lo stesso,, come più antico e solenne che non è alcun gius positivo, non riceve nè può riceverne alcuna eccezione, e però cessano al suo incontro ambe le Immunità de' sacri ministri e de' rifugiati in luogo sacro.

Applicata questa dottrina ai nostri due casi, serve ugualmente a decidere, come nel riferito congresso sentii che più volte si disse, l'uno e l'altro quesito. L'applicazione in cui sta tutto il peso della coscienza, dipende dal giudizio sempre saggio, discreto e pio del Serenissimo Principe, il quale se non ha stimato di valersi di tal principio nel recente caso, non molto dissimile, di un Ecclesiastico di ordine superiore, siccome io stimai di poter giustamente obbiettare nella prima risposta e sotto un altro aspetto della questione, non ha perciò legate le mani per non valersene nei casi presenti;

e la ragione della disparità come non è fondata *in jure*, ma ne' riguardi prudenziali noti a lui solo, così sarà tutta in petto suo, nè dovrà giustificarla se non presso Dio.

Veggasi dunque quanto possa il timore delle future rivolte, e l'impossibilità che venisse appresa di darvi un preventivo riparo; riflettasi che nella difesa, massime di questo genere di prevenzioni, convien procedere per legge di natura e divina con quella celebre cautela che dicesi *moderamen inculpatæ tutelæ,* che per escludere ogni colpa deve ristringere l'offesa nei limiti di pura necessità. La notorietà e gravità del delitto, e massime l'esempio delle passate perfidie dopo la grazia del perdono, gioveranno a formare più francamente il giudizio che si dicea sul timore dell'avvenire dalla parte dei rei, messi che fossero in libertà, massime col favore de' Sovrani nemici dell'alleanza; ma per poco che si declini dal gius defensivo per appigliarsi a quello della vendetta, non suppliran mai l'incompetenza da me debolmente appresa nella risposta di prima, siccome non salverebbero l'ingiustizia della punizione col fatto espresso d'impunità. Ma ripigliando il vero e leggittimo gius defensivo, egli è così forte che scioglierebbe anco i patti e le promesse quando un giudicasse di non potere conservare se stesso se salva il nemico, perchè non s'intende valida la promessa in caso di tanto pericolo, onde molto più scioglierebbe ogni vincolo di gius positivo, massime ne' Principi che non mai intesero di accettarlo se non con loro vantaggio.

In questi termini io ho tutto il contento di poter concorrere nell'affermativa, in conformità de' due dotti Consulti di chi ha tanto maggior lume di me.

Fra Giuseppe Maria Solari, Carmelitano.

MEMORIA

delle notizie più opportune circa le determinazioni prese dal Governo Serenissimo in riguardo alli dieci Corsi giustiziati li 7 maggio 1746.

Fin dal principio ed in tutto il decorso delli tumulti del Regno di Corsica, il Governo Serenissimo ha avuto il sospetto che molti Cittadini della Bastia segretamente fomentassero la rivolta, dirigendo col consiglio le avanzate replicate richieste, le risoluzioni ed operazioni de' Montanari, tra' quali aveano molti aderenti, dipendenti e parenti.

Francesco Maria Gentile, che senza contrasto era uno de' più riguardevoli, e che si esigeva l'estimazione universale nella Città, valendosi del suo credito, non si è curato di maneggiare con la segretezza con la quale maneggiavano gli altri le proprie operazioni, e perciò contro di lui si sono potuti verificare anche giudizialmente i sospetti, e carcerato per molti anni, avrebbe dovuto aspettare il condegno castigo, se la lusinga di guadagnar l'animo de' rivoltati non avesse determinato il Governo Serenissimo di includere anche lui, sulle vive premure che venivano fatte, nell'ultimo perdono generale. Ma come che non mancava mai il mal'animo, non ostanti li replicati indulti e perdoni generali concessi, ncn ostanti le larghe e graziosissime concessioni fatte dalla Republica Serenissima che son note a tutta l'Europa, così i Cittadini della Bastia, e tra questi il suddetto Gentile, colta la congiuntura del bombeggiamento di quella Città fatto dalla flotta Brittannica, valendosi della costernazione di quel Popolo, massime dopo la partenza dell'Eccellentissimo Commissario Generale, che si è stimato men sicuro tra le dubbie fraudolenti proposizioni de' Bastiesi che sotto la furiosa tempesta del bombeggiamento e cannoneggiamento già costantemente tolerato, hanno stimato giunto il tempo di togliersi affatto dall'ubbidienza del loro Sovrano.

Appena partito il Commissario Generale dalla Bastia fu disarmata a instigazione d'alcuni fra loro la truppa della Republica, e resisi padroni li Cittadini dei corpi di guardia, tutto che vi fosse restato in Bastia il rappresentante publico nella persona del Vicario Vicegerente, hanno trattato da se, senza fare alcun caso dello stesso rappresentante, col ben noto Domenico Rivarola autorizzato col noto diploma, o siano lettere patenti, del Re di Sardegna, la resa della Città, inducendo ad assentirvi anche il Popolo, spaventandolo con altri futuri bombeggiamenti e guasti maggiori di prima, e con la rimarchevole condizione che dovessero essere prigionieri di guerra il Vicegerente ed ufficiali tutti della Republica, come pure tutta la di lei truppa.

Introdotto nella Città colle sue genti il Rivarola, ed indi a qualche giorni il Gafforio ed il Matra, tutto lo studio dei detti Cittadini era rivoltato in stabilirsi la signoria del paese, ideando la memoria d'ingerire nel Popolo il desiderio della libertà con l'avversione al suo Principe naturale, che ad ogni tratto, e in voce e in scritto, chiamavano inimico, esagerando la gran buona sorte di avere scosso il giogo insoffribile de' Genovesi e la loro tirannia; e nello stesso tempo, creati nuovi Magistrati, altri col titolo d'Inquisitori di Stato, altri di Sindici, ed altri di Deputati per l'Unione tra Capi ribelli Corsi, dividendo tra loro le incombenze riguardanti il politico, l'economico, il militare, e l'amministrazione della giustizia criminale e civile, si erano posti in stato di disporre assolutamente d'ogni cosa, prendendo, unitamente con altri Capi ribelli ed inimici della Republica, le divise da impedire con tutti li mezzi che quel Regno non ritornasse più all'ubbidienza del suo Principe naturale, e ricercando i modi d'impegnar sempre più a lor favore quei Principi che negli affari di Corsica si sono dichiarati contro la Republica.

Mal soffriva il Popolo ed una buona parte anche de' Cittadini che mentre si esaltavano li vantaggi della Corsica fosse poi ognuno in particolare oppresso nella Bastia, e vedevano con orrore che si esercitassero dagl'Inquisitori, Sindici ed altri, veri atti di ostilità contro de' Genovesi, e che si seguitassero ad esercitare anche dopo cessato qualunque pretesto della soggezione del Rivarola e Gafforio che erano di già usciti con le loro genti dalla Città. Si accorgeva ognuno che le mire dei suddetti particolari Cittadini tendevano a stabilirsi la padronanza e superiorità sopra gli altri Capi ribelli dello stesso Regno, e non perchè da loro si ricercasse alcun bene dell'universale del paese, che hanno sempre ingannato et ingannano con false apparenze per palliare la loro perfidia.

Con questa mira, essendo di nuovo assediata la Città della Bastia dal Matra e Rivarola, si provvedeano nascostamente le loro genti di pane dalli suddetti Cittadini, e scoprendo che l'universale avea già cominciato ad insospettirsi delle loro arti, hanno studiato d'impegnare li men accorti con sacrosanti vincoli della Religione, inducendo il Popolo ad un solenne giuramento in chiesa, col Venerabile esposto, che si sarebbe cioè conservato in libertà, nè in alcun tempo avrebbe resa la Città a Genovesi; e stimandosi forse poco sicuri, a questo intento persuader voleano il basso volgo ad introdurre nuovamente il Rivarola colle sue genti, incutendo nuovi timori di bombeggiamento e devastazione de' beni.

Persuasa finalmente la Città ed il Popolo tutto della malvagità di questi tali lor concittadini, e riputandoli origine di tutti i loro mali passati, si è venuto da loro in deliberazione di carcerarli affine di essere in libertà di trattar la dedizione della Città alla Republica; al quale effetto furono destinati deputati prima al Commissario e poi in Genova, richiedendosi soccorsi di viveri e munizioni.

Li partitanti de' carcerati e loro parenti hanno ottenuto sul principio che da' deputati si richiedesse il perdono generale per la Città, comprensivo anche de' medesimi carcerati, ma come che il Commissario Generale avea ricevuto l'ordine espresso di non mai comprenderli nel perdono, e li maneggi fatti in Genova da' deputati altro effetto non aveano causato se non che una commissione in un di essi di trattare la dedizione della Città con certi patti, ed a questo effetto fu consegnata una semplice instruzione allo stesso deputato, così prima che si staccasse dalla Terraferma il Commissionato con l'instruzione, e prima che in Bastia vi fusse alcuna notizia della commissione e dell'instruzione, la Città e Popolo della Bastia, pressata dalla necessità in cui la riponeva il vedersi tolte per via di mare tutte le comunicazioni da legni armati della Repubblica, e sentite le lettere del Commissario Generale che negava d'accettare la loro dedizione senza la libera consegna de' prigionieri, in pieno consesso, intervenendovi il Popolo tutto, ha risoluto di consegnarli a libera disposizione del Governo Serenissimo, e fattone imbarcar ventisei di loro su due battelli bastiesi, li ha accompagnati con lettera che fa testimonianza di questo fatto.

Giunti li battelli in Capraja, si fece colà la consegna per atto publico, e furono indi trasportati li prigionieri per mezzo della galeotta della Repubblica in Genova, dove pure ritornò l'instruzione che era stata data al sopramentovato deputato, con di lui lettera in data della Capraja, diretta al Governo, nella quale gli dice appunto rimettere l'instruzione di cui non si era potuto valere, giacchè preventivamente la Città avea dati a libera disposizione de' Collegi Serenissimi li noti prigionieri, e conclusa con ciò la di lei dedizione.

Dopo l'arrivo in Genova de' carcerati medesimi, ha stimato il Governo Serenissimo di declinare dalla dolcezza con cui ha trattato simil sorta di gente in riguardo al Regno di Corsica, ed assicuratosi col sentimento di più Teologi e più Giurisconsulti competergli contro li carcerati il gius ostile e di guerra, ha voluto che sopra ognun de' carcerati si prendano le più esatte e diligenti informazioni tendenti ad iscoprire, non solo se erano ribelli e rei di lesa Maestà, ma ancora se si erano dimostrati effettivi inimici della Republica e del di lei governo.

Dopo più d'un mese di assidua ed indefessa fatica di un Eccellentissimo Togato, assistito da esperimentato Legale, sono state fatte presenti a Collegi Serenissimi le deposizioni giurate de' testimonii, quelle di tutti li carcerati, e le scritture intercette; e ricavandosi da tutto il complesso che per ora dieci de' suddetti carcerati, cioè Francesco Maria Gentile, Antonio Marengo, Domenico Cardi-Sansonetti, Ignazio Francesco Rossi, Antonio Maria Asdente, notaro Francesco Maria Bozio, Francesco Maria Lucciana, Leonardo Degiovanni, Giov. Battista Vincenzini e Carlo Filippo Sari, venivano colli fatti da essi medesimi confessati, convinti non solo di essere stati ribelli, ma di essersi diportati col consiglio e con opera da veri inimici della Republica, ed alla contestazione di questo stesso, singolarmente ad ognuno di loro fatta, vedendo li Collegi Serenissimi che non aveano dedotto nè saputo addurre se non che frivolissime scuse in loro discolpa, hanno stimato di mancar alla difesa del governo alla loro cura appoggiata, se trattandoli da inimici, non li facean togliere di mezzo, ordinando però l'esecuzione col minor strepito tra le ristrette mura del Palazzetto.

(Memoria fatta estendere dall'Eccellentissimo Ottavio Grimaldi, commissionato, circa l'operato da' Capi ribelli Corsi e circa li dieci giustiziati.)

1746, 23 maggio.

Letta a Serenissimi Collegi, e discorsa etc.

È stato deliberato si rimetta nuovamente al prefato Eccellentissimo Ottavio Grimaldi, Capo dell'Eccellentissima Giunta della Marina, da Lor Signorie Serenissime commissionato, perchè in vista de' discorsi stati fatti nel circolo delle Signorie Loro Serenissime faccia ristringere la detta memoria sotto li modi e forme che più stimerà, per farla indi presente alle medesime Signorie Loro Serenissime.

Ad calculos.

RELAZIONE

dell'Eccellentissimo Capo dell'Eccellentissima Giunta della Marina sopra la memoria delle notizie circa le determinazioni prese circa li dieci Corsi giustiziati.

Serenissimi Signori,

Servendo all'idea di VV. SS. Serenissime di rendere instrutti li loro Gentiluomini e Ministri alle Corti, e li maggiori Jusdicenti dello Stato, sull'affare de' dieci Corsi giustiziati, ha l'Eccellentissimo Ottavio Grimaldi fatta stendere una memoria che ha creduta opportuna all'intento, e letta questa nel consesso di VV. SS. Serenissime de' 23 maggio, pare tre motivi abbino ritardata l'approvazione.

Il primo che essa memoria fosse troppo specifica, e perciò riuscisse anche prolissa.

Il secondo che rilevandosi in detta memoria la circostanza d'avere i Corsi ideata la libertà della Corsica, questo fatto non essendo forse necessario l'esprimersi, sarebbe vantaggioso il dissimularlo per altri riflessi riguardanti quel Regno.

Ed il terzo che essendo già decorso qualche tempo dall'esecuzione in qua, non possa più riuscir opportuna la memoria estesa.

Ha stimato perciò l'Eccellentissimo Ottavio di dover far presenti a VV. SS. Serenissime i suoi proprii riflessi sopra di ognuno de' suddetti motivi per sottoporli alla loro superior cognizione e censura.

Quanto al primo, ripassando nuovamente la memoria, non avendo trovato cosa da risecare che sia superflua, riflette non dover servire questa se non che per rendere instrutti quelli a' quali sarà diretta, affinchè dandosi l'occasione di discorrere o d'essere interpellati sul fatto seguito, siano informati di tutte le più rilevanti circonstanze, non già per valersene in aria di difesa delle operazioni di VV. SS. Serenissime, ma per smentire con sicurezza quelli li quali supponessero fatti che non fossero veri, e prendessero da' medesimi fatti non veri l'occasione di criticare le deliberazioni di VV. SS. Serenissime; ed a questo intento ha appreso S. E. essere indispensabile il dover specificatamente segnare li fatti più rimarcabili; che se questo causa qualche prolissità nell'estensiva, come che la memoria non ha appunto a servire se non che di sola instruzione, nè deve esser comunicabile con darne copie, o in altra maniera, crede S. E. che poco incomodo abbia ad apportare a quelli a' quali sarà diretta con la lettura che ne abbino da fare per rendersene instrutti.

Per il secondo motivo riflette S. E. che le deliberazioni prese da VV. SS. Serenissime contro li detti dieci giustiziati hanno avuto per oggetto la causale d'essersi eglino fatti e dimostrati nimici del Governo Serenissimo; che per altro come semplici ribelli è troppo facile venga rilevato non si potessero trasgredire le leggi d'una formale processura e dell'osservanza d'alcune solennità giuridiche le più sostanziali; essere perciò necessario che si rilievi la qualità ostile, nè questa potersi rilevare se non che col far sapere che s'era ideata la libertà di cui si fa menzione nella stessa memoria, e che con l'esercizio di tale pretesa libertà si sono fatti gli atti ostili, giacchè altrimente li atti ostili medesimi sarebbero non solo equivoci, ma anche riferibili alla soggezione forzosa della Città resa al Rivarola autorizzato col noto diploma, o siano lettere patenti; nè suppone S. E. che possa farsi mistero sopra tale pretensione di libertà giacchè pur troppo della medesima han fatto pompa i Corsi malcontenti per tutta l'Europa.

Finalmente per il terzo motivo, veramente S. E. crede fosse desiderabile che la memoria fosse stata contemporaneamente all'esecuzione tramandata, ma non suppone per questo che possa essere superflua, giacchè può con fondamento dubitarsi che li Corsi mal affetti, o altre persone maligne sparse nelle Città e nelle Corti, dovranno screditar il Governo Serenissimo sopra tale deliberazione, e che non possa esser mai superfluo l'instruire quei che parlar possono e devono per smentire li mal affetti e maligni; e in ogni caso, quando di questo affare non si parli ne' luoghi, Città e Corti, dove sarà diretta la memoria suddetta, non servirà di grand' imbarazzo a' Gentiluomini, ministri ed ufficiali della Repubblica Serenissima, l'averla ricevuta per valersene nelle occasioni.

Replica S. E. aver stimato preciso di sottoporre alla superior censura di VV. SS. Serenissime questi riflessi per non mancare all'attenzione dovuta.

1746 a' 27 maggio.

Letta la detta relazione con l'annessa memoria a' Serenissimi Collegi,
Discorsa,
Si approva la detta memoria, e si delibera se ne trasmetta copia tanto all'Illustrissimo Commissario Generale in Calvi, quanto al Gentiluomo di Parigi, come altresì al Gentiluomo Grimaldi ed al Magnifico Patrizio Domenico Pallavicino, con le instruzioni che stimerà l'Illustrissimo ed Eccellentissimo Capo dell'Eccellentissima Giunta della Marina, ed a suo dettame; e rispetto alli detti Gentiluomo Grimaldo e Magnifico Patrizio Pallavicino, in quei tempi e con quelle cautele che parimente stimerà l'Eccellentissimo Capo, a tenore de' discorsi del Circolo Serenissimo.

Inoltre si trasmetta copia al prefato Illustrissimo Commissario Generale del memoriale per il Re di Sardegna, sottoscritto da diversi Corsi, all'oggetto ed in tutto secondo è stato già deliberato da Loro Signorie Serenissime, e se ne trasmetta altresì copia al Gentiluomo di Parigi con l'instruzione che parimenti stimerà il prefato Eccellentissimo Capo, a tenore de' discorsi suddetti.

Per Serenissima Collegia ad calculos.

J. Baptista.

A 28 detto scritto a Calvi e Parigi.

RELAZIONE

dell'Eccellentissimo Ottavio Grimaldo in cui si formano due categorie dei rei Bastiesi che sono tuttavia carcerati

---

Serenissimi Signori,

Se la necessità d'aspettare dalla Bastia e poi da Calvi le scritture prese al Rivarola per riconoscere se da esse risultar potesse alcuna prova ulteriore, e la dilazione data per questo titolo, come pure li publici affari di maggior premura sopravenuti, lo avessero permesso, l'Eccellentissimo Ottavio Grimaldi prima d'ora averebbe fatto presente a VV. SS. Serenissime ciò che vien eccitato anche a fare dalla commissione appoggiatali su lettera scritta dal Console di Livorno, riguardante li noti Bastiesi che sono detenuti nelle carceri.

S. E. colle cognizioni presesi dalli ben noti esami, tanto de' testimonii quanto de' carcerati, stima doversi constituire in due diverse categorie li medesimi carcerati. La prima si è di quelli i quali essendo Cittadini della Bastia, con parentela ed aderenze, hanno bensì mostrato il loro mal'animo contro la Republica Serenissima nelle contingenze della ribellione della Bastia, ma non hanno commesso tali atti ostili contro la stessa Serenissima Republica, che per la loro specialità abbiano potuto determinar VV. SS. Serenissime a valersi contro di essi dell'estremo rigor bellico, come han fatto contro li dieci condannati alla morte.

La seconda categoria si è di quelli i quali son gente di bassa sfera, senza parentadi, dipendenze, o aderenze, e che sono stati incarcerati da Bastiesi, altri per esser considerati come dipendenti da quei che facevano la prima figura, come il Gentile e Marengo, altri perchè erano stati veduti famigliarizzarsi col Rivarola, Matra e Gafforio, nel tempo che erano nella Bastia, et altri finalmente perchè aveano avuta qualche ingerenza materiale nell'esecuzione degli ordini allora assolutamente dati dalli Capi ribelli in Bastia.

Per la prima categoria S. E. apprendeva che fosse necessario al ben publico seguitassero ad essere detenuti nelle carceri, almeno finchè si dasse l'apertura di veder quiete le cose in quel Regno, e questo non solo perchè la loro detenzione poneva freno a' lor parenti ed aderenti in non intraprendere cose nuove contro il Governo e la Città di Bastia, ma anche perchè se fossero liberati seguirebbe assolutamente una formale carneficina tra essi, lor parenti e dipendenti, e quelli tra' Cittadini e Popolo della Bastia che sono stati li autori della lor carcerazione e consegna, della sicurezza de' quali il Governo Serenissimo pare che per titolo di giustizia debba prendersene cura. Intanto la loro carcerazione non poteva portar rimorso alcuno, giacchè considerati come persone in grado di dannificare il publico, ogni dritto e divino e naturale vuole che il Principe pensi a tenerle in stato da non poter nuocere; e quando si dasse l'apertura della quiete del Regno di Corsica, e che VV. SS. Serenissime si determinassero allora di liberarli dalle carceri, in quel caso VV. SS. Serenissime si applicherebbero a cercare le cautele più opportune per evitare il danno, tanto del publico quanto del particolare.

Questi riflessi cessano per li carcerati della seconda categoria, li quali essendo persone per gran parte forestiere, e tutte senza parentado, aderenze e dipendenze, fan cessare il motivo d'alcun male rispetto al publico, e di poco o niun male rispetto al particolare, giacchè per li costumi di quel Regno quei che non hanno parentadi ed aderenze non ardiscono nemmen ideare la vendetta, a cui per altro si trovassero proclivi. E come che questi poi non sono aggravati da atti ostili contro la Republica Serenissima, così S. E. apprendeva che VV. SS. Serenissime potessero riflettere se fosse luogo al loro rilascio.

Per questo intento S. E. ha creduto che nella risposta da darsi al Signor Maricone (1), non si debba parlar egualmente di tutti li carcerati, ma valersi delle parole : *d'una parte de' carcerati*, perchè se poi apprendessero VV. SS. Serenissime che li carcerati di questa seconda categoria potessero rilasciarsi, non si dasse titolo di mala soddisfazione a chi ha fatta la richiesta, col veder rilasciati *motu proprio* quelli che non si sono voluti rilasciare con l'instanza avanzata.

Quelli della prima categoria sono :

Carlo Casella.	
Matteo Orbecchio.	Annotazione fatta questo
Anton Battista Raffalli.	giorno 19 gennaro 1749 :
Giov. Battista Guasco (morto).	Li decontro segnati si
Giuseppe Maria Luri.	trovano tuttavia in carcere.
R.do Salvador Luri.	

Quelli della seconda categoria sono :

Pasquale Sanguinetti, calvese e sarto.	
Giuseppe Maria Sanguinetti, suo figlio stroppio.	Altra annotazione fatta in detto giorno :
Luigi Spinola Padovani, di Padova.	Rilasciati dalle carceri tutti li decontro per ordine
Giov. Battista Morgantini, barbitonsore livornese.	dell'Eccellentissimo allora Ottavio Grimaldi, in vigor
Giov. Battista de Bonis, livornese.	di decreto de' Serenissimi Collegi de' 30 novembre
Anton Francesco Sisco.	1746.
Giuseppe Nunzi.	
Andrea Massese.	
Giuseppe Maria Massese.	

---

(1) Probablement le Consul de Livourne dont il est parlé plus haut.

S. E. non parla del Limperani, giacchè questi ultimamente è morto in prigione.

Rimette S. E. quanto sopra alla superiore cognizione di VV. SS. Serenissime, alle quali etc.

NOTIZIA

Di qualche scritture e robbe del fu Antonio Marengo, decapitato, trasportate di Bastia in Sestri di Levante.

Notizia per Sua Serenità.

Che il Magnifico Cesare Gentile, q. Julii Cæsaris, che ha una sorella maritata col figlio (1) del dottor Antonio Marengo, abbia li giorni passati fatto partenza con filuca da Sestri di Levante, e portatosi alla Bastia, sia ritornato in detto Sestri di Levante con la detta sua sorella e due filuche cariche di robbe, fra quali vi siano delle casse di scritture dello stesso dottor Marengo, potendovi essere fra le stesse scritture di quelle che riguardino maneggi di ribellione, ed altre che possano giovare al Fisco nella causa Mariotti.

1746 a 11 maggio.

Si trasmetta la detta notizia all'Illustrissimo et Eccellentissimo Capo dell'Eccellentissima Giunta della Marina con facoltà di dare tutti gli ordini che stimerà opportuni per le

---

(1) Filippo Maria Marengo, alors capitaine au régiment Royal Corse.

perquisizioni da farsi per rinvenire le dette supposte scritture.
Per Serenissima Collegia ad calculos.

Bartolomeo.

Scritto all'Illustrissimo Capitano di Chiavari.

INSTANZA

di Monsignor Arcivescovo

Dal palazzo arcivescovile,

17 ottobre 1746.

Necessitandosi di copia autentica della sentenza, o siano sentenze emanate contro Antonio Marengo e compagni, Capi ribelli, per prodursi in processo per ultimazione della causa contro Monsignor Mariotti,

L'Arcivescovo ne fa instanza all'Illustrissimo Signor segretario Caroggio, e con vera stima si dice etc.

1746, 17 ottobre.

Si consegni al promotor fiscale di Monsignor Arcivescovo, o sia al notaro deputato al processo contro Monsignor Mariotti, copia autentica delle deliberazioni fatte da Lor Signorie Serenissime, in vigor delle quali sono stati giustiziati alcuni ribelli Corsi.

Per Serenissima Collegia ad calculos.

Bartolomeo.

RILASCIO DALLE CARCERI

1746, 15 decembre.

1746 giorno di giovedì, alla sera, quindici del mese di dicembre, nella cancelleria del Serenissimo Senato a cura del Magnifico Segretario Bartolomeo Caroggio,

Estratti dalle carceri del Palazzetto Criminale, d'ordine dell'Illustrissimo ed Eccellentissimo Ottavio Grimaldi, da Serenissimi Collegi commissionato con opportuna facoltà, Andrea Massese q. Giuseppe, e Giuseppe Maria suo figlio, notaro di Bastia, Anton Francesco Sisco, q. Antonio, Pasquale Sanguinetti e Giuseppe Maria suo figlio, Anton Paduani Restori, di Anton Giuseppe (1), Luigi Spinola Paduani, notaro, q. Giovanni, Giov. Battista Morgantini, q. Ostachio, e Giuseppe Nunzi, q. Carlo, li medesimi ed ognun di loro (2),

Spontaneamente ed in ogni miglior modo hanno promesso, siccome promettono in giuramento, toccate rispettivamente le Scritture, di non partire dalla presente Città senza espressa licenzia dei Serenissimi Collegi, o sia di chi sarà o possa essere dai medesimi con opportuna facoltà commissionato, siccome anche di portarsi il giorno di sabato prossimo 17 del corrente, alla mattina, verso le ore 17, siccome qualunque successivo giorno, alla detta ora, a palazzo dell'Eccellentissimo Ottavio Grimaldi per udire dall'E. S. quanto sarà ad

---

(1) Restori n'était pas au nombre des 26 prisonniers. Il est question de lui dans la déposition de Palmerino (v. page 74.)

(2) Il n'est pas fait mention de De Bonis peut-être déjà relâché.

ogni uno di' loro rispettivamente comandato, fino a che ottengano da chi spetta la permissione di poter ripatriare, o di portarsi ove meglio stimeranno, promettendo tutto ciò a Serenissimi Collegi, e me notaro stipulante, accettante per i medesimi, e di non contravenire, alla pena dello spergiuro, e così etc.

Testimoni Signor Giov. Francesco Albani, di Nicolò Maria, e Tomaso Autemburger, q. Georgii.

DÉCLARATION DU ROY

en faveur des Corses fidèles à la République de Gênes et contre ceux qui cherchent à se soustraire à sa domination, du 9 avril 1746

Toute l'Europe aura vu avec surprise les déclarations que la Reine de Hongrie et le Roy de Sardaigne ont fait publier pour promettre leur secours aux peuples rebelles de l'Isle de Corse.

Il est évident que ces deux puissances manquent aux loix de la Justice en fomentant la rébellion de ces Insulaires contre leur légitime souverain, avec lequel elles ne sont point en guerre.

Les égards que la Reine de Hongrie doit à la mémoire du feu Empereur son père ajoutent à cette entreprise odieuse par elle-même un nouveau degré d'irrégularité.

Le Roy et l'Empereur Charles VI s'étaient engagez de concert à maintenir la République de Gênes dans la possession du Royaume de Corse. Ce fut ensuite sous la médiation de ces deux Monarques que la tranquillité fut rétablie dans cette Isle. Enfin Leurs Majestés accordèrent en 1738 leur garantie pour le maintien de l'amnistie et des règlements qui furent alors statuez en faveur des Corses. Cette considération aurait dû suffire pour prévenir la rébellion et non point l'encourager, mais les droits naturels de la raison et de l'équité se taisent lorsqu'il s'agit de satisfaire son ressentiment et sa vengeance.

Le Roy bien éloigné de se conduire par de pareilles maximes n'a jamais traité en ennemis déclarez les puissances qui ont fourni à la Reine de Hongrie des secours contre Sa Majesté et exercent contre les Génois les vexations les plus illégitimes par la seule raison qu'ils sont alliés du Roy et auxiliaires des alliés de Sa Majesté.

Cette circonstance est un motif qui doit d'autant plus engager le Roy à donner en cette occasion aux Corses fidèles de nouvelles assurances de sa protection et de ses bontés, et à aider la République pour faire rentrer dans le devoir ceux qui séduits ou excitez par les cours de Vienne et de Turin ont osé ou oseront s'en écarter, et lesquels Sa Majesté regardera par cette raison comme déchus des grâces et des privilèges dont Elle a été garante.

C'est dans cette vue que le Roy déclare que son intention est de maintenir par tous les moyens convenables l'autorité légitime de la République de Gênes, et de contribuer le plus promptement et le plus efficacement qu'il sera possible à rétablir la tranquillité, l'ordre et la subordination dans l'isle de Corse.

La fidélité de Sa Majesté pour ses alliés, sa modération et son désir constant de pacifier l'Europe, au lieu d'en multiplier les troubles, sont les fondements solides de la confiance que les Corses dociles et soumis doivent mettre dans l'équité et la droiture de ses intentions, et son trône sera toujours un asyle assuré pour toutes les puissances qui lui seront unies et dont on attaquera les droits et les prérogatives.

A Paris, de l'Imprimerie royale, 1746.

DECRETO

Riguardo alle confische

1748 a 11 gennaio.

Udito ne' Serenissimi Collegi il tenore della lettera stata loro letta del M° Auditor Gaspare Costantino, trasferitosi d'ordine di Lor Signorie Serenissime da Ajaccio alla Bastia colla speciale incombenza di provvedere riguardo le confische de' beni di suddetti rei condannati ed esecutati, essendo la detta lettera della data de' 27 ottobre p. p. del tenore seguente:

Signori Serenissimi,

In ubbidienza de' Sovrani comandamenti di VV. SS. Serenissime partii d'Ajaccio subito che mi furono comunicati da quel M° Signor Commissario. Mi è convenuto trattenermi qualche giorno in Calvi per mancanza di bastimento. Finalmente sopra un capriese che doveva condurre qua 100 mine di grano, di cui al sommo penuriava questo presidio, m'imbarcai, e dopo un penoso viaggio di due giorni e mezzo v'arrivai mercoledì 20 del cadente a ore 18. Appena giuntovi, volendo principiare a dar mano all'incombenze ingiuntemi per le confische de' beni de' rei condannati ed esecutati, dimandai se si erano fatte venire le copie autentiche delle loro sentenze, o se vi era alcun ordine di VV. SS. Serenissime. Mi fu risposto di no, e che anzi nelle sentenze, per quanto si aveva notizia, vi era riservato il gius di provvedere per le confische.

Di tutto questo ho stimato mio debito di renderne intese

VV. SS. Serenissime acciò si degnino comandarmi come debba contenermi, stimando, per quanto mi detta la mia insufficienza, che alla confisca debba precedere la dichiarazione che li beni di detti rei e di ciascuno d'essi si debbano confiscare, per essere caduti loro e ciascuno di loro in detta pena di confisca, oltre quella della morte.

Intanto vado avanti contro altri Capi ribelli per ridurre li processi in stato di spedizione, nel che non perdo momento di tempo, e supplicando VV. SS. Serenissime della continuazione del loro alto patrocinio, col più rispettoso ossequio mi rassegno

Di VV. SS. Serenissime

Bastia, 27 decembre, 1747

Umilissimo, devotissimo et obbediente servitore

Gaspare Costantini.

Provvedendo sopra le confische de' beni de' suddetti rei condannati definitivamente in pena di morte, riservatesi da Lor Signorie Serenissime nelle rispettive sentenze da esse come sopra promulgate contro de' medesimi rei,

Proposto di dichiarare li beni delli suddetti rei e di ogni uno di essi confiscati a favore dell'Eccellentissima Camera, latis calculis in præfatis Serenissimis Collegiis, propositio approbata remansit, præsentibus notario Benedicto Consolato Gotelli, altero ex subcancellariis Serenissimi Senatus, et Petro Maria Capurro, capseario præfati Serenissimi Senatus, testibus vocatis.

Jo : Baptista.

Si trasmetta copia al detto Magnifico Auditore Costantini delle suddette sentenze, siccome della suddetta dichiarazione per le confische, in autentica forma, onde possa adempire le incombenze appoggiategli in tale materia.

Per Serenissima Collegia ad calculos.

NOTA [1]
DI LORENZO TOMMASO SERRAVALLE
AL MAGISTRATO D'INQUISITORI DI STATO

NELLA CAUSA

DI FRANCESCO MARIA GENTILE

SUDDITO DELLA REPUBLICA ED A SOLDO DELLA STESSA NEL MILITARE

PREVENUTO REO DI LESA MAESTA'

PER AVER DATI CLANDESTINAMENTE CONSIGLI ED AVVISI

COL MEZZO DI LETTERE

A CAPI RIBELLI DEL REGNO DI CORSICA

Illustrissimo et Eccellentissimo, et Illustrissimi Signori,

Comandato per parte dell'Eccellenza Vostra e di Vostre Signorie Illustrissime a dover ridurre in scritto il mio sentimento di già loro umiliato sopra il processo construtto d'ordine di questo Eccellentissimo Magistrato contro il sargente maggiore Francesco Maria Gentile, mi do pertanto l'onore di farle di nuovo presente quanto di concerto al M° Pier Antonio Pieraccini, altro Consultore, ho appreso potersi a termini di ragione praticare.

Ed incominciando dal processo, si è detto risultare da questi essersi contestato al detto Maggiore il reato di Lesa-Maestà in primo capo, non solo per il lungo e reiterato carteggio co' Capi ribelli, o sia coll'Andrea Ciaccaldi, uno di essi Capi, ma ancora per le insinuazioni e consigli dati a' medesi-

---

(1) Ce document et celui qui le suit n'ont pas trait au procès de 1746, mais comme ils concernent le Maggior Gentile, et qu'ils nous paraissent très intéressants, nous croyons devoir les publier.

mi Capi ribelli durante la ribellione, del quale oltre l'esserne legittimamente convinto dalle di lui lettere registrate in processo, ne rimane ancora confesso, ed in conseguenza sarebbe incorso nelle pene comminate dalle leggi comuni e municipali contro tal sorta di delinquenti, quando non fosse sotto l'amparo del clementissimo Indulto concesso da' Serenissimi Collegi a Popoli e sudditi pel Regno di Corsica.

Ma perchè da ciò dipende una giusta determinazione, convien ripetere quanto è stato opportunamente considerato nell'esame fattosi di esso Indulto, ristretto a due punti, cioè se resti il Maggiore compreso nella generalis del medesimo et abbia potuto goderne, et in secondo luogo se attesi li nuovi pretesi delitti possa dirsi decaduto dal beneficio dell'istesso Indulto.

Rispetto al primo punto si è fatto presente al Magistrato Eccellentissimo che a tenore dell'Indulto del dì 7 marzo 1732, nè il Maggiore, nè altri pel Regno, hanno potuto godere il perdono loro benignamente accordato, per non aver entro il termine prescritto adempite le condizioni in esso Indulto contenute, ma essendo questi sotto il dì 23 gennaro 1733 stato rinuovato e confermato, ripigliò pertanto l'essere primiero, in forza del quale furono tutti ammessi indistintamente e restituiti alla grazia del Principe.

E quantunque siasi dubitato, rispetto alla persona del Maggiore, se possa restarvi compreso attese le circostanze aggravanti il di lui delitto, come sono la prodizione e fellonia, verificandosi l'una e l'altra nell'avere, sotto il colore di suddito fedele e col manto di Sargente Maggiore, tradito il proprio Principe, macchinando unitamente coi ribelli alli di lui danni, e nell'essersi tutto che vassallo della Republica Serenissima, unito con gli di lei nemici e con quelli avute secrete corrispondenze, e per valermi de' precisi termini de' D. D. *amicitiam cum hostibus domini in ejus perniciem ac detrimentum contrahendo dominum vero prodendo,*

Con tutto ciò riflettendo all'ampiezza e generalità del medesimo Indulto concesso, non ad instanza o richiesta di persona particolare, ma in grazia di un regno intero, atto di sua natura a comprendere ogni e qualunque delitto benchè atroce e gravissimo com'è quello di Lesa Maestà, quantunque non ne venisse fatta menzione,

Riflettendo l'essere inoltre stato dal Principe concesso *motu proprio,* in publico vantaggio, e coll'interposizione della Cesarea garantia, circostanze tutte che esigono una più benigna e favorevole interpretazione,

E l'essersi finalmente in esso Indulto esteso il perdono ad ogni e qualunque delitto, oltre quello dell'attuale ribellione, avuto anche il riguardo di voler spegnere sino la memoria de' passati moti,

Conviene forzosamente accordare che non solo giusta l'intiero contesto del medesimo, ma altresì in virtù delle dette parole *ogni e qualunque,* di sua natura generalissime, vi restino comprese la prodizione e fellonia, tutto che potessero in falso supposto apprendersi per delitti maggiori dell'istessa ribellione, come pure attesa l'efficacia della dizione *oltre*, qual secondo il proprio significato vieppiù si estende oltre del caso espresso, comprendendo et inchiudendo tutti gli altri possibili, col parificarli al medesimo.

Tanto maggiormente per essere la prodizione e fellonia delitti accessorii alla ribellione, onde cancellata questa coll'Indulto, restano parimente entrambi tolti da mezzo, siccome sendo uno indultato per delitto d'omicidio, viene anco a goderne quantunque fusse questi circostanziato del proditorio.

Passando al secondo punto, resta ad esaminarsi se nell'essersi attentato il Maggiore d'indirizzare all'Andrea Ciaccaldi per mezzo del Generale Bosch il viglietto registrato in processo, abbia egli commesso un delitto tale da farlo decadere dalla grazia del Principe, e privarlo del beneficio dell'Indulto, secondo quanto viene in esso prescritto : *Non intendiamo però che vi restino compresi quelli che avessero commesso dopo detto tempo nuovi delitti.*

E quantunque al primo aspetto possa esso viglietto giudicarsi delittuoso, e come diretto al Ciaccaldi, e per le temerarie insinuazioni fatte al medesimo di regolarsi solamente a tenore della mente di S. M. Cesarea, e non già d'altri, e di sostenere le cose dimandate per il Regno, ad ogni modo siccome nelle regole di ragione non viene permessa quell'intelligenza o interpretazione che può suonare in delitto, ma bensì quella che seco ne porta l'esclusione, così potendosi verificare che abbia il Maggiore scritto il riferito viglietto senza delinquire, e con l'animo del tutto alieno da commettere un nuovo delitto, non potrà dirsi decaduto dall'Indulto.

Mercechè l'aver egli scritto al Ciaccaldi dopo del mese di giugno del 1732, cioè dopo del publicato perdono, ed in tempo che non era più rimarcato ribelle, non può attribuirseli a reato alcuno, mentre restando in esso cancellata dall'Indulto la qualità di publico nemico, non era vietato a chi si sia il carteggiare col medesimo.

Molto meno puole ciò inferirsi dal contesto dell'istesso viglietto, perchè se ha insinuato al Ciaccaldi il regolarsi secondo la mente di S. M. Cesarea, nel veder Cesare garante del perdono concesso a' Corsi, poteva crederlo anco mediatore per quelle grazie che addimandavano dal Governo Serenissimo, bastando a confermarlo in tale credulità l'editto emanato per parte del Signor Principe di Wirtemberg, senza che avesse egli necessità di esaminarne la sussistenza.

Siccome non devesi riputar delinquente nell'avere esortato a sostenere le cose dimandate, stante che, e dall'indulto del dì 3 marzo, e da altro decreto de' Serenissimi Collegi publicato per il Regno, erano invitati tutti quei Popoli a propor qualunque riclamo per attenderne quei pronti ed opportuni provvedimenti. Non potendo dare risultato alcuno all'intenzione del Fisco il termine di cui si è valso in detto viglietto appreso per incitativo, com'è quello di *sostenere*, sì perchè non deve prendersi in mala parte quando per se stesso è indifferente, e massime dopo spenta la ribellione e deposte le armi, sì ancora perchè avendosi a dare qualche interpretazione alla mentovata parola, deve questa cacciarsi dalle lettere dell'istesso Maggiore dirette al Ciaccaldi e Capi ribelli, contenute nel processo, che escludono in questo particolare quella sinistra e contraria si vuole inferire, imperciochè in dette lettere altro loro non inculcava che il dimandar cose oneste, il mettersi al dovere, il parlar del Principe Serenissimo con venerazione e rispetto ben giustamente dovutoli, rimproverandoli ancora dell'ardire e temeraria pretenzione di voler nelle mani i presidii.

Ma dato per possibile avesse il riferito viglietto a cambiar faccia e natura per rendere indi colpevole il Maggiore delle suggestioni fatte al Ciaccaldi, con tutto ciò si è appreso non essere questo nuovo delitto di tale e tanta efficacia da farlo decadere dalla grazia riacquistata.

Per operare questo effetto esigono le leggi e D. D. più qualità nel nuovo delitto, fra quali la gravezza del medesimo, e che inoltre siasi l'istesso consumato, come per l'appunto dispone l'Indulto ivi: *Non intendiamo però che vi restino compresi quelli che avessero commessi nuovi delitti*, tanto importando le parole *che avessero commessi*, di tempo preterito perfetto. Che non possa questi annoverarsi fra gli gravi delitti già si è a sufficienza dimostrato, e vieppiù lo comprova lo Statuto nostro Criminale, libro 2º, Cap. 4º, qual prescrive la pena di cinque sino in dieci anni di galea, o relegatione, contro chiunque scrivesse o componesse scritture scandalose e contro del Governo Serenissimo. Che sia solamente delitto attentato e non consumato risulta dal processo perchè non ebbe il detto viglietto quel ricapito destinatoli, mentre dal **Generale Bosch** fu d'ivi a poco restituito al Maggiore, e da questi lacerato. Nè era di così facile riuscita il farlo pervenire al Ciaccaldi, trattenuto allora nella Torre del Real Palazzo. Niente ostando, che nei delitti di Lesa Maestà si punisca il solo affetto *etiam nullo secuto effectu,* anzi il solo pensiero, purchè consti di esso per mezzo di qualche atto estrinseco, imperciocchè averà luogo tal regola nel delitto di Lesa Maestà in primo capo, diretto immediatamente contro la persona del Principe et oppugnazione della Patria, per la ragione indicata da D. D. *quia serò pararetur vindicta crimine consummato;* ed appunto viene solo considerato del primo capo quando direttamente si conspira contro del Principe, o della Republica, non meritando gli altri un tal nome, ma si annoverano nel secondo rango, o si denominano con altro diverso titolo secondo la natura e qualità del delitto.

Aggiungasi a tutto ciò che quantunque sia speciale nel *crimen* di Lesa Maestà il punirsi l'affetto non seguito l'effetto, ad ogni modo non vien permesso, secondo gli noti principii l'unire assieme due speciali per procedere *in pœnalibus,* e tanto seguirebbe quando il delitto attentato si avesse per consumato, e con ciò si pretendesse decaduto il Maggiore dal beneficio dell'Indulto.

Questo fu il sentimento da me rapportato all'Eccellenza Vostra e Vossignorie Illustrissime, uniforme a quello del M. Pieraccini, con accordare entrambi che per tutto quello e quanto arrivava il di lui reato dopo del mese di giugno 1732, poteva estendersi l'arbitrio dell'Eccellentissimo Magistrato a condannarlo in qualche anni di carcere, o relegatione in alcun forte, a giudizio di esso Eccellentissimo Magistrato.

Indi compiaciutesi l'Eccellenza Vostra e Vossignorie Ill.me d'intendere anco il parere del M. Antonio Padovani, e riassunto col medesimo l'esame di questa pratica, ha egli sottilmente risvegliato che essendo il mentovato generale Indulto concesso a' Popoli e sudditi del Regno di Corsica, non poteva goderne il Maggiore, il quale tutto che suddito e Corso, porta seco l'altra qualità di ufficiale nell'ordine militare. Laonde, avendo egli mancato al proprio ufficio nel delinquire, deve per tanto in lui preponderare la sola qualità di soldato, indipendentemente da quella di suddito, acciò non resti compreso sotto detto Indulto.

Si è accinto a dimostrare in fatto aver il Maggiore mancato al proprio ufficio col tener avvisati gli Capi ribelli di quello andavasi operando in Bastia, somministrando loro varie notizie, e consigliandoli a persistere nella ribellione, operazioni tutte ripugnanti e contrarie all'essere di buono e fedele ufficiale, e particolarmente alla carica esercitava di Sargente Maggiore.

Fonda in appresso il proprio assunto sopra la regola di ragione che *mixtum non continetur sub simplici*, diffusamente esaminata dal Farinacio nei di lui fragmenti, inferendo con ciò al presente proposito che siccome rappresenta il Maggiore due persone, una di suddito e l'altra di ufficiale, non puole, attesa questa mistura, coprirsi coll'Indulto emanato unicamente a beneficio dei sudditi.

Ma tutto che, attesa la dottrina di esso M. Consultore, accompagnata dalla ben nota integrità, e la distinta stima professo al di lui merito, dovessi acquietarmi a sì erudito ratiocinio, ad ogni modo vedendomi costretto a relatare quello apprendo in senso di verità, non ho potuto piegar l'animo a consentirvi, stimando non abbia il Maggiore delinquito nell'ufficio, e che inoltre non sia allegabile la riferita conclusione per giustamente determinare la presente causa.

Ho premesso non avere il Maggiore delinquito nell'ufficio, e per meglio rintracciare la verità conviene in primo luogo osservare essere proprii e particolari delitti de' soldati quei che discostano dalla militare disciplina: *Omne delictum est militis quod aliter agit quam disciplina militaris exigit*.

Conviene altresì ponderare quanto prescrivono gli D. D. ad effetto possa con rettitudine dirsi aver quel tale delinquito nel proprio ufficio, esigendo necessariamente che un delitto di questa opera sia commesso *colore, calore, auctoritate, prætextu vel contemplatione officii*, come insegna il Farinacio.

Esaminando indi l'operato del Maggiore come sopraintendente alla Piazza, soldatesche e milizie, nel fervor della ribellione, e nel mentre era bloccata et assediata la Bastia, si ricava dal processo non aver egli in cosa benchè minima trasgredito le regole della militar disciplina, ma bensì compitamente adempite le parti di buon soldato et ufficiale, con accorrere alla guardia delle mura, e quelle presidiare, alzare opportuni ripari in difesa delle medesime, con mettere in opera quanto le suggeriva la prudenza, ed eseguire tutto ciò era ad esso ingiunto da chi presiedeva nel comando.

Che se ha carteggiato co' ribelli e persuaso loro a persistere, sarà questi un reato grave e punibile prescindendo dall'Indulto, ma non potrà giammai dirsi commesso *colore, calore, prætextu vel contemplatione officii*.

Che l'essersi abusato della confidenza avevano gli Eccellentissimi Commissarii, nell'impiegarlo a maneggiar trattati co' ribelli e loro Capi, questo nemmeno può imputarseli a delitto nell'ufficio, mentre egli ebbe questa ingerenza, non già come Maggiore, o militare, ma come Corso, attinente per Ciaccaldi, amico degli altri Capi, e cognito a tutti, o sia alla maggior parte de' ribelli.

Che le notizie da esso avanzate a' medesimi ribelli, cioè del numero di 1185 soldati esistenti in quel tempo in Bastia supposto noto a lui solo come Sargente Maggiore; dell'attendersi da Genova gli Signori Commissarii con ampla facoltà di concedere tutto quello sarebbe dovere; della devastazione divolgata delle case attigue a Terranuova; di quei della Rocca che continuavano devoti alla Serenissima Repubblica, non sono tampoco reati commessi *in officio*, mentre queste e consimili notizie non erano talmente segrete che non potessero da molte altre parti pervenire a' ribelli.

Nè merita considerazione l'avviso del numero di soldati perchè a convincerlo dovrebbe apparire dal processo che in tal tempo vi fosse il numero indicato; oltre di che la stessa lettera che contiene detta notizia, e quanto ha risposto nel contestargliela, non poco giovano a discolparlo, allegando d'aver ciò scritto al Ciaccaldi per intimorirlo e divertirlo dall'attacco della Bastia; e di conformità parla la detta lettera delli 9 aprile 1731: « Per la Terranuova non ci pensino in verun conto, perchè siamo in stato tale da non temere cosa alcuna. » Siccome l'aver scritto che se fusse loro pervenuta notizia della devastazione di case non ne facessero caso, perchè gli Eccellentissimi Commissarii le fanno stimare pel loro governo, ma con l'estimo non si demoliscono, mentre tanto scrisse per acquietare il Raffaelli, altro de' Capi ribelli, e padrone di una delle case fatte estimare.

E finalmente quanto puole addossarseli di grave e di sommo reato con la lettera de' 5 aprile sarà questi un delitto comune, non che ad esso, ma a qualunque altro suddito corso, nè si potrà dire commesso *in officio*.

Con tutto ciò, abbonandosi al Fisco quel che di ragione non si puole, cioè che abbia il Maggiore con le accennate operazioni mancato al proprio ufficio, non per tanto si potrà con giustizia inferire ch'egli sia decaduto dall'Indulto, perchè contando questi a favore de' Corsi, deve egli come Corso goderne, e perchè comprendendo ogni e qualunque delitto oltre l'espresso della ribellione, non viene ad eccettuare quei che potesse aver commesso quel Corso, soldato o ufficiale che fosse, in riguardo al di lui ufficio, e certamente gli avrebbe il Principe espressamente eccettuati, se così avesse giudicato e voluto.

In prova di quanto sopra basta l'osservare non essersi dopo del publicato Indulto, proceduto contro alcuno di tanti e tanti soldati Corsi che disertati durante la ribellione da' stipendii di questa Serenissima Republica, si sono uniti a' ribelli, delitto pure grave e considerevole, perchè viene con ciò a tradirsi il Principe, a mancare al proprio dovere ed alla fedeltà promessa.

Stando fermo quanto sopra, sarebbe inutile d'indagare *an mixtum contineatur sub simplici*, questione metafisica ed intellettuale, e perciò chiamata da giuristi brocardica e *de apicibus juris*, come attesta il Farinacio nella discussione di essa, ove si dà il vanto di aver ridotto questa materia a tale chiarezza quanto prima era da scrittori confusamente digerita.

Ad ogni modo per non trasandarne l'esame, ripeterò chiaramente quei motivi da me già esposti al Magistrato Eccellentissimo, e creduti validissimi per declinarne, fra' quali essere quest'inspezione di spettanza alle cause civili più che alle criminali, dovendosi le medesime definire co' principii certi ed incontroversibili, lasciando il luogo alle dispute e controversie nel foro civile.

Che appunto l'argomento del M. Padovani che *mixtum non continetur sub simplici*, quando la mistura cade in qualche persona nella quale concorrino due qualità, niente ha che fare al presente proposito, ma si verifica e procede nel creditore ed insieme erede beneficato, che atteso l'inventario rappresenta *fictione juris* due persone, l'una contraddistinta dall'altra, come dichiarano gli D. D. indicati dal Farinacio.

Che ammette la stessa regola quantità di limitazioni rapportate dal Farinacio, tutte adattabili al caso presente.

La prima si è che quando una constituzione puole operare il suo effetto in un caso, non deve tirarsi al caso misto, particolarmente *in pœnalibus et odiosis*.

Che il misto *continetur sub simplici in favorabilibus*, dovendosi in ciò riguardare ed attendere la causa più benigna e favorevole.

Che il misto *continetur sub simplici* nelle grazie e beneficii concessi dal Principe.

Che fra le qualità che concorrono a formare il misto deve prevalere la più potente, quale è l'originale, o sia naturale, e non l'accidentale, massime quando una è separabile dall'altra.

Trattandosi adunque d'un Indulto grazioso così ampio e favorevole, come già ho dimostrato, e di un inquirito in cui la qualità di ufficiale risiede solo per accidente, non tralasciando con la stessa d'essere in origine suddito e Corso, capace perciò a goderne, sembrano puntuali le riferite limitazioni, et altre che potrebbero addursi per declinare dalla detta regola.

Aggiunto a tutto ciò l'importanza della fede publica, e quanto questo rilievi che vieppiù convenga alla Maestà del Principe il mantenerla, contro del quale si ammettono et hanno luogo tutte le possibili interpretazioni a beneficio dell'indultato, a favore del quale deve pure risolversi quando il caso fosse dubbio, conforme eruditamente comprova, con l'autorità d'infiniti D. D. esempi e decisioni, Nicolò Vincenzo Scopp. nelle additioni alle controversie di Merlino Pignatelli.

In vista di tali fundamenti stimai potesse l'Eccellentissimo Magistrato determinare questa causa, niente dubitando della di lui giurisdizione, conforme riferii unitamente col M. Pieraccini, allorchè fu per parte del Maggiore excepto dell'Indulto ed assieme pretesero dovesse appartenere al solo Principe, dal quale era stato concesso, il riconoscere se l'istesso ne poteva, o no, godere, stante che essendo questo Eccellentissimo Tribunale giudice della causa pricipale con suoi annessi e connessi, spettava pure al medesimo la cognizione del suddetto incidente, ogni qual volta per via *exceptionis* veniva dedotto et opposto, potendo inoltre avanzarsi ad investigare l'intenzione del Principe ad effetto d'interpretarla.

Ad ogni modo ristringendo il M. Padovani tutta la presente

inspezione nell'indagare se abbia il Principe inteso comprendere sotto detto Indulto il Maggiore, o da quello escluderlo, e che per chiarirsene convenga intanto, secondo l'insegnamento de' D. D., esplorare la di lui mente, concorro ancor io, in ossequio del prefato M. Consultore, nell'istesso sentimento di attendere sopra di ciò l'oracolo dei Collegi Serenissimi, dalla suprema autorità de' quali è emanato l'Indulto suddetto, tutto che non mi apparti da quanto per verità ho appreso ch'egli assolutamente ne goda, e che quando anco potesse dubitarsene, sia nè più nè meno l'istesso al coperto, e finalmente che possa ciò definirsi da questo Eccellentissimo Magistrato per le ragioni da me, benchè rozzamente, indicate, che nuovamente umilio con me stesso alla rettissima e sempre benigna censura di V. E. e Vossignorie Illustrissime alle quali profondamente m'inchino.

Di V. E. e VV. SS. Illustrissime

Umilissimo Servo

Lorenzo Tomaso Serravalle, Consultore.

SENTIMENTO

dell'Illustrissimo Signor Giov. Stefano Durazzo nella causa del Maggior Gentile, reo confesso e convinto di delitto di Lesa-Maestà.

La causa del Maggior Gentile reo convinto e confesso di delitto di Lesa-Maestà *in primo capite* si può terminare in una delle quattro maniere seguenti, secondo il mio debolissimo sentimento che sottopongo etc.

La prima è secondo il sentimento de' M. M. Pieraccini e Serravalle, Consultori, di dichiarare che il maggior Gentile gode esso pure dell'Indulto generalissimo publicato dalla Republica Serenissima li..... d'aprile 1733 a' Corsi tutti, e così dopo essere di già inquirito, carcerato e processato ; con però condannarlo, per quelli anni che asseriscono nel loro consulto, in carcere secreta per li nuovi delitti da esso commessi.

Tale sentimento viene molto contrastato dal M. Padovani, il quale distinguendo due qualità nel maggior Gentile, cioè l'una di Corso, e l'altra d'ufficiale maggiore della Città di Bastia, confidente de' Signori Governatori e Commissarii della Republica, che ha con sue lettere insperanzito li ribelli, et operato tutto ciò che risulta dal suo processo, asserisce che come Corso può godere dell'Indulto, se non si fa espressa menzione nel medesimo Indulto, ma come ufficiale non ne può godere. Questo suo sentimento lo prova con molti argomenti e dottrine a' quali li MM. Pieraccini e Serravalle rispondono con distinzioni sì, ma non individuano dottrina alcuna particolare.

Si tralascia d'asserire che li due primi Consultori per tutto giugno prossimo passato 1733 sono stati di sentimento che si debba dare la pena di morte al maggior Gentile. In luglio poi detto anno si sono cambiati di sentimento, constando il suo sentimento come da una relazione da loro estesa al Magistrato per inviarla a Vienna, ma a ciò si risponde da loro che prima non era a notizia loro l'Indulto così generale, e poi che *sapientis est mutare consilium.*

Si tralascia pure d'addurre altri sospetti di raccomandazioni, ufficii, lettere, le quali cose tutte non avendo sussistenza certa, non se ne può nè deve far caso alcuno.

Concludo questo primo sentimento che senza consultare il caso individuo con tutte le sue circostanze con qualche perito fedele e dotto, non saprei accomodarmi al parere de'

MM. Pieraccini e Serravalle, in confronto d'altro parere del M. Padovani, così studiato.

La seconda maniera di terminare la causa del maggior Gentile pare la seguente :

Si potrebbe sospendere qual si voglia determinazione, continuando a tenere in carcere il maggior Gentile, sempre però a misura del tempo divisato da MM. Consultori, perchè poi passati qualche anni, sperando si debbano acquietare li tumulti di Corsica, si potrebbe prendere quelle giuste misure che si stimassero utili al publico.

Questo sentimento che sembra a prima vista il più equo e dolce, e più confacente all'essere della Republica, è fertile però in se di molte riflessioni che potrebbero essere di gran pregiudizio alla Republica medesima :

La continuazione del maggior Gentile in carcere al certo commoverà tutti li suoi parenti, amici et aderenti, tutti abitanti in Livorno, di procurare la liberazione del medesimo, e non lasceranno cosa intentata. Il più obvio sarà d'interporre qualche potenza straniera che chieda la liberazione del maggior Gentile con tutto lo sforzo immaginabile, nè questo è lontano da credersi perchè si sa quanto hanno fatto il capitan Muzio (1) in Milano, il capitan Virgilio (2) in Firenze, et il capitan Geronimo, suo figlio (3), in Roma, come ne fanno fede le lettere publiche del Magnifico Lorenzo de' Mari, del Magnifico Agostino Viale da Firenze, dell'agente Bernabò da Roma, e più di tutti una lettera originale del

---

(1-2) Les capitaines Muzio et Virgilio étaient frères ou cousins de Francesco Maria (Voir mémoires de Rostini vol. 1er p. 157.)

(3) Geronimo était fils de Francesco Maria. De son mariage avec Apollonia Sansonetti celui-ci avait eu quatre fils, savoir : Giovan Geronimo, Michel Angelo, Giov. Battista, Alfonso, et une fille, Maria Geronima. Les quatre fils sont morts sans postérité à l'exception de Giov. Battista qui a eu un fils posthume, mort lui aussi sans enfants. Maria Geronima a été religieuse ursuline.

Capitan Virgilio che resta in cancelleria; e se non furono così valide e premurose le raccomandazioni fu perchè allora si rispondeva da chi faceva le parti della Republica che il delitto per il quale restava carcerato il maggior Gentile era delitto di Stato, e così al principio fu facile divertire più forti insistenze, ma vedendo ora non terminata la caosa, e che continua a esser carcerato, tutta la probabilità v'è che si farà ogni sforzo sul motivo che non può essere cosa grave di Stato quella che si lungamente lo ritenga carcerato.

Dunque è molto probabile, anzi moralmente certo, che continuando il maggior Gentile in carcere, sarà la Republica indotta, anzi posta in necessità di liberarlo.

Posto in libertà per intercessione di qualche Corte estera, la Republica sarà sicura che non debba recare alla medesima de' disturbi? Al certo no. Anzi è gravemente probabile che egli, unito agli altri malcontenti, suoi parziali, parenti et amici, o palesamente, o segretamente, torni a fare quello che prima faceva, et è verisimile che posto in libertà, o egli si faccia capo di proprio talento in vendetta della sofferta prigionia, o gli altri Corsi lo creino loro capo come uomo perito nel mestiere delle armi, e sopra l'esempio degli altri liberati i quali rimunerati e posti appena in libertà hanno continuato e continuano a travagliare la Republica; e per dire il tutto in una sola parola, si deve temere dal maggior Gentile il trito assioma che *semel malus semper præsumitur malus in eodem genere mali*, e questo sempre più si può verificare in un Corso che sempre è vendicativo.

Di tutto ciò si ricava che il ritenerlo in carcere non è sicurezza della Republica; la prudenza non lo suggerisce, antivedendo quel male che probabilmente e verisimilmente succederà.

La terza maniera di terminare la caosa del maggior Gentile consiste in liberarlo totalmente, e con questo atto di eccessiva munificenza della Republica, non solo si riacquisterebbe l'animo di detto maggior Gentile, ma ancora l'amore dei Popoli, sperandosi da ciò l'unione e quiete di tutto quel Regno.

Veramente questo sarebbe un atto, dirò così, di sfrenato amore della Republica Serenissima verso quel Regno, e molto più verso il maggior Gentile, reo convinto e confesso di delitto di Lesa Maestà, e che dovrebbe per ringraziamento di tanto bene fare ed operare cose grandi per sedare quelli tumultuanti; ma desidererei che mi si dicesse quali probabilità vi sono che così debba succedere.

Al mio corto intendere non ne vedo alcuna.

Uno che si vede libero, non solo dalla morte che merita, ma dalla carcere ancora, lo stimerà effetto di bontà? Quando egli si è stimato innocente, e se reo si vede convinto protesta che vuol godere come Corso dell'Indulto publicato dalla Republica, si persuaderà che resta liberato per mera benignità?

Uno che saprà da suoi parenti et amici l'instanza fatta a Principi esteri per liberarlo, la sua liberazione la crederà mero amore della Republica Serenissima?

Uno che saprà tutto ciò che averanno fatto li suoi parenti et amici in Genova, o palesamente, o nascostamente, per indurre la Republica a liberarlo, questo lo crederà effetto di mera bontà della Republica Serenissima?

Uno che confessa che quello ha fatto et operato contro la Republica l'ha fatto in vendetta de' pretesi privilegii non mantenuti, si scorderà di tutto e diverrà un altro per essere sempre fedele, procurerà la quiete, e di lupo diverrà agnello?

Lo creda chi vuole, io per me non lo crederò giammai.

Ma si creda tutto, e si creda questa metamorfosi miracolosa, qual profitto si può sperare alla Republica possa succedere? Si acquieteranno li tumulti di Corsica per la liberazione del Maggior Gentile?

O questa quiete succederà, riconoscendo quelli Popoli

nella liberazione suddetta la munificenza della Republica, e per gratitudine al suo Principe naturale tralasceranno ogni operazione contraria ; o questa succederà per opera del liberato, de' suoi parenti, amici et aderenti, i quali faranno sì che i Popoli si acquietino.

Che si possa sperare che li tumultuanti si acquietino per gratitudine, ciò non è credibile, perchè gente poco riconoscente del suo obbligo e del proprio bene, e perchè alla maggior parte poco preme del maggior Gentile, da loro, o non conosciuto, o non temuto, e poi perchè la cagione de' tumulti non proviene dalla carcerazione di detto maggior Gentile.

Si può sperare che si acquietino li tumulti per opera del medesimo liberato, che grato di tanto beneficio farà in modo di supprimere tale ribellione ?

Per gratitudine non si può sperare, perchè per gratitudine doveva farlo al principio, e non speranzire con sue lettere i Popoli e Capi, stante che la sua persona e casa era stata così ben trattata dalla Republica, e godeva stipendii così generosi ; e pure tale munificenza non è stata bastante a fare che esso non animi i sollevati, anzi la cagione di scrivere le lettere che sono in processo, asserisce egli stesso che fu perchè la Republica non gli manteneva li privilegi pretesi per avvantaggiare la sua persona, et in ciò si mostra ingrato di tanti favori ricevuti dal suo Principe naturale. Lo farà con la forza per mezzo de' parenti, amici et aderenti ? Ma che forza egli ha mai ? Ne ha ben tanta per far male, e parenti da seguitarlo, ma non ne ha già per far sedare li tumulti. Cosa può esso mai nella Balagna, Castagniccia, e di là da' Monti ? Se qualche cosa può, sarà in Brando, suo feudo, ma forse tutti non saranno dipendenti dal suo volere, ma la sua volontà sarà sempre cattiva, perchè la sua liberazione la riconoscerà non per liberalità, ma sforzata da persuasioni di qualche Principe, o per opera de' suoi amici in Genova, che non son pochi, o in forza dell'Indulto.

Se poi, liberato che sia, da esso non si acquietasse la Corsica, che male, che disdoro verrà alla Republica, et esso fatto capo de' ribelli, come si può prudentemente dubitare, che danno sarà al Publico ?

Mai al certo in tante ribellioni antiche la nostra Republica ha fatto passo tale, nè credo si troverà che altro Principe abbi mai preso il veleno per medicina.

Che esempio farà la Republica per l'avvenire ?

Concludo che in liberarlo non si vede con occhio chiaro nè utilità publica, nè decoro da Principe, nè prudenza nè da Principe nè da privato ; anzi si può con fondamento dubitare gran danno presente, gran danno futuro, non decoro, non prudenza. Dunque perchè farlo ?

Aggiungo a tutto ciò che nel Magistrato evvi un sentimento di persona legale e teologo, il quale acconsente che il maggior Gentile goda dell'Indulto, ma unitamente ancora dice chiaramente che la Republica *tenetur* tenerlo in carcere in vita.

La quarta maniera di terminare la caosa del maggior Gentile consiste in dare la morte al maggior Gentile segretamente in carcere.

Non paia, di grazia, troppo avanzata tale proposizione prima di udirne le ragioni secondo il mio debole sentimento ben fondato.

È noto che per ben regolare ogni operazione, così politica, come criminale, bisogna considerare e riflettere se nelle risoluzioni che si devono prendere vi concorrono queste tre circostanze : 1º *Si liceat*, cioè se in buona coscienza si possa fare. 2º *Si deceat*, cioè se la tale operazione, o determinazione, che si voglia fare, sia onesta al cospetto del mondo tutto, in maniera tale che non possa essere redarguita da persona di buon sapere. 3º *Si expedit*, vale a dire se da tale determinazione non ne possa venire danno alcuno, ma anzi sia stimata propria e solamente diretta all'utilità publica, ben che si deve avere sempre in vista in ogni operazione di simile sorte.

Che si possa fare senza peccato, basta leggere attentamente il consulto del Padre Giov. Battista Pincinbono, della compagnia di Gesù, teologo così dotto e versato in simili materie, e circospetto in dare il suo sentimento, et espressamente consultato sopra tale articolo, consulto fatto dopo che gli avvocati del maggiore Gentile hanno preteso che il medesimo goda dell'Indulto publicato dalla Republica a' Corsi; ma di grazia, si legga tutto il consulto in tutte le sue parti, e da questo vedrà ognuno che non solo si possa fare, ma si debba, perchè diretto al ben publico, e salute della Republica.

Resto persuaso altresì che si scorga chiaramente che la Republica Serenissima sarà in necessità di liberarlo, se continua prigione, per instanza di qualche Potenza straniera, et in prova di ciò si legga il Capitolo della lettera del Fabri scritta al Magistrato Eccellentissimo li 7 maggio 1734, et è il seguente :

« Mi viene riferito essersi li medesimi, cioè Geronimo e
» suo fratello, espressi in questi sentimenti, cioè che presto
» vi sarà Capo, cioè Sovrano, che chiederà e vorrà libero in
» ogni modo, e fuor di carcere il Maggiore che trovasi costì,
» con altre giattanze piuttosto impertinenti e poco pruden-
» ziali, che tutto vi serva etc. »

Altro di 12 maggio 1734 :

« Coloro che hanno avuta maggiore ingerenza in questa
» estrazione, cioè di soldati, e passati nell'isola a prevenire
» su questa pratica, et avuta e ricevuta la gente, furono il
» Michel Angelo Gentile, figlio del Maggiore etc. »

Vi è pure altro capitolo dell'Eccellentissimo Commissario di Bastia de' 23 aprile scritto al Magistrato :

« Devo far sapere a V. E. e VV. SS. Illustrissime che si
» vocifera che l'avvocato del maggior Gentile, Casaretis,

» abbi scritto alla moglie del medesimo che stia contenta et
» allegra, che presto sarà consolata. »

Et ultimamente ancora gli Eccellentissimi Signori Commissarii hanno scritto a' Collegi Serenissimi che un figlio di detto maggiore Gentile, che ambi servono S. M. C. nel reggimento del Colonnello Rivarola, portatosi in Bastia, andava animando quelli mal'affetti a star saldi, e non credere alle persecuzioni di detti Eccellentissimi Commissarii, nè alle promesse della Republica Serenissima, ciò che sempre più denota il malo animo de' detti figli del detto maggior Gentile.

Ve ne sono poi altre scritte dal capitan Virgilio, il quale al giorno d'oggi è Capitano di S. A. R. di Toscana, et altre notizie in Magistrato.

Onde sempre più vedo a chiari occhi che liberato che sia, non sarà mai più fedele, et evvi tutta la probabilità che continuerà sempre più fellone, come è stato per il passato, stante il suo mal'animo mostrato anche quando godeva ogni liberalità e beneficenza dalla Republica, et aveva ancora certezza che sarebbe stato sempre più stimato, amato e premiato.

Per eseguire il sentimento di dare la morte al maggior Gentile segretamente, è necessario vi sia la probabilità morale che restando in vita, possa venire alla Republica un male grande, e che non si possa altrimenti schivare, e così operare *cum moderamine inculpatæ tutelæ*, cioè che non possa provenire alla Republica da tale morte un male maggiore.

Che vi sia, stando in vita il maggior Gentile, la probabilità morale possa venire un male grande alla Republica, pare assai chiaro, perchè restando in vita et in carcere, da' suoi parenti si opererà in modo che da qualche Potenza estera venga richiesta la sua liberazione, e la Republica sarà posta nella dura necessità di liberarlo. Da questo ben si comprende il disdoro della Republica, et altro. Se poi si libera spontaneamente, non sarà mai persuaso che sia fatto per mera liberalità.

Liberato che sia, o per intercessione di qualche Principe, o per mera liberalità della Republica, evvi tutta la probabilità che esso continuerà ad inquietare la Republica per più motivi.

Libero per intercessione di Principe estero, si crederà più obbligato al Principe intercessore che alla Republica, e dipenderà da' cenni del suo liberatore, e così si avrà un suddito, ma un suddito più ubbidiente ad altro Principe che al suo naturale.

Libero per mera grazia della Republica, esso non se lo persuaderà, e crederà che resti libero dalla Republica per timore di sua persona, per suoi maneggi, e per effetto di sua innocenza, e poco grato si mostrerà.

Se la Republica gli restituerà gli onori e stipendii che godeva prima, sarà un pessimo esempio con gli altri Corsi, meno assai rei di esso. Se non se gli concederanno, resterà sempre contrario alla Republica.

Insomma è moralmente impossibile che resti bene affetto, e se non resta ben affetto, al certo sarà contrario e pernicioso.

Si aggiunga a tutto questo, et a molto altro che probabilmente succederà, il suo naturale altiero, che crede che la Republica molto debba, sì a lui medesimo che a' suoi maggiori, l'esser egli Corso et in consequenza proclive alla vendetta, massime dappoi la prigionia sofferta.

Si aggiunga il desiderio di procacciare et avvantaggiare la sua fortuna e casa, anche con pregiudizio della Republica, come ha mostrato con fatti, e l'ha confessato.

Che poi possa provenire alla Republica un male maggiore da tale morte, non saprei immaginarmelo.

Che male maggiore può derivare da tale morte? O questo male si considera possa provenire da' suoi parenti, amici et aderenti. Ma o questi sono palesamente contrarii alla Republica, e di già fanno tutto quel male che possono e sanno, o sono segreti, e segretamente essi fanno del male. E poi è meglio avere un nemico palese che averlo segreto, dal quale uno non si può guardare.

O questo male maggiore può provenire da qualche Potenza estera. Sin al giorno d'oggi non vi è alcuna Potenza estera impegnata per la liberazione del maggior Gentile, la quale però vi sarà se continuerà a stare in carcere, dalla quale si possa dubitare qualche male alla Republica.

Se poi si dicesse che tale male può provenire dalla Corte di Vienna, come garante del perdono dato a' Corsi, da questo sarà facile il liberarsi con dimostrare a S. M. C. C. (1) che il maggior Gentile, ufficiale benemerito, amato dalla Republica, è stato una delle principali caose di tanto male, di tanta rovina della Republica. Non è mai credibile che possa S. M. C. C. (2) difenderlo, essendo troppo gelosa che gli uffiziali siano castigati ogni qual volta operano da fellone verso il suo Principe. E poi nei tempi correnti sempre sarà più gelosa e costante in questo sentimento.

Perciò non vedo a chiari occhii che male maggiore possa provenire alla Republica.

Che poi detta morte debba eseguirsi segretamente in carcere, è assai chiaro, et in ciò mi rimetto a quello che si dottamente è esteso nel predetto consulto (3).

Una obiezione si farà et è: Come farla segretamente, dove e come? A questa obiezione non si risponde per adesso, non stimandolo necessario; ma quando si sia risoluto di dare la

---

(1-2) Sua Maestà Cesarea Cattolica. L'Empereur Charles VI, qui s'était fait couronner roi d'Espagne à Vienne, avait conservé le titre de Majesté Catholique que portent les rois d'Espagne.

(3) Consulto du Père Pincinbono.

morte al maggior Gentile segretamente, vi sarà maniera segreta di eseguirla senza che si possa propalare, e certa.

Credo ora indispensabile rispondere ad un sentimento pervenutomi all'orecchio.

Ritenere il maggior Gentile in prigione senza fare sentenza alcuna, valendosi dell'economica podestà che compete ad un Principe, o in vita, o per quel tempo si stimerà, questo essere equo, perchè più secondo il parere de' Consultori, equo, perchè uniforme al sistema della Republica, equo finalmente, perchè meno strepitoso; non essere credibile che Principe alcuno lo chieda, perchè è caosa comune tra Principi che tale sorta di delitti si castighino; perciò non volere che si faccino esempii li quali possano essere perniciosi anche a loro; e si può credere probabilmente che la Republica Serenissima non sarà costretta a liberarlo.

Ma è ben noto tale sentimento, e so che di questo ne sono bene persuasi molti del Cerchio Serenisssimo, instillato a poco a poco a' medesimi da molti parziali del maggior Gentile, et essere questo il parere d'un dottore teologo da molti stimato et amato.

Venendo ora al motivo, alla maggior parte del medesimo resta risposto con evidenza per le riflessioni fatte di sopra. Rimane ora solamente a rispondere a quella parte che con tanta franchezza si asserisce che non sarà fatta instanza alla Republica da alcuna Potenza perchè è caosa comune che simili delitti restino puniti, e non si faccino esempii in tali materie.

Questo sentimento camminerebbe forse se si trattasse tra Principi di uguale forza, ma dubitandosi che l'istanze venghino da Principe assai maggiore e più potente della Republica Serenissima, tra il maggiore et il minore non si fa esempio, et il liberarlo porta seco non solo poco decoro ma danno alla Republica. Non si sa dunque comprendere come non sia moralmente contingibile, anzi certo, dico certo per le notizie sopra accennate che tutte portano, che sarà richiesto il maggior Gentile, e se ciò accaderà, chi può negare che porterà li danni sopra accennati, et altri ancora che si possono credere probabili.

Ma per dare ancora una risposta credo più adequata, il sentimento di ritenere in prigione il maggior Gentile in facoltà dell'economica podestà si fonda al certo sul credere che non stando in carcere possa nuocere, o direttamente o indirettamente, o con la persona, o pure ancora con consigli publici o privati, alla Republica Serenissima. Ma se si dubita che ciò possa moralmente succedere vi sarà più fondamento morale al certo di credere che stando prigione sarà richiesto da Potenza superiore per le ragioni sopra indicate, e la Republica Serenissima non potrà negare la liberazione, e questa porta seco il timore fondato che nuocerà alla medesima. Dunque evvi tutta la morale certezza che detto maggior Gentile sempre nuocerà, finchè vive, alla Republica Serenissima.

Se mai poi continuando prigione il maggior Gentile, succedesse che la Republica dovesse liberarlo, o a persuasiva de' Corsi ribelli, che pare contingibile, o per forza de' medesimi sollevati, che grande disdoro ognuno vede a chiari occhi, della Republica, ma inoltre che male non si può dubitare dal medesimo contro il Publico, perchè libero per mezzo de' sollevati, si unirà seco e farà tutto il male si possa pensare! Non potrà non unirsi seco loro, o per amore o per forza, perchè l'obbligheranno, onde sempre più si conosce palpabilmente che vivendo sarà sempre pernicioso alla Republica.

Il tutto detto di sopra si verifica con le seguenti riflessioni che possono far dubitare per la risoluzione di far morire il detto maggior Gentile, e si dice così:

Che vi sia la morale certezza che da parenti, amici et aderenti si debba procurare la liberazione del maggior Gentile si può credere con asseveranza, essendovi tanti indizii probabili che tutti fanno una certezza morale. Ma che poi da qualche Principe debba essere richiesto, ciò non si vede a chiari occhi per poter credere che tale richiesta sarà fatta; e così se detta morale certezza non si scorge, al certo pare che non si possa eseguire contro di esso cosa alcuna.

Per sciogliere dunque tutte queste riflessioni ben fondate si replica così:

Vi è dunque la morale certezza che dai parenti ed altri si farà ogni possa per ottenere con l'intercessione di qualche Principe la liberazione. Dunque tale liberazione sarà richiesta, perchè ognuno ben sa quanto tale nazione Corsa sia efficace in chiedere et assidua per ottenere; si sanno le condiscendenze avute per portare in Corsica armi et altre munizioni, non ostanti tutte le diligenze fatte dalla Republica per proibirle; si sa come sono stati ben accolti in Livorno li parenti di detto Maggiore, et hanno ottenuto ancora posti militari in detta Piazza; si sa che due figli del detto maggiore Gentile hanno ottenuto posto onorevole al servigio di S. M. Cattolica; si sa che due o tre de' principali Capi della rebellione sono passati alla Corte di Madrid con lettere commendatizie del Re Carlo (1), e si sa quanto siano efficaci le lettere suddette appresso del Re e della Regina suoi genitori; e non si crederà poi che detti Capi procureranno tutto il possibile per la liberazione di detto maggiore Gentile, e che essi vorranno rendere la pariglia a chi ha fatto tanto per li medesimi, come consta dal processo? Si sa per notizie avute che il Cardinale Acquaviva nella sua dimora fatta qui ha detto che la Spagna non prenderà mai la Corsica, ma bensì passerà ufficii di raccomandazione per li Corsi alla Republica. Così alla Corte di Francia come a quella di Spagna si prova abba-

---

(1) Roi des Deux Siciles,

stanza che li medesimi si possino promettere ufficii, raccomandazioni ed istanze, massime in una causa che ha apparenza di pietà, facendo valere che detto maggior Gentile gode del perdono publicato dalla Republica, ed esso non è reo di nuova ribellione. Il vedere che li Capi non ritornano di Spagna, questo è segno evidente che sperano d'ottenere il loro intento, et una delle loro mire si può credere sia la liberazione di detto Maggiore, massime se si riflette al detto di un suo figlio che disse in Livorno che vi sarà Principe che chiederà la liberazione di suo padre.

Fatte queste riflessioni, ognuna delle quali separatamente non prova abbastanza, ad ogni modo unite assieme compongono congetture così forti et urgenti, e così probabili che niente più; onde qui appunto cade quello che asserisce chi ha consultato la presente materia: *Et ideò sufficit probabilis certitudo quæ ut in pluribus veritatem attingit, sic in paucioribus a veritate deficit.*

Da tutto il sopra detto consta la morale certezza, et a chiari occhi si può dire e credere che il maggior Gentile sarà richiesto, e se sarà richiesto bisognerà liberarlo con disdoro e pregiudizio grande della Republica Serenissima.

Ma quì può venire un'altra riflessione, et è: Attendere che sia richiesto, e richiesto, prima di liberarlo, o dargli la morte, o pure con altro preparativo operare che non possa durare gran tempo in vita.

A questo si dubita vi possa essere della difficoltà assai, poichè per farlo morire, richiesto, con morte violenta, ognuno vede che non si può fare; che non duri gran tempo in vita è cosa difficile a farsi, mentre è probabile che si accorgano dell'operato, e così si può credere che possano venire maggiori disturbi alla Republica. All'incontrario facendolo adesso, si può fare il tutto con quiete, pensare al tutto, e liberarsi da qual si voglia apprensione.

Si replicherà forse da taluno che compete sempre alla

Republica la custodia perchè è *de jure naturæ*; ma di grazia, tale custodia sarà bastante motivo per negare, alla Potenza che intercederà, la liberazione? Io per me credo di no che non sarà bastante, e fondo la mia credenza che più non vi s'insisterà per far cosa grata al Principe intercessore, mentre verrà assicurato che viverà chieto, nè da molti si vorrà perchè qui in Genova ha amici et aderenti assai detto maggior Gentile; ma chi assicura poi che esso libero, non dia consigli perniciosi al Publico secretamente. E per provarlo sarà così facile? E provato, sarà così agevole il catturarlo e procedere contro di esso? Secondo me si pone la Republica ed il ben publico troppo in azzardo ed in pericolo, e non vedo la sicurezza della Republica in quiete a chiari occhi.

Da tutto il sopra detto e considerato pare ad evidenza vi concorrino le sopradette circostanze, cioè:

Il *liceat*, perchè si può fare con tutta coscienza, e sicura.

Il *deceat*, perchè vi sono ragioni che dimostrano chiaramente l'utilità publica; e dove è questa evvi tutta la certezza che debba essere applaudito.

L'expedit, perchè non si possa temere danno maggiore alla Republica Serenissima per tale determinazione, e così si pone la quiete publica in sicuro, e questa sola deve premere sopra ogni altra riflessione.

Considerato per molto tempo il detto di sopra, senza passione alcuna, non avendo altra mira che il ben publico, *et coram Deo*, non dubito punto che non si debba eseguire questa quarta et ultima maniera in terminare la presente caosa, cioè con dare la morte segretamente in prigione al maggior Gentile, e termino con un ricordo lasciato a Principi e Republiche da un famoso, savio, dotto e cattolico Politico, che qui trascriverò fedelmente:

« Ceterum monendi sunt Principes ut diligenter excutiant
» etiam fidem Consultorum quorum consilio utuntur in pu-
» niendis deprehensis conjuratis, ne et ipsi quoque ejusdem

» factionis esse possint. Cum enim res ad illos aliquo modo
» pertinere potest multis utuntur persuasionibus et argumentis
» ad liberandos reos Majestatis, vel quod ipsi sint affines vel
» sanguine conjuncti Principi offenso ; et quod supplicium in
» opprobrium familiæ converteretur ; vel quod ipsi rei vel illo-
» rum patres, aut avi, aut consanguinei, pro defensione princi-
» patus alias occubuerint, aut strenuè se gesserint ; aliaque his
» addunt quibus dolosè eludant pœnam ut intempestivam e
» noxiam Reipublicæ, et Principis misericordia liberent reum,
» et ad veniam dandam Principem excitent. Quod certè faci-
» norosos ad audendi majorem audaciam reservat, ut quæ
» anteà tentaverant securius et promptius exsequi conentur.
» Atque illa absolutio nihil aliud est quam incentivum delin-
» quendi, et ad factionem persequendam perniciosa dilatio et
» acerrimus stimulus. Unde Principes experiuntur sententiæ
» executionem quam prædixit Propheta ex parte Dei regi
» Israel Achabo : Quia dereliquisti hominem dignum morte,
» erit anima tua pro anima illius, et populus tuus pro populo
» illius. Infausta est illa misericordia per quam Reipublicæ
» et principatus securitas et status concutitur. »

(De Republica Petrus Gregorius Tholosanus tom. 2. lib. 22. cap. 11. nº 9.)

ACTES DE DÉCÈS (1)

In actis mortuorum hujus Metropolitanæ Ecclesiæ (2)
Sancti Laurentii reperitur ut sequitur

Die 7 maii anno 1746

Franciscus Maria Gentilis, quondam Michaelis Angeli, annorum circiter 78, per sententiam Serenissimorum Collegiorum, in Palatio Criminali, capite abscisso, mortuus est in communione Sanctæ Matris Ecclesiæ, et eadem die ejus cadaver sepultum fuit in nostra Ecclesia.

Eadem die

Antonius Maria Asdente, quondam Vincentii, annorum 36 circiter, per sententiam Serenissimorum Collegiorum, in Palatio Criminali, capite abscisso, mortuus est in communione Sanctæ Matris Ecclesiæ, et eadem die ejus cadaver sepultum fuit in nostra Ecclesia.

---

(1) Ces derniers documents viennent de nous être communiqués par M. Fernand Limperani. Nous ajoutons que c'est à des communications qu'il a bien voulu nous faire antérieurement que nous devons une grande partie des documents qui précèdent.

(2) Le *Palazzo Criminale* était compris dans les limites de la paroisse de St-Laurent.

Eadem die

Antonius Marenghus, quondam Joannis Francisci, annorum 54 circiter, per sententiam Serenissimorum Collegiorum, in Palatio Criminali, capite abscisso, mortuus est in communione Sanctæ Matris Ecclesiæ, et eadem die ejus cadaver sepultum fuit in nostra Ecclesia.

Eadem die

Ignatius Franciscus Rossi, quondam Ignatii, annorum 58 circiter, per sententiam Serenissimorum Collegiorum, in Palatio Criminali, capite abscisso, mortuus est in communione Sanctæ Matris Ecclesiæ, et eadem die ejus cadaver sepultum fuit in nostra Ecclesia.

Eadem die

Dominicus Cardi Sansonetti, quondam Sansonetti, annorum 57 circiter, per sententiam Serenissimorum Collegiorum, in Palatio Criminali, capite abscisso, mortuus est in communione Sanctæ Matris Ecclesiæ, et eadem die ejus cadaver sepultum fuit in nostra Ecclesia.

Eadem die

Franciscus Maria Bozius, quondam Joannis Baptistæ, annorum 34 circiter, per sententiam Serenissimorum Collegiorum, in Palatio Criminali, laqueo suspensus, mortuus est in communione Sanctæ Matris Ecclesiæ, et eadem die ejus cadaver sepultum fuit in nostra Ecclesia.

Eadem die

Joannes Baptista Vincentinus, quondam Vincentini, annorum 46 circiter, per sententiam Serenissimorum Collegiorum, in Palatio Criminali, laqueo suspensus, mortuus est in communione Sanctæ Matris Ecclesiæ, et eadem die ejus cadaver sepultum fuit in nostra Ecclesia.

Eadem die

Franciscus Maria Lucciana, Petri Antonii, annorum 38 circiter, per sententiam Serenissimorum Collegiorum, in Palatio Criminali, laqueo suspensus, mortuus est in communione Sanctæ Matris Ecclesiæ, et eadem die ejus cadaver fuit sepultum in nostra Ecclesia.

Eadem die

Carolus Philippus Sari, quondam Aloysii, annorum 39 circiter, per sententiam Serenissimorum Collegiorum, in Palatio Criminali, laqueo suspensus, mortuus est in communione Sanctæ Matris Ecclesiæ, et eadem die ejus cadaver sepultum fuit in nostra Ecclesia.

Eadem die

Leonardus de Giovanni, quondam Joannis Mathæi, annorum 49 circiter, per sententiam Serenissimorum Collegiorum, in Palatio Criminali, laqueo suspensus, mortuus est in communione Sanctæ Matris Ecclesiæ, et eadem die ejus cadaver sepultum fuit in nostra Ecclesia.

PARÆCIA METROPOLITANA SANCTI LAURENTII

In libro defunctorum anni 1746 ad paginam 105 reperitur ut infra :

Anno Domini 1746 die 16 septembris (1)

Spect. Franciscus Math. Limperani, Corsicæ, ætatis annorum 50 circiter, omnibus sacramentis munitus, obiit in carceribus criminalibus, et die 16 fuit sepultus in nostra Ecclesia.

EXTRAIT DES DÉPÊCHES

De M. de Guymont, Envoyé de France à Gênes, au Ministre des affaires étrangères.

A Gênes, le 9 May 1746.

.... On exécuta avant hier 10 des prisonniers faits à Bastia. 5 ont été pendus et 5 ont eu la tête tranchée. Cette exécution s'est faite dans la prison, mais cependant d'une manière publique. Les autres prisonniers au nombre d'une vingtaine ont été condamnés, les uns aux galères, et les autres à une prison perpétuelle. Il est à souhaiter pour les Génois que cet exemple de sévérité produise l'effet qu'ils peu-

---

(1) En voyant qu'il n'était plus question de Limperani au cours du procès nous avions pensé qu'il était décédé peu après son interrogatoire, (voir note p. 164). Nous avons maintenant la date précise de son décès.

vent en attendre. Je crois que la clémence réussirait mieux auprès de ces peuples que les punitions. C'est ce qu'ils ne veulent pas entendre.

Il a été arrêté une petite barque avec des lettres que les rebelles de Corse écrivaient à leurs correspondants en Sardaigne, en Angleterre et à Vienne. Elles ont été portées au Gouvernement.

AUTRE EXTRAIT

...... On est très mécontent en Corse de l'exécution faite icy de 10 des prisonniers de Bastia. On dit que la République avait en quelque sorte promis qu'ils auraient tous l'honneur et la vie sauve. Cette exécution a excité de grandes divisions entre la Populace et les Bourgeois de Bastia. On dit même sourdement qu'ils en sont venus aux mains, et qu'il y a eu près de 100 personnes tuées de part et d'autre. Ce qu'il y a de certain c'est que la République a reçu des expéditions de cette Isle dont elle tient le contenu fort secret.

EDITTO

*per il Regno di Corsica di Gio. Pietro Gafforii
ed Alerio Francesco Matra*

Le ostilità praticate contro la Patria dagli abitanti di Bastia, che con azioni le più infami ed indegne hanno infamato il nome della nostra Nazione, meritano che per castigo ed esempio siano trattati costoro da ribelli, e felloni, e traditori della propria Patria; perciò colla presente, da publicarsi in tutte le Pievi, dichiariamo li suddetti abitanti della Bastia banditi di vita, soggetti alla devastazione e confisca di tutti i loro beni, eccettuati quelli nota de' quali sarà data ai Capitani dei nostri distaccamenti destinati per questo effetto. Si permette dunque ad ognuno di ucciderli impunemente, e praticare con questi ogni sorte di ostilità; e siccome non è bene di concederli la sussistenza dei viveri, pertanto proibiamo espressamente a tutti i nostri Nazionali di non potere trattare, scrivere, nè in qualunque maniera avere commercio con quelli, e molto meno di portare a detti, animali, robba e viveri di qualunque altra sorte, sotto pena di venire uccisi impunemente, e vivi d'essere banditi, e soggetti all'infamia e devastazione dei beni; anzi per far loro maggiormente conoscere quanto loro abbiano errato nel tradire la Patria ed i proprii compatriotti, ordiniamo ed espressamente comandiamo che niuno, sotto pena della morte, ardisca di portare, o raccogliere, biada, frutti di qual si sia sorte, a conto dei padroni che fossero in Bastia, di qualunque persona di qualsivoglia grado o condizione siano, ma questi dare e puntualmente consegnare a soggetti destinati da noi per la Regia Camera del Regno tutte l'entrate, affitti, o altri proventi d'altra sorte, sotto pena, a chi non ubbidisse, nascondesse o defraudasse in qualunque maniera dette entrate spettanti alli detti abitanti e Genovesi, di essere tenuti alla devastazione dei proprii beni, esilio, ed ogni altra pena più grave a nostro arbitrio secondo le circostanze del tempo.

Ed acciochè venghi a notizia d'ognuno, ordiniamo ai Comandanti delle Pievi, Capitani, Podestà e PP. del Comune, ove non siano Comandanti e Capitani, che faccino pubblicare la presente nei loro rispettivi luoghi soliti e consueti, con trasmettere a noi la fede della publicazione e sottoscritture, e che così etc.

Data in Corte questo dì 25 giugno 1746.

MARC'AURELIO, Cancelliere.

TABLE

Avant-propos . . . . Pag.	I
Provvedimenti e Decreti	1
Primo esame di Figarella, testimone	7
Primo esame di Cardi	15
Primo esame di Volpajola.	19
Primo esame di Gavi.	23
Primo esame d'Aitelli	25
Altro esame di Cardi.	27
Altro esame di Figarella.	36
Altro asame di Gavi.	42
Altro esame d'Aitelli.	49
Altro esame di Volpajola.	52
Esame di Romanelli.	62
Esame di Passano.	68
Eseme di Palmarino.	74
Esame di Leonardi.	75
Esame di Pucci	77
Esame di Reborati	78
Esame di de Franceschi.	79
Esame di Morgantini, prigioniere	84
Esame di Giuseppe Maria Massesi	92
Esame di Andrea Massese	95
Esame di Pasquale Sanguinetti.	100
Esame di Giuseppe Maria Sanguinetti	103
Esame di Spinola Padovani.	103
Esame di Nunzi	111
Esame di Sisco	112

	Pag.	
Esame di Guasco		114
Esame d'Orbecchio, prigioniere		117
Esame di Vincenzini		127
Esame di Bozio		134
Esame di Rossi		145
Esame di Raffalli		155
Esame di de Bonis		160
Esame di Limperani		162
Esame d'Asdente		165
Esame di Luri		173
Esame di Francesco Passano, testimone		177
Altro esame di Luri		181
Esame di Casella		185
Esame di Degiovanni		193
Esame di Sari		200
Esame di Lucciana		205
Esame di Sansonetti		217
Esame di Gentile		234
Esame di Marengo		254
Altro esame d'Asdente		277
Altro esame di Degiovanni		282
Altro esame di Casella		285
Terzo esame di Luri		289
Altro esame di Vincenzini		294
Altro esame di Bozio		298
Altro esame di Rossi		303
Altro esame di Guasco		310
Altro esame di Sari		312
Altro esame di Raffalli		315
Relazione a Serenissimi Collegi		319
Sentenze		339
Esposto fatto d'ordine dell'Eccellentissimo Grimaldi		350
Consulti dei Teologi		354
Memoria in riguardo alli dieci Corsi giustiziati		361
Relazione sopra la detta memoria		366
Relazione intorno ai Bastiesi tuttavia carcerati		370
Notizie di scritture e robbe del fu Antonio Marengo		373
Instanza di monsignor Arcivescovo		374
Rilascio dalle carceri		375
Déclaration du Roy		376

Decreto riguardo alle confische . . . . . . Pag. 378
Nota di Lorenzo Serravalle 380
Sentimento di Stefano Durazzo. 391
Actes de décès. 408
Extraits des dépêches de l'envoyé de France 411
Editto di Gafforio e Matra. 413

ERRATA

AU LIEU DE	LISEZ
Page 37, note. Duc de Parme	Devenu plus tard duc de Parme
Page 38, ligne 1re. dall'abboco	dall'abblocco
Page 41, ligne 9. Msasesi	Massesi
Page 95, lignes 13 et 14. et essendo poi, svanito	et essendo poi svanito
Page 107, note. Poletti ou plutôt Poletti	Paoletti ou plutôt Poletti
Page 115, ligne 5. es'introitava	e s'introitava
Page 156, ligne 21. si davaimo	si davamo
Page 185, ligne 17. baccini	buccini
Page 197, ligne 7. appresso	appreso
Page 201, ligne 27. e taltre	et altre
Page 215, ligne 33. ma l'animo	mal'animo
Page 299, ligne 3. dimandare	di mandare
Page 342, ligne 18. q. Sansonnetti	q. Sansonetti
Page 348, ligne 25. Palazetto	Palazzetto
Page 358, note. le Spinola	le R° Spinola

PUBLICATIONS
DE LA
SOCIÉTÉ DES SCIENCES HISTORIQUES ET NATURELLES
DE LA CORSE

Bulletin de la Société des Sciences Historiques et Naturelles de la Corse, années 1881-1882 et 1883-1884, 2 vol., 724 et 663 pages.

Lettres de Pascal Paoli, publiées par M. le docteur Perelli, 1re série, 400 pages.

Mémoires de Rostini, texte italien accompagné d'une traduction française par M. l'abbé Letteron, 2 vol., 482 et 588 pages.

Memorie del Padre Bonfiglio Guelfucci, dal 1729 al 1764, 1 vol., 236 pages.

Dialogo nominato Corsica del Rmo Monsignor Agostino Justiniano, vescovo di Nebbio, texte revu par M. de Caraffa, conseiller à la cour d'appel, 1 vol., 120 pages.

Voyage géologique et minéralogique en Corse, par M. Emile Gueymard, ingénieur des mines, (1820-1821), publié par M. J.-M. Bonavita, 1 vol., 160 pages.

Pietro Cirneo, texte latin, traduction de M. l'abbé Letteron, 1 vol., 414 pages.

Histoire des Corses, par Gregorovius, traduction de M. Pierre Lucciana, 1 vol., 168 pages.

Corsica, par Gregorovius, traduction de M. P. Lucciana, 1er vol., 262 pages.

Corsica, par Gregorovius, traduction de M. P. Lucciana, 2e vol., 360 pages.

(Ces trois derniers volumes font partie du même ouvrage).

BULLETIN
DE LA
SOCIÉTÉ DES SCIENCES HISTORIQUES & NATURELLES DE LA CORSE

PRIX DU BULLETIN :

Pour les membres de la Société, un an. . . **10** fr.

ABONNEMENTS :

Pour la Corse et la France, un an . . . . **12** fr.
Pour les pays étrangers compris dans l'union postale, un an. . . . . **13** fr.
Pour les pays étrangers non compris dans l'union postale, un an . . . . **15** fr.

Nota. — Tout abonnement est payable d'avance, et se prend à l'année, du mois de janvier au mois de décembre.

S'adresser pour les abonnements à M. Campocasso, Trésorier de la Société, ou à la librairie Ollagnier, à Bastia.

Prix du fascicule : **3** francs

www.ingramcontent.com/pod-product-compliance
Lightning Source LLC
Chambersburg PA
CBHW060547230426
43670CB00011B/1715